文渊 管理学系列

企业社会责任

Corporate Social Responsibility

贾明 著

机械工业出版社
CHINA MACHINE PRESS

图书在版编目（CIP）数据

企业社会责任 / 贾明著 . —北京：机械工业出版社，2022.9
（文渊·管理学系列）
ISBN 978-7-111-72131-4

I. ①企… II. ①贾… III. ①企业责任 - 社会责任 - 中国 IV. ①F279.23

中国版本图书馆 CIP 数据核字（2022）第 224970 号

本书通过社会交换的逻辑把企业社会责任庞杂的理论内容与企业实践统一起来，力求构建一个"关系"视角下的企业社会责任知识体系。首先，本书讨论了企业社会责任的社会交换特征，并用"囚徒困境"来解释企业与利益相关者的关系和最优合作策略。其次，本书主要阐述了企业履行社会责任的动机、直接和间接互惠视角下的企业社会责任、企业社会责任行为的不一致、企业社会责任沟通以及企业社会责任报告。再次，本书探究了企业社会责任战略动态调整、企业社会责任的微观基础、我国企业海外社会责任、企业社会责任与并购、平台型企业社会责任、企业社会责任与组织韧性、企业社会责任与碳中和。最后，本书介绍了企业社会责任 2.0，试图指引我国企业向可持续发展商业模式转型，建立符合我国经济社会发展需要的新型企业社会责任体系。

本书不仅可以作为高校经济管理类专业的本科生、研究生，以及 MBA、EMBA、MPAcc、MPA 等学员的教材，也可以供广大企事业单位的管理者工作参考。

出版发行：机械工业出版社（北京市西城区百万庄大街22号 邮政编码：100037）
策划编辑：吴亚军　　　　　　　　　　　　　责任编辑：单元花
责任校对：张爱妮　李　婷　　　　　　　　　责任印制：李　昂
印　　刷：河北鹏盛贤印刷有限公司
版　　次：2023年3月第1版第1次印刷
开　　本：185mm×260mm　1/16　　　　　　印　张：17.75　　插　页：2
书　　号：ISBN 978-7-111-72131-4　　　　　定　价：59.00元

客服电话：（010）88361066　68326294

版权所有·侵权必究
封底无防伪标均为盗版

文渊 管理学系列

"师道文宗"
"笔墨渊海"

文渊阁 位于故宫东华门内文华殿后,是故宫中贮藏图书的地方。中国古代最大的文化工程《四库全书》曾经藏在这里,阁内悬有乾隆御书"汇流澄鉴"四字匾。

文渊 管理学系列

作者简介

贾明 西北工业大学管理学院副院长，教授、博士生导师，西北工业大学新时代企业高质量发展研究中心主任。2017 年起，担任 FT50 期刊 Journal of Business Ethics 编委，2020 年 8 月起担任该刊栏目编辑；2020 年起，担任国家自然科学基金委员会管理科学学部会评专家；2021 年 7 月起，担任 Management and Organization Review 编辑；2022 年 1 月起，担任 Journal of Management Studies 编委和《管理学季刊》领域编辑。

主持国家自然科学基金项目 3 项，其中，2019 年度获批国家自然科学基金重点项目；2021 年度获批国家社会科学基金重大项目并担任首席专家。著有《管理研究的思维方式》《如何阅读管理学文献》《"一带一路"沿线中国企业海外社会责任》等，他的代表作发表在《管理世界》《管理科学学报》和 Organization Science、Journal of Management Studies、Journal of Management、Journal of Business Ethics 等国内外重要期刊上。

先后入选教育部"新世纪优秀人才支持计划"、中组部万人计划之"青年拔尖人才支持计划"、中宣部文化名家暨"四个一批"人才支持计划、中组部万人计划之"哲学社会科学领军人才支持计划"。

前 言

企业存在的意义是什么？西方主流经济学在考察企业行为时仍假定，企业就是以最低的成本创造最大经济价值而获取高额利润的经济组织。作为资源整合者和使用者，企业能按自己独有的生产方式来达到资源的最大利用效率，从而在创造经济价值和获取利润的同时提升社会福利。从这个意义上说，企业存在的意义就是提高资源的利用效率，而企业对社会的贡献就是创造更大的经济价值。

然而，企业的生产活动不只是创造经济价值，由于企业与社会、环境等早已融为一体，企业的所有活动都会直接或间接地对社会环境、自然环境产生影响，而它的生产活动对社会环境、自然环境产生的影响不只是创造经济价值。特别是当企业利益与社会利益、自然环境发生冲突时，企业为了追求经济利益最大化所采取的生产行为就会直接损害社会福利、破坏自然环境。反过来，由于社会福利的损害、自然环境的破坏又会产生各种社会危机（如社会矛盾、环境污染等），利益相关者对企业行为的不满和抵制也使企业声誉与正常经营受到威胁，故而，企业需要妥善处理其与社会、环境之间的关系，积极回应社会群体的诉求，从互惠共赢的角度来组织企业的生产经营活动，实现与利益相关者的共益共生（共享收益、共同生存）。

这就引出企业社会责任行为，即企业通过回应利益相关者的诉求而采取有利于提升利益相关者福利的行为。履行社会责任有利于构建企业与利益相关者的互惠交换关系，即双方基于信任而互相支持（第1章），企业往往为了构建与利益相关者的互惠交换关系而履行社会责任（第2章）。企业通过履行社会责任能与利益相关者建立起直接的互惠关系（第3章），或者间接的互惠关系（第4章）。然而，企业的利益相关者是多元的而不是单一的，企业在面对不同的利益相关者诉求时可能采取不一致的社会责任行为（第5章）。企业社会责任作为企业战略的重要组成部分，不仅包括企业社会责任的实施，还包括社会责任沟通（第6章）和社会责任报告（第7章）等多个方面的内容。由于企业所面对的利益相关者群体及其诉求都会随着时间的推移和企业内外部环境的变化而不断改变，企业也需要动态调整社会责任战略（第8章）。要理解企业社会责任行为的后果，还需要深入探究社会责任行为的微观基础（第9章），即分析企业层面的社会责任行为如何对个人的认知、行为产生影响,最后又如何汇集到企业层面而表现为企业社会责任的实施效果。

随着企业国际化、数字化和平台经济的高速发展,以及"3060"双碳目标下企业经营环境的改变,企业社会责任被赋予了更大的战略价值和更广阔的应用空间。在全球化和"一带一路"倡议的不断推进下,越来越多的中国企业"走出去"开拓海外市场,履行海外社会责任成为支撑跨国公司可持续发展的重要途径(第10章)。企业的收购和兼并也是企业扩张的重要手段,在这一过程中企业社会责任也同样扮演着重要角色(第11章)。数字经济和平台经济的高速发展,促使平台型企业的社会责任和企业的数字责任越来越受到社会的广泛关注(第12章)。另外,在后疫情时代,企业的韧性也越发重要,企业正确履行社会责任对于构筑企业韧性至关重要(第13章)。面对国家提出的"3060"碳达峰、碳中和目标,企业也需要制定正确的社会责任战略,从而支撑企业迈向碳中和(第14章)。最后,我们还要清晰地认识到当前的企业社会责任理论基本上都是在西方社会"股东至上"的逻辑下形成的,这是导致企业社会责任行为被扭曲的根源,对我国企业来说也产生了一定的影响,需要修正并引导我国企业向可持续发展商业模式转型,建立符合我国经济社会发展需要的新型企业社会责任体系(第15章)。

2021年11月,《中国共产党第十九届中央委员会第六次全体会议公报》强调,协同推进人民富裕、国家强盛、中国美丽,高度概括了我国发展的三个重大战略需求:共同富裕、高质量发展、碳中和。共同富裕是社会主义国家的终极目标和行动指南,体现的是社会主义建设的经济成果如何分配的问题;高质量发展则体现了我国建设成为社会主义现代化国家的实现路径;碳中和强调的是在获取经济建设成果的过程中所采取的行动约束,即强调降低碳排放。概言之,这三者之间的关系是以共同富裕为行动指南,以迈向碳中和为行动约束,规定了实现我国高质量发展的行动路径。在党的十九届六中全会精神的指引下,以企业为主体的市场力量要契合并服务于三大国家战略,正确履行社会责任,努力践行国家战略,与国家发展同频共振。

在撰写本书的过程中,作者试图从社会交换的理论视角,把企业社会责任的众多研究成果与企业实践统一起来。在内容选择上,本书既包括主流研究领域,也涵盖最新的前沿热点。本书的出版得到国家自然科学基金重点项目("一带一路"沿线中国企业海外社会责任决策机制、行为与国际影响研究,项目批准号:71932007)支持。阮宏飞、向翼、杜永治、雷雪、张思佳、赵小玥、房彤玥、罗静璇等博士生、硕士生参与了书中专栏的整理工作,硕士生吕明洁参与了本书的校稿,博士生宋昊静在收集、整理书中用到的案例、文献方面做了大量细致的工作。西北工业大学管理学院的张莹、黄珍、刘慧等老师也对本书的完善提出了大量宝贵的修改意见。在此,对他们一并表示感谢。由于个人能力有限,书中难免会有一些差错,恳请批评指正。

贾明

2022年9月于西安

目 录

前言

第1章 企业社会责任和社会交换······1

开篇案例 王老吉的社会责任担当······1
1.1 企业社会责任的本质和社会交换特征······2
1.2 企业与利益相关者之间的关系和"囚徒困境"······12
1.3 "囚徒困境"下的社会交换关系与最优策略选择······15
本章小结······21
关键术语······21
复习思考题······21
应用案例 京东给员工涨薪，股价大涨···22
学习链接······22

第2章 企业履行社会责任的动机······24

开篇案例 新时代企业家的社会责任······24
2.1 企业及高管声誉的重要性······25
2.2 企业的合作诉求······29
2.3 高管合作诉求的影响······42
2.4 高管与企业合作诉求的一致性···44
本章小结······46
关键术语······46
复习思考题······46

应用案例 曹德旺：中国企业家精神的代表······47
学习链接······47

第3章 直接互惠视角下的企业社会责任······50

开篇案例 鸿星尔克的爆红······50
3.1 直接互惠和企业社会责任······51
3.2 单一利益相关者视角下企业社会责任的后果······52
3.3 多元利益相关者视角下企业社会责任的后果······61
3.4 多期视角下企业社会责任的后果······62
本章小结······64
关键术语······64
复习思考题······64
应用案例 胖东来：中国企业的一面旗帜······65
学习链接······65

第4章 间接互惠视角下的企业社会责任······68

开篇案例 疫情之下京东发挥就业稳定器作用······68
4.1 间接互惠机制······69
4.2 间接互惠与声誉机制······74

4.3 影响声誉机制发挥作用的因素……75
4.4 间接互惠与利他行为的传递……77
本章小结……78
关键术语……79
复习思考题……79
应用案例 字节跳动扶贫：企业社会责任与共享价值创造……79
学习链接……80

第5章 企业社会责任行为的不一致…81

开篇案例 关于社会责任，游戏企业"顾左右而言他"……81
5.1 社会责任行为不一致的普遍性……82
5.2 企业社会责任行为不一致产生的原因……83
5.3 社会责任行为不一致和企业声誉……84
5.4 企业社会责任的类保险作用及其成立条件……86
5.5 社会参与者对企业背叛行为的反应……88
本章小结……89
关键术语……90
复习思考题……90
应用案例 有关拼多多争议……90
学习链接……90

第6章 企业社会责任沟通……92

开篇案例 召开企业社会责任新闻发布会……92
6.1 企业社会责任沟通的动机……95
6.2 企业社会责任沟通的信息选择……96
6.3 企业社会责任沟通的投入……100
6.4 企业社会责任沟通的时机与方式选择……105

6.5 企业社会责任沟通与执行的权衡……107
本章小结……108
关键术语……109
复习思考题……109
应用案例 企业社会责任信息的选择性披露……109
学习链接……109

第7章 企业社会责任报告……112

开篇案例 中国企业社会责任报告呈现新特征……112
7.1 企业社会责任报告的语言选择……113
7.2 文本和图像语言的特征、适用条件和效果……118
7.3 利益相关者预期对社会责任报告语言选择的影响……122
7.4 多维利益相关者诉求冲突对企业社会责任报告语言选择的影响……124
本章小结……126
关键术语……127
复习思考题……127
应用案例 上市公司社会责任报告语言选择差异……127
学习链接……128

第8章 企业社会责任战略动态调整…131

开篇案例 肯德基社会责任战略调整…131
8.1 多维利益相关者诉求变化与企业社会责任行为……132
8.2 企业社会责任行为、利益相关者诉求满足与结构调整……136
8.3 企业社会责任战略的动态调整……140
本章小结……143
关键术语……143

复习思考题……143
应用案例　万科适时调整捐款水平……144
学习链接……144

第9章　企业社会责任的微观基础……146

开篇案例　员工参与企业公益……146
9.1　利益相关者感知的决策基础……148
9.2　企业社会责任特征与利益相关者感知……154
9.3　利益相关者特征与社会责任感知差异……158
9.4　利益相关者反应及汇集……161
本章小结……162
关键术语……162
复习思考题……163
应用案例　海尔的企业社会责任……163
学习链接……163

第10章　我国企业海外社会责任……165

开篇案例　中材水泥获"海外社会责任类优秀案例"……165
10.1　企业履行海外社会责任的必要性……166
10.2　企业海外社会责任的实施……169
10.3　企业海外社会责任沟通……174
10.4　海外社会责任效果评估与反馈……177
本章小结……179
关键术语……180
复习思考题……180
应用案例　南方电网公司助力"一带一路"沿线国家互联互通……180
学习链接……181

第11章　企业社会责任与并购……182

开篇案例　中国天楹的绿色并购……182
11.1　并购流程与企业社会责任的渗入……183
11.2　企业社会责任与目标方的选择……185
11.3　企业社会责任与并购交易……187
11.4　企业社会责任与并购绩效……188
本章小结……190
关键术语……190
复习思考题……190
应用案例　福耀玻璃的美国工厂……190
学习链接……191

第12章　平台型企业社会责任……193

开篇案例　阿里巴巴集团被罚182.28亿元……193
12.1　平台与市场的冲突日益凸显……194
12.2　平台型企业的特征……195
12.3　平台型企业的社会责任边界……199
12.4　平台的可持续发展……202
12.5　企业数字责任……205
本章小结……211
关键术语……212
复习思考题……212
应用案例　外卖骑手被迫加速的驱动之手：AI还是利益……212
学习链接……213

第13章　企业社会责任与组织韧性……214

开篇案例　组织韧性：化危为机……214
13.1　组织韧性：定义、特征和重要性……215
13.2　传统互惠型社会责任战略和组织低韧性……219
13.3　间接互惠关系、利他型企业社会责任与高组织韧性……222

本章小结 226
关键术语 226
复习思考题 226
应用案例　吃亏是福？ 226
学习链接 227

第14章　企业社会责任与碳中和 229

开篇案例　企业碳中和 229
14.1　企业碳中和的背景和意义 230
14.2　企业社会责任背景下企业碳中和的独特性与管理难点 233
14.3　企业碳中和的战略路径及CROCS模型 238
本章小结 248
关键术语 248
复习思考题 248
应用案例　蚂蚁集团的碳中和路线图 248
学习链接 249

第15章　企业社会责任2.0 251

开篇案例　国家电网：对每一位利益相关者负责 251
15.1　股东至上与企业社会责任1.0 252
15.2　企业社会责任的扭曲 257
15.3　利益相关者共益与企业社会责任2.0 259
15.4　构建可持续发展商业模式 263
本章小结 273
关键术语 273
复习思考题 274
应用案例　企业正确履行社会责任，助力共同富裕 274
学习链接 274

第 1 章　企业社会责任和社会交换

【学习目标】

1. 掌握企业社会责任的定义及其本质。
2. 理解企业社会责任的社会交换特征。
3. 了解企业社会责任决策的"囚徒困境"博弈。
4. 熟悉企业履行社会责任的最优策略选择。

开篇案例

王老吉的社会责任担当

2003 年,"怕上火,喝王老吉"的广告词席卷全国,从此王老吉凉茶获得了迅速发展。

2008 年,汶川大地震,全国各地企业纷纷向汶川灾区捐资捐物,相比于大部分企业捐赠从几十万元到上百万元不等的数额,陈鸿道带领的王老吉集团体现了优秀企业的担当,捐赠 1 亿元的款项支援灾区。

2008 年 5 月 18 日晚,在央视一号演播大厅举办的"爱的奉献——2008 抗震救灾募捐晚会"上,王老吉相关负责人郑重表示,"此时此刻,加多宝集团、王老吉的每一位员工和我一样,虔诚地为灾区人民祈福,希望他们能早日离苦得乐"。

这一举动在当时引起巨大轰动,让许多业内人士为之震惊,全国各大媒体争相报道,不少民众也纷纷表示,"王老吉捐 1 亿元,我们就让它赚 10 亿元",要以"清空"王老吉来回报这一善举。2008 年,王老吉的销售额直接突破 100 亿元,远远超过了可口可乐和百事可乐的销售额，成为国内饮料销售额的第一名。在随后的几年里，王老吉更是一路向前，达到了 200 亿元的销售额。王老吉也成为国民级凉茶品牌。

虽然 2015 年后中国凉茶行业增速放缓，王老吉凉茶的发展也遇到了一些阻碍，但王老吉集团依旧坚持从事社会公益事业。新冠疫情暴发的时候，王老吉品牌所属企业广药集团迅速通过广东省红十字会向湖北、广东等省份捐赠价值 1 200 万元的药品、防护用品等急需物资，积极承担社会责任。

资料来源：网易新闻. 广药集团捐赠 1200 万元急需药品及物资驰援武汉等地[EB/OL]. (2020-01-28) [2022-12-05]. https://www.163.com/dy/article/F40MPQIK05129QAF.html.

1.1 企业社会责任的本质和社会交换特征

企业社会责任（corporate social responsibility，CSR）是指企业通过回应利益相关者的诉求而采取有利于提升利益相关者福利的行为。企业社会责任有三个方面的特征：一是企业履行社会责任有利于提升利益相关者的福利；二是企业通过履行社会责任建立与利益相关者之间的社会交换关系；三是企业履行社会责任要消耗企业的资源而付出成本。

学术界对 CSR 的定义众说纷纭，目前比较常用的是阿吉尼斯（Aguinis，2011）对 CSR 所下的定义，并被许多学者采用（如 Rupp，2011；Rupp，Williams，and Aguilera，2011）：企业社会责任是企业在考虑利益相关者的期望和企业的经济、社会与环境绩效这三重底线后所采取的具体的组织行动和决策。这一定义同样强调了企业履行社会责任是回应利益相关者诉求的手段，并明确了它涉及的 3 个主要范围。

| CSR 聚焦 1-1 |

企业社会责任的定义

1953 年，"企业社会责任之父"霍华德·R. 鲍恩（Howard R. Bowen）最早提出企业社会责任的定义，认为企业有责任按照社会整体的目标和价值观来制定企业政策、目标，进行决策并采取行动；1960 年，凯斯·戴维斯（Keith Davis）指出商人的社会责任需要与他们的社会权力相称；1963 年，约瑟夫·W. 麦克奎尔（Joseph W. McGuire）提出，公司除了承担法律和经济义务之外，还应该对政治、社区的社会福利，以及员工的教育和幸福承担责任。麦克奎尔对企业社会责任第一次进行了详细的范围划分。

1971 年，美国经济发展委员会（committee for economic development，CED）提出包含经济职能、对社会和环境变化承担责任和更大范围地促进社会进步的其他责任（如消除社会贫困）的"三个中心圈"的企业社会责任概念。1979 年，阿奇·B. 卡罗尔（Archie B. Carroll）提出了企业社会责任的第一个规范定义：企业社会责任包括特定时期内社会对企业提出的经济、法律、道德和慈善期望。

阿奎莱拉（Aguilera）等（2007）指出随着社会对企业社会责任的关注和学者对其前因后果的研究增多，对企业社会责任概念的定义也越来越多，这些定义涵盖了广泛的观点。英国杂志《经济学人》（*The Economist*）在 2005 年对企业社会责任的定义进行了一项调查，将企业社会责任的概念综合为"通过做好事而获得成功的艺术";亨德森（Henderson）（2001）将企业社会责任作为公司的一项经营活动进行定义，即通过与不同的利益相关者保持紧密联系，促进公司在经济、环境、社会方面的可持续发展，这一定义与伍德（Wood）（1991）对企业社会责任的定义一致；此外，沃多克（Waddock）和波德维尔（Bodwell）（2004）以利益相关者为中心对企业社会责任进行定义，即"作为公司的运营实践（政策、过程和程序）而影响利益相关者和自然环境的方式"。

资料来源：AGUILERA R V, RUPP D E, WILLIAMS C A, 2007. Putting the S back in corporate social responsibility: a multilevel theory of social change in organizations[J]. Academy of Management Review, 32(3): 836-863; AGUDELO M A L, JÓHANNSDÓTTIR L, DAVÍDSDÓTTIR B, 2019. A literature review of the history and evolution of corporate social responsibility[J]. International Journal of Corporate Social Responsibility, 4(1): 1-23.

1.1.1 有关企业社会责任的传统观点

企业和利益相关者之间的关系，以及企业社会责任在构建与维护企业和利益相关者之间的关系中所发挥的作用，这两个方面构成了理解相关问题的焦点。现代企业社会责任的理念和实践起源于西方资本主义国家，并且随着社会经济的发展而不断演化。早期，弗里德曼（Friedman）（1970）提出企业的社会责任就是创造更大的经济价值，这成为20世纪70年代的主流观点。但是，随着资本主义社会中社会矛盾的不断激化和自然环境的不断恶化，越来越多的社会群体（包括政府机构、非营利组织、媒体、公众等）意识到企业在创造经济价值的同时也可能给自然环境和社会环境带来了巨大的破坏（如造成污染环境、加剧社会不公），企业不能一味地追求经济价值，还需要关注自然和社会。

由此，企业社会责任1.0（CSR 1.0）开始出现，强调企业还需要承担经济责任之外的社会责任。但是，为了推动企业履行社会责任，理论界依然是基于企业经济价值最大化的视角声称企业履行社会责任也能提高经济价值，而试图说服公司高管和投资者接受企业社会责任理念。利益相关者理论（stakeholder theory）的出现为构建企业社会责任1.0理论体系提供支撑，并形成两个方面的主要观点：一方面，在正常的商业环境（normal business situation）下，企业履行社会责任能帮助企业获得合法性（legitimacy）和提升声誉（reputation），从而得到利益相关者的支持和最终提升企业财务绩效；另一方面，即便是在企业面临自身制造的危机情形下（crisis situation），企业履行社会责任也能积累道德资本（moral capital），降低利益相关者对企业无良行为的负面反应（Godfrey，2005），从而保护企业财务绩效少受损失。

由此可见，企业与利益相关者之间的关系是理解企业社会责任行为动机和效果的关键。利益相关者对企业社会责任的感知（perception）、判断（judgement）和反应（reaction）构成了企业社会责任理论和实践的基石。故而，现有企业社会责任的知识体系更多关注的是解决"如何做"的问题（how），即研究企业担负怎样的社会责任能够达到最佳的经济效果（本质上还是将企业社会责任视为企业提升绩效的工具，详见第15章）。例如，大量的理论研究分析了企业社会责任如何影响各利益相关者，如投资者、消费者、供应商、政府、媒体等，进而提升企业绩效。因此，企业社会责任相关教材也主要介绍各种面向特定利益相关者的企业社会责任行为方式，且重在传授有关企业社会责任的"术"，即关注功利化导向的社会责任（pragmatic CSR）。

显然，要理解和掌握企业社会责任的理论并更好地指导实践，我们需要搞清楚企业与利益相关者之间的关系特征，以及企业社会责任在其中应该发挥怎样的作用（normative CSR）。所以，本书尝试从"关系"这个关键点入手，构建一个"关系"视角的企业社会责任理论体系，以回答"为什么"的问题（why）。

1.1.2 利益相关者及其诉求

1. 利益相关者

通常，可以把企业看成一个通过输入资源进行加工而产生影响效应（如制造产品、雇用员工、服务社会）的组织。企业输入资源（人、财、物）的来源从根源上来说是由不同的社会群体提供的，如员工、投资者、供应商等。那么，企业的生产活动就受到这些社会群体的影响。企业输出的既可以是商品和服务，如为消费者提供商品；也可以是由此而产生的附带（外部性）影响（externality），如企业的生产活动影响当地环境。故而，企业开展经营活动必然会与各种社会群体建立相互影响的联系，这些为企业提供资源，以及受到企业生产活动影响的社会群体都是企业的利益相关者（stakeholders），如图1-1所示。

图1-1　企业与利益相关者的关系

| CSR 聚焦 1-2 |

利益相关者理论

1965年，伊戈尔·安索夫（Igor Ansoff）在《公司战略》一书中首次提出利益相关者理论，他认为要制定理想的企业目标，就必须综合考虑企业的诸多利益者之间相互冲突的索取权，包括管理人员、工人、股东、供应商和顾客等。1984年，弗里曼（Freeman）将当地社区、政府和环保主义者等部门纳入研究范畴，明确提出利益相关者是指那些对企业战略目标的实现产生影响或者能被企业实施战略目标过程影响的个人或团体。我国学者综合上述观点指出，利益相关者是指那些在企业的生产活动中进行了一定的专用性投资，并承担了一定风险的个体和群体，其活动能影响或改变企业的目标，或者受到企业实现其目标过程的影响。

到20世纪90年代，利益相关者理论开始和企业社会责任研究相结合，利益相关者理论特别关注了利益相关者与企业之间的互动关系，这恰恰会把企业利益与利益相关者的利益紧密地联系在一起，即利益相关者是通过企业价值分配来实现自身利益的，这正是利益相关者参与和影响企业社会责任具体工作的原因。

资料来源：刘爱军，钟尉，2016.商业伦理学[M].北京：机械工业出版社.

利益相关者指的是能对企业行为产生影响或企业行为对其产生影响的社会群体。

第一，社会群体因为能对企业生产经营活动产生影响而构成企业的利益相关者。某一社会群体能对企业产生影响，可以是基于经济关系产生的影响，也可以是基于非经济关系产生的影响。在基于经济关系产生的影响中，社会群体因为掌握企业所需要的资源而决定企业的经营活动，并且企业需要就社会群体所提供的资源付出经济代价（如按照协商好的价格进行公平交易）。例如，投资者投资于企业而为企业提供开展经营活动所需的资金，所以投资者是企业的利益相关者且从企业获得投资回报；员工受雇于企业而为企业提供人力和智力去完成企业的生产经营活动，所以员工是企业的利益相关者且从企业获得劳动报酬。

在基于非经济关系产生的影响中，社会群体同样因为掌握企业所需要的资源而影响企业的经营活动，但不同点在于这些社会群体并非因为提供这些资源而从企业获得直接的经济利益。例如，媒体对企业的报道会影响企业的声誉，因此媒体是企业的利益相关者；政府制定的规章制度影响企业的生产活动，因此政府也是企业的利益相关者。但是，一般而言，企业并不需要因为得到这些社会群体的支持而直接付费，如不为媒体的报道、员工的忠诚、社区的支持、政府制定的政策付费。

第二，企业的行为也会对社会群体产生影响，并且这种影响既可以是由于企业行为所产生的直接影响，也可以表现为企业行为的间接影响。首先，企业通过生产活动提供的商品和服务满足了消费者的需求而对消费者产生直接影响，因此消费者是企业的利益相关者；其次，企业的生产活动产生外部性而影响社区居民的生活。例如，一家化工厂排放烟尘就会污染周围环境，进而影响当地居民的身体健康，当地居民的生活就受到化工厂生产行为的影响而成为企业的利益相关者。

从传统意义上讲，公司的利益相关者包括投资者、员工、消费者、供应商、政府、媒体、社区等；随着社交媒体的兴起，网络用户也成为重要的利益相关者。当然，在众多的利益相关者中，不同的利益相关者对公司的影响，或者说所掌握的资源对公司的重要程度不同，据此也将利益相关者划分为主要利益相关者（primary stakeholder）和次要利益相关者（secondary stakeholder）。一般而言，投资者、员工、消费者和供应商都是公司的主要利益相关者；而媒体、社区则显得没有那么重要。但是，需要强调的是，这种划分方式并不是固定的，对于不同类型的公司或同一公司在不同时期或不同环境下，利益相关者的重要性也在变化。

| CSR 聚焦 1-3 |

利益相关者的重要性

企业的利益相关者是多元而复杂的，不同的利益相关者对于企业的影响程度也是不一样的。因而，众多利益相关者并不需要"等量齐观"。企业资源的有限性也使企业难以同时满足其众多利益相关者的诉求，因而需要识别出对企业战略推行起关键作用的关键利益相关者。米切尔（Mitchell）等（1997）从企业利益相关者的合法性、影响力，以及紧急性角度去识别关键利益相关者。其中，利益相关者的合法性指的是利益相关者提出的利益诉求是合乎社会规范的（即是恰当、合理的）；影响力指的是利益相关者对企业的影响程度；紧急性指的是企业在多大程度上需要满足利益相关者诉求。

围绕这三个维度便可构建各利益相关者合法性、影响力及紧急性的评价指标体系。随后利用如下公式去计算企业各利益相关者重要性的最终得分。

$$S = \sum_{i=1}^{3}\sum_{j=1}^{n} C_{ij}$$

式中，S 表示各利益相关者的最终得分；i 表示各评价维度（合法性、影响力、紧急性等三个维度）；j 表示各评价维度的评价指标；C_{ij} 表示各评价维度的各评价指标的得分。若利益相关者的最终得分越高，则其对企业起到的关键作用就越强。

资料来源：贾明，2022."一带一路"沿线中国企业海外社会责任[M]. 北京：科学出版社.

2. 利益相关者诉求

企业为了维持"输入-输出"系统的正常运行，就需要建立与利益相关者之间的良好关系，从而能持续获得利益相关者的支持，如投资者继续投资、员工努力工作、社区居民支持企业运行、政府提供优惠政策支持企业投资、媒体宣传企业形象等。企业履行社会责任作为企业用于建立与利益相关者之间良好关系的战略途径，其有效性取决于在多大程度上能满足利益相关者的诉求（claim）。企业要想通过履行社会责任来提升利益相关者的福利，就需要识别利益相关者的诉求而后采取有针对性的社会责任方式。

不同的利益相关者有不同的利益诉求，这与利益相关者自身的特征，以及与企业的关系特征等密不可分。通常，股东的利益诉求是获得投资回报，如企业分红和保护投资者利益；员工的诉求是获得工资和福利；而政府的诉求则是企业合法经营和纳税；媒体的诉求是企业提供新闻素材；消费者的诉求是获得物美价廉的商品或服务等。只有明确了利益相关者的诉求，企业在履行社会责任的时候才有目标，从而有的放矢，实现企业社会责任的作用。

1.1.3 企业社会责任与社会交换关系

如前所述，企业与利益相关者之间通过构建交换关系所交换的对象既可以是货币形态的经济资源，如与投资者交换资金、与供应商交换原材料等，也可以是非货币形态的，如投资者的信任、社区的支持、员工的忠诚等。这里，交换关系既包括经济交换（economic exchange），也包括社会交换（social exchange）。

1. 经济交换关系和社会交换关系的对比

经济交换指的是企业和某一社会群体之间建立起基于价格机制的交换关系，如消费者按照商品价格购买商品，企业与消费者之间就构成经济交换关系。另外，企业与供应商、投资者之间也存在经济交换关系。这种交换关系具有强制性，双方都有明确的责任和义务，并且法律制度也对双方如何履行各自的职责做出了明确的规定。

社会交换指的是合作双方建立在信任基础上但没有明确职责界定的交换关系。例如，企业与社区、员工、政府之间的相互信任和相互支持行为。企业可以通过提高员工福利、保障员工工作安全等途径来建立和提升员工忠诚度,从而能让员工愿意与企业同甘共苦;同样地,企业也可以通过支持政府渡过难关而得到政府的信任和后续政策的优待。

| CSR 聚焦 1-4 |

社会交换理论

社会交换理论(social exchange theory, SET)是组织研究领域的一个重要理论。社会交换理论认为,一方只有在获得回报的前提下才愿意主动维系与另一方的交换关系,正是这种"互惠需要"驱动了社会交换行为的产生。传统意义上,社会交换理论基于直接互惠机制,即 A 有义务偿还 B 过去的支持。

现有研究提出,广义互惠可以扩展到二元交换之外,包括三种主要的广义互惠类型(Westphal et al., 2012;Khadjavi, 2016)。因此,贾(Jia)等(2018)根据合作伙伴之间交换过程中的互惠类型,将社会交换理论的含义分为四类,具体见表 1-1。

表 1-1 社会交换理论下的互惠类型

社会交换的类型	直接互惠	广义互惠		
		链式间接互惠	社会间接互惠	群体间接互惠
含义	A 帮助 B,因为 B 曾帮助 A	B 帮助 C,因为 C 曾帮助 B	C 帮助 A,因为 A 曾帮助 B	群体内成员互相帮助
应用	角色A ↔ 角色B 直接互惠	角色A → 角色B → 角色C 链式间接互惠	角色A, 角色B, 角色C 社会间接互惠	角色A, 角色B, 角色C 群体间接互惠
例子	高管与员工之间的直接互惠,如高管给员工更高的工资福利等,员工更努力工作回馈高管	献血——曾接受过捐血的人更愿意去献血;期刊评审——评审专家自己的论文曾被别人评审过,所以也愿意去评审其他人的文章	A 企业 CEO 正面评价和支持处于低谷的 B 企业,当 A 企业处于低谷时,也会得到其他同行 CEO 的帮助,见 CSR 聚焦 4-2;顾客看见理发师协助募捐之后更可能给理发师小费,见 CSR 聚焦 4-13	同一个村的村民经常集中在一起相互帮助

资料来源:JIA M, XIANG Y, ZHANG Z, 2018. Indirect reciprocity and corporate philanthropic giving: how visiting officials influence investment in privately owned Chinese firms[J]. Journal of Management Studies, 56(2): 372-407.

经济交换和社会交换虽然都是交换关系,即资源在企业和利益相关者之间流动,但是两者也存在本质的差别。

第一,经济交换具有强制性,即双方必须按既定的市场规则来执行(market-based)。即便是企业需要同时与不同的利益相关者开展经济交换,如给供应商付款和向消费者销售商品，这些经济交换关系之间也不会发生相互影响而改变企业的交换方式，原则上企业不能因为给供应商支付货款而向消费者额外索取更高的产品销售价格，各利益相关者都需要按照既定的市场规则来完成交易。

社会交换则是建立在信任的基础（trust-based）之上的，一方在接收到另一方所提供的好处（favor）后，会根据情况给予回馈（不一定马上回馈）。这样一来，当企业面对不同的利益相关者群体时，就可能会因为回应某一群体的诉求而改变对另外一个群体的诉求回应方式。例如，企业因改善员工工作环境而加大工厂改造投入，就会降低企业向投资者分红的水平。

第二，经济交换是建立在价格机制基础上的，可以通过市场化手段进行调节。例如，企业给消费者提供的商品和服务就有明确的价格，而公司为了吸引消费者，就可以通过提供物美价廉的商品或服务来实现。在社会交换过程中就不存在这样的价格机制，我们无法对企业给予利益相关者的支持行为进行定价。例如，新冠疫情发生后，许多企业第一时间捐款捐物，这个捐献的物资虽然本身有其市场价格，但是在特殊的时期，无异于雪中送炭，其给予政府和社区的支持是无法用价格来衡量的。故而，我们不能说一家企业捐款1 000万元就比捐款100万元的更有善心，慈善做得更好。在社会交换过程中，受惠方对交换资源的价值评估是基于内在的感受来判断的，而如何给予回馈，也是基于主观上的感受，如信任关系来开展的。

第三，经济交换往往是短期行为，并不需要知道双方的声誉和合作历史情况，如消费者到商店购买商品，其决策依据是商品本身的性能和价格，完成交易后，双方的交换关系宣告结束。社会交换则关注长期交易行为，双方都会关注对方的声誉和历史表现，并且通过一次次的重复交换会不断加强双方之间的信任。例如，企业和员工之间的关系就是随着企业对员工的支持和关心而不断培养起员工的忠诚度和奉献精神。

2. 企业社会责任的社会交换特征

根据以上对经济交换关系和社会交换关系的对比来看，对于企业通过履行社会责任而与利益相关者所构建的交换关系而言，它的性质属于社会交换的范畴。这是因为经济交换关系有明确的制度规范来约束交易双方的行为，故而存在很明确的责任范围和交易方式，如购买商品按照商品价格进行交易。

当企业面对众多不同的利益相关者及其不同的诉求时，企业是否及如何履行社会责任，以及企业履行社会责任后利益相关者是否知道，以及何时、通过何种方式回应企业都不确定。这些问题都是从社会交换视角来分析企业社会责任需要关注的要点。

据此，如图1-2所示，本书中并不把企业的市场行为纳入社会责任的范围，而认为基于市场机制完成的经济交换是企业存在的必然义务，故而具有强制性。当然，这两者的界限有时候并不是特别清晰。例如，企业以低于市场的价格销售商品让利给消费者，这种行为也可以认为属于企业的社会责任范畴。2021年下半年，在煤炭价格大涨之际，山西煤炭企业为了维持国家煤电价格稳定，主动响应国家号召降价销售煤炭就是企业履行社会责任的体现。

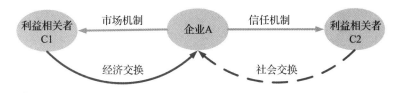

图 1-2 企业与利益相关者之间的经济交换和社会交换

第一，企业有决定如何履行社会责任的权力。企业社会责任并不是强制的法律义务（虽然国家鼓励企业参与社会公益事业、承担社会责任），企业履行社会责任的动机受到企业内外部许多因素的影响（见第 2 章）。许多学者认为企业社会责任具有自愿性，属于企业的自愿行为。但是，又有学者提出企业也会因受到制度压力而履行社会责任。这里看似存在矛盾，但是并不矛盾。原因在于虽然企业会迫于制度压力而履行社会责任，但是何时及如何履行社会责任仍受到企业自身的控制。例如，政府分派的扶贫任务、在投资者积极主义（investor activism）的压力下企业采取的投资者保护措施等，企业在执行这些具体的社会责任行为方面存在很大的灵活选择空间。例如，罗（Luo）等（2017）的研究就指出在制度压力下虽然企业会尽早主动发布社会责任报告，但是发布的报告质量可能较低。

| CSR 聚焦 1-5 |

制度压力与企业社会责任行为的灵活性

当企业面临制度压力（如政府法规和指导方针）时，会更加积极地履行社会责任并发布社会责任报告。然而当企业面临冲突的制度压力时，会采取什么样的策略呢？为解决这一问题，罗（Luo）等（2017）进一步提出制度复杂性（institutional complexity）的概念，研究发现当企业面临中央政府和地方政府的冲突诉求时，即中央政府要求企业积极承担社会责任，而地方政府更重视当地 GDP 的增长，要求企业更多地盈利时，企业会采取"尽早发布企业社会责任报告，但报告质量较低"这一策略进行回应。

另外，现有研究均强调依赖于政府的企业为了获得政治合法性、政府资源和建立竞争优势，会更加积极响应政府号召。然而，这些研究忽略了当地方政府依赖于企业时，企业如何响应。向（Xiang）等（2021）基于制度理论，指出当企业面临强制性制度压力时，如果忽略政府的诉求会失去政治合法性，但如果积极满足政府诉求将导致自身经济效率的损失。因此，当政府对企业依赖程度高时，企业为了获得政治合法性需要满足政府诉求，但是此时企业也有足够的能力与政府讨价还价，进而获得经济效益，最终能够采取适度模仿性策略（modest imitation）去回应强制性制度压力（如参与精准扶贫），即地方政府对企业的依赖程度高，企业更可能选择模仿性策略去参与精准扶贫，进而使企业参与精准扶贫的金额与同地区的平均水平保持一致。

资料来源：LUO X R, WANG D, ZHANG J, 2017. Whose call to answer: institutional complexity and firms' CSR reporting[J]. Academy of Management Journal, 60(1): 321-344; XIANG Y, JIA M, ZHANG Z, 2021. Hiding in the crowd: government dependence on firms, management costs of political legitimacy, and modest imitation[J]. Journal of Business Ethics: 176(4): 629-646.

第二，利益相关者对企业社会责任的回应方式取决于利益相关者本身。就企业社会责任的具体内容而言，根据所回应的利益相关者诉求的不同，也可以分成多种类型，如卡罗尔（Carroll）（1991）的企业社会责任金字塔模型，它包括面向投资者的经济责任、面向政府的法律责任、面向员工的伦理责任和面向社区的慈善责任等。不同的利益相关者对企业各种类型的社会责任表现的评价、反应各不相同。第3章讨论单一利益相关者对企业社会责任的反应。

| CSR 聚焦 1-6 |

企业社会责任金字塔

美国佐治亚大学的卡罗尔（Carroll）教授早在1979年就把企业社会责任概括为四个类别：经济责任、法律责任、伦理责任和自觉责任。1991年，卡罗尔将自觉责任改为慈善责任，并正式提出"企业社会责任金字塔"模型，如图1-3所示。其中，经济责任是最基础的也是占最大比例的责任，法律责任、伦理责任和慈善责任依次向上递减。这四个责任并不是相互排斥的，也不是相互叠加的，这样排列的目的只是强调社会责任的发展顺序。在历史发展中，社会首先强调企业对股东的经济责任，此后依次是企业的法律责任、伦理责任和慈善责任。

"企业社会责任金字塔"模型概括了企业社会责任中的多个维度，受到学者们的广泛引用。该模型表明企业不仅需要为股东创造利润，也需要遵守法律，承担伦理责任和慈善责任，最终成为一个好的企业公民。

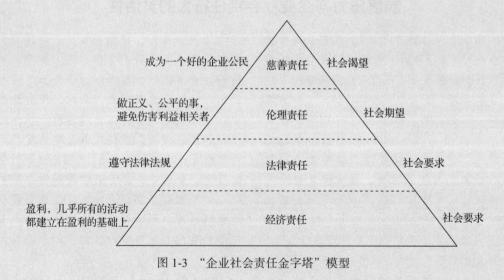

图1-3 "企业社会责任金字塔"模型

资料来源：CARROLL A B, 1991. The pyramid of corporate social responsibility: toward the moral management of organizational stakeholders[J]. Business Horizons, 34(4): 39-48.

第三，企业社会责任表现不仅会影响直接受益的利益相关者，还会使其他社会群体受到企业声誉的影响。企业为员工提供良好的工作环境、善待员工，不仅会吸引更多的潜在求职者慕名而来，也会得到政府的表彰、媒体的赞扬和投资者的支持；而企业污染环境则不仅会损害当地居民的利益，还会招致政府处罚、投资者抛售股票、消费者抵制购买产品等。故而,企业社会责任的效应具有外溢性。第 4 章会进一步分析企业社会责任的间接影响(indirect vs. direct effect)。

第四,由于企业的利益相关者群体众多,而企业在回应不同利益相关者诉求时会采取不同的社会责任方式,从而会使企业社会责任行为产生不一致(inconsistency)的情况,如在对投资者履行社会责任的同时忽视了消费者、员工的利益诉求。第 5 章将讨论企业社会责任行为的不一致。

第五,由于利益相关者与企业之间的信息不对称,企业履行社会责任的表现有时不容易被证实(verification)而导致利益相关者并不了解。例如,企业对外捐赠金额如果不公布,利益相关者就不能掌握企业捐款的情况。故而,企业社会责任沟通(CSR communication)就成为企业社会责任战略的重要组成部分。第 6 章主要讨论企业社会责任沟通,第 7 章重点介绍企业社会责任报告的相关内容。

第六,利益相关者的重要性,以及诉求并不是固定不变的,而是会随着企业经营环境及诉求被满足的状况而变化。这就需要企业根据利益相关者的变化调整社会责任战略。第 8 章讨论这方面的问题。

此外,经济交换关系和社会交换关系并不是孤立存在的,两者相互作用、相互影响。良好的经济交换关系有利于社会交换关系的形成,如企业按照市场原则进行交易有利于获得消费者的长期信赖;良好的社会交换关系也有利于经济交换关系的建立,如企业持续关注产品质量有利于吸引更多的消费者购买。

1.1.4 企业社会责任的成本

企业履行社会责任需要付出一定的代价,而这实际上是企业将自身的经济利益转移给利益相关者以提高利益相关者的福利水平,类似于"利他"(altruism),但并不是"无私利他"。企业履行社会责任的成本包括人力成本和经济成本,这也与企业社会责任的实施方式相关。例如,企业捐赠可以是现金捐赠,也可以是物资捐赠;企业参与扶贫既包括资金投入,又需要人力投入;企业改善员工工作环境涉及企业制度和文化建设;企业保护消费者利益则涉及提升产品质量等。通常,我们更关注企业社会责任的经济成本。例如,在现有文献中普遍采用企业现金捐赠的金额来衡量企业的慈善水平。

| CSR 聚焦 1-7 |

企业社会责任成本的构成

我国学者林万祥在《成本会计研究》一书中提出企业社会责任主要包括生产经营活动、利益相关者合法权益、环境、企业内部制度建设活动四大领域,相应会产生经营责任成本、维权责任成本、环境责任成本、制度责任成本这四类企业社会责任成本。根据企业社会责任范围界定的四个维度,以及企业社会责任成本概念的表述特征,具体地把企业社会责任成本的构成分为六类,包括社会人力成本、自然资源使用成本、土地使用成本、环境责任成本、社区公益成本和安全责任成本。

国外学者斯布林克（Sprinkle）和梅因斯（Maines）（2010）同样指出，与企业社会责任相关的成本可以通过识别企业社会责任相关的活动来确定，如员工福利、企业慈善捐赠和环境保护等活动产生的成本。除此之外，企业社会责任成本还包括公司由于从事社会责任活动而无法进行其他活动，从而造成的损失，即机会成本。

资料来源：林万祥, 2008. 成本会计研究[M]. 北京：机械工业出版社；SPRINKLE G B, MAINES L A, 2010. The benefits and costs of corporate social responsibility[J]. Business Horizons, 53(5): 445-453.

企业社会责任是建立与利益相关者之间的社会交换关系的手段，虽然企业给予对方"好处"的时候并不能保证一定得到回报，但企业预期利益相关者会给予回馈或利益相关者的回馈对企业而言是非常稀缺的资源。这种观点实际上就是强调企业履行社会责任作为一种资源交换行为，一定要能从受惠方那里得到回报。也就是说企业做出"利他"的表现后，受惠的利益相关者也要基于"互惠"（reciprocity）的原则回馈企业。因此，企业社会责任一直被纳入公司战略的范畴，即作为经济组织，企业履行社会责任要有可见的好处。

这一观点的价值在于能够激发企业将履行社会责任与战略和经济利益有机融合，在推动企业履行社会责任的同时提升企业经济利益，但其中也存在诸多弊端。也正是如此，许多企业因看不到经济回报而放弃履行社会责任。这就表明企业履行社会责任更多是出于经济动机，或是实现与利益相关者开展社会交换的手段，目的是获得利益相关者的回馈。纯粹利他动机的社会责任行为很难在经济利益至上的企业中发生（第15章会进一步讨论这个问题）。

1.2 企业与利益相关者之间的关系和"囚徒困境"

企业社会责任领域有三个经典问题。第一，企业为何履行社会责任？第二，企业履行社会责任能带来什么？第三，企业应该如何履行社会责任？有关企业社会责任的动因、后果和行为方式的讨论是理论界和实务界都非常关注的问题。要理解这三个问题，就需要结合资源基础理论和资源依赖理论，认识到企业的生存与发展是受到众多利益相关者影响的。利益相关者所掌握的稀缺资源是构建企业核心竞争力的基石；而企业如何确保从利益相关者那里获得这些资源就成为企业重要的战略考量。

| CSR 聚焦 1-8 |

资源基础理论和资源依赖理论

所谓资源基础理论（resource-based view, RBV），是指企业是各种资源的集合体，出于各种原因，企业拥有的资源各不相同，即具有异质性，进而决定了企业竞争力的差异。资源基础理论是指导企业资源管理实践的关键理论，自提出以来伴随社会需求的升级和管理实践的进步而逐步发展。

1959年，彭罗斯（Penrose）聚焦组织内部成长创造性地将企业看成资源的集合，指出企业对包括人力资源、实物资源等在内的异质性资源的有效获取和科学配置，可以助力自身绩效提升并进一步塑造区别于其他企业的竞争优势，从而促进自身稳步成长，这为资源基础理论的诞生奠定了基础。

随着全球经济的持续发展和生产力的逐步提升，企业的竞争逐渐由大机器的竞争向资源的竞争转变。1984年，沃纳菲尔特（Wernerfelt）在彭罗斯的基础上提出资源基础观，指出对资源的关注是企业进行战略选择的逻辑起点，并强调企业依托异质性资源、知识及能力构建资源壁垒是解释企业获取高额利润的关键，这标志着资源基础理论的诞生。在此基础上，巴尼（Barney）于1991年进一步指出企业战略选择依赖于对自身独特资源与能力的分析，认为组织所掌握的信息充分与否对战略资源获取有重要影响，并提出企业获取竞争优势的基础在于其拥有的资源具备价值性、稀缺性、不可模仿性和不可替代性。

所谓资源依赖理论（resource dependence theory，RDT），是指一个组织最重要的存活目标，就是要想办法降低对外部关键资源供应组织的依赖程度，并且寻求一个可以影响这些供应组织，以使关键资源能够稳定掌握的方法。

资源依赖理论属于组织理论的重要理论流派，是研究组织变迁活动的一个重要理论，萌芽于20世纪40年代，20世纪70年代逐渐形成，与新制度主义理论一起被并列为组织研究中两个重要的流派。其主要代表著作是菲佛（Pfeffer）和萨兰基克（Salancik）在1978年出版的《组织的外部控制》，书中提出四个基本理论假设：组织最重要的是关心生存；为了生存，组织需要资源，而组织自己通常不能生产这些资源；组织必须与它所依赖的环境中的因素互动，这些因素通常包含其他组织；组织生存建立在一个控制它与其他组织关系的能力基础之上。由此可见，资源依赖理论的核心假设是组织需要通过获取环境中的资源来维持生存，没有组织是自给的，都要与环境进行交换。

资料来源：张璐，王岩，苏敬勤，等，2021. 资源基础理论：发展脉络、知识框架与展望[J/OL]. 南开管理评论，1-22. http://kns.cnki.net/kcms/detail/12.1288.f.20210928.0209.002.html. 吴小节，杨书燕，汪秀琼，2015. 资源依赖理论在组织管理研究中的应用现状评估：基于111种经济管理类学术期刊的文献计量分析[J]. 管理学报，12（01）：61-71.

企业社会责任在企业构建和维护与利益相关者之间的社会交换关系中所发挥的作用，成为理解相关关键问题的焦点。"囚徒困境"（prisoner's dilemma）作为博弈论中的经典模型，是研究社会交换关系的起点。这里就顺理成章地借助博弈论中的"囚徒困境"模型来解释企业和利益相关者之间的社会交换关系。所谓"囚徒困境"，指的是参与博弈的两方选择合作时的个人收益小于选择背叛时的个人收益，而可能导致双方都会为了获取最大的个人利益而选择背叛的决策情景。在"囚徒困境"博弈中，个人的最佳选择不是集体的最佳选择；个人的理性选择导致集体的非理性。其中，每一方都有两种策略可以选择：合作或背叛。若一方选择合作，则可能在对方选择背叛的情况下遭受最大的损失；而一方选择背叛，则意味着在损害另一方利益的情况下可能获得自身最大的利益。这样，每一方都有两种策略可选而组成4种可能情况。"囚徒困境"博弈中的核心点在于博弈双方是否相互信任和合作，并且在合作的情况下能得到对双方总体而言最佳的结果。

在公共设施修建的"囚徒困境"博弈中，设想有两户农家（双方都是理性人）为邻居，十分需要有一条好路从居住地通往公路。修一条路的成本为4，每个农家从修好的路上获益为 3。如果两户农家共同出资联合修路，并平均分摊修路成本，则每户农家获得净收益为 3-4/2=1；当只有一户农家单独出资修路时，修路的农家获得的收益为 3-4=-1，即亏损 1，"搭便车"不出资但仍然可以使用修好的路的另一户农家获得的收益为 3-0=3；若两户农家均拒绝出资修路，则两户农家获益均为 0。修路博弈的获益如图 1-4 所示。

		农家乙	
		修（合作）	不修（背叛）
农家甲	修（合作）	甲方获益1 乙方获益1	甲方亏损1 乙方获益3
	不修（背叛）	甲方获益3 乙方亏损1	甲方获益0 乙方获益0

图 1-4　修路博弈的获益

在修路博弈中，对任何一方而言，无论对方选择什么策略，选择背叛（不修路）都是最佳的选择。例如，对甲方而言，当乙方选择背叛的时候，甲方选择合作会亏损 1，而选择背叛则获益 0；如果乙方选择合作，那么甲方选择合作获益 1，而选择背叛则可以获益 3。同样，对乙方而言，最佳策略也是背叛。那么，在"囚徒困境"之下，双方最后的选择都是背叛而都获益 0。这样的结果，也很好地解释了在现实生活中为何个体在追求个人利益最大化的时候会导致社会整体利益的降低。原因在于在"囚徒困境"博弈中，双方都为了各自的利益而难以建立合作关系。

| CSR 聚焦 1-9 |

吉利并购沃尔沃的囚徒困境

2010 年 3 月 28 日，中国大众品牌吉利并购世界上最安全的豪华车品牌沃尔沃，这一事件震惊了世界。吉利因此转型，摆脱了低价车的阴影，成为国内第一家跨国汽车公司。吉利并购的初衷是借沃尔沃的技术和品牌，打造出吉利的高端自主品牌。一方面，重新发挥沃尔沃在欧美等汽车市场的影响力。另一方面，勇于开拓包括中国在内的新兴市场，提升沃尔沃的市场占有率和国际竞争力。

然而，吉利并购沃尔沃之后的几年，吉利与沃尔沃之间的博弈并未停歇，吉利和沃尔沃两者共同面对着不同的收益与成本，陷入了经典的"囚徒困境"。并购后在沃尔沃的业务重点上，吉利方面主张沃尔沃走高端路线；而沃尔沃方面想求稳，主张推出更小型、更节能和环保的车型。吉利希望沃尔沃能更快地与吉利融合，从而彻底改变吉利品牌低质、低价的形象，冲击更高端的市场，在国际上打响品牌；而沃尔沃则强调"吉利是吉利，沃尔沃是沃尔沃"，要和吉利"在平等的基础上友好对话"。

资料来源：中国管理案例共享中心.吉利并购沃尔沃的囚徒困境 [EB/OL]. (2013-03-01) [2021-12-04]. http://www.cmcc-dlut.cn/Cases/Detail/1122；新浪财经.沃尔沃袁小林谈吉利并购成功三因素 [EB/OL]. (2020-12-11) [2022-12-05]. https://baijiahao.baidu.com/s?id=1685659919263090088&wfr=spider&for=pc.html.

实际上，企业和利益相关者之间的互动关系也构成"囚徒困境"博弈，这也是导致两者之间在现实生活中既能出现鱼水情深的一面（合作），也会出现关系破裂、对簿公堂的局面（背叛）。对企业而言，合作意味着履行企业社会责任而提高利益相关者的福利，背叛则意味着通过侵害利益相关者的利益来提高企业的经济价值。这也是与企业社会责任相对应的负面行为，即企业无良行为（corporate social irresponsibility，CSIR）。同样，对利益相关者而言，合作意味着为企业的发展提供资源，而背叛则意味着通过侵占企业的资源来实现个体利益的提升。套用图1-4的"囚徒困境"，可以得到企业履行社会责任的"囚徒困境"模型，如图1-5所示。

		利益相关者	
		侵占	支持
企业	CSR（合作）	企业获益A	企业获益B
	CSIR（背叛）	企业获益C	企业获益D

图 1-5　企业与利益相关者之间的"囚徒困境"模型

在四种情形中，如果收益满足条件 D>B 且 C>A，也就是说企业侵害利益相关者获得的收益始终大于与利益相关者合作时获得的收益，那么对企业而言，最佳策略就是背叛（采取企业无良行为）。如果企业确定会选择"背叛"策略，那么对利益相关者而言，最佳策略显然是侵害。这样就产生一种对社会整体而言最差的结果，企业和利益相关者均选择背叛而导致社会整体福利最低。例如，企业污染当地环境，当地居民阻止企业生产，从而导致两败俱伤。

我们希望双方能合作实现互利互惠，在提高各自经济利益的同时提升社会整体福利。但是，要想实现这一点，就需要满足诸多条件：第一，企业选择"合作"情况下能得到的回报（B）要足够大；第二，企业采取"背叛"行为的损失（C）要足够大；第三，利益相关者愿意与企业建立社会交换关系而可能会选择支持企业。当满足这些条件后，无论利益相关者选择怎样的策略，企业都会选择合作（因为企业选择合作的收益都是更大的，A>C 且 B>D），那么双方的合作关系就会建立起来。

在以上三个条件中，第二个条件需要依靠政府的法律制度和行政管理来保障，以约束企业无良行为，加大对企业无良行为的查处和处罚力度，这方面已经有非常丰富的研究，本书不再赘述。本书关注的是如何保障第一条和第三条。实际上，这两条是一个问题，也就是说如何在"囚徒困境"中建立企业与利益相关者之间的社会交换关系？

1.3　"囚徒困境"下的社会交换关系与最优策略选择

1.3.1　重复博弈下的社会交换关系

社会交换关系建立的基础是博弈双方的相互信任，即自愿赋予对方损害自己利益的机会。在单次博弈情形下（a single game），"囚徒困境"中的参与者很难达成默契而都选择"合作"策略。这是因为每一方都会担心对方采取"背叛"行为，并且在单次博弈情形下"背叛"行为是不会受到对方惩罚的（对企业而言，采取背叛行为时的收益大于采取合作时的收益，如 C>A 且 D>B），那么在双方之间就不能可靠地形成"信任"。例如，游客往往因害怕买到假货而不敢在旅游景点买纪念品。在这种情形下，要促成双方的"合作"行为，就需要借助第三方（third party）的监督和惩罚手段，强制性地对双方的行为进行规范和约束，才能达到促成合作的目的。但是，一旦第三方缺失，在单次的"囚徒博弈"中，博弈双方就不能都选择"合作"策略而实现社会福利的最大化。

当单次"囚徒困境"博弈转变成重复博弈（repeated game），即双方重复交易时，任何一方都可以在随后的博弈中根据前一次对方所选择的策略而做出反应。也就是说，一方可以对另外一方的"合作"行为予以回报而继续选择"合作"策略，也可以就另外一方的"背叛"行为进行惩罚而转向选择"背叛"策略。重复博弈中"惩罚"的出现有可能成为维持双方之间信任关系和保持合作的有效机制。例如，企业间合作关系的形成，如建立战略联盟的前提是双方有长期合作。

| CSR 聚焦 1-10 |

战略联盟：企业间重复博弈的理性选择

自从美国 DEC 公司总裁简·霍普兰德和管理学家罗杰·奈杰尔提出战略联盟的概念以来，战略联盟引起管理学界和企业界的广泛关注。特别是 20 世纪 90 年代以后，战略联盟迅速发展成为一种普遍性制度安排。战略联盟一般是由具有共同利益关系的单位之间组成的合作共同体，他们可能是供应商、生产商、分销商之间形成的合作联盟，甚至是竞争者之间形成的合作联盟。战略联盟是企业间相互博弈，形成集体理性，进行合作的结果。

赵庚科和郭立宏（2009）运用重复博弈理论，对区域产业集群内的企业怎样通过多次重复博弈，理性选择合作并形成企业间战略联盟的过程进行理论分析。研究发现，在市场交易中，当多个企业长期处于一个特定区域时，交易过程中企业间会经过多次反复的长期博弈，从而建立区域产业集群内企业的长期稳定合作激励机制，进而促使集群内企业间合作。

资料来源：赵庚科，郭立宏，2009. 基于重复博弈的区域产业集群内多企业间合作激励机制研究 [J]. 管理评论，21(08): 122-128.

对应到图 1-5 中的企业与利益相关者之间的博弈情形，就转化为当企业在上一年选择"合作"策略，即履行社会责任行为（如提高员工福利）而给某利益相关者（如员工）提供好处时，如果员工没有给予企业正向回馈（如提升忠诚度）反而采取"背叛"策略（如旷工），那么企业就会在下一年放弃继续履行社会责任转而采取严格管理员工、强制加班、克扣工资等"背叛"行为，以作为对员工在上一年选择"背叛"行为的惩罚。

如果由于惩罚机制的存在并且也是可信的（企业以很低的成本惩罚利益相关者的背叛行为），利益相关者预测到企业会对其"背叛"行为进行报复，那么对利益相关者而言，当面对企业的合作行为时，最佳的回应方式也是"合作"。这就能建立起互惠关系（reciprocity）。同时，随着企业和员工合作关系的持续发展，双方的信任不断强化，从而有效保障企业和员工都能持续选择"合作"策略。

需要强调的是,在重复"囚徒困境"博弈中,维持双方"合作"的关键在于对"背叛"行为的惩罚要可信(credible),即一方相信对方会对自己的"背叛"行为进行实质性惩罚。这就涉及以下几点:第一,一方知道对方采取了"背叛"行为而损害了自身的利益;第二,施加惩罚的成本不太高,即采取惩罚行为给自身带来的损失不大;第三,一方施加的惩罚对另一方的利益产生显著的负面影响。

上述三点保障了施加惩罚行为是可能的并且会因产生实质性影响而可信。如果一方缺乏对另外一方施加惩罚的能力,如施加惩罚的成本过高或不掌握惩罚对方的资源,那么这种惩罚机制就不可信,故而也就难以在双方之间建立起长效的合作机制。例如,企业给投资者分红希望投资者能长期持有股票,但是如果投资者抛售股票,企业也没有有效的途径去惩罚这些投资者。故而,在企业和投资者之间也很难基于分红来形成长效的合作机制;投资者往往会根据企业的未来业绩来选择是否继续持有股票。同样的问题也存在于企业与消费者之间的合作中,企业低价销售产品并不能保证消费者不去购买其他商品,因为企业如果惩罚某些消费者,限制其购买企业产品,对消费者而言并没有多大损失。更可怕的是当消费者不能给企业施加可信的惩罚时(例如,消费者并不知道被企业欺骗),企业无良行为就会出现。

| CSR 聚焦 1-11 |

三鹿毒奶粉事件:基于信任的互惠机制被打破

2008年9月,河北省石家庄市三鹿集团股份有限公司生产的三鹿牌婴幼儿配方奶粉受到三聚氰胺污染,导致全国多名曾食用该奶粉的婴幼儿出现泌尿系统结石。除三鹿外,众多国产乳品企业均涉及三聚氰胺问题。

"三聚氰胺"事件引发了人们空前的恐慌。本是让宝宝健康成长的奶粉,却因为部分无良商家掺入了三聚氰胺而成为"毒奶粉"。据通报,截至2008年11月27日,全国共有294万名婴幼儿因食用问题奶粉患泌尿系统结石,重症患儿154人,死亡11人。这些数字触目惊心!2009年2月,三鹿集团正式宣告破产,相关负责人受到法律惩罚。然而,消费者对国产乳业的信任也被彻底打破,纷纷转向购买进口奶粉。

不可否认,在三鹿毒奶粉事件发生后,国产奶粉质量的进步有目共睹。国家有关部门为确保乳品安全,也陆续出台了《乳品质量安全监督管理条例》《原料乳与乳制品中三聚氰胺检测方法》等规定。即便如此,多数消费者还是认为,国产奶粉质量不如进口奶粉;市场上,很多"奶爸奶妈们"仍选择购买进口奶粉。"一朝被蛇咬,十年怕井绳",基于信任的互惠机制一旦被打破便很难重建。

资料来源:任震宇.黑色记忆[N].中国消费者报,2009-03-13(17);顾仲阳.国产奶粉路还很长[N].人民日报,2013-05-13(17).

1.3.2 重复"囚徒困境"博弈下的最优策略选择

1. 固定合作对象之间的重复博弈

在重复"囚徒困境"博弈中,不排除一方会利用对方的信任而选择"背叛"行为。

但是，根据重复"囚徒困境"博弈中的最优策略选择的研究来看，这种用"背叛"回应对方"合作"的行为并不是最优策略。最常见也是最有效的策略就是此前所描述的"以牙还牙"（tit for tat）策略。无论是企业还是利益相关者，实际上都会遵循这一策略原则来发展与对方的交换关系。这一策略的好处是无须第三方的存在就能维持合作关系，并且也很容易在交易过程中得以运用。实际上，如果放弃采取这一策略，如背叛与自己合作的人，或者与背叛自己的人合作等，长期来看都会使自己的利益受损。"以牙还牙"策略本质上也是在面对错综复杂的外部环境时，确保对方保持合作的最优手段。

在现实生活中，我们也经常能看到类似的例子，广泛存在于企业与利益相关者之间的交换关系中。例如，企业董事会给经理制定高工资，经理便更加努力工作；公司关心员工的身心健康，改善工作环境，能提升员工的工作满意度、忠诚度、工作效率等；公司支持政府改善民生，也会得到政府的政策优待，从而得到更多的发展机会。许多研究表明企业履行社会责任能提高企业绩效，其中的原因就是企业履行社会责任能得到利益相关者的正面回馈，从而有利于企业获得更多的资源而提高经济效益。这些实际上都是典型的互惠行为，并且都是在"以牙还牙"策略机制的保障下才能得以实现的。

| CSR 聚焦 1-12 |

企业社会责任对利益相关者影响的研究

从20世纪70年代开始，关于企业社会责任后果的研究（consequences）不断增加，很长一段时期研究主要关注企业社会责任对企业财务绩效的影响，也就是说，企业是否受益于企业社会责任活动。

20世纪90年代后，越来越多的学者开始关注企业社会责任对企业非财务绩效（non-financial performance）的影响，认为企业履行社会责任可以获得利益相关者的认可，提升企业声誉和形象并增强与利益相关者之间的关系。企业履行社会责任还具有保险作用（Godfrey，2005），即当这些企业发生负面事件时，企业受到的"惩罚"会更少。另外，高声誉的企业可以提高对求职者的吸引力（Jones et al.，2014）、客户满意度（Conlon and Murray，1996）、首席执行官继任率（Gomulya and Boeker，2014）等。

资料来源：WANG H, TONG L, TAKEUCHI R, et al., 2016. Corporate social responsibility: An overview and new research directions[J]. Academy of Management Journal, 59(2): 534-544.

当然，随着对重复"囚徒困境"下的最优选择策略的深入研究，人们发现了一些比"以牙还牙"更为优秀的策略。例如，"宽容以牙还牙"策略就能给交易双方带来更高的收益，其核心思想是在面对"背叛"行为时，并不是像"以牙还牙"策略那样确定性地进行惩罚而采取"背叛"行为，而是也可能继续采取"合作"的策略来原谅对方一次（注意，当面对"背叛"时随机选择是否"合作"）。因为有时候，对方采取"背叛"行为并非有意的，也可能是无意而为之，如果沿用"以牙还牙"策略，就丧失了与其重归合作的可能，这无疑会损害双方利益和社会整体福利。如果采取"宽容"的态度，试图原谅"背叛"，那么就有可能挽救濒临破裂的合作关系。

| CSR 聚焦 1-13 |

博弈竞赛与"以牙还牙"策略

1980 年，密歇根大学阿克塞尔罗德（Axelrod）教授发起了一场比赛，邀请许多博弈论学者玩一场 200 轮的"多重囚徒困境"的游戏，要求参赛者每人设计一个程序，通过程序模拟合作策略进行多轮循环赛，每个程序会根据上一轮的合作结果，得到一个分数，总分最高的就是冠军。

赛前预测结果时，大多数人认为根据不同的合作情况，设计出最复杂、最全面策略的人更可能赢得比赛。然而最后的冠军是一个最简单的程序，这个程序由计算机科学家拉波彼特（Lapopite）编写，名叫"Tit for Tat"，即"以牙还牙"。"以牙还牙"策略具体为：第一步合作，之后每一步重复对手的行动，即你合作我合作，你背叛我背叛。比赛结果引发了社会各界的兴趣，因此举办了规模更大的第二场比赛，最后胜利的依然是最简单的"以牙还牙"策略。

然而，在现实合作中一方可能因为疏忽大意而选择背叛，即"并非故意欺骗"。对于这类错误，如果双方都采取"以牙还牙"策略，就会引发永无止境的报复行为，造成两败俱伤。后来哈佛大学诺瓦克（Nowak）教授设计了一系列的合作策略，如永远不欺骗的策略、永远欺骗的策略、以一定的小概率（随机）惩罚对方的"宽容以牙还牙"策略等。结果显示，"以牙还牙"策略输给了更加友善的"宽容以牙还牙"策略，即当对方犯错时，适当地采取"宽容"态度，原谅对方并争取下一次的合作。

资料来源：湛庐文化．哪种合作策略能让你在竞争中胜出？[EB/OL]. (2020-05-20) [2022-12-05]. https://baijiahao.baidu.com/s?id=16671381122376666800&wfr=spider&for=pc.html.

虽然理论是美好的，但是对合作方而言，其是否会采取这种"宽容以牙还牙"策略，则受到许多因素的影响，如个人的合作倾向、对对方的信任程度等。这就使得在现实环境中一方如何回应另一方"背叛"行为的决策变得复杂。

| CSR 聚焦 1-14 |

蜜雪冰城安全事件：宽容以牙还牙？

2021 年 5 月，知名加盟连锁茶饮品牌"蜜雪冰城"被媒体曝光个别门店存在篡改开封食材日期标签、违规使用隔夜冰激凌奶浆、柠檬表皮不清洗等卫生问题和食品安全隐患。5 月 15 日，郑州市市场监管局全面检查蜜雪冰城郑州所有门店，发现部分门店确实存在违法违规问题，责令 35 家门店限期整改、3 家门店立即停业整改，并对 9 家门店下达行政处罚决定书。

事件发生后，蜜雪冰城第一时间向监管部门、媒体和社会公众真诚地道歉，并表示将积极配合各级政府的监督检查，组织专项处理小组对门店存在的严重违规行为进行调查整改，对涉事门店做出停业整顿处理。此外，蜜雪冰城还将紧急召回部分经营团队，对其进行二次深化培训，进一步从严管理门店，为消费者提供放心健康的产品。

在事件发生后，有媒体联系到郑州的部分蜜雪冰城门店，大多表示客流并未受到太大影响，只是检查和管控更仔细和严格了。同时，大部分受访的顾客表示虽然看到相关事件的报道，但是没太关注。线上网友的评论进一步印证了消费者对于蜜雪冰城的宽容态度。

资料来源：耿记安. 35家门店被责令限期整改[N]. 中国消费者报，2021-05-20（1）；新浪财经. 食安风暴半个月后，蜜雪冰城怎么样了？[EB/OL]. (2021-05-31) [2022-12-05]. https://baijiahao.baidu.com/s?id=1701272781238476193&wfr=spider&for=pc.html.

2. 陌生合作对象之间的重复博弈

以上所介绍的交换关系都是发生在两个固定的交易对象之间的，也就是双方是熟悉的。我们很容易理解，在熟悉的双方之间信任关系是容易建立起来的，从而能保证合作的持续进行。此外，在现实生活中，即便是在陌生人之间，也能建立起信任和互惠关系。在这个过程中，参与方的声誉，即此前与利益相关者合作时是否有背叛行为，就显得非常重要。

| CSR 聚焦 1-15 |

救助巧克力工厂

新西兰但尼丁的鲍德温街全长仅350米，但倾斜角度达到惊人的35°，被载入吉尼斯世界纪录，吸引了许多游客前来旅游打卡，同时也是当地孩子们的游乐园。另外，孩子们非常喜欢镇上的吉百利（Cadbury）巧克力工厂，经常光顾。在家乡人民的支持下，再加上背靠著名景区，吉百利工厂迅速发展成为远近闻名的公司。

工厂厂长牢记公司的发展离不开当地人的支持，因此希望能回馈当地，尤其是回馈镇上的孩子。因此，自2002年开始，"巧克力豆奔跑大赛"应运而生。该比赛将巧克力豆球分为三组，从鲍德温大街倾洒而下，最先冲过终点的15个巧克力豆的主人会得到一份丰厚的大礼。同时，吉百利工厂会把该活动售卖收入捐给慈善机构，用于帮助无家可归的孩子、老人，以及绝症儿童。这一活动受到了广泛的欢迎。吉百利工厂连续15年举办慈善活动，截至2016年，该公司一共筹到了善款90万元纽币（大约443万元人民币）。

然而，2017年7月，吉百利工厂突然因资金断裂而宣布倒闭，追问之下厂长道出实情：由于物价飞涨，金融危机，工厂却始终坚持巧克力豆不涨价，因而连年亏损，使得工厂不得不宣布破产。虽然工厂员工曾提议取消举办该比赛或提高巧克力豆的价格，但是工厂负责人为了能帮助孩子及老人，即使面临破产的局面也仍旧坚持举办该比赛。当小镇居民得知该工厂将破产之后，都认为这样一家有良知和善心的公司不应该倒闭，因而自发组织了众筹，甚至国外网友也参与进来。短短两天时间，就众筹了300万元纽币（大约1 386万元人民币），最终帮助公司渡过了难关，"巧克力豆奔跑大赛"也持续进行。

资料来源：搜狐网. 这家公司倒闭了，竟有450万人抢着捐款，硬生生给救活了[EB/OL]. (2022-05-20) [2022-10-16]. https://www.sohu.com/a/549149881_121124291.

对一家具备良好声誉的企业而言，哪怕某一利益相关者此前没有与之发生交换关系，也会通过了解其声誉而决定如何与之开始合作。另外，一方也可能并没有掌握另一方的声誉信息，即出现信息不对称，从而影响合作的开展。例如，银行在发放贷款的时候都倾向于与大企业合作，而对于中小企业的贷款申请则非常谨慎。这也是中小企业贷款难的一个重要原因，即银行没有这些企业声誉的信息。

总结来看，在对重复"囚徒困境"博弈最优策略的研究中，信任是合作关系产生的基石，宽容是维护合作关系的缓冲剂，而声誉则是扩大合作网络的催化剂。这一点对于我们理解企业为何履行社会责任，履行社会责任有何效果，以及如何履行社会责任至关重要。简言之，企业履行社会责任的目的就是建立和利益相关者之间的信任关系，树立企业声誉；履行社会责任的效果就是与众多利益相关者建立起这样的信任关系；而如何履行社会责任则取决于合作方式能否有效地达成企业建立信任和树立声誉的目的。

本章小结

1. 本章讲述了企业社会责任的社会交换特征，并用"囚徒困境"来解释企业与利益相关者的关系，分析了重复博弈下社会交换关系的形成与重复"囚徒困境"下的最优策略选择。
2. 企业社会责任是指企业通过承担成本而采取有利于提升利益相关者福利的行为。利益相关者可以划分为主要利益相关者和次要利益相关者，但其分类并不是固定的。
3. 社会交换指的是企业和某一社会群体之间建立在信任基础上的没有明确职责界定的交换关系。企业通过履行社会责任而与利益相关者所构建的交换关系属于社会交换的范畴。
4. 企业履行社会责任需要付出一定的成本。企业履行社会责任更多的是出于经济动机，或是社会交换的手段，目的是获得利益相关者的回馈。纯粹利他动机的社会责任行为很难在经济利益至上的企业中发生。
5. 企业和利益相关者之间的互动关系也构成"囚徒困境"博弈。我们希望双方能走向合作而实现互利互惠，在提高各自经济利益的同时提升社会福利，但要想实现这一点，需要满足诸多条件。
6. 当单次"囚徒困境"博弈转变成重复博弈，也就是双方会重复进行交换时，那么任何一方都可以在随后的博弈中根据前一次对方所选择的策略而做出相应的选择。
7. 企业履行社会责任的目的是建立和利益相关者之间的信任关系，树立企业声誉，从而吸引更多的利益相关者与企业合作；而履行社会责任的效果是与众多利益相关者建立起信任关系和树立起企业的声誉；而如何履行社会责任则取决于合作方式能否有效地达成企业建立信任和声誉的目的。

关键术语

企业社会责任（corporate social responsibility）
社会交换（social exchange）
囚徒困境（prisoner's dilemma）
信任（trust）

复习思考题

1. 企业社会责任的定义是什么？
2. 什么是社会交换？企业社会责任行为为何具有社会交换的特征？
3. 企业履行社会责任与"囚徒困境"有何相似之处？
4. 重复博弈下"囚徒困境"博弈的最优策略是什么？对企业履行社会责任有何启示？

应用案例

京东给员工涨薪，股价大涨

2021年7月13日，京东美股价格大涨4.6%，市值增加了52亿美元，约340亿元人民币。此次京东美股价格大涨和一个好消息相关——京东的官方公众号"京东黑板报"于7月13日发布消息称将员工平均年薪由"14薪"逐步涨到"16薪"。这个消息引来了一致好评。

实际上，互联网企业为降低成本，大多选择把基础岗位外包。但是往往没有按法定标准给外包工作岗位的员工缴纳社保，其工作往往没有保障，比如目前在城市奔跑的各种快递、外卖小哥大部分没有按照法定标准缴纳社保。这些群体数量庞大，每天辛勤奔波，但年轻的时候没有按照实际的收入缴纳社保，等退休之后养老就成了问题，给社会增加压力。

京东虽然也是互联网电商企业，但是物流是直营的，快递岗位是公司最多的基础岗位，这使得京东的员工数量众多。京东目前有31.5万名员工，与其他互联网企业的员工数相比，是美团的4倍、拼多多的39倍、阿里巴巴的2.6倍、顺丰的2.6倍，因此京东要给员工加薪的意义不平凡。

京东之前多年不盈利，原因之一就是所有的员工都是公司的，公司需要给员工缴纳足额的社保，每年约有几十亿元的支出，大大影响了公司的盈利能力。但是京东创始人刘强东曾这样评价公司基础岗位外包行为："这么做是不道德的，这是兄弟们的养老钱，无论如何不能少，公司盈利的事情可以往后挪"。

互联网企业这两年在社会公众心里的口碑一再下滑，因为大家之前认为互联网企业为社会创造价值，提升生产效率，提供工作岗位。然而现在，许多互联网企业一味剥削自己的员工，如"996"的工作强度、员工过劳死、一线工作者缺乏保障等。企业应该积极承担社会责任，对员工负责。只有这样，企业才能赢得社会的认可，才能走得更加长远。

资料来源：市场财经. 京东拟给员工发16个月工资，股价上涨4.6%，市值增加340亿 [EB/OL]. (2021-07-14) [2021-12-04]. https://baijiahao.baidu.com/s?id=17052267233760
59214&wfr=spider&for=pc.html.

讨论题

1. 京东为什么选择保留大量基础岗位并给员工涨薪？
2. 你怎么看待大多数互联网企业把基础岗位外包的行为？

学习链接

[1] AGUDELO M A L, JÓHANNSDÓTTIR L, DAVÍDSDÓTTIR B, 2019. A literature review of the history and evolution of corporate social responsibility[J]. International Journal of Corporate Social Responsibility, 4(1): 1-23.

[2] AGUILERA R V, RUPP D E, WILLIAMS C A, et al., 2007. Putting the S back in corporate social responsibility: a multilevel theory of social change in organizations[J]. Academy of Management Review, 32(3): 836-863.

[3] AGUINIS H, 2011. Organizational responsibility: doing good and doing well[J]. In S. Zedeck (Ed.), APA Handbook of Industrial and Organizational Psychology (Vol. 3): 855-879. Washington，DC：American Psychological Association.

[4] AGUINIS H, GLAVAS A, 2012. What we know and don't know about corporate social responsibility: a review and research agenda[J]. Journal of Management, 38(4): 932-968.

[5] BARNEY J B, 1991. Firm resources and sustained competitive advantage[J]. Journal of Management, 17(1): 99-120.
[6] CARROLL A B, 1991. The pyramid of corporate social responsibility: toward the moral management of organizational stakeholders[J]. Business Horizons, 34(4): 39-48.
[7] JIA M, XIANG Y, ZHANG Z, 2018. Indirect reciprocity and corporate philanthropic giving: how visiting officials influence investment in privately owned Chinese firms[J]. Journal of Management Studies, 56(2): 372-407.
[8] LUO X R, WANG D, ZHANG J, 2017. Whose call to answer: institutional complexity and firms' CSR reporting[J]. Academy of Management Journal, 60(1): 321-344.
[9] PENROSE E T, 1959. The theory of the growth of the firm[M]. Oxford: Oxford University Press.
[10] PFEFFER J, SALANCIK G R, 1978. The external control of organizations: a resource dependence perspective[M]. New York: Harper & Row.
[11] RUPP D E, 2011. An employee-centered model of organizational justice and social responsibility[J]. Organizational Psychology Review, 1(1): 72-94.
[12] RUPP D E, WILLIAMS C A, AGUILERA R V, 2011. Increasing corporate social responsibility through stakeholder value internalization (and the catalyzing effect of new governance): an application of organizational justice, self-determination, and social influence theories[J]. Managerial Ethics Routledge, 87-106.
[13] SPRINKLE G B, MAINES L A, 2010. The benefits and costs of corporate social responsibility[J]. Business Horizons, 53(5): 445-453.
[14] WANG H, TONG L, TAKEUCHI R, et al., 2016. Corporate social responsibility: an overview and new research directions[J]. Academy of Management Journal, 59(2): 534-544.
[15] WERNERFELT B. A resource-based view of the firm[J]. Strategic Management Journal, 1984, 5(2): 171-180.
[16] XIANG Y, JIA M, ZHANG Z, 2022. Hiding in the crowd: government dependence on firms, management costs of political legitimacy, and modest imitation[J]. Journal of Business Ethics, 176(4): 629-646.
[17] 贾明, 2022. "一带一路"沿线中国企业海外社会责任[M]. 北京：科学出版社.
[18] 林万祥, 2008. 成本会计研究[M]. 北京：机械工业出版社.
[19] 刘爱军, 钟尉, 2016. 商业伦理学[M]. 北京：机械工业出版社.
[20] 吴小节, 杨书燕, 汪秀琼, 2015. 资源依赖理论在组织管理研究中的应用现状评估：基于111种经济管理类学术期刊的文献计量分析[J]. 管理学报, 12（01）：61-71.
[21] 张璐, 王岩, 苏敬勤, 等, 2021. 资源基础理论：发展脉络、知识框架与展望[J/OL]. 南开管理评论, 1-22.
[22] 赵庚科, 郭立宏, 2009. 基于重复博弈的区域产业集群内多企业间合作激励机制研究[J]. 管理评论, 21（08）：122-128.

第 2 章　企业履行社会责任的动机

【学习目标】

1. 熟悉企业与利益相关者进行社会交换的动机。
2. 理解高管推动企业社会责任的动机。
3. 了解企业的合作诉求及其影响因素。
4. 熟悉企业与高管诉求产生冲突时，对企业社会责任的影响。

开篇案例

新时代企业家的社会责任

2020 年 7 月 21 日，习近平总书记在企业家座谈会上指出："社会是企业家施展才华的舞台。只有真诚回报社会、切实履行社会责任的企业家，才能真正得到社会认可，才是符合时代要求的企业家。"这一论述深刻地揭示了新时代企业家与经济社会发展之间的紧密关系。

2020 年 9 月 2 日，国务院新闻办公室举行"弘扬企业家精神"中外记者见面会，请中国中化集团兼中国化工集团董事长宁高宁、新希望集团董事长刘永好、中国建材集团董事长周育先、卓尔控股董事长阎志四位企业家与中外记者见面交流。

其中，企业家刘永好谈到关于企业家的形象："有人认为企业家就一定很有钱，其实企业家跟钱多钱少没有太多的关系，而更多的是你能否率领一帮人对社会做出贡献。"毫无疑问，真正的企业家是社会责任的载体。

企业家作为企业的领导者，是社会的精英群体，必须处理好个人与社会的关系。只有具备强烈的责任感与使命感，以助力社会发展为己任，超越传统的经济利益最大化的思维，将个人利益、企业经营融入社会的整体利益之中，才能得到社会各方的信任与尊敬，才能实现更大的发展。

资料来源：温源. 企业家应勇担社会责任 [N]. 光明日报，2020-09-03（010）；央广网. 积极履行新时代企业家的社会责任 [EB/OL]. (2020-10-10) [2022-12-05]. https://baijiahao.baidu.com/s?id=1680166222575737211&wfr=spider&for=pc.html.

2.1 企业及高管声誉的重要性

从社会交换的角度看，企业为了建立和巩固与利益相关者之间的社会交换关系而履行社会责任。如果利益相关者对企业的生存和发展越来越重要，那么企业就越有动力履行企业社会责任。这一点毋庸置疑。特别是企业与社会、环境之间的关系越发密切，利益相关者对于企业的重要性也越发凸显。尤其是除股东以外，越来越多的企业认识到得到其他利益相关者的支持对于企业的生存和发展同样重要。因此，履行企业社会责任已经成为广大企业的共识。例如，阿里巴巴就在其企业使命和价值观中明确阐述了对利益相关者的重视。

| CSR 聚焦 2-1 |

阿里巴巴的企业使命和价值观

2021 年《财富》中国 500 强排行榜发布，阿里巴巴集团控股有限公司（以下简称阿里巴巴）排名第十八位。阿里巴巴的成功离不开正确的企业使命和价值观。它的企业使命是让天下没有难做的生意，旨在助力企业，帮助其变革营销、销售和经营的方式，提升其效率。阿里巴巴的六个价值观分别为：客户第一，员工第二，股东第三；因为信任，所以简单；唯一不变的是变化；今天最好的表现是明天最低的要求；此时此刻，非我莫属；认真生活，快乐工作，具体如图 2-1 所示。从中可以看到，阿里巴巴认识到除了股东外其他利益相关者的重要性，如消费者、员工等。

客户第一，员工第二，股东第三

这就是我们的选择，是我们的优先级。只有持续为客户创造价值，员工才能成长，股东才能获得长远利益。

因为信任，所以简单

世界上最宝贵的是信任，最脆弱的也是信任。阿里巴巴成长的历史是建立信任、珍惜信任的历史。你复杂，世界便复杂；你简单，世界也简单。阿里人真实不装，互相信任，没那么多顾虑猜忌，问题就简单了，事情也因此高效。

唯一不变的是变化

无论你变不变化，世界在变，客户在变，竞争环境在变。我们要心怀敬畏和谦卑，避免"看不见、看不起、看不懂、追不上"。改变自己，创造变化，都是最好的变化。拥抱变化是我们最独特的 DNA。

图 2-1 阿里巴巴的价值观

今天最好的表现是明天最低的要求	此时此刻，非我莫属	认真生活，快乐工作
在阿里最困难的时候，正是这样的精神，帮助我们渡过难关，活了下来。逆境时，我们懂得自我激励；顺境时，我们敢于设定具有超越性的目标。面向未来，不进则退，我们仍要敢想敢拼，自我挑战，自我超越。	这是阿里第一个招聘广告，也是阿里第一句土话，是阿里人对使命的相信和"舍我其谁"的担当。	工作只是一阵子，生活才是一辈子。工作属于你，而你属于生活，属于家人。像享受生活一样快乐工作，像对待工作一样认真地生活。只有认真对待生活，生活才会公平地对待你。我们每个人都有自己的工作和生活态度，我们尊重每个阿里人的选择。对这条价值观的考核，留给生活本身。

图 2-1 （续）

资料来源：阿里巴巴官网。

此外，在探讨企业社会责任动机的时候，不能忽视的是高管自身的动机。高层梯队理论（upper echelons theory）和代理成本理论（agency costs theory）都特别强调高管个人因素在制定企业决策过程中产生的重要影响，这就使得高管也会将个人意志施加到企业之上，通过企业来实现个人的目的。

| CSR 聚焦 2-2 |

高层梯队理论和代理成本理论

1. 高层梯队理论

1984 年，汉布瑞克（Hambrick）和梅森（Mason）提出"高层梯队理论"，该理论的核心观点认为高层管理人员的特征会影响公司的目标决策行为，进而影响公司绩效。由于内外部环境的复杂性，管理者不可能对其所有方面进行全面认识。即使在管理者视野范围内的现象，管理者也只能进行选择性观察。这样，管理者既有认知结构和价值观决定了其对相关信息的解释。换句话说，管理者特质影响着他们的战略选择，进而影响企业的行为。因此，高层管理团队的认知能力、感知能力和价值观等心理特征决定了公司战略决策过程和对应的绩效结果。

2. 代理成本理论

最早在 1976 年，詹森（Jensen）和麦克林（Meckling）就提出了代理成本理论，定义代理成本为委托人为防止代理人损害自己的利益，通过严密的契约关系和对代理人的严格监督来限制代理人的行为而付出的代价。

代理成本产生的根本原因在于企业所有权和经营权的分离。随着市场经济的发展，企业规模逐渐扩大，经营一个企业对专业知识的要求越来越高，经营者所需要投入的精力也越来越多。因此，企业所有者会选择聘请外部经理管理企业，而将自己从烦琐的日常经营中脱身出来。这种社会分工从总体上来说有利于效率的提高，实现所有者和经营者的双赢。但这种分工导致两权分离，进而带来一定的负面效应。所有者即股东希望经理层按股东财富最大化的目标尽力经营管理企业；但由于经理层本身不是股东，或持有股份比例小，往往从自身的利益出发从事企业的日常经营管理，比如通过在职消费获取除了工资报酬外的额外收益，从而造成所有者利益受损。

资料来源：HAMBRICK D C, MASON P A, 1984. Upper echelons: the organization as a reflection of its top managers[J]. Academy of Management Review, 9(2): 193-206；百度百科词条"代理成本"。

通常，高管指代的是董事长或总经理，但本书并不进行区分（实际上不同职位高管的行为方式、价值观、目标等是有差别的，但这不是本书关注的重点）。另外，无论是高管还是企业，履行企业社会责任的目的都是建立个人或企业的声誉，维护自身与众多利益相关者之间的交换关系，而这一动机既可能是主动行为，也可能是被动反应。

所谓主动行为，就是企业或高管有这样的声誉需求而需要去履行社会责任。例如，规模大的公司（Brown，Helland，and Smith，2006）和知名度高的公司都更加积极参与慈善活动（Jia and Zhang，2015），而自恋的高管也更加积极推动公司参与慈善活动（Tang，Mack，and Chen，2018）。

所谓被动反应，是指迫于利益相关者的压力，而需要通过采取恰当的符合社会预期的措施来获得合法性（Suchman，1995），维护企业或高管声誉不受损失。例如，我国政府要求企业发布社会责任报告后，与中央政府有关联的企业发布社会责任报告更快（Luo，Wang，and Zhang，2017）；与曾任政府官员的高管相比，现任政府官员的高管所在公司更可能参与慈善捐款，且捐款更多（Marquis，Zhang，and Qiao，2016）。

| CSR 聚焦 2-3 |

企业合法性和声誉

萨奇曼（Suchman）（1995）将组织合法性定义为一个实体的行为在社会建构起来的规范、价值、信仰，以及解释系统中是可取的、恰当的、合适的。也就是说，组织合法性是外部利益相关者对企业行为是否符合社会化建构的法律、规范和社会习俗的总体评价。萨奇曼从战略和制度两个角度比较不同学者关于组织合法性观点的相似性与差异，把合法性分为三类：实用合法性（pragmatic legitimacy）、道德合法性（moral legitimacy）和认知合法性（cognitive legitimacy）。

实用合法性产生于企业的直接利益相关者自利的打算，如股东要求更多的投资收益。道德合法性是指社会对于组织及其行为的规范性评价。与实用合法性不同，道德合法性的评判标准不是基于组织是否对评估者的利益有利，而是基于组织的行为是否符合一定的道德标准。认知合法性则隐含着企业活动和文化规则的一致性，具体分为基于理解的合法性（legitimacy based on comprehensibility）和基于理所当然的合法性（legitimacy based on taken-for-grantedness）。社会是一个复杂、混乱的认知环境，社会成员必须努力将其经验进行分类，使之成为有条理的、可理解的信息，这是基于理解的合法性。一旦某种行为被制度化，就视为拥有完全的合法性，即具有基于理所当然的合法性。

金（King）和惠顿（Whetten）（2008）

> 对企业合法性和声誉进行了比较分析。首先，合法性和声誉都是利益相关者对组织行为的认可。但不同的是，合法性是对组织遵守公认标准的判断；声誉则是一种感知，即组织在同一群体中是与众不同的。
>
> 企业合法性和声誉都是建立在组织的社会身份和社会比较的基础之上的。社会认同构成了一个组织的参照群体，并为利益相关者提供了评估组织的标准。当组织符合某个社会类别（social categorization）的最低标准（典型的 X 型组织）时，它被视为具有合法性。当组织具备相对于某一特定社会身份的理想标准（一个理想的或受人尊敬的 X 型组织）时，组织就会有良好的声誉。据此，合法性是所有组织的要求，而声誉则是一种理想的但非必要的组织属性。
>
> 资料来源：SUCHMAN M C, 1995. Managing legitimacy: strategic and institutional approaches[J]. Academy of Management Review, 20(3): 571-610；KING B G, WHETTEN D A, 2008. Rethinking the relationship between reputation and legitimacy: a social actor conceptualization[J]. Corporate Reputation Review, 11(3): 192-207.

在第 1 章中，我们认为声誉是基于社会交换情形下企业此前与利益相关者合作中是否有"背叛"行为的记录。这一定义是从"囚徒困境"情景下的策略选择行为入手给出的，强调声誉即是企业采取合作策略的记录。这里需要说明以下两点。

第一，在管理学文献中，对声誉有许多不同的定义，其中一个经典的定义是声誉是企业所拥有的，将自己与竞争者区分开的无形资产（King and Whetten, 2008）。这个定义本质上和我们所给出的定义是一致的。如果企业在此前的合作中没有背叛行为，那么就具备良好的声誉，利益相关者也就愿意与之合作，而使企业比其他合作方（或称为竞争者）更具吸引力。

第二，我们的定义明确给出了企业拥有、维护声誉的途径。企业做正确的事情能获得合法性，而只有持续做正确的事情才能建立声誉。

既然高管和企业都有属于自身的社会交换关系和声誉，我们根据高管及企业是主动还是被动推进企业履行社会责任来分别讨论企业社会责任的动机。

| CSR 聚焦 2-4 |

《深企高管声誉榜》首期测评推出

> 近年来随着上市公司的发展，也不乏与公司高管声誉相关的案例资讯和新闻报道。在企业发展中，高管不仅承担着公司治理的责任，他们的形象也和公司有着密切的联系，即高管的形象代表着公司的"门面"，直接面向投资者和社会公众，他们的一言一行都对公司的未来发展产生重要影响，对高管声誉的维护和管理也有利于公司品牌的长期经营。
>
> 因此，深圳推出《深企高管声誉榜》测评，聚焦高管声誉的案例事件，搭建包括舆情应对、高管级别、资本市场影响、关注热度，以及处理成效多个维度在内的公共评价体系，对高管声誉案例进行收集和舆情分析，整合碎片化信息，形成报告和分数排名，并以行业主题榜单的形式定期发布。
>
> 资料来源：南方都市报.《深企高管声誉榜》首期测评推出 [EB/OL]. (2020-07-01) [2021-12-04]. http://epaper.oeeee.com/epaper/H/html/2020-07-01/content_18660.htm.

2.2 企业的合作诉求

在合作关系形成的过程中,企业会与特定的利益相关者建立合作关系,但有些合作关系可以长时间维持下去,有些合作关系会出现中断。企业参与合作的诉求越强,越会主动采取与利益相关者"合作"的策略,并且也会坚持"合作"而不会率先"背叛"。企业的合作诉求取决于两个因素:企业信念和企业压力。这里,企业信念指的是企业认为自身是合作者,通过主动合作以维护声誉;企业压力指的是利益相关者要求企业"合作"而迫使企业采取"合作"策略,以避免声誉受损。

2.2.1 企业信念与主动合作

考虑最简单的情况,企业只有一个利益相关者 C1,如图 2-2 所示,企业 A 的关键资源掌握在关键利益相关者 C1 手上,获取这些资源能够为企业构建起竞争优势。企业为了自身的生存和发展,就需要和这些利益相关者建立和维护良好的关系,从而提高企业对这些关键资源的控制能力,降低资源损失风险。这里,我们可以将利益相关者 C1 理解为一群利益相关者,其中包括很多不同的社会群体,如企业的投资者、员工、供应商等。那么,当企业相信自己就是合作者,并且按照"合作者"的行为规范来行动时,就会通过主动合作的方式来维护与利益相关者之间的关系。

图 2-2 利益相关者重要性与企业主动合作

哪些企业相信自己是合作者呢?这受到多方面因素的影响,包括企业合作历史、企业合作收益、"背叛"行为的成本等。当企业将"合作共赢"作为信条贯彻在与利益相关者的合作之中时,就会坚持采取"合作"的策略。

1. 企业合作历史

与合作历史相关的主要因素是合作时间长短和合作经历。当企业持续采取合作策略的历史越长,且没有遭受利益相关者"背叛"的经历时,在不断重复与利益相关者 C1 的合作过程中,这种合作关系就会不断得到强化,双方的信任度不断加强,而使企业更为坚信采取合作策略是可行的。按此逻辑来推断,如果企业重要的利益相关者包括投资者、员工、供应商、社区和政府等,那么投资者持股期限越长(如股票换手率越低、机构投资者持股比例越高等)、员工离职率越低、与供应商签订的合同期限越长、在当地开设工厂或得到政府补助的时间越长,企业都会更积极、主动地采取有针对性的"合作"行为,回馈相应的利益相关者,维护和巩固与其建立的合作关系。

| CSR 聚焦 2-5 |

建立友好长期合作关系

天津锐新昌科技股份有限公司创建于 2004 年,主要从事工业精密铝合金部件设计、研发、生产与销售。公司产品种类多、用途广,具体可划分为电力电子设备散热器、汽车轻量化部件、自动化设备与医疗设备精密部件。

2020年4月，公司（股票代码：300828）首次公开发行股票并在创业板上市。在全景网举办网上路演的过程中，公司董事长、总经理国占昌表示：公司的主要客户包括世界500强企业及相关领域国际知名企业。公司成为这些客户的合格供应商经过了严格的供应商认证体系，合作历史较长，合作情况良好，其中ABB（世界500强，全球电力和自动化技术领域的领导企业）和施耐德（世界500强，全球能效管理领域的领导企业）在报告期内各期均进入公司大客户前五名。通过长期的合作，公司对主要客户的业务渗透程度也相对较高，公司发展前景良好。

资料来源：全景网. 锐新科技：公司与国际知名企业合作历史长　合作情况良好[EB/OL]. (2020-04-08) [2021-12-04]. https://baijiahao.baidu.com/s?id=1663380473397199671&wfr=spider&for=pc.

2. 企业合作收益

企业与利益相关者C_1合作所能得到的收益受到多方面因素的影响，包括利益相关者C_1所掌握的资源对于企业的重要性、利益相关者C_1回馈给企业的资源多少及是否存在替代性资源等因素的影响。例如，消费者往往是企业重要的利益相关者，故而企业能通过与消费者建立良好的合作关系来获益。但是，对垄断性行业的企业而言，消费者不再是稀缺资源，因而也就降低了对消费者诉求的关注。例如，国有企业往往比民营企业更容易获得银行贷款，那么对民营企业而言，银行是更加重要的利益相关者，从而倾向于与银行合作来获得更大的收益。如果一家企业有多家供应商，那么供应商之间存在替代性就使企业可能不太看重与某一供应商保持良好的合作关系。

3. "背叛"行为的成本

如果企业相信"背叛"的成本巨大，那么也会恪守"合作"策略而不会改变。这里，与背叛成本相关的因素包括利益相关者的惩罚威胁、企业内部的治理约束、社会规范和企业合作信念等因素。

第一，利益相关者的惩罚威胁指的是在面对企业的"背叛"时，利益相关者会按照"以牙还牙"策略予以报复，并且这种报复应该是可信的，可以被有效实施的。这将给企业带来实质性的伤害。当企业"背叛"投资者，如财务欺诈、转移公司资产、拒绝分红，投资者也会采取反制措施来"以牙还牙"，如在股东大会上投票罢免管理层、抛售公司股票、拒绝认购股份等。这里，投资者实施有效报复行为的前提条件是持有足够多的股份并能有效实施投票权。如果股份过于分散，那么投资者之间因受到"搭便车"行为的影响而很难形成统一的行动意志，这样也就不能形成可信的威胁，从而降低了企业"背叛"的成本。实际上，这也是企业缺乏履行对投资者责任的一个重要原因。

同样的逻辑也适用于理解企业与员工之间的合作关系。员工在企业中的话语权越大，员工就越能对企业的"背叛"行为做出可信的报复，如高科技型企业的科研人员离职而威胁到公司的核心能力。显然，高科技型企业就会比劳动密集型企业更好地履行对员工的社会责任，如提供高额的奖金、全面的劳动保障和舒适的工作环境等。例如，微软、腾讯、阿里巴巴等企业的办公环境、员工福利都非常优越。

| CSR 聚焦 2-6 |

瑞幸咖啡财务造假事件

瑞幸咖啡以快速发展著称，成立 18 个月便火速赴美上市，一度创造中概股上市最快纪录。大家对瑞幸咖啡的发展和扩张策略并不陌生：第一步，大规模融资开店、降价促销并抢占市场份额；第二步，快速拉高营业收入、门店数量并上市；第三步，凭借扩张和低价策略占领市场；第四步，用涨价等手段抹平亏损。然而，瑞幸只走完了前两步。

2020 年 4 月 2 日，瑞幸咖啡（中国）有限公司发布公告称：发现公司内部存在虚构成交数据等问题，在 29 亿元营业收入当中，虚构金额约 22 亿元。这一金额令人震惊，瑞幸咖啡通过财务造假的方式欺骗投资者，也因此付出了惨痛的代价。公告发布后，瑞幸及其关联公司股价暴跌。随后，美股投资者在中国上海起诉瑞幸。5 月 19 日晚，瑞幸咖啡发布公告称，收到纳斯达克交易所通知，要求从纳斯达克退市。6 月 27 日，瑞幸咖啡发布声明称，将于 6 月 29 日停牌并进行退市备案。从瑞幸咖啡财务造假事件中，企业应该得到警示，企业"背叛"利益相关者可能短期获益，但一定会付出代价。

资料来源：周琳. A 股要从瑞幸事件中得到警示[N]. 经济日报，2020-04-07(9).

第二，企业内部的治理约束指的是企业自身建立起一套组织规范来保证企业能恪守"合作"而不会采取"背叛"行为。其中，发挥关键作用的机制包括企业内部的标准化决策流程、高层决策监督和决策信息披露。企业内部的标准化决策流程可以确保企业行为保持一致，在处理与众多利益相关者的关系时能保证企业采取具有连贯性的策略，而更少受到人为因素的干扰。高层决策监督实际上就是保证企业行为不会出现扭曲而偏离正常轨道，也是从企业内部避免出现"意外"的"背叛"行为。决策信息披露在这个过程中发挥重要的支撑作用，对内和对外披露相关信息，保持信息的公开透明也是必要的机制，可以提高公司决策的透明度，加强企业内部治理规范，进而维护企业持续履行社会责任。所以，公司治理水平高、内部控制好、信息透明的企业会更好地履行社会责任，并且具有持续性。然而，也正是由于这些方面的欠缺，我国企业社会责任行为缺乏连续性。

| CSR 聚焦 2-7 |

我国企业社会责任行为的连续性

近些年，我国企业履行社会责任的意识不断提高、承担社会责任的内容不断丰富、披露社会责任的信息更加充分。然而，通过对我国上市公司的捐款数据进行分析可以发现，我国上市公司存在慈善捐赠不连续的现象，即公司没有把慈善捐赠纳入公司日常事项，并未坚持每年捐赠。我们分别对公司捐赠后第一年、连续两年、连续三年、连续四年不捐赠的情况进行统计，发现慈善捐赠缺乏连续性的情况较为普遍，具体结果见表 2-1。

表 2-1 我国上市公司慈善捐赠缺乏连续性

捐赠行为	上市公司数量
捐赠后第一年选择不捐赠	2 065 家
捐赠后连续两年均不捐赠	1 268 家
捐赠后连续三年均不捐赠	914 家
捐赠后连续四年均不捐赠	680 家

资料来源：本专栏数据由作者收集整理，数据截至 2020 年年底。

第三，社会规范是社会公众所形成的对合作行为的共同认可。一旦社会中形成合作的规范，社会成员就都会认为这样的行为是合理的和具有合法性的。企业自然也会选择与利益相关者合作的策略而积极履行社会责任。例如，在社会信任水平高的国家或在社会合作氛围浓厚的地区，企业都会积极履行社会责任（如 Pisani，Kourula，Kolk，et al.，2017）。

| CSR 聚焦 2-8 |

影响企业社会责任的国家和区域因素

皮萨尼（Pisani）等（2017）系统回顾了 31 年来在 31 本期刊上发表的 494 篇有关企业社会责任的论文，并总结了影响企业社会责任的因素，主要是国家、企业和个人等层面的影响因素。其中，国家层面的影响因素包括：国家政治权利和公民自由；国家教育和文化水平；国家经济发展和一体化水平（如全球标准、指导方针的创建和传播）；母国与东道国之间的 CAGE 距离（经济学中对两个城市或国家之间的贸易量的估计）；母国的市场自由度、社区期望水平、政府执行监管的能力等。

贾（Jia）等（2018）指出不同宗教有一个共同本质，即通过信仰引导人们的行为，并具体研究了宗教氛围对企业社会责任的影响。

资料来源：PISANI N, KOURULA A, KOLK A, et al., 2017. How global is international CSR research? Insights and recommendations from a systematic review[J]. Journal of World Business, 52(5): 591-614; JIA M, XIANG Y, ZHANG Z, 2018. Indirect reciprocity and corporate philanthropic giving: how visiting officials influence investment in privately owned Chinese firms[J]. Journal of Management Studies, 56(2): 372-407.

第四，企业合作信念。企业通过长期的合作而逐渐建立起与利益相关者合作的信念，这一信念能够提升组织的环境适应性，从而提升企业生存的能力（如提升企业韧性，第 13 章）。企业合作信念使组织内部成员逐渐相信与利益相关者合作是最佳的策略选择，促进组织更为坚定地执行合作策略。企业合作信念也与企业的文化、使命有关。

| CSR 聚焦 2-9 |

国家电网的宗旨：一切为了人民

国家电网有限公司成立于 2002 年 12 月 29 日，是根据《中华人民共和国公司法》（简称《公司法》）设立的中央直接管理的国有独资公司，以投资建设运营电网为核心业务，是关系国家能源安全和国民经济命脉的特大型国有重点骨干企业。

作为全球最大的公用事业企业，国家电网有限公司创造性地提出大型国有企业的社会责任理论模型，并将社会责任的理念融入公司发展的具体实践，主动将电网规划纳入各地区经济社会发展规划，推动电网与各地经济社会的协调发展。国家电网有限公司的企业宗旨是"人民电业为人民"，这是老一辈革命家对电力事业提出的最崇高、最纯粹、最重要的指示，体现了公司发展的初心所在。国家电网有限公司牢记国家电网事业是党和人民的事业，始终坚持以人民为中心的发展思想，切实做到一切为了人民、一切依靠人民、一切服务人民。

资料来源：国家电网有限公司官网。

2.2.2 企业之间的竞争压力与被动合作

如果利益相关者 C1 并非只能与企业 A 合作，那么，两者之间合作关系的维系取决于双方各自从合作中取得的收益是否大于选择"背叛"时的收益。只有双方都能从合作中获益才会被绑定在一起。现在考虑市场竞争的情况，即利益相关者有多个合作对象可以选择，如图 2-3 所示。一旦利益相关者 C1 有多个合作对象，那么就可以选择与哪家企业合作。这种情况下，企业 A 就会面临企业 B 的竞争，而需要采取应对措施来巩固已有的合作关系，如增加利益相关者 C1 的转移成本，即增加放弃与企业 A 合作而与企业 B 合作时所遭受的损失。

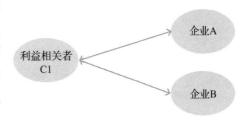

图 2-3 企业间合作关系的竞争

当存在竞争时，企业间的相似性、竞争者的合作水平、竞争者的声誉、利益相关者的诉求变化等因素会影响合作关系的稳定。显然，如果企业 A 和 B 所能提供的资源相似（例如，通过履行企业社会责任可以给利益相关者提供相似的好处），但竞争者 B 能提供数量、质量更优的资源，并且竞争者 B 已经建立了很好的合作声誉，同时利益相关者也希望得到更高的合作回报，而且变换合作企业并不属于"背叛"行为或不会招致原合作企业 A 实质性的报复，那么企业 A 就很有可能失去与利益相关者 C1 的合作关系。

1. 企业间的相似性

企业间的相似性指的是针对同一利益相关者，如员工、投资者等，企业能为其所提供的资源是类似的，或者不存在明显差异。例如，投资者不会因接受一家企业的分红而拒绝另外一家企业的分红，员工可以在任何一家企业工作。那么，企业 A 就会面临企业 B 围绕与利益相关者 C1 建立合作关系的竞争。如果企业 B 更具有吸引力，就可能导致投资者放弃对企业 A 的投资而转为投资企业 B，员工离开企业 A 而受雇于企业 B，供应商也会停止与企业 A 的合作而为企业 B 提供原材料或服务等。

2. 竞争者的合作水平

如果竞争者在合作中可以为利益相关者提供更大的收益，利益相关者自然会认为与竞争者合作更有利。对企业 A 而言，当面临其他企业的合作关系竞争时，会更加坚持"合作"策略。已有研究也发现，行业竞争越激烈、同行企业越多，同行企业履行社会责任也更积极，水平更高（Cao, Liang, and Zhan, 2019；Marquis and Tilcsik, 2016）。反之，如果企业不能为利益相关者提供与竞争者相当的资源，就很可能会失去与利益相关者的合作关系。这是一个水涨船高的正向反馈过程，其动态演化的结果就是行业整体的合作水平也会不断提高。

| CSR 聚焦 2-10 |

同行竞争对企业社会责任的影响

相关研究已经表明企业之间存在模仿　　行为，即一家企业做决策时会参考甚至模仿同行业或同地区的其他企业的行为。

马奎斯（Marquis）和蒂尔奇克（Tilcsik）（2016）进一步提出制度等价（institutional equivalence）的概念，即被参照企业既是同行业企业（industry peers）又是同社区企业（community peer），相比于单独的同行业企业或同社区企业，企业会把制度等价企业视为更加明确的参照对象。马奎斯和蒂尔奇克（2016）通过对1980年—2006年财富1 000强公司的慈善贡献的纵向分析，发现相比于其他行业或社区同行的慈善贡献，制度等价同行的慈善贡献对公司慈善贡献的影响更大。另外，曹（Cao）等（2019）研究了企业如何应对同行对企业社会责任的承诺。结果发现，当一家企业提出了企业社会责任提案之后，其他同行企业会模仿该企业并采取类似的企业社会责任实践方案，再次验证了企业社会责任的同伴效应。

资料来源：MARQUIS C, TILCSIK A, 2016. Institutional equivalence: how industry and community peers influence corporate philanthropy[J]. Organization Science, 27(5): 1325-1341; CAO J, LIANG H, ZHAN X, 2019. Peer effects of corporate social responsibility[J]. Management Science, 65(12): 5487-5503.

3. 竞争者的声誉

企业A的竞争者（企业B）在与其利益相关者长期的合作过程中也会建立起合作声誉，并且有关竞争者声誉的信息能在市场上广泛传播，从而被更多的利益相关者熟知。对建立新的合作关系而言，利益相关者通过观察潜在合作对象的声誉就能做出决定，因为与高合作声誉的企业合作，被"背叛"的风险是很低的。故而利益相关者也愿意与竞争者B合作。例如，华为手机的快速崛起就与其企业声誉密不可分，使得消费者愿意接受这一新的手机品牌。

| CSR 聚焦 2-11 |

华为手机的成长

华为2018年手机业务出货超过两亿台，收入超过500亿美元，已经超过运营商业务，成为华为的主要业务。然而在2008年，华为手机业务发展还十分困难。那么，在这十年时间内，华为手机业务是如何在三星、苹果、小米、OPPO、vivo等一群竞争者中脱颖而出、快速发展的呢？这离不开华为对市场的了解和对核心技术的掌握：华为作为全世界第一大通信设备企业，与全球主要国家的运营商有深厚的关系，对全球市场有着较为深入的了解；华为具备通信技术优势，拥有几十年的技术积累，可以把领先的技术运用到研发手机终端产品上。

然而，除市场和技术原因之外，华为的品牌优势（声誉）也十分重要。华为的手机销量主要来自我国市场，作为我国最负盛名的国民企业，华为的声誉几乎可以类比三星在韩国的地位。在华为成为手机市场的主要竞争者之后，这种品牌形象使得华为迅速收割市场，成为国民手机品牌。

资料来源：上林院. 华为手机发展史：十年再造一个新华为[EB/OL]. (2019-02-14) [2022-12-05]. https://baijiahao.baidu.com/s?id=16244984520712696066&wfr=spider&for=pc.html.

4. 利益相关者的诉求变化

如果利益相关者的诉求没有变化，那么即便是有替代合作伙伴存在，利益相关者也没有动力去调整合作对象，因为改变合作伙伴是有成本的（例如，习惯于购买某个品牌产品的消费者不会轻易选购其他品牌类似的商品而表现出很高的品牌忠诚度）。然而，随着利益相关者与企业 A 合作的不断发展，利益相关者自然也期望能从企业 A 那里获得更多的回报，导致企业 A 需要投入更多的资源以满足利益相关者的诉求，而表现出"红皇后效应"（Red Queen Effect）。利益相关者的诉求水平不断增长自然也给企业 A 带来很大的压力和挑战；企业 A 显然难以持续满足利益相关者不断增长的诉求。这个过程中难免会出现一些矛盾，比如企业 A 所提供的资源未能达到利益相关者的期望，从而影响双方之间的信任关系（详见第 8 章）。

| CSR 聚焦 2-12 |

红皇后效应

德弗斯（Derfus）等（2008）认为"红皇后效应"存在于企业之间，具体表现为企业积极采取各种策略行为（如新产品研发、市场扩张等），从而提高了公司绩效，但同时刺激了竞争对手，因此越来越多的竞争对手也会行动起来，这反过来对初始企业的绩效产生了负面影响，迫使企业投入更多资源。

资料来源：DERFUS P J, MAGGITTI P G, GRIMM C M, et al., 2008. The Red Queen Effect: competitive actions and firm performance[J]. Academy of Management Journal, 51(1): 61-80.

5. 合作转移成本

利益相关者 C1 放弃与企业 A 的合作而转向与其竞争者 B 合作会存在被企业 A 及社会群体认为是背叛者的风险（损害利益相关者 C1 的社会声誉）。如果利益相关者 C1 与企业 A 之间的交换关系是以社会交换为主，也就是主要建立在信任基础上的，那么更换合作对象会损害利益相关者 C1 的声誉。例如，在一家善待员工的企业中工作多年，如果因为企业今年的效益下降而跳槽，那么这样的员工会被认为缺乏忠诚而不会被其他企业接纳。但是，如果利益相关者 C1 与企业 A 之间的交换关系是建立在经济交换的基础上的，那么由于其交换关系本身是受到市场机制支配的，故而更换合作对象是正常的市场行为，也就不会被认为存在"背叛"。例如，投资者卖出一家公司的股票而投资于另外一家公司就不会被认为有何不妥。故而，如果企业与利益相关者之间所建立的关系是基于市场交易而无须信任维系，当面临企业间的外部竞争的时候，它失去利益相关者支持的风险就会增大。这时，企业需要为利益相关者提供更多的资源，在经济交换的基础上建立起信任关系，如更加积极地履行社会责任，以维护其合作关系不会中断。例如，海尔为了巩固与消费者之间的信任关系，把产品质量放在第一位，提升顾客的忠诚度。

| CSR 聚焦 2-13 |

产品质量第一：海尔砸冰箱

海尔集团创立于 1984 年，是一家全球领先的美好生活解决方案服务商。2020 年 6 月 30 日，全球最大的传播集团 WPP 与品牌资产研究专家凯度集团联合发布了

2020 年最具价值全球品牌 100 强。海尔以全球唯一物联网生态品牌蝉联百强，全球排名较 2019 年提升 21 位，品牌价值显著提升，生态品牌持续引领。

海尔现在的成功离不开其对产品质量的极致追求，这从海尔首席执行官张瑞敏砸冰箱事件便可以看出。1985 年，有用户反映海尔工厂生产的冰箱有质量问题，张瑞敏由此查出了仓库里有 76 台冰箱有类似问题。当时一台冰箱的价格是 800 多元，相当于一名职工两年的收入，且问题冰箱并不影响正常使用，因此员工希望将这些有瑕疵的冰箱作为福利降价卖给员工，但张瑞敏却坚持要砸掉这些冰箱，并抡起大锤亲手砸了第一锤！这个当时被不少人认为是"败家"的砸冰箱事件，却砸出了海尔员工"零缺陷"的质量意识，表明了海尔产品质量第一的追求。

资料来源：海尔：砸冰箱砸"墙"砸仓库，打造国际品牌[N]. 中国电子报，2009-09-25(10).

2.2.3 多维利益相关者之间的诉求竞争与合作选择

企业需要面对的利益相关者不是唯一的而是众多的。不同的利益相关者有不同的诉求，如图 2-4 所示。当企业面对不同的利益相关者群体而需要回应各自不同的诉求时，尤其是当利益相关者的诉求之间存在竞争关系时，如果企业并没有足够的资源去同时满足利益相关者的所有诉求，如何选择合作策略就成为企业面临的巨大挑战。例如，当投资者要求企业分红而员工要求企业提高工资待遇时，企业如何使用有限的资金去回应投资者和员工的诉求？

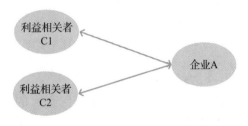

图 2-4 不同的利益相关者有不同的诉求

在这种情况下，企业 A 在选择合作策略时，就可能采取分离策略（decoupling），也就是满足某一方利益相关者诉求的同时，而"应付"另外一方利益相关者的诉求（Luo，Wang，and Zhang，2017）；或者对于满足了某一方利益相关者的诉求保持"沉默"以避免被另外一方利益相关者知道，从而避免给企业声誉带来不利影响（Wang，Jia，and Zhang，2021）。

| CSR 聚焦 2-14 |

回应谁的诉求？

当企业面对不同的利益相关者相互冲突的诉求时，会回应谁的诉求呢？政府法规和指导方针是影响企业社会责任信息披露的重要因素，然而中央政府和地方政府会出现相互冲突的诉求，即中央政府要求企业积极承担社会责任并发布社会责任报告，而地方政府更加重视当地 GDP 的增长，要求企业实现更多的盈利，把履行企业社会责任视为对企业资源的占用。罗（Luo）等（2017）关注此现象并建立了制度复杂性理论框架，将企业社会责任报告视为组织对中央政府和地方政府相互冲突诉求的回应。研究发现企业会采取"尽早发布企业社会责任报告，但报告质量较低"这一分离策略（decoupling）进行回应。

资料来源：LUO X R, WANG D, ZHANG J, 2017. Whose call to answer: institutional complexity and firms' CSR reporting[J]. Academy of Management Journal, 60(1): 321-344.

企业是否采取分离策略受到企业社会责任信息透明度、利益相关者的审查，以及利益相关者的重要性等因素的影响。

1. 企业社会责任信息透明度

当企业需要同时与多个利益相关者维持合作关系时，与其所采取的合作行为相关的信息如果是透明的，那么企业就需要更为慎重地采用分离策略。企业有时为了配合其分离策略，也会有意去降低企业社会责任信息的透明度，如实施沉默的捐款（Wang，Jia，and Zhang，2021）。由于利益相关者更多依赖于主观感受且对企业社会责任行为的评价缺乏客观的标准，并且利益相关者也很难掌握有关企业如何实质性地回应不同利益相关者诉求的信息，因此利益相关者很难将企业如何回应其诉求与回应其他利益相关者诉求的程度进行比较。例如，企业 A 给投资者分红和给员工提供休息室，这两者之间就很难进行比较。投资者不会认为企业对员工比对投资者更好。

| CSR 聚焦 2-15 |

企业沉默捐款

企业积极履行社会责任，往往可以获得社会公众的认可，提高企业声誉等，因此企业愿意公开自己的慈善捐赠等企业社会责任信息。然而在现实中，一些企业选择默默做好事而不公开，这看上去与企业的目标相违背。

研究发现企业默默做好事而不公开可能是担心被认为伪善，如企业积极捐款并对外公布，社会公众可能认为这家企业借着做慈善的旗号打广告，反而给企业带来不良影响。Wang 等（2021）对企业默默做好事背后的原因进行深入的研究，提出不同利益相关者之间的诉求平衡是影响企业公布其慈善捐款信息与否的重要因素。由于企业面对多方利益相关者，而其资源很难同时满足各方利益相关者的诉求，因而难免会出现重视一方利益相关者而伤害另一方利益相关者的情况。企业慈善捐赠主要是满足社会公众的需求，在一定程度上损害了投资者和员工的利益，因此如果公司给投资者的分红较少或给员工的薪酬待遇较差，为避免引起投资者或员工的不满，公司就倾向于"隐瞒"慈善捐赠支出。

资料来源：WANG H, JIA M, ZHANG Z, 2021. Good deeds done in silence: stakeholder management and quiet giving by Chinese firms[J]. Organization Science, 32(3): 649-674.

通常，企业也会利用与利益相关者之间的信息不对称（information asymmetry）而采取相应的合作方式来与不同的利益相关者合作，并自如地在实质性社会责任投入水平上进行调整，从而解决企业在有限资源情况下如何回应不同利益相关者诉求的难题。然而，当企业社会责任信息越透明（transparency），也就是利益相关者更为清晰地知道企业如何回应不同利益相关者的诉求时，这种实质性社会责任投入水平上的差异就容易引起利益相关者的注意。无论是被企业"优待"的利益相关者，还是被企业"亏待"的利益相关者都可能会因为企业的差别化对待而感到不公平（inequity），并且企业差别对待利益相关者也会被其他利益相关者认为是伪善（Vergne，Wernicke，and Brenner，2018）。

2. 利益相关者的审查

公司除主动对外披露社会责任相关信息以外，利益相关者也会对企业的"合作"行为进行审查（scrutiny）。如果利益相关者对企业的审查越严格或越有效，那么企业就越难通过差别化对待利益相关者的方式来回应不同利益相关者的诉求。这种情况下，利益相关者会给企业带来很大的外部诉求压力。利益相关者的审查使企业难以采取分离的合作策略。

利益相关者审查受到开展审查活动的成本和收益的影响。如果利益相关者容易获得有关企业社会责任表现的全部信息，企业社会责任活动投入也容易验证，评价企业社会责任投入水平高低有明确的标准，利益相关者的诉求不满会引起企业的重视，那么利益相关者才会严格审查企业如何履行社会责任。利益相关者审查越可信，企业越不会采取分离策略。

| CSR 聚焦 2-16 |

外部审查与企业选择性披露环境责任信息

一些公司在披露环境责任信息时，选择性披露做得好的方面，而不披露做得不好的方面，从而既可以传递出企业公开透明的态度，又可以展现出企业对环境的负责行为。

马奎斯（Marquis）等（2016）认为对环境破坏越严重的公司，受到的关注也越多，其选择性披露行为越容易被识别并受到更严厉的惩罚，因而越少进行选择性披露。他们选取 45 个国家的 4 750 家上市公司进行分析，结果表明对环境破坏越严重的公司确实越少进行选择性披露；另外，在外部审查更严格的国家，公司更不可能进行选择性披露环境责任信息。

资料来源：MARQUIS C, TOFFEL M W, ZHOU Y, 2016. Scrutiny, norms, and selective disclosure: a global study of greenwashing[J]. Organization Science, 27(2): 483-504.

3. 利益相关者的重要性

如果利益相关者的重要性不高，那么企业即便应付或不公平对待利益相关者，该利益相关者的"报复"行为也不会给企业带来实质性的影响。当利益相关者的重要性下降时，或者当利益相关者提出冲突的诉求时，如果一方利益相关者比另一方利益相关者更重要（如掌握企业的稀缺资源），那么企业就更可能采取差异化的合作方式来回应诉求冲突。当然，企业也不想公开它忽视弱势利益相关者诉求的信息，那样也会损害企业的声誉。企业还会在采取分离策略（decoupling）的同时配合采用选择性的社会责任信息披露行为（selective disclosure），从而降低因采取分离策略而可能给企业带来的不利影响。

| CSR 聚焦 2-17 |

利益相关者的重要性与企业社会责任

当利益相关者对企业的诉求相互矛盾时，企业如何回应？张（Zhang）等（2020）认为对政府这一利益相关者而言，当政府遇到财政危机时，企业捐赠可以直接帮助减轻政府财政负担；对投资者这一利益相关者而言，当企业遇到盈利压力时，投资者对经济回报的要求变得更加紧迫，并希望企业减少捐赠。如果企业同时面临着政府财政危机和企业盈利压力，即面对政府和投资者相互冲突的诉求时，政府的重要性更突出，使企业仍会进行慈善捐赠，但同时会降低捐款额度以平衡相互冲突的诉求压力。这反映出企业为缓和利益相关者诉求冲突所做的努力。

晋能控股集团多措施增产量稳煤价也充分体现了当政府和投资者的诉求发生冲突时，公司会权衡利益相关者的重要性，而更积极地回应更重要的利益相关者的诉求。对煤炭生产企业而言，煤炭价格上涨能提升企业利润。但是，煤炭价格上涨过多会增大发电企业成本和居民用电成本。显然，煤炭企业追求经济效益和政府要求维持煤电价格稳定是一对冲突的诉求。在政府要求煤炭企业降价保供的情况下，山西煤炭企业主动放弃经济利益而响应政府号召。以晋能控股集团为例，集团主动响应2021年冬与2022年春环渤海港口动力煤稳价保供诚信承诺。晋能控股集团相关负责人表示，自2021年以来，晋能控股集团积极采取措施增产稳价：一是通过提高产量稳定煤炭供应；二是通过落实年度协定价机制和严格执行限价措施，稳定煤炭价格。2021年第四季度，晋能控股集团承担六省市煤炭和东北地区发电供热企业等保供任务，坚持严格落实煤炭增产保供任务，并通过履行价格承诺，助推市场价格回归合理区间，确保全国人民温暖过冬和国民经济平稳运行。

资料来源：ZHANG L, ZHANG Z, JIA M, et al., 2020. The strength of two hands: conflicting stakeholder pressures and corporate philanthropic giving[J]. Management and Organization Review, 16(2): 335-375; 李春莲, 刘钊. 山西稳价保供效果显现, 大力推进战略重组[N]. 证券日报, 2021-10-27(A03).

2.2.4 企业的"背叛"

在现实中，企业也会出现采取"背叛"行为的情况。理论上，如果企业采取"背叛"行为所能获得的收益大于企业继续"合作"的收益，企业就会采取"背叛"策略。这里企业是否采取"背叛"行为受到企业"背叛"行为的收益、利益相关者对"背叛"行为的惩罚和企业"合作"的预期收益等三个方面因素的影响。

1. 企业"背叛"行为的收益

在"囚徒困境"博弈中，如果利益相关者选择"合作"而企业选择"背叛"，那么企业就能获得超过选择"合作"时的收益，这是以牺牲利益相关者的利益为代价的（如侵占投资者利益）。影响企业采取"背叛"行为的因素包括：企业维持与利益相关者合作关系所须付出的成本和企业能侵占的利益等。以最为常见的企业"背叛"行为，如企业污染环境行为为例，企业为了维护与当地社区的合作关系而采取"合作"的策略如控制污染物排放，那么其所付出的成本是巨大的。这一污染治理的成本越大，企业就越有可能采取"背叛"行为，并且企业因为污染环境而能获得的产能提升越高，采取污染行为的收益越大，企业就越可能采取"背叛"行为。

| CSR 聚焦 2-18 |

祁连山非法采矿屡禁不止

2017年，祁连山生态环境保护问题被中央通报，曾一度形成了声势浩大、力度空前的问责风暴，中央环保督察组和青海省均叫停对祁连山的开采。

然而，直到2020年仍有一家名为青海省兴青工贸工程集团有限公司（简称"兴青公司"）的私营企业，一直在祁连山南麓腹地的青海省木里煤田聚乎更矿区，打着"生态修复治理"的名义进行非法开采。兴青公司因涉嫌违法违规，其董事长马少伟等相关责任人被采取强制措施、多名领导干部被免职并接受调查。

兴青公司没有采矿许可证，也没有探矿权，该公司的行为属于非法行为。尽管曾被叫停、罚款，兴青公司却从未离开过矿井，而是换了一个"采坑边坡治理试点企业"的身份，继续靠"清理露头煤"获取巨额收益。为什么兴青公司宁愿冒着巨大的风险也要坚持非法采矿呢？很明显，其非法采矿背后是巨大的利益。在很多媒体的报道中，兴青公司14年来大张旗鼓、无证非法采煤2 600多万吨，获利超百亿元。

资料来源：央视新闻. 14年怎么就斩不断不断伸进祁连山的盗采黑手？[EB/OL]. [2021-12-04]. https://baijiahao.baidu.com/s?id=1675362786952838066&wfr=spider&for=pc.

2. 利益相关者对"背叛"行为的惩罚

要保证利益相关者的惩罚是可信的，就需要利益相关者能及时发现企业的"背叛"行为，并且利益相关者的惩罚能显著影响企业的收益。如果企业的"背叛"行为难以被发现，如企业并不披露相关的信息或企业"背叛"行为难以被证实，那么利益相关者也就难以确认企业的"背叛"行为。例如，企业财务舞弊本就很难被发现，并且由于投资者不能及时发现公司的财务舞弊行为，也就不能及时采取惩罚手段，这就会使投资者对公司"背叛"行为的惩罚缺乏可信性。另外，即便是发现企业的"背叛"行为，利益相关者也可能会忽视这些信息。当利益相关者不认为企业的"背叛"行为侵犯了其利益，又或者利益相关者对于企业的"背叛"行为缺乏采取惩罚行动的动力，都会导致利益相关者不会惩罚企业的背叛行为。

| CSR 聚焦 2-19 |

利益相关者忽视企业无良行为

企业无良行为会损害利益相关者的利益，然而一些情况下利益相关者会忽视企业无良行为。Barnett（2014）提出利益相关者的注意力分配是有限的，从这个观点出发研究了利益相关者对企业不当行为惩罚的不一致性。利益相关者的注意力受个人和情境因素影响，图2-5按阶段列出了影响利益相关者在对企业无良行为做出回应的每一阶段的影响因素。个人因素是利益相关者的特征，而情境因素是企业不当行为发生时的情境特征。这些因素导致利益相关者不一定能注意到不当行为；如果利益相关者注意到不当行为，对不当行为的评估也会有不同结果；如果利益相关者判定一家公司有不当行为，是否惩罚这家公司也不确定。

资料来源：BARNETT M L, 2014. Why stakeholders ignore firm misconduct: A cognitive view[J]. Journal of Management, 40(3): 676-702.

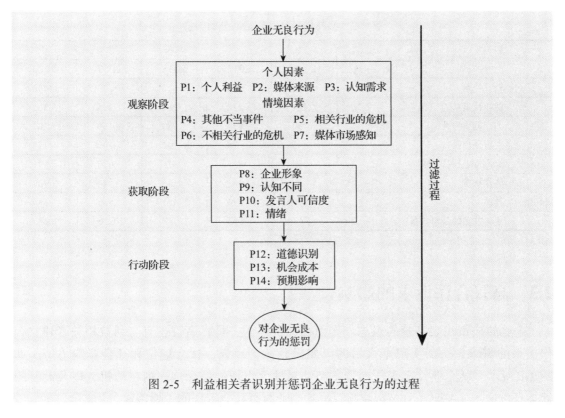

图 2-5 利益相关者识别并惩罚企业无良行为的过程

3. 企业"合作"的预期收益

如果企业通过与利益相关者"合作"所能获得的回报过少，比如利益相关者给企业所能提供的利益太少或利益相关者所掌握的资源对企业而言不重要，那么企业也会放弃长期的合作关系而转向短期的机会主义行为。特别是当利益相关者并不能给企业提供及时的回报时，企业在评估维护合作关系价值的时候就会低估其收益而高估其成本。例如，从 2017 年开始我国政府大力推进企业参与精准扶贫。很多企业参与其中，但是采取产业发展扶贫这种需要长期投资的扶贫模式的企业只占四成左右。

| CSR 聚焦 2-20 |

企业参与精准扶贫的方式选择

精准扶贫是指针对不同贫困区域的环境、不同贫困农户的状况，运用科学有效的程序对扶贫对象实施精确识别、精确帮扶、精确管理的治贫方式。精准扶贫有多种方式，如教育扶贫、就业扶贫、医疗健康扶贫、生态环保扶贫、产业发展扶贫、协作扶贫。一家公司可以同时采取几种不同的扶贫方式。表 2-2 统计了 2016 年—2020 年上市公司参与各种方式扶贫的数量。总体来说，上市公司偏向于采取投入小、周期短、见效快的扶贫方式（教育扶贫、就业扶贫、医疗健康扶贫），而采取投入大、周期长、见效慢的扶贫方式（生态环保扶贫、产业发展扶贫）的相对较少。

表 2-2　参与精准扶贫项目的公司数量　　　　　　　（单位：家）

扶贫项目	年份				
	2016	2017	2018	2019	2020
教育扶贫	331	474	610	629	628
就业扶贫	141	224	284	295	305
医疗健康扶贫	84	131	180	166	204
生态环保扶贫	55	78	102	109	112
产业发展扶贫	300	437	576	625	691
协作扶贫	324	464	563	644	739
其他	219	334	451	515	599
参与扶贫的公司总量	747	1 157	1 577	1 626	1 923

2.3　高管合作诉求的影响

企业的决策代表高管的意志。作为社会群体的一员，高管也有与利益相关者建立合作关系的需求，从而实现个人目的，如提升社会声誉、社会地位和社会影响力等。如图 2-6 所示，就企业社会责任而言，高管对社会责任的信念这一内在动机，以及高管的社会身份这一外在驱动力是影响高管推动企业履行社会责任的主要因素。

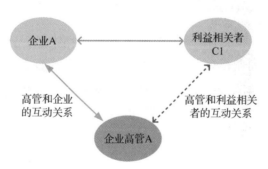

图 2-6　高管合作诉求对企业社会责任的影响

| CSR 聚焦 2-21 |

鸿星尔克董事长回应为河南水灾捐 5 000 万元物资

2021 年 7 月下旬，河南遭受特大暴雨，引起社会各界的广泛关注。鸿星尔克捐赠钱款和物资共计 5 000 万元，引起热议。因为鸿星尔克公司 2020 年净亏损额度为 2.2 亿元，其经营状况并不好，自己"食不果腹"还拿出 5 000 万元的物资，这一举动引起网友关注。网友纷纷用实际行动来表达自己对鸿星尔克的支持，并一度形成"野性消费"。面对网友的赞扬和支持，鸿星尔克董事长吴荣照回应表示"一定要理性消费。公司只是凭着初心，在做一些力所能及的事情，请不要神话鸿星尔克"。

资料来源：搜狐网.国货鸿星尔克，董事长这波发言圈粉了！[EB/OL]. (2021-07-31) [2022-12-05]. https://www.sohu.com/a/480667589_120139556.html.

2.3.1 高管的合作信念

作为社会的一员,高管有其自身对待合作的信念。例如,如何看待社会责任和是否具备利他精神。高管的合作信念一方面是受到先天因素影响而形成的,另一方面则是受到后天环境影响而产生的。高管的先天特征包括高管的性别、出生地、出生日期、血型、家庭环境等。例如,女性高管比男性高管有更强的合作动机,更愿意与其他社会群体保持合作的关系,故而也会更加积极主动地履行社会责任(Jia and Zhang,2013)。

> **| CSR 聚焦 2-22 |**
> **女性董事推动公司为地震捐款**
>
> 继挪威、法国、西班牙、比利时等欧洲国家制定女性董事强制性配额之后,2018 年美国加利福尼亚州签署法案要求总部设立在本州的上市公司董事会中至少有一名女性成员,该法案的签署再次引发了国际社会对女性董事价值的争论。
>
> 贾(Jia)和张(Zhang)(2013)提出虽然以前的研究关注女性在董事会中的作用和企业对自然灾害的反应,但没有考察女性董事如何影响企业的慈善救灾反应(corporate philanthropic disaster response,CPDR)。作者选取 2008 年 5 月 12 日汶川地震和 2010 年 4 月 14 日玉树地震两个事件后中国民营企业的慈善救灾反应数据进行研究,结果发现:当至少有三名女性在董事会任职时,企业慈善救灾反应更加积极。董事会女性的年龄多样性,以及企业良好的盈利能力(如每股收益较高)加强了女性董事与企业慈善救灾之间的积极反应。
>
> 资料来源:JIA M, ZHANG Z, 2013. Critical mass of women on BODs, multiple identities, and corporate philanthropic disaster response: evidence from privately owned Chinese firms[J]. Journal of Business Ethics, 118(2): 303-317.

除了这种先天因素的影响外,后天环境也会对高管合作信念的形成产生重要影响。后天环境包括高管的生活经历、工作经历、性格等。例如,具有贫穷经历的高管对于物质匮乏有更强的感知,从而有更强的动力去帮助别人(许年行和李哲,2016),高管有海外工作经历就会更加积极推动公司履行社会责任(Luo,Chen,and Chen,2021),自恋(narcissism)、自大(hubris)的高管往往为了提升个人声誉而推动企业履行社会责任(Tang,Mack,and Chen,2018)。

> **| CSR 聚焦 2-23 |**
> **高管心理特征与企业社会责任**
>
> 高管的心理特征会影响公司行为。唐(Tang)等(2018)进一步区分了自恋和自大的首席执行官对公司产生影响的机制。他们对美国上市公司的样本分析发现,自恋的首席执行官更关心企业社会责任,而自大的首席执行官则不那么关心。有趣的是,如果同行企业承担更少的企业社会责任,则自恋的首席执行官会选择承担更多的社会责任,而自大的首席执行官几乎不受影响;如果同行企业承担更多的企业

社会责任，自恋的和自大的首席执行官都选择承担更少的社会责任。这一研究结果指出，首席执行官的自恋和自大之间的根本区别在于他们如何与同行企业进行社会比较。

资料来源：TANG Y, MACK D Z, CHEN G, 2018. The differential effects of CEO narcissism and hubris on corporate social responsibility[J]. Strategic Management Journal, 39(5), 1370-1387.

2.3.2 高管的社会身份

高管的社会身份会形成社会对其行为的预期和诉求，从而推动高管按照符合社会诉求的方式来行事。大量研究表明具有政治关联的高管所在公司捐款更加积极（贾明和张喆，2010）；然而，张（Zhang）、马奎斯（Marquis）和乔（Qiao）（2016）则进一步区分了先天型政治关联和后天型政治关联对企业慈善捐赠的不同影响。同样，退役军人身份（military）的 CEO 也代表这类高管会保持军人的优良作风，并将这一作风体现在公司的行为上。已有研究发现从军经历使高管所在公司的社会责任表现更佳，并且更少地出现企业无良行为（Gao，Wang，and Zhang，2021）。

| CSR 聚焦 2-24 |

政治关联对企业慈善捐赠的影响：缓冲还是绑定？

政治关联能缓冲公司和政府的关系还是将公司和政府绑定在一起？为了检验这一理论困惑，张（Zhang）等（2016）区分了两种类型的政治关联：先天型（ascribed）政治关联和后天型（achieved）政治关联。他们基于 2001 年—2012 年中国民营上市公司慈善捐赠数据对理论框架进行了检验，发现相比于拥有先天型政治关联高管的企业，拥有后天型政治关联高管的企业为绑定与政府之间的关系而增加捐赠。

资料来源：ZHANG J, MARQUIS C, QIAO K, 2016. Do political connections buffer firms from or bind firms to the government? A study of corporate charitable donations of Chinese firms[J]. Organization Science, 27(5): 1307-1324.

2.4 高管与企业合作诉求的一致性

企业的资源是有限的。从企业视角出发，企业所需要建构的利益相关者合作关系是否与高管自身所需要建构的社会合作关系相一致，这直接影响企业资源的配置方向和合作策略的选择。在企业社会责任框架下，当企业的合作目标与高管个人的合作目标不一致时，就会产生代理成本（agency cost）问题，也就是高管可能为了满足个人利益而将企业资源投入有损企业价值的社会活动中。

2.4.1 企业与高管合作诉求的一致性和合作关系的稳定性

如图 2-7 所示，利益相关者 C2 是企业和高管共同认可的合作伙伴，故而与其合作能实现企业、高管的共赢，使企业参与这一类社会责任能有效执行。例如，对于具有政治关联的高管而言，与政府保持良好的合作关系对企业而言也是有价值的，能促进企业财务绩效的提升（Wang and Qian，2011）。

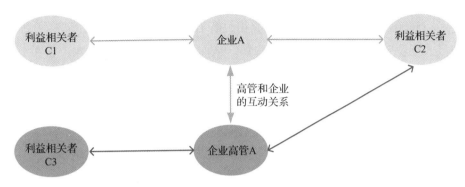

图 2-7　高管与企业合作诉求对企业社会责任的影响

但是，这种合作关系的弱点在于企业与利益相关者 C2 的合作关系是建立在高管私人关系基础之上的。一旦高管离开公司或利益相关者人事变动，这一私人关系就不复存在了，而使企业还需要重新投入资源以建立与利益相关者 C2 新的合作关系。

2.4.2　企业与高管合作诉求的不一致和合作关系的融合

高管和企业都有符合各自利益的合作关系而可能存在冲突，如在图 2-7 中，高管想与利益相关者 C3 保持合作关系，但是对企业而言利益相关者 C3 并不能提供关键资源而不具有合作价值。在这种情况下，高管和公司的合作诉求就不一致了。例如，高管往往有家乡情结，从而希望与家乡的利益相关者建立合作关系，支持家乡的发展（曹春方、刘秀梅、贾凡胜，2018）；但是对企业而言，在高管家乡投资不一定是好的投资选择。在这种情况下就很可能产生代理成本问题，即高管为了维护私人合作关系的需要而耗费公司资源，这实际上是对公司资源的攫取。许多研究也发现企业捐款中存在代理成本问题（Masulis and Reza，2015）。

| CSR 聚焦 2-25 |

企业与高管合作诉求的不一致和企业慈善的代理成本问题

以往的研究中，企业慈善捐款被认为是企业追求利润最大化的一种工具。然而，马苏里斯（Masulis）和雷扎（Reza）（2015）指出企业捐赠不纯粹是公司价值最大化的工具，也是管理者——股东代理问题的表现。一般情况下，管理者可以自由决定企业慈善捐款，从而选择有利于自身利益的捐赠，但损害了股东的利益。

马苏里斯和雷扎认为，管理者（如首席执行官）用公司资金来支持他们自己的慈善偏好，有助于提高他们的个人声誉和建立个人社交网络。数据显示，62% 的企业会向首席执行官所属的慈善机构捐款，尤其是在首席执行官与股东的利益不一致时，企业的这一活动更加活跃。另外，首席执行官还会利用企业捐赠来支持独立董事所属的慈善机构，加强与独立董事的社会联系，从而削弱董事会的独立性，导致股票回报下降，损害股东的利益。

资料来源：MASULIS R W, REZA S W, 2015. Agency problems of corporate philanthropy[J]. Review of Financial Studies, 28(2): 592-636.

解决这一问题的途径就在于提升利益相关者 C3 对于企业的价值，C3 可通过主动提供资源的方式逐步建立起与企业的合作关系，从而实现合作关系的融洽，降低代理成本。例如，当地政府为来家乡投资的企业提供更多的政策优惠和税收支持。当然，这一合作关系同样是建立在高管私人合作关系基础上的，故而一旦发生高管更替，还是会影响到企业层面合作关系的稳定。继任的高管不一定会认为继续维持这一合作关系有利于企业发展。

本章小结

1. 无论是高管还是企业，履行企业社会责任的目的都是建立个人或企业的声誉，维护自身与众多利益相关者之间的交换关系，而这一动机既可能是主动行为，也可能是被动反应。
2. 企业的合作诉求取决于两个因素：企业信念和企业压力。企业信念，即企业认为自身是合作者，通过主动合作以维护声誉；而企业压力指的是利益相关者要求企业"合作"而迫使企业采取"合作"策略，以避免声誉受损。
3. 企业是否相信自己是合作者受到企业合作历史、企业合作收益、"背叛"行为的成本等因素的影响。
4. 当利益相关者有多个合作对象可选择时，企业就会面临其他企业的竞争，而更需要采取应对措施来巩固已有的合作关系。这里的影响因素包括：企业间的相似性、竞争者的合作水平、竞争者的声誉、利益相关者的诉求变化和合作转移成本等。
5. 当公司需要面对不同的利益相关者群体而需要回应各自不同的诉求时，就会面临更为复杂的诉求环境，尤其是当诉求之间存在竞争关系时，如何选择合作策略就面临挑战。这一策略的可行性受到企业社会责任信息透明度、利益相关者的审查，以及利益相关者的重要性等因素的影响。
6. 企业也会选择背叛利益相关者。如果企业采取"背叛"行为所能获得的收益大于企业继续合作的收益，那么企业就会采取背叛策略。企业是否采取背叛行为受到企业"背叛"行为的收益、利益相关者对"背叛"行为的惩罚和企业"合作"的预期收益等三个方面因素的影响。
7. 高管合作诉求受高管的合作信念、高管的社会身份等因素的影响。企业和高管合作诉求既可能一致，也可能出现冲突。
8. 受到高管合作诉求的影响，企业在履行社会责任的过程中可能存在代理成本。

关键术语

高管声誉（executive reputation）
企业声誉（corporate reputation）
合作策略（cooperation strategy）
合作诉求（cooperation claim）

复习思考题

1. 声誉是什么？高管及企业的声誉为什么重要？
2. 影响企业合作诉求的因素是什么？

3. 企业为什么会背叛利益相关者？
4. 高管与企业的合作诉求一致吗？这对企业社会责任产生怎样的影响？

应用案例

曹德旺：中国企业家精神的代表

曹德旺，1946年5月出生，福建省福州市福清人，1987年成立福耀玻璃工业集团股份有限公司，是中国第一、世界第二大汽车玻璃供应商。

曹德旺年少时家庭经济因遇到意外而一落千丈，14岁时被迫停止了学业，年纪轻轻就尝尽了各种辛酸苦辣。1976年，30岁的曹德旺进入家乡的一家乡镇玻璃厂工作，不久后工厂因生意冷清濒临倒闭，于是他用自己的积蓄承包了工厂。接手玻璃厂后，曹德旺认为汽车玻璃生产领域有前途，将工厂逐渐转型，后改名为福耀公司，并不断引入新技术和新设备，很快福耀公司占据了整个中国汽车玻璃市场大半的份额。不过曹德旺并没有止步于此，他继续向国际市场进军，并一直研究突破各类技术，使福耀成为世界第二大汽车玻璃品牌，他也被冠誉"玻璃大王"的称号。

自1983年起，在发展企业的同时，曹德旺不间断地向社会捐赠，积极履行社会责任。曹德旺个人累计捐赠近120亿元人民币，捐赠领域涉及救灾、扶贫、助困、教育、文化等各方面，并发起成立河仁慈善基金会，帮助数以万计的受灾民众、贫困家庭和贫困大学生渡过难关。曹德旺坚持"义利相济"的中国传统商道文化，并身体力行地为国家的发展积极探索，受到了党和国家，以及全社会的广泛关注和高度好评，被社会称为"中国企业家精神的代表"。

2021年，曹德旺宣布为了给国家培养科技人才，计划捐出100亿元用来建造"福耀科技大学"。这样的事迹，本来应该是人人称赞的慈善功德，然而网络上关于这件事的评价却出现了两极分化的现象。有人称赞曹德旺此举是真心做善事，为国家发展做贡献，但是也有人评价他的行为是在"沽名钓誉"，更有甚者，直接向他发出质问："你都能拿出100亿元做慈善、建大学，为什么不愿意给员工加工资？"

资料来源：新华网. 中华人民共和国成立70周年最美奋斗者候选人曹德旺简介 [EB/OL]. [2022-12-05]. http://zmfdz.news.cn/101/index.html；网易新闻. 玻璃大王曹德旺遭质问：为何捐100亿建大学，却不给员工涨工资 [EB/OL]. (2021-07-03) [2022-12-05]. https://www.163.com/dy/article/GDVI46U40543L6WL.html.

讨论题

1. 曹德旺为什么能成为中国企业家精神的代表？
2. 曹德旺的成长经历如何影响福耀的慈善行为？
3. 你如何看待曹德旺计划捐出100亿元建造大学的事件所引起的争议？
4. 从企业和高管诉求的一致性角度来看，你对于化解捐赠争议有何建议？

学习链接

[1] BARNETT M L, 2014. Why stakeholders ignore firm misconduct: a cognitive view[J]. Journal of Management, 40(3): 676-702.

[2] BROWN W, HELLAND E, SMITH J K, 2006. Corporate philanthropic practices[J]. Journal of Corporate Finance, 12(5): 855-877.

[3] CAO J, LIANG H, ZHAN X, 2019. Peer effects of corporate social responsibility[J]. Management Science, 65(12): 5487-5503.

[4] DERFUS P J, MAGGITTI P G, GRIMM C M, et al., 2008. The Red Queen Effect: competitive

[5] DU X, 2013. Does religion matter to owner-manager agency costs? Evidence from China[J]. Journal of Business Ethics, 118: 319-347.

[6] GAO Y, WANG Y, ZHANG M, 2021. Who really cares about the environment? CEOs' military service experience and firms' investment in environmental protection[J]. Business Ethics, The Environment Responsibility, 30(1): 4-18.

[7] HAMBRICK D C, MASON P A, 1984. Upper echelons: the organization as a reflection of its top managers[J]. Academy of Management Review, 9(2): 193-206.

[8] JENSEN M C, MECKLING W H, 1976. Theory of the firm: managerial behavior, agency costs and ownership structure[J]. Journal of Financial Economics, 3(4): 305-360.

[9] JIA M, XIANG Y, ZHANG Z, 2018. Indirect reciprocity and corporate philanthropic giving: how visiting officials influence investment in privately owned Chinese firms[J]. Journal of Management Studies, 56(2): 372-407.

[10] JIA M, ZHANG Z, 2013. Critical mass of women on BODs, multiple identities, and corporate philanthropic disaster response: evidence from privately owned Chinese firms[J]. Journal of Business Ethics, 118(2): 303-317.

[11] JIA M, ZHANG Z, 2015. News visibility and corporate philanthropic response: evidence from privately owned Chinese firms following the Wenchuan earthquake[J]. Journal of Business Ethics, 129(1): 93-114.

[12] KING B G, WHETTEN D A, 2008. Rethinking the relationship between reputation and legitimacy: a social actor conceptualization[J]. Corporate Reputation Review, 11(3): 192-207.

[13] LUO J, CHEN D, CHEN J, 2021. Coming back and giving back: transposition, institutional actors, and the paradox of peripheral influence[J]. Administrative Science Quarterly, 66(1): 133-176.

[14] LUO X R, WANG D, ZHANG J, 2017. Whose call to answer: institutional complexity and firms' CSR reporting[J]. Academy of Management Journal, 60(1): 321-344.

[15] MARQUIS C, QIAN C, 2014. Corporate social responsibility reporting in China: symbol or substance?[J]. Organization Science, 25(1): 127-148.

[16] MARQUIS C, TILCSIK A, 2016. Institutional equivalence: how industry and community peers influence corporate philanthropy[J]. Organization Science, 27(5): 1325-1341.

[17] MARQUIS C, TOFFEL M W, ZHOU Y, 2016. Scrutiny, norms, and selective disclosure: a global study of greenwashing[J]. Organization Science, 27(2): 483-504.

[18] MASULIS R W, REZA S W, 2015. Agency problems of corporate philanthropy[J]. Review of Financial Studies, 28(2): 592-636.

[19] PISANI N, KOURULA A, KOLK A, et al., 2017. How global is international CSR research? insights and recommendations from a systematic review[J]. Journal of World Business, 52(5): 591-614.

[20] SUCHMAN M C, 1995. Managing legitimacy: strategic and institutional approaches[J]. Academy of Management Review, 20(3): 571-610.

[21] TANG Y, MACK D Z, CHEN G, 2018. The differential effects of CEO narcissism and hubris on corporate social responsibility[J]. Strategic Management Journal, 39(5): 1370-1387.

[22] VERGNE J P, WERNICKE G, BRENNER S, 2018. Signal incongruence and its consequences: a study of media disapproval and CEO overcompensation[J]. Organization Science, 29(5): 796-817.

[23] WANG H, JIA M, ZHANG Z, 2021. Good deeds done in silence: stakeholder management and quiet giving by Chinese firms[J]. Organization Science, 32(3): 649-674.

[24] WANG H, QIAN C, 2011. Corporate philanthropy and corporate financial performance: the roles of stakeholder response and political access[J]. Academy of Management Journal, 54(6): 1159-1181.

[25] ZHANG J, MARQUIS C, QIAO K, 2016. Do political connections buffer firms from or bind firms to the government? A study of corporate charitable donations of Chinese firms[J]. Organization Science, 27(5): 1307-1324.

[26] ZHANG L, ZHANG Z, JIA M, et al., 2020. The strength of two hands: conflicting stakeholder pressures and corporate philanthropic giving[J]. Management and Organization Review, 16(2): 335-375.

[27] 曹春方，刘秀梅，贾凡胜，2018. 向家乡投资：信息、熟悉还是代理问题？[J]. 管理世界，34（5）：107-119；180.

[28] 贾明，张喆，2010. 高管的政治关联影响公司慈善行为吗？[J]. 管理世界（4）：99-113；187.

[29] 许年行，李哲，2016. 高管贫困经历与企业慈善捐赠[J]. 经济研究，51（12）：133-146.

第 3 章　直接互惠视角下的企业社会责任

【学习目标】

1. 理解重复"囚徒困境"博弈中的最优策略。
2. 掌握单一利益相关者视角下企业社会责任的后果。
3. 掌握多元利益相关者视角下企业社会责任的后果。
4. 掌握多期视角下企业社会责任的后果。

开篇案例

鸿星尔克的爆红

2021年7月17日以来，一场历史罕见的持续性强降雨突袭河南多地造成重大财产损失。灾难面前，社会各界积极捐款捐物。鸿星尔克捐助了钱款和物资共计5 000万元，客观来说其捐助不是最多的，却引起了热议，成为本次洪灾期间"风头"最大的企业之一。鸿星尔克曾是一个大众耳熟能详的国货运动品牌，但后来逐渐淡出大众视野，直到2021年7月因为洪灾捐款又爆红。为什么鸿星尔克不是捐款金额最多的企业，却能引起如此热议呢？

主要原因在于，网友发现鸿星尔克公司2020年净亏损额为2.2亿元，在经营亏损的情况下还拿出5 000万元驰援河南灾区，这一举动感动众多网友，大家自发用实际行动来表达自己对鸿星尔克的支持。7月22日晚，数百万人冲进鸿星尔克的淘宝直播间，数千万人涌入它的抖音直播间。鸿星尔克官方呼吁大家理性消费，但网友们的热情越发高涨。线上火爆的同时，鸿星尔克实体店的销售额也增长迅速，武汉某店一天的销售额相较平时暴涨130多倍，还有顾客一口气买了3万元的运动鞋。数据显示，鸿星尔克在抖音电商三天内的销量已经超过2021年上半年的总和,在京东商城23日当日的销售额同比增长超52倍。

资料来源:澎湃新闻.鸿星尔克风雨浮沉录[EB/OL].(2022-08-03)[2022-12-05]. https://www.thepaper.cn/newsDetail_forward_13850504.

3.1 直接互惠和企业社会责任

企业选择"合作"策略,如履行社会责任,而后利益相关者会对企业进行回馈,如同样选择"合作"为企业提供关键资源,也可能会选择"背叛",从而侵占企业利益,如图3-1所示。利益相关者对企业的回馈就构成企业社会责任的后果。

企业与利益相关者之间的合作如同"囚徒困境",每一方都可以通过"背叛"提升个体收益,并且无论对方如何选择,选择

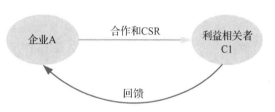

图 3-1 直接互惠与企业社会责任的后果

"背叛"始终可以带来眼前最大的收益。这就给双方建立合作关系设置了巨大的障碍(见第1章)。我们只有把企业与利益相关者之间的合作从单次合作(单次博弈)调整为重复或多次合作(重复博弈),合作双方才会因为对未来合作收益的看重而放弃眼前的短期收益("背叛"的收益),尝试信任对方从而选择合作。在重复博弈中,信任是形成合作的关键,即双方都会因为对方的"合作"而选择"合作",且都尝试成为合作者。在这一背景下,已有研究对重复"囚徒困境"博弈中的最优策略开展了广泛而深入的研究(Nowak et al.,2011)。无论最优策略如何变化,最后胜出的策略都有一个共同的特点,那就是"以牙还牙",即一方首先选择合作,而后根据对方的选择来决定如何回应:如果对方选择"合作",那么继续"合作";如果对方选择"背叛",那么随后便选择"背叛"。

| CSR 聚焦 3-1 |

《超级合作者》和"以牙还牙"

《超级合作者》是马丁·诺瓦克(Martin A. Nowak)与罗杰·海菲尔德(Roger Highfeild)于2011年合作完成的一本书。本书内容涵盖了生物学、社会学、数学、计算机科学等领域。作者提出了"合作"是"突变"和"自然选择"之外的第3个进化原则,同时以重复"囚徒困境"为研究切入点,利用计算机模型、数学模型、实验解释了关于合作产生的5种机制——直接互惠、间接互惠、空间博弈、群体选择和亲缘选择。

作者提到的5种合作机制简单来说就是:在固定的群体成员间,提高个体重复碰面的概率能促进直接互惠(合作机制1);建立群体内或群体间的声誉传播机制,能促进间接互惠(合作机制2);控制群体规模,减少个体平均邻居数量,能优化空间选择,促进形成互助团体(合作机制3);自然选择既可以影响到个体,也可以影响到群体,相互合作的群体会拥有竞争优势,在自然选择中胜出(合作机制4);个体间血缘关系越近,就越偏向于合作(合作机

制5）。同时奖惩制度——奖励"合作"行为，惩罚"背叛"行为会增加"合作"收益，减少"背叛"收益，从而促进合作（适用于所有机制）。作者从基因、细胞、蚂蚁群体的角度对上述合作机制进行探讨，又进一步将其拓展到人类社会，并从语言与人类社会发展的关系、公地悲剧的解决，以及社交网络下的群体关系等方面，分析了合作的重要性和作用机制。

密歇根大学政治学与公共政策教授罗伯特·阿克塞尔罗德（Robert Axelrod）为了探究重复"囚徒困境"的解决策略，组织了一场特殊的实验：人为设计了重复"囚徒困境"的博弈环境，在计算机上进行虚拟比赛，比赛"选手"是众多科学家提交的计算机程序。"以牙还牙"策略就是本次比赛中的"冠军程序"，其内容只有短短的四行，核心逻辑就是第一步采取合作策略，之后每一步都重复对方的上一步。简单来说，"以牙还牙"策略是怀着信任的态度开始博弈的，之后对对方动作进行模仿，一旦对方"背叛"，就会立刻采取"背叛"行为。

"以牙还牙"策略不但在虚拟比赛中表现优异，而且在当时有很强的现实应用背景。例如，"冷战"时期的核军备竞赛期间，每一方都承诺，只要对方不使用原子弹和氢弹，自己就不会使用。为了进一步探索"以牙还牙"策略的成功秘诀，阿克塞尔罗德发现了一个重要的属性，就是友善，即永远不做第一个"背叛"的人。

资料来源：NOWAK M, HIGHFIELD R, 2011. Super cooperators: altruism, evolution and mathematics[M]. New York: Free Press.

3.2 单一利益相关者视角下企业社会责任的后果

直接互惠关系是指合作双方基于信任所建立的利益交换关系。不同的利益相关者跟企业所建立的直接互惠关系大体上是基于同样的逻辑，只是在交换的形式、内容和频率上可能存在一些差异。下面结合企业常见的利益相关者分类，分别讨论企业与投资者、员工、消费者、供应商、政府和媒体之间的直接互惠关系，以及企业社会责任可能产生的后果。

3.2.1 企业社会责任的经济后果

企业履行社会责任面临的一个最大的问题就是：这样做对企业有何好处。作为经济组织，企业往往把追求经济利益放在第一位，由于履行社会责任也要付出成本，故而企业特别关注这样做带来的经济后果，从而将履行社会责任作为企业实现经济价值最大化的工具（进一步讨论见第15章）。以弗里德曼（Friedman）为代表的经济学家更是认为企业的社会责任就是把企业经营好（Friedman, 1970）。

| CSR 聚焦 3-2 |

弗里德曼：企业的社会责任就是创造利润

著名经济学家、诺贝尔经济学奖得主弗里德曼于1970年发表在《纽约时报杂志》上的文章提到："在私有产权和自由市场体系中，企业有且仅有一项社会责任，那就是在法律和规章制度许可的范围之内,利用其资源并参与旨在增加其利润的活动。也就是说,企业有责任参与公开且自由的竞争,没有欺骗或虚假行为。"弗里德曼认为社会责任与经济责任是分离的,企业只有对股东的经济责任而没有道德责任或其他特殊的责任,企业履行其他社会责任会削弱企业的竞争地位,同时也是对自由市场的损害。

资料来源:FRIEDMAN M, 1970. The social responsibility of business is to increase its profits[J]. New York: The New York Times Magazine.

但随着利益相关者理论的兴起(Freeman, 1984),越来越多的学者和企业家都认识到企业的发展离不开利益相关者的支持。战略管理研究认为,企业社会责任能给企业带来各方面的资源,而这些资源又是企业发展所需要的,故而能够提高企业绩效。随之有一些实证研究发现企业履行社会责任能提高企业绩效(Aguinis and Glavas, 2012;Wood, 2010),这是比较正面的结果。但是,也有相当一部分研究发现,企业履行社会责任也可能是受到高管个人私利的驱动,是高管代理成本的体现,故而难以给公司带来直接的经济利益(贾明和张喆, 2010;Masulis and Reza, 2015)。从这个角度出发,也有一些研究提出企业社会责任与企业绩效之间的关系是负向的(Margolis and Walsh, 2003)。

随后,还有一些学者将以上两个方面的观点结合起来,认为虽然企业通过履行社会责任能获得一些资源,从而提升企业绩效,但是这些资源能给企业提供的价值是边际递减的,故而当企业社会责任超过一定的水平后,其投入的成本就超过了它所能带来的效益,反而会降低公司的总绩效。按照这一观点,企业社会责任与企业绩效之间的关系是倒 U 形的,并且也有一些研究提供了这样的经验证据(Wang, Choi, and Li, 2008)。

此后,还有一些学者从代理成本的视角出发认为虽然高管会为了私利而调用公司资源去履行社会责任,但当履行社会责任的水平足够高而产生很大影响的时候,也能引起利益相关者的注意,从而给公司带来一些资源,对公司绩效产生正面影响。按照这一逻辑,企业社会责任与企业绩效之间的关系是正 U 形的,这同样得到一些研究者的支持(Brammer and Millington, 2008;Barnett and Salomon, 2012)。

| CSR 聚焦 3-3 |

有关企业社会绩效与财务绩效关系的研究

马戈利斯(Margolis)和沃尔什(Walsh)(2003)整理了以往关于企业社会绩效与财务绩效关系的实证论文,在 1972 年—2002 年发表的 127 篇实证论文中,有 109 项研究将企业社会绩效作为自变量,有 22 项研究将企业社会绩效作为因变量(其中 4 项研究同时研究了两种关系)。

在将企业社会绩效作为自变量的 109 项研究中,有几乎一半(54 项)研究结果表明企业社会绩效和财务绩效存在正相关关系;有 7 项研究发现了两者的负相关关系,28 项研究认为两者关系不显著,还有 20 项研究认为两者不是简单线性关系;在将企业社会绩效作为因变量的 22 项研究中,大多数研究(16 项)结果表明企业财务绩效和社会绩效存在正相关关系。

资料来源:MARGOLIS J D, WALSH J P, 2003. Misery loves companies: rethinking social initiatives by business[J]. Administrative Science Quarterly, 48(2): 268-305.

总结来看，企业履行社会责任的经济后果到底是什么并不确定。经济后果不确定的根本原因在于企业社会责任行为是与利益相关者交换过程中企业所表现出的合作策略，目的是建立与利益相关者的互惠合作关系并希望得到利益相关者的回馈。但是，企业社会责任本身是多维度的（如对投资者、员工、政府、供应商的社会责任都不相同），某一社会责任行为既可能影响受其直接影响的利益相关者，也可以影响其他利益相关者。已有的研究实际上假定各类利益相关者会对企业的各种社会责任行为都无差别地予以回报。但是，问题在于：利益相关者一定会认可企业所给予的"好处"吗？例如，企业给员工提供加班补贴，员工就会感谢企业吗？投资者会怎样反应？又或者企业不给员工发工资但是对外捐款，员工会如何看待企业的捐款行为？

另外，利益相关者给予公司的回报能否及如何影响企业最终的经济绩效，受到非常多的因素的影响。例如，员工对公司的回馈表现为提高忠诚度，但是员工忠诚度与企业绩效的关系其实也是很复杂的，受到许多情境因素的影响。故而，我们抛开企业和利益相关者的交换特征去谈企业社会责任的经济后果很难得到确切的答案，需要更为深入地去了解企业履行社会责任在与利益相关者建立关系中发挥怎样的作用，也就是剖析企业社会责任影响企业经济绩效的中间机制（intermediate mechanism）。

| CSR 聚焦 3-4 |

企业社会责任研究关注中间机制

如图 3-2 所示，从 20 世纪 70 年代开始，AMJ 期刊上研究企业社会责任后果的文章数量不断增加，并在 20 世纪 90 年代达到顶峰，同时表明在 20 世纪 80 年代、90 年代，企业社会责任相关研究在学术方面和实践方面的研究重点均为公司是否能从参与社会活动中获得经济利益，旨在回应关于社会绩效与财务绩效关系的争论。自 20 世纪 90 年代以后，有关企业社会责任后果研究的数量仍保持在较高水平，并在 2000 年后依旧呈增长趋势。

如图 3-3 所示，将研究企业社会责任后果的文章进一步分类，就会清楚地看到早期研究主要关注履行企业社会责任带来的财务绩效，20 世纪 90 年代后则更多关注对非财务绩效的影响（对利益相关者的影响）。在此趋势下，企业在社会中的角色更多元化，研究更多地关注企业社会责任对财务绩效产生影响的中间机制。

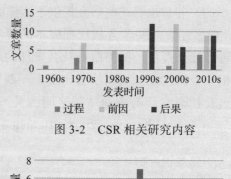

图 3-2 CSR 相关研究内容

图 3-3 有关后果的分类

资料来源：WANG H. TONG L, TAKEUCHI R, GEORGE G, 2016. Corporate social responsibility: an overview and new research directions[J]. Academy of Management Journal, 59(2): 534-544.

3.2.2 企业对投资者的社会责任及其后果

企业与投资者的关系虽然包含大量的经济交换关系，如通过股票市场交易来买卖股票等，但是企业和投资者的相互信任和互惠合作同样重要。投资者对公司的信任体现在长期持有公司股票、支持高管层经营、较少受负面新闻影响、相信公司的业绩增长等，故而稳定的投资者关系对于公司的持续发展非常重要。

在股东至上（shareholder primacy）的公司治理体系中，企业往往把投资者的利益和诉求置于首要地位。企业和投资者建立直接互惠合作关系体现在一方面保护投资者的利益不受损失，另一方面给予投资者回报。通常，公司履行对投资者的社会责任包括：建立完备的公司治理制度、召开股东大会、及时披露公司信息和定期分红等。这些行为所提供的好处直接有益于投资者。

面对公司的合作行为，投资者也会做出回应，其评判的标准就在于这些行为是否满足其诉求。显然，如果答案是肯定的，那么投资者也会采取合作的策略来支持公司发展。公司治理领域的大量研究表明，各种有利于保护投资者利益的举措都能提高企业价值，从而得到投资者的认可。反之，如果公司不履行对投资者的责任，如侵占投资者利益，那么就会招致投资者的反对和抵制。

| CSR 聚焦 3-5 |

股东至上主义和企业对投资者履行社会责任

第二次工业革命后进入"电气时代"，生产和资本的高度集中导致企业规模日益扩大，大型上市公司开始登上商业舞台。与传统私人控股的公司不同，大型上市公司分散化的股东对公司的具体管理运营不再感兴趣，导致公司所有权和经营权分离。在该情况下公司究竟应该只为股东赚取利润，还是要承担股东以外的面向其他利益相关者的广泛社会责任？

1932年，伯利（Berle）和多德（Dodd）两位学者就这一议题展开辩论。伯利认为"赋予公司管理层的所有权力在任何时候都应当仅为股东利益服务"，即股东至上主义；而多德认为"公司是一个既具有商业能力，又服务社会的经济组织"，应承担起对利益相关者的广泛社会责任。在人文主义兴起的社会思潮下，多德关于公司社会责任的观点逐渐占据了上风。从20世纪70年代开始，以弗里德曼为代表的学者再次提出企业唯一的社会责任就是创造利润，

股东至上主义也乘势卷土重来。1976年，麦克林和詹森提出委托代理理论（principal-agent theory），认为股东是公司财产和经营果实的剩余索取人，股东作为委托人聘请职业经理人来行使代理人的权力，后者的职责就是实现股东财富最大化。委托代理理论作为股东至上主义的新理论，此后成为商业世界的"宗教信条"。

在股东至上主义之下，企业应积极承担对投资者的责任。一方面我们要认识到企业对投资者履行责任的积极影响，另一方面也要认识到企业疏忽对投资者的责任会带来危害，具体我们以JS公司为例来分析探讨。

JS公司曾经是国内废旧金属回收的龙头企业，2009年在香港上市，公司在发展初期把回报投资者作为首要任务，不但积极投身于投资者互动活动，而且为投资者履行社会责任。2011年年末，JS公司把未来发展策略和对投资者的承诺制定成发

展纲要，并刊登在公司内部刊物上；2012年，JS公司在金属行业发展不景气的大背景下，依然向投资者做出2012年销售额增长率不低于20%的承诺。JS公司高复合增长的业绩、强有力的派息手段，备受股东青睐，成为H股市场的一只强劲股，在辉煌时期市值达百亿港元。

然而随着时间的推移，JS公司对投资者履行社会责任的观念却随之淡薄，甚至与投资者发生多次冲突，如CFO"辞职事件"引发股市波动，大股东的巨额套现引发投资者不满等。2016年7月，香港证监会以JS公司违反《证券及期货条例》第212条为由，将JS公司告上法院。

资料来源：澎湃新闻.股东至上主义的终结[EB/OL].(2019-12-09)[2022-12-05]. https://www.thepaper.cn/newsDetail_forward_5185834；钟舒家，2014. JS公司对投资者履行社会责任研究[D].广州：华南理工大学.

3.2.3 企业对员工的社会责任及其后果

企业和员工之间的交换关系除经济交换关系以外，还包括社会交换关系。泰勒（Taylor）的科学管理强调企业要求员工按照设定的规程来完成工作并剥夺了员工的自主权。在这个过程中，企业将员工视为没有情感的机器，强调工作的规范性和执行效率，执行计件工资制度。在这一体系中，员工和企业之间的关系完全是经济交换关系，员工的工资由其工作绩效决定，企业也无须为员工提供额外的关照，即在这种情况下企业履行对员工的社会责任，如关心员工、改善工作环境、提供休假等制度并不会被企业重视，企业往往也认为没有这个必要。

| CSR 聚焦 3-6 |

泰勒及科学管理

泰勒（1856—1915）是美国著名的管理学家。作为一位从普通技工成长起来的工厂管理者，泰勒认为，"管理的主要目的应该是使雇主实现最大限度的富裕，也包含使每个雇员实现最大限度的富裕"。自1881年起，他不断在工厂进行现场调查和试验，系统地研究和分析工人的操作方法及动作所花费的时间，在劳动者劳动标准化计量、定额管理的差别工资、工具改进、造就新时代工人、管理者职业化等方面确立了全新的"科学管理制度"，极大地提高了工厂的生产效率，并被广泛使用推广。

但是科学管理也有其局限性，从管理对象角度来看，科学管理过分注重效率而忽视了员工对分配正义的要求，过分注重科学性与工作效率而忽视了员工的其他要求（自由、自尊、自我实现的要求等）。这样会降低员工工作的积极性，诱发员工工作上的抵触情绪，引起员工与管理者的对立。从管理活动本身来看，科学管理主要适用于管理大多与体力劳动、制造业相关的企业，对那些主要从事智力创造的企业来说，它的适用性比较有限。

资料来源：TAYLOR F W, 1919. The principles of scientific management[M]. New York: Harper & Brothers.

然而，随着企业生产复杂程度的不断提高和企业之间竞争的加剧，高素质的劳动力成为企业竞相争取的宝贵资源，并且在企业生产过程中，越来越多的工作难以被规定，从而需要依靠员工自觉并要发挥员工的主动性。这样，员工作为"人"而非"机器"的角色对企业也越来越重要。在这一背景下，依靠经济交换手段只能换来员工的工作时间，但是不能保证员工主动创新和工作努力，故而企业和员工之间建立基于信任的社会交换关系就越来越重要。企业履行对员工的社会责任能从多方面改善企业和员工之间的关系，激发员工的创造力，从而促进企业发展。

随着阿吉尼斯（Aguinis）和格拉瓦斯（Glavas）（2012）在其研究中号召学者们应该深入了解企业社会责任微观层面的影响，越来越多的学者开始关注企业社会责任的微观基础（micro-foundation），尤其是其对员工态度和行为的影响（Gond et al.，2017；Gond and Moser，2019；Rupp and Mallory，2015）。企业社会责任会对员工的态度和行为产生许多层面的直接影响，如增强组织承诺、组织认同、组织吸引力、工作满意度、工作追求意愿、组织自豪感、感知组织外部声望、组织信任等；同时企业社会责任可以减少员工离职意向、情绪耗竭，防止犬儒主义出现等。越来越多的企业也开始注意到关爱员工的重要性，并且把创造员工幸福感作为企业的新目标。

| CSR 聚焦 3-7 |

创造幸福感：企业社会责任新标杆

2009 年，天九儒商集团董事长卢俊卿较早提出了"幸福企业"概念，他认为企业最根本的奋斗目标是满足员工不断增长的幸福需要。2011 年，腾讯宣布将投入 10 亿元帮助员工购房，成为企业提升员工幸福感的榜样。青岛啤酒前董事长金志国说，提升幸福感，企业不能当看客。作为市场经济主体，企业要打开员工的职业发展通道，注重社会责任，成为幸福的制造者。

资料来源：每经网. 创造幸福感：企业社会责任新标杆 [EB/OL]. (2011-05-10) [2022-12-05]. http://www.nbd.com.cn/articles/2011-05-10/561573.html.

3.2.4 企业对消费者的社会责任及其后果

从传统意义上讲，企业和消费者之间的交换关系同样是以经济交换为基础的，即消费者通过支付金钱购买企业提供的产品或服务。在这个过程中市场机制发挥主要作用，使消费者可以用公道的价格买到满意的产品。当有关产品的信息是完全充分的，且消费者全面了解企业的产品情况时，市场就可以发挥完美的资源配置功能，将消费者和其满意的产品匹配到一起，从而完成交易。

但是，在现实生活中，有关产品的信息是不充分的，消费者不可能知道产品的全部信息，并且消费者筛选、鉴定产品也有很高的成本。在这种情况下，消费者购买产品往往依赖产品的口碑和企业的声誉等。消费者也愿意为口碑好、声誉佳的企业生产的产品支付更高的价格（premium），并且也更愿意持续购买。

随着产品市场信息不对称程度的加深，越来越多的企业将建立良好的声誉视为企业的生命线，而履行对消费者的社会责任就显得尤为重要，包括建立消费者保护机制、保证产品质量、公开产品信息和积极处理退货等。例如，京东推出 7 天无理由退货政策，蒙牛集团致力于提高产品品质等。这实际上就是对消费者权益的保护，从而极大地提升了消费者对京东、蒙牛的信任。研究表明，企业履行对消费者的社会责任能提升消费者的品牌忠诚度、购买意愿，减少负面评价等。

| CSR 聚焦 3-8 |

七天无理由退货

《中华人民共和国消费者权益保护法》第三章第二十五条明确规定，经营者采用网络、电视、电话、邮购等方式销售商品，消费者有权自收到商品之日起七日内退货，且无须说明理由。2017年3月15日，国家工商行政管理总局制定的《网络购买商品七日无理由退货暂行办法》正式实施，进一步对商品性质、商品完好标准、无理由退货流程进行了详细界定，同时强调了网店、第三方平台履行无理由退货的义务，明确规定了经营者不履行义务须承担的处罚。

2021年10月，"加拿大鹅"消费维权事件引发热议，其"所有中国大陆地区专门店售卖的货品均不得退货"的退换货条款的公平性和合理性受到了社会的广泛关注。2021年12月1日，上海市有关部门对"加拿大鹅"进行约谈，中国消费者协会也积极发声："尊重消费者权利、保障消费者权益是经营者的应尽义务，在这方面，任何企业、任何品牌都没有例外特权。"

对比之下，蒙牛就更为关注消费者权益。2021年蒙牛集团召开"3·15我和消费者在一起"主题活动启动会，号召全体员工践行"消费者第一"的企业价值观。在启动会上，蒙牛集团结合3年质量战略规划，宣布将全面深入开展专项品质保卫战，围绕奶源、物流、追溯、质量设计等关键生产步骤推出系列举措，进一步夯实世界品质基础，提升消费者完美体验。3月15日当天，蒙牛全体员工则以"人人都是质量人"的姿态，开展了高管接听400消费者热线、走访商超卖场、问卷调查，以及倾听消费者、服务消费者等活动，将服务意识落实为实际行动。

蒙牛集团总裁卢敏放提到，"把3·15国际消费者权益日和企业文化相结合是蒙牛历史上第一次，将来要持续开展；要把消费者日、企业文化、日常工作结合起来，从根本上重视消费者体验，重视消费者对产品质量的关注；通过持续开展各项工作，让全员增强服务消费者的意识。"

资料来源：每经网.股价大跌，加拿大鹅10天市值蒸发84亿！[EB/OL]. (2021-12-02) [2022-12-15]. http://www.nbd.com.cn/articles/2021-12-02/2021505.html；中国政府网.网购七日无理由退货新规：明确范围和流程 [EB/OL]. (2017-03-15) [2022-12-15]. http://www.gov.cn/fuwu/2017-03/15/content_5177264.htm；中国质量新闻网."3·15我和消费者在一起"蒙牛启动品质保卫战 [EB/OL]. (2021-03-18) [2022-12-05]. https://www.cqn.com.cn/zgzlb/content/2021-03/18/content_8674032.htm.

3.2.5 企业对供应商的社会责任及其后果

建立和维护良好的供应商关系是企业持续经营的关键。一般而言，供应商和企业之间的关系可以等同于销售－购买行为，其实就是企业从供应商处采购产品。两者之间的交换也是基于市场交易机制来完成的，通过明码标价完成每一笔交易。但是，在现实生活中，由于企业寻找、更换供应商需要承担很高的成本，并且许多原材料的供应由特定的供应商管控，因此，企业也希望通过建立长期的合作关系来降低企业管理供应商的成本。这样企业与供应商之间的信任关系就显得非常重要。

通常，企业培养与供应商之间的信任关系可以通过制定严格的供应商审核条例、选择优质诚信的供应商、支持供应商成长和及时付款、签订长期合同等（例如，星巴克对供应链的管理）来培养。这一系列行为能提高供应商对企业的信任，从而也愿意进行专有性投资（为了更好地服务于企业而进行的特定投资，如按照企业的要求更改产品设计、标准和流水线等），以便更好地服务于企业发展。

| CSR 聚焦 3-9 |

星巴克的供应链管理

星巴克在全球享有很高的知名度，自然要承担更多的社会责任。为降低供应链成本，星巴克积极改革，同时也承担了整合供应链的责任。一方面，星巴克对供应商实施了完整的评量系统，可以精准评估每家供应商的绩效并将其作为后续议约的参考；另一方面，星巴克也注重可持续发展，让供应链管理可以看到最源头的问题与最末端的问题，并且直接从根源上解决问题，比如提升咖啡农的福利、协助咖啡农进行农业作业记录、完成生产履历追溯等。

资料来源：知乎专栏. 星巴克的供应链管理 [EB/OL]. (2020-06-30) [2022-12-16]. https://zhuanlan.zhihu.com/p/152102974?utm_source=wechat_session.

3.2.6 企业对政府的社会责任及其后果

政府是企业的关键利益相关者，特别是在转型经济国家中更是如此。然而，传统意义上的经济交换关系并不能运用于建立企业与政府的关系。经济交换强调交易双方直接的利益交换，如以钱换物。另外，政府所掌握的资源的市场价值难以评估，而且并不存在一个有效的市场能给这些稀缺资源进行定价。故而，企业与政府的交换关系不可能是经济交换关系。这就使企业需要借助社会交换途径建立与政府的关系，即基于直接互惠机制，通过履行社会责任的方式来获得政府的信任和回馈，包括企业捐款、执行国家的环保政策、参与扶贫等。研究表明，企业捐款能提高企业获取政府资源的能力，如获取政府补贴和降低银行贷款利率等，从而最终提升企业绩效（Wang and Qian, 2011）。

| CSR 聚焦 3-10 |

企业响应政府号召

碧桂园积极响应党中央号召，主动履行社会责任，将扶贫提升到主业高度，累计投入超过67亿元，直接受益人数超过36万人次，在实践中探索出可造血、可复制、可持续的精准扶贫长效机制。从单个项目帮扶到试点驻村帮扶，再由点及面开展大规模驻村扶贫，再到全国9省14县全面推进"4+X"模式。"4"是指党建扶贫、产业扶贫、教育扶贫、就业扶贫等集团统一部署的规定动作。"X"是指结合帮扶地区实际拓展的自选动作，切实做到精准扶贫。

在新冠疫情之下，国务院国资委和各中央企业紧急动员、全面部署，在疫情防控阻击战中贡献出央企力量，彰显了央企担当。央企员工积极驰援一线。2020年春节前夕，79岁高龄的国机集团建筑设计师黄锡璆主动申请"参战"，协助武汉设计火神山医院；国家电网湖北公司安排1.7万人值守，对全省114家定点医疗机构、554家发热门诊供电设施全面开展隐患排查，24小时供电监测，确保电力供应万无一失。

央企在物资保障上也做出了积极的贡献。中国化工沈阳橡胶研究设计院从1月31日起，开始生产应急医疗物资隔离服；通用技术集团中纺院所属中纺新材料公司开足马力不间断生产一次性医用防护服面料；国机集团恒天嘉华非织造有限公司的一条莱芬生产线属于国际领先的生产线，331名工人迅速返岗，生产高端医疗防护品。

央企踊跃捐款捐物，倾情提供服务，推进复工复产。招商局捐款2.1亿多元，国家电网捐款5 000万元，中国移动捐款5 000万元……截至2021年2月17日，中央企业累计捐款25.65亿元。国药集团、通用技术集团还分别设立10亿元专项基金，用于疫情防控；电信企业承诺"欠费不停机"，中国移动免费开放云视讯App会议服务功能，中国联通在IPTV和沃视频平台推出免费视频专区，中国电信为各级政府、医院、企业免费开通"天翼云会议"。

资料来源：中国经济网. 碧桂园探索"4+X"精准扶贫模式助力脱贫攻坚战 [EB/OL]. (2020-07-11) [2022-12-05]. https://baijiahao.baidu.com/s?id=1671885493200925631&wfr=spider&for=pc；刘志强. 企业"国家队"，抗疫勇担当 [N]. 人民日报, 2020-02-19(18).

3.2.7 企业对媒体的社会责任及其后果

媒体的重要性日益凸显。在社交媒体尚未发展起来的时候，纸面媒体既是信息传播者，又是信息制造者。一般认为媒体作为独立的第三方，应该充当社会仲裁者（social arbitrator）的角色，即能够客观、公正并且全面地报道企业相关的新闻。但是，在现实中，媒体有其自身的利益诉求而会选择性报道公司，从而产生报道偏差（media bias）。这种情况下，企业往往希望媒体能营造一个良好的舆论氛围，故而也希望得到更多的正面报道。企业对媒体的社会责任包括：主动向媒体披露公司信息，选择媒体作为公司的信息披露平台，邀请记者到企业来调研等，从而加强企业与媒体之间的沟通，建立信任关系。媒体的监督推动企业履行社会责任。

| CSR 聚焦 3-11 |

媒体的监督作用

科尔本（Kolbel）等（2017）通过对2008年—2013年的539家跨国企业的分析，发现负面新闻越多的跨国企业面临的财务风险越高。研究认为，媒体对企业不道德行为的报道会为利益相关者提供参考信息，减少信息不对称，企业受到利益相关者制裁的可能性增加，从而增加了企业面临的财务风险，并且报道媒体的影响力越大，负面媒体报道对财务风险的影响越大。对高管来说，可以采取以下3种策略让企业降低负面新闻带来的风险：平衡企业社会责任计划和运营安全计划、主动公开报告不理想的环境和社会表现、避免并购负面新闻较多的企业。

"作为媒体，《中国经营报》见证企业的成长，观察业态的变革，我们希望用媒体的力量推动中国企业社会责任发展进步。"在中国经营报社和中经未来主办的

"全球视野与责任共享" 2020 中国企业社会责任高峰论坛上,《中国经营报》总编辑李佩钰诠释了新时代下媒体在企业社会责任方面所发挥的作用。媒体作为时代的记录者,不但用文字、画面,以及声音记录下那些让人感动的瞬间,更是作为监督者,用自己的力量推动中国企业社会责任的发展进步。

资料来源:KOLBEL J F, BUSCH T, JANCSO L M, 2017. How media coverage of corporate social irresponsibility increases financial risk[J]. Strategic Management Journal, 38(11), 2266-2284;中国经营报. 杜丽娟. 坚守媒体使命 推动企业社会责任发展[EB/OL]. (2020-09-19) [2022-12-05]. https://baijiahao.baidu.com/s?id=1678222026356732851&wfr=spider&for=pc.

3.3 多元利益相关者视角下企业社会责任的后果

企业面对多元的利益相关者时需要针对不同的利益相关者履行不同类型的社会责任活动,从而回应其诉求。然而,现实中企业并没有足够的资源去同时满足不同利益相关者的诉求。在单一利益相关者视角下,企业和利益相关者之间的社会交换关系的建立仅仅受到他们之间交换行为的影响,故而双方选择合作就能维持合作关系。但是,一旦我们将视野拓展到多元利益相关者视角下,利益相关者如何评价企业的行为既受到合作行为本身的影响,又受到企业如何与其他利益相关者合作的影响。在多元利益相关者视角下,社会比较(social comparision)会影响利益相关者对企业社会责任行为的判断,如图 3-4 所示。

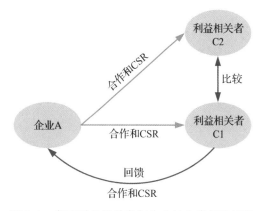

图 3-4 多元利益相关者与企业社会责任的后果

| CSR 聚焦 3-12 |

社会比较理论

费斯廷格(Festinger)(1954)提出了社会比较理论(social comparison theory)。该理论认为个体倾向于进行自我评价,这种需求与动机驱使着个体与相似的他人进行比较,以降低信息的不确定性。现在,更多人用社会比较的观点来探讨各种各样的社会行为,认为社会行为的发展和改变都与社会比较相联系。人们通过社会比较觉察到社会发展的方向,从而有意或无意地改变自己的行为,以加强对社会的适应。由此看来,社会比较确实能作为一种内驱力,促进个体行为的发展和改变。

资料来源:FESTINGER L, 1954. A theory of social comparison processes[J]. Human Relations, 7(7): 117-140.

公平(fairness)在社会比较中占据重要地位。我们定义回报比率为利益相关者获得企业提供的好处与其回馈企业的付出之间的比值 R。对利益相关者 C1 而言,如果 $R1$ 大于利益相关者 C2 获得的回报比率 $R2$,就意味着企业回馈利益相关者 C1 的水平比回馈利益相关者 C2 的要高。这种情况下会产生两种结果:第一,利益相关者 C1 对企业的回馈不足，会削弱企业的合作动力，从而导致企业的后续支持水平降低；第二，利益相关者 C2 对企业不满而增强其惩罚企业的动力，这会给企业带来威胁而促使企业提升对利益相关者 C2 的支持水平。这样，均衡的结果就是每一方的回报比例 R 相等，这才是最佳的企业和利益相关者共处的状态。

在这个稳定的模式中，如果企业想要引入新的利益相关者并建立合作关系，就需要比照已有的回报比率来对待新的利益相关者。这一结论的意义在于对企业而言，如果想提升与利益相关者之间的互惠水平，就需要首先给予利益相关者更大的支持；而如果利益相关者想得到企业更大的支持，也需要更加积极地给予企业回馈。例如，一家企业在持续分红的同时如果想得到消费者的支持，就需要更加努力地提高产品的质量，否则就会招致消费者的不满。消费者如果想得到企业更好的产品或服务，同样需要给予企业更大的支持，如表现出更高的品牌忠诚度。

| CSR 聚焦 3-13 |

企业区别对待利益相关者及其后果

以往研究将公司应该履行的社会责任分为两种：外部社会责任（如慈善事业）和内部社会责任（如对员工的责任）。研究结果表明公司外部，以及公司内部的社会责任都会对员工产生积极影响，但以往研究一般是分别验证两种类型的社会责任各自独立的影响。沙伊德尔（Scheidler）等（2019）同时考虑两种类型的社会责任，并考察企业履行对内、对外社会责任的差异对员工态度、意图和行为的影响。

沙伊德尔等从社会道德认同理论的角度出发，提出了企业社会责任策略不一致（偏向外部利益相关者而忽视内部利益相关者）会让员工对企业产生伪善的感觉，进而导致员工情绪低落和离职。研究表明不一致的企业社会责任（外部努力大于内部努力）通过感知企业伪善和情绪耗竭增强了员工的离职意愿，导致员工离职情况增加。

资料来源：SCHEIDLER S, EDINGER-SCHONS L M, SPANJOL J, et al., 2019. Scrooge posing as mother teresa: how hypocritical social responsibility strategies hurt employees and firms[J]. Journal of Business Ethics, 157(2): 339-358.

3.4 多期视角下企业社会责任的后果

企业和利益相关者之间的重复交换经历也会影响利益相关者对企业投入和合作意愿的评价，如图 3-5 所示。利益相关者 C1 会将企业当期的社会责任表现与历史表现进行对比，形成对企业当期合作意愿的判断，从而决定如何对企业进行回馈。利益相关者对企业当期社会责任表现的判断受到企业社会责任的持续性、利益相关者的期望和企业的印象管理等因素的影响。

（1）持续性和真诚　企业在和利益相关者的合作过程中，其持续履行合作策略并且对合作的投入保持连贯性，如持续增长，能提升利益相关者对企业合作意愿的认可，从而增强利益相关者对企业的信任和合作意愿。

（2）利益相关者期望　利益相关者根据企业的历史表现而形成对企业未来合作投入

的预期。如果企业实际投入水平低于预期，则会降低利益相关者对企业合作意愿的认可度。如果企业实际投入水平高于预期，一方面会得到利益相关者的正面评价，另一方面也会使利益相关者预期企业合作投入水平将进一步提升，从而产生"红皇后效应"。

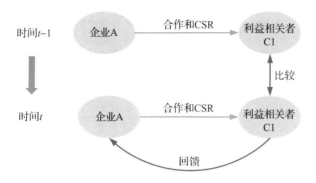

图 3-5　多期情况下企业社会责任的后果

（3）印象管理　利益相关者对企业社会绩效投入的过高预期会给企业带来财务负担，从而影响经济效益。利益相关者对企业合作投入水平不足的判断也会降低企业合法性，从而影响利益相关者与企业的合作意愿。因此，对企业而言，最佳的状态是在维持利益相关者的合作意愿和企业的合作投入成本之间取得平衡，即一方面要保证企业合作的持续性而不采取背叛策略，另一方面，企业也可以通过采取印象管理（impression management）的手段操控利益相关者对企业社会责任投入的预期（见第 6 章）。

另外，需要指出的是印象管理在西方一些文献中被认为是企业常用的一种战略手段，其本质是利用利益相关者的信息获取和处理能力的不足，从而通过改变信息呈现方式来调控利益相关者的判断和预期。企业采取印象管理手段实质上是在利用自身的信息优势而实现对利益相关者的管控，这不是一种值得推崇的具备伦理道德的战略手段，故而本书更倾向于把印象管理称为印象操纵（impression manipulation）。

| CSR 聚焦 3-14 |

企业社会责任的印象管理

20 世纪 70 年代，"期望理论"开始兴起，关于组织期望目标对管理决策影响的相关研究愈发深入。企业在履行社会责任的过程中，也会存在期望管理行为。具体而言，当企业社会绩效低于目标期望时，决策者将该种状态定义为企业处于"消极"的状态，而将企业社会绩效高于目标期望时的状态定义为"积极"的状态，不同状态下决策者采取的策略不同。

内森（Nason）等（2018）研究发现，"消极"状态下，企业面临合法性威胁，管理者更倾向于采取"冒险"的决策，实质性地采取创新的社会绩效举措，以更好的社会表现回应利益相关者的不满，使企业社会绩效重新恢复到利益相关者的期望水平上；"积极"状态下，由于边际效应递减，企业社会绩效的提高不但不能带来相应的财务绩效提升，反而越好的社会表现越会提升利益相关者的期望值，给企业带来更大的社会压力。所以，在此状态下，企业会象征性地强调还需要承担其他维度的社会责任，以分散利益相关者对于企业社会责任表现好的方面的关注，维持利益相关者现有的期望值。

资料来源：NASON R S, BACQ S, GRAS D, 2018. A behavioral theory of social performance: social identity and stakeholder expectations[J]. Academy of Management Review, 43(2): 259-283.

本章小结

1. 本章讲述了"囚徒困境"下企业和利益相关者的合作策略选择，以及直接互惠关系，分别分析了单一利益相关者视角下、多元利益相关者视角下、多期视角下企业社会责任的后果。
2. "以牙还牙"策略是指重复"囚徒困境"博弈中一方首先选择合作，而后根据对方的选择来决定如何回应。如果对方选择合作，那么继续合作；如果对方选择背叛，那么随后也选择背叛。
3. 大量研究从不同视角解释企业社会责任与财务绩效的关系，并提出两者之间存在正向、负向、倒 U 形、正 U 形等多种关系。企业履行社会责任的经济后果到底是什么并不确定。
4. 通常公司履行对投资者的社会责任包括：建立完备的公司治理制度、召开股东大会、及时披露公司信息和定期分红等。
5. 随着企业生产复杂程度的不断提高和企业之间竞争的加剧，企业和员工之间建立基于信任的社会交换关系越来越重要。企业通过履行对员工的社会责任能从多方面改善企业和员工之间的关系，激发员工的创造力，从而促进企业发展。
6. 履行对消费者的社会责任对企业建立良好的声誉十分重要，包括建立消费者保护机制、保证产品质量、公开产品信息和积极处理退货等。
7. 供应商为企业提供原材料或半成品，建立和维护良好的供应商关系是企业持续经营的关键。通常，企业可以通过制定严格的供应商审核条例、选择优质诚信的供应商、支持供应商成长和及时付款、签订长期合同等方式来培养与供应商之间的信任关系。
8. 企业建立与政府之间的信任关系需要借助于社会交换途径，即基于直接互惠机制，企业通过履行社会责任的方式来获得政府的回馈。
9. 企业对媒体的社会责任包括主动向媒体披露公司信息，选择媒体作为公司的信息披露平台，邀请记者到企业来调研等，从而加强企业与媒体之间的沟通，建立信任关系。
10. 在多元利益相关者视角下，社会比较会影响利益相关者对企业社会责任行为的判断。
11. 企业和利益相关者多期重复交换的经历会影响利益相关者对当期企业投入和合作意愿的评价。

关键术语

直接互惠（direct reciprocity）
单一利益相关者（single stakeholder）
多元利益相关者（multiple stakeholders）
多期视角（multiphase perspectives）

复习思考题

1. 重复"囚徒困境"博弈中的最优策略是什么？
2. 对不同的利益相关者而言，企业应分别履行怎样的社会责任？
3. 在多元利益相关者视角下，企业履行社会责任时需要注意什么？
4. 在多期视角下，企业履行社会责任时需要注意什么？

应用案例

胖东来：中国企业的一面旗帜

2021年7月24日，胖东来商贸集团有限公司（简称胖东来）为新乡防汛救灾捐款捐物超过1 000万元，但不愿意接受媒体采访，这种低调做实事的态度引起了多方关注和讨论。

慈善捐款

胖东来的董事长于东来从未上过富豪榜，但热心公益，积极捐款。1996年，他就因为一则新闻，跑到北京支援国家造航母；2003年"非典"，胖东来捐了800万元；2008年汶川地震，胖东来捐钱捐物近千万元，还带着员工去灾区救援；2010年青海玉树地震，胖东来又捐了100万元；新冠疫情期间，胖东来捐资5 000万元。此外，胖东来还宣布：在疫情期间所有蔬菜按进价销售，绝不加价一分钱。

以人为本

于东来不仅积极向社会捐赠，还真诚对待每一位员工。于东来将95%的利润分给员工，他认为不舍得分钱给员工的老板是做不好企业的，"因为你得不到人心，你不能给你的团队注入活力、注入希望。你不把员工当人看——员工怎样会跟你去奋斗啊，你的企业就没有未来"。

在员工薪酬方面，于东来十分"慷慨"。胖东来的基层员工平均工资3 000元，包括基本工资和绩效奖金。作为一个四线城市，河南许昌当地基本月平均工资只有1 500元。此外，所有员工到年底还可以拿到一笔分红，这笔钱来自胖东来的净利润再分配，哪怕是一名保洁员，年收入也高达四五万元。

不仅如此，于东来十分重视"人"的价值。于东来表示，胖东来的目的是希望能成就更多人，就像学校一样，让更多的人明白什么是生活，明白人应该怎样地活。在不少公司宣扬"996""007"的时候，胖东来还规定所有中高层干部：每周只许工作40小时；晚上6点后不许加班，抓住一次罚5 000元；下班必须关闭工作手机，打通一次，罚200元；每月必须带着家人出去旅游一次，每年强制休假20天。

于东来说："你给员工吃草，你将迎来一群羊！你给员工吃肉，你将迎来一群狼！"确实如此，胖东来的员工真做到了全心全意为顾客服务。

消费者信赖

最新数据显示，胖东来百货在许昌市、新乡市等城市拥有30多家连锁店、7 000多名员工，2019年销售额超过70亿元。胖东来所在地方圆一公里，鲜有同行能与之竞争。每新开一家胖东来，不仅能惹得整座城的人来打卡消费，更是火爆到需要出动警察控制秩序。胖东来受消费者欢迎的原因主要在于：服务好、商品全、价格实惠、商场氛围好。其中服务态度堪称"零售界的海底捞"。

资料来源：新浪财经. 岂止鸿星尔克，"胖东来"也火了！董事长"下水"支援，捐款千万不接受采访！网友：又被圈粉了！[EB/OL]. (2021-07-26) [2022-12-05]. http://finance.sina.com.cn/chanjing/gsnews/2021-07-26/doc-ikqciyzk7641409.shtml.

讨论题

1. 胖东来重视哪些利益相关者？为什么？
2. 你怎样评价胖东来局限在河南许昌、新乡发展这一选择？
3. 你如何评价胖东来处理与消费者、员工之间关系的方式？

学习链接

[1] AGUINIS H, GLAVAS A, 2012. What we know and don't know about corporate social responsibility: a review and research agenda[J]. Journal of Management, 38(4): 932-968.

[2] BARNETT M L, SALOMON R M, 2012. Does it pay to be really good? Addressing the shape of the relationship between social and financial performance[J].Strategic Management Journal, 33(11): 1304-1320.

[3] BRAMMER S, MILLINGTON A, 2008. Does it pay to be different? An analysis of the relationship between corporate social and financial performance[J].Strategic Management Journal, 29(12): 1325-1343.

[4] FESTINGER L, 1954. A theory of social comparison processes[J].Human Relations, 7(2): 117-140.

[5] FREEMAN R E, 2010. Strategic management: a stakeholder approach[M]. Cambridge: Cambridge University Press.

[6] FRIEDMAN M, 1970. The social responsibility of business is to increase its profits[J]. The New York Times Magazine, 13: 32-33.

[7] GOND J P, AKREMI A E, SWAEN V, et al., 2017. The psychological microfoundations of corporate social responsibility: a person-centric systematic review[J]. Journal of Organizational Behavior, 38(2): 225-246.

[8] GOND J P, MOSER C, 2019. The reconciliation of fraternal twins: integrating the psychological and sociological approaches to 'micro' corporate social responsibility[J]. Human Relations, 74(1): 5-40.

[9] KOLBEL J F, BUSCH T, JANCSO L M, 2017. How media coverage of corporate social irresponsibility increases financial risk[J]. Strategic Management Journal, 38(11): 2266-2284.

[10] MARGOLIS J D, WALSH J P, 2003. Misery loves companies: rethinking social initiatives by business[J].Administrative Science Quarterly, 48(2): 268-305.

[11] MASULIS R W, REZA S W, 2015. Agency problems of corporate philanthropy[J].The Review of Financial Studies, 28(2): 592-636.

[12] NASON R S, BACQ S, GRAS D, 2018. A behavioral theory of social performance: social identity and stakeholder expectations[J].Academy of Management Review, 43(2): 259-283.

[13] NOWAK M, HIGHFIELD R, 2011. Super cooperators: altruism, evolution and mathematics[M]. New York: Jress Press.

[14] RUPP D E, MALLORY D B, 2015. Corporate social responsibility: psychological, person-centric, and progressing[J]. Annual Review of Organizational Psychology and Organizational Behavior, 2(1): 211-236.

[15] SCHEIDLER S, EDINGER-SCHONS L M, SPANJOL J, et al., 2019. Scrooge posing as mother teresa: how hypocritical social responsibility strategies hurt employees and firms[J]. Journal of Business Ethics, 157(2): 339-358.

[16] TAYLOR F W, 1919. The principles of scientific management[M]. New York: Harper & Brothers.

[17] WANG H, CHUI J, LI J, 2008. Too little or too much? Untangling the relationship between corporate philanthropy and firm financial performance[J].Organization Science, 19(1): 143-159.

[18] WANG H, QIAN C, 2011. Corporate philanthropy and corporate financial performance:

[18] the roles of stakeholder response and political access[J].Academy of Management Journal, 54(6): 1159-1181.

[19] WANG H, TONG L, TAKEUCHI R, et al., 2016. Corporate social responsibility: an overview and new research directions[J].Academy of Management Journal, 59(2): 534-544.

[20] WOOD D J, 2010. Measuring corporate social performance: a review[J]. International Journal of Management Reviews, 12(1): 50-84.

[21] 贾明，张喆，2010.高管的政治关联影响公司慈善行为吗？[J]. 管理世界,（04）：99-113；187.

第4章　间接互惠视角下的企业社会责任

【学习目标】

1. 掌握间接互惠的作用机制。
2. 理解间接互惠与直接互惠的差异。
3. 熟悉声誉机制发挥作用的影响因素。
4. 熟悉企业社会责任动机及社会文化氛围的重要性。

开篇案例

疫情之下京东发挥就业稳定器作用

2020年由于受到新冠疫情的影响,稳定就业这一任务变得异常艰巨繁重。特别地,国家也把就业放在"六稳""六保"的首位,强调要实施好就业优先政策。基于此,教育、生鲜零售、医疗等行业的线上业态迎来了爆发性增长,特别是以京东为代表的电商在助力复工复产复商复市中的作用更加凸显。京东不盲目追求独善其身的高利润,始终坚守正道商业价值观的准则,坚持和合作伙伴共赢。

据了解,2020年京东体系上市公司及非上市公司净增了10万名员工。截至2020年年底,京东员工总数达到了36万人,并且80%的一线员工来自农村地区。此外,京东还提供了数千个兼职客服岗位,使2 000多人入职成为兼职客服,并且有75%的兼职客服源于受疫情影响无法正常上班的人。同时,京东还推出了"人才共享"计划,邀请因疫情停业的餐饮、酒店、影院等商户员工在疫情期间以短期打工的方式加盟。

在促进就业方面,京东优先录用建档立卡贫困人口,不仅解决了农村地区人口的就业问题,还通过提供稳定的收入、五险一金、有效的职业培训和成长空间,为农村家庭带来保障。京东持续发挥"就业稳定器"作用,不忘初心,积极履行企业社会责任,树立了良好的社会声誉。

资料来源:搜狐网. 京东 2020 年净增 10 万名员工 疫情之下发挥就业稳定器作用 [EB/OL]. (2021-03-11) [2022-12-05]. https://www.sohu.com/a/455243532_120388781.

4.1 间接互惠机制

本章主要探讨间接互惠机制如何在企业和利益相关者之间发挥作用而支撑起社会交换关系。虽然企业和利益相关者之间可以通过特定的合作方式来建立直接互惠关系,但是企业通过履行社会责任也能建立起合作声誉,从而影响那些与企业并没有直接交换关系的社会群体(潜在利益相关者)也为企业提供支持。这种情况下,企业社会责任的影响效应就会被放大到更大的社会群体之中,可能给企业带来更大的效益,进而产生"我为人人,人人为我"的效应。企业社会责任触发间接互惠建立在企业声誉的基础上。

| CSR 聚焦 4-1 |

"我为人人,人人为我"

2018 年 5 月 13 日,央视《对话》栏目《打造商业正能量》这期节目中,金蝶董事会主席徐少春等 6 位企业家分别展现了企业家共建新时代新商业文明的社会担当。其中,金蝶深入研究中国管理模式,通过对腾讯、海尔、京东、万科等 160 多家企业、1 550 名企业高管的调研和访谈,发现中国管理模式与西方管理模式存在差异的根源在于中国传统文化的影响。特别地,为了共同实现"天下没有假账"这一愿景,金蝶成立了一个非营利性机构——CFO 致良知学院,目的在于让 CFO 学习产品之外的商业道德和准则,从而提升财务人员的职业道德。徐少春强调,当真正为身边的人和社会做有益的事情时,所有的好事也会反哺回来。这一新的管理模式也就是金蝶所倡导的"人人"理念,指出企业需要重视"心"的力量和"人"的力量,进而以员工为中心,强调激活个体并成就人人,即"我为人人,人人为我"。

在互联网时代,人与人之间更需要关爱和依赖,而商业也更加依赖于互利和信任。这就使商业的本质在于与上下游活动和消费者之间产生更长远,以及更深层次的链接。

资料来源:搜狐网. 央视《对话》徐少春:我为人人,人人为我 [EB/OL]. (2018-05-14) [2022-12-05]. https://www.sohu.com/a/231600458_187871.

4.1.1 间接互惠

图 4-1 中,传统的间接互惠机制有两种,分别是类型 1 和类型 2。在类型 1 的间接互惠关系中,企业给予利益相关者 C1 好处后,并没有得到利益相关者 C1 的回馈,而是得到利益相关者 C2 的回馈,但是企业并不需要给予利益相关者 C2 好处。利益相关者 C2 给予企业 A 回馈是基于企业 A 此前给予利益相关者 C1 好处而建立的声誉。当然,这样

做也能提升利益相关者 C2 的声誉，从而预期未来也会有其他社会群体给予利益相关者 C2 好处。故而类型 1 的间接互惠关系能把更多的，甚至陌生的社会群体联结起来，从而构建起更为广泛的合作网络。

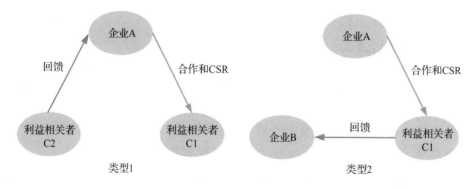

图 4-1　企业与利益相关者之间的间接互惠关系

在类型 2 中，焦点是利益相关者 C1，即其接受企业 A 所提供的好处后，给企业 B 提供支持。在这样一种间接互惠合作机制中，企业 B 得到陌生社会群体所提供的好处。由于本书所关注的是企业 A 在对外提供好处后如何得到回馈，故而将注意力放在类型 1 的间接互惠机制上。

| CSR 聚焦 4-2 |

间接互惠和 CEO 间的相互帮助

韦斯特法尔（Westphal）等（2012）研究发现一家企业的领导（如 CEO）会对另外一家企业的领导（CEO）进行支持，即当 CEO 与记者、分析师或其他外部人员进行交谈时，有时会对其他公司的 CEO 做出积极的评价，或者将这些公司不好的表现归因为外部因素。这种交流将构成印象管理支持（impression management support），而这种支持也通常源于同一行业其他企业的 CEO。

基于此，韦斯特法尔等（2012）从社会交换理论的角度出发分析企业 CEO 之间如何进行互惠交换，进而提出以下三个主要观点。

第一，如果公司 A 面临负面绩效，公司 B 的 CEO 对公司 A 进行了印象管理支持，那么当公司 B 面临负面绩效时，公司 A 的 CEO 更可能对公司 B 进行印象管理支持。

第二，如果公司 A 面临负面绩效，公司 B 的 CEO 对公司 A 进行了印象管理支持，那么当同行业另一家公司 C 面临负面绩效时，公司 A 的 CEO 更可能对公司 C 进行印象管理支持。

第三，如果公司 A 的 CEO 意识到同行业公司 B 的 CEO 曾经对处于负面绩效中的公司 C 进行过印象管理支持，那么当公司 B 面临负面绩效时，公司 A 的 CEO 更可能对公司 B 进行印象管理支持。

以上互惠关系概括起来如图 4-2 所示。

资料来源：WESTPHAL J D, PARK S H, MCDONALD M L, et al., 2012. Helping other CEOs avoid bad press: social exchange and impression management support among CEOs in communications with journalists[J]. Administrative Science Quarterly, 57(2): 217-268.

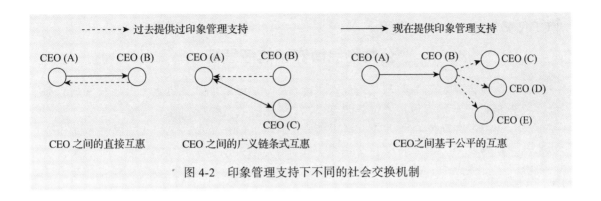

图 4-2 印象管理支持下不同的社会交换机制

4.1.2 间接互惠与直接互惠的比较

从定义上看，直接互惠和间接互惠机制存在本质的差别。直接互惠强调企业和利益相关者之间基于信任的社会交换行为；而间接互惠则强调企业和多元利益相关者之间基于声誉的社会交换行为。这两者虽然都强调合作和互惠，但是存在多方面的本质区别。

1. 合作对象不同

直接互惠针对特定合作对象，而间接互惠对合作对象没有限定。在直接互惠关系中，企业和利益相关者组成的合作伙伴是固定的，他们之间的信任关系会随着利益交换的不断重复而得到强化，也会逐渐趋于封闭在这样固有的合作伙伴关系中而排斥其他潜在合作对象的加入，进而会认为企业与其他利益相关者的合作或利益相关者与其他企业的合作都是背叛行为，并且可能会遭受到对方的报复。

但是，在间接互惠模式中，企业参与合作看重的是建立自身的合作声誉，从而吸引更多的社会群体来与之合作。企业会持开放的态度为各种社会群体提供支持和好处，并且也会开放地接受其他社会群体，甚至是陌生的社会群体所提供的支持。这样，企业将面对广泛的潜在合作者，借助于间接互惠机制建立起开放的社会交换网络。

2. 合作双方投入不同

在直接互惠模式下，合作方会预估对方的回馈水平来决定自己的合作投入，这本身可以认为是一种基于"投入-产出"的决策。在这种模式下，双方的合作最终会均衡在一个适度的水平而不可能过高或过低。如果合作投入过低，给双方带来的合作收益太小，那么双方就会逐渐失去合作的兴趣而导致合作瓦解。然而，合作投入过高也会存在被对方侵占，从而遭受巨大损失的风险。虽然信任是建立直接互惠机制的重要保障，但是在巨大的背叛收益诱惑面前，如果背叛所得高于持续参与合作的未来收益的折现水平，信任将难以维系。故而，直接互惠模式下的合作必然会受制于其天然的背叛威胁而难以持续提升合作水平。例如，在公共物品博弈中，即便是在重复博弈的情况下，玩家之间依然很难实现理论上最大的收益。

| CSR 聚焦 4-3 |

公共物品博弈和信任危机

公共物品博弈是经济学领域研究公共物品投资和搭便车行为的博弈。该博弈的基本模型为：N 名玩家在相互不知道其他玩家选择的情况下，独立将初始金额中的一部分投入公共池中；随后，公共池中所有投入资金的总额将被乘以系数 r（$1<r<N$）作为公共物品投资回报并平均分配给所有的玩家。因此，在这个博弈中，不投入任何资金的玩家也能获得一定的收益，从而出现搭便车行为。

在公共物品博弈中，唯一的纳什均衡表现为所有玩家均不选择投资。一方面，假定所有人都不投入资金，当其中一位玩家改变策略投入资金 c 后，此时该玩家将获得的收益为 rc/N。由于 $1<r<N$，对投入资金的玩家而言，其收益低于投入成本。因此，玩家单方面违背完全不投资的策略将导致收益降低，此时所有玩家均不投资是一个纳什均衡。另一方面，假定至少有一人投入了资金 c，当其中一位玩家改变策略不投入资金后，该玩家获得的收益将会降低 rc/N，但是节约了投入成本 c。此时，该玩家的收益反而增加了。因此，当其他玩家投入资金后，该玩家可以单方面改变策略不投资，进而获得更高的收益。因此，在公共物品博弈中，玩家之间的信任关系很难建立起来，原因就在于选择"背叛"能获得更高的收益。

资料来源：百度百科. 公共物品博弈 [EB/OL]. [2022-12-05]. https://baike.baidu.com/item/%E5%85%AC%E5%85%B1%E7%89%A9%E5%93%81%E5%8D%9A%E5%BC%88/58810308?fr=aladdin.

在间接互惠模式下，社会参与者最关注的是自身的声誉，即通过支持其他社会参与者而建立良好的声誉，从而能在随后吸引其他社会群体来与其合作并给予支持。在这一模式下，声誉的建立成为企业考虑的核心因素，企业会关注如何提升自身声誉并能得到社会的认可，故而企业一般不会根据眼前得到回报的多少来决定如何参与到合作中。所以，在间接互惠模式下，企业合作的投入水平更多地取决于自身的实力。这样，企业就有动力全力参与合作并且积极履行各种社会责任，从而能把合作水平提升到一个新的高度。例如，肯德基除了关注食品安全外，还积极参与环境保护等议题。

| CSR 聚焦 4-4 |

肯德基"自然自在"

肯德基积极推动经济、环境和社会的可持续发展，始终秉承可持续发展的理念，并于 2020 年 12 月正式发布了"自然自在"的可持续发展宣言，进而从可持续行业生态搭建、可持续餐厅建设、社区可持续生活方式引领这三个方面去保护环境。肯德基的社会责任行动主要体现在以下几个方面。

第一，从 2020 年年底开始，积极响应国家关于塑料污染治理的政策，全面停止使用塑料吸管，部分餐厅将塑料袋更换为纸袋或可降解塑料袋，并且将塑料餐具替换为木质餐具。

第二，通过设备的升级与更新，2019 年节水超 12 万吨、节电近 17 000 兆瓦时。

第三，从 2017 年起新建的餐厅均符合中国绿色建筑标准。

第四，积极打造可持续的供应链生态体系。

第五，通过科学有效的方式号召消费

者参与公益并助力环保。例如，App 订餐界面提供"不需要餐具"选项鼓励消费者减少一次性餐具的使用，通过"这个餐篮很种草"活动鼓励消费者助力草原修复，携手蚂蚁森林发起"早安森林行动"等。

肯德基的全方位社会责任履行有利于提升其良好的社会声誉，从而获得更为广泛的社会群体的支持。

资料来源：中国新闻网.肯德基发布"自然自在"可持续发展宣言，号召环保同行[EB/OL]. (2021-01-05) [2022-12-05]. http://www.hlj.chinanews.com.cn/hljnews/2021/0105/83020.html?qq-pf-to=pcqq.c2c.

3. 惩罚机制不同

在直接互惠下，一方会对另一方的背叛行为进行报复，即施加报复的主体是合作中受到伤害的一方。也正是这种"以牙还牙"策略保证了合作关系的可持续。

在间接互惠中，参与方的背叛行为直接损害的是其自身的声誉。虽然受到伤害的社会参与者不一定会直接采取报复行为去惩罚背叛者，但是其他社会参与者能够了解到背叛者的声誉，而会秉持"奖励合作者，惩罚背叛者"的原则去惩罚背叛者。这种惩罚来源的不确定性实际上给间接互惠网络提供了很大的宽容度，即其中的参与者不会因为一方的背叛而瓦解合作网络，但是也构建了对背叛者的惩罚机制并形成威慑。例如，阿里巴巴推出的芝麻信用分就是个人在日常生活中履行合作行为的体现；芝麻信用得分越高，说明个体的声誉越好。

| CSR 聚焦 4-5 |

芝麻信用及失信惩罚

芝麻信用评分是在用户授权的条件下，通过对用户的信用历史、行为偏好、履约能力、身份特质、人际关系 5 个维度进行综合评估，进而客观呈现个人信用状况的评分，涵盖了网购、租房信息、信用卡还款、水电煤缴费、理财、住址搬迁历史、社交关系等方面的内容。因此，芝麻信用评分可以帮助互联网金融企业评估用户的还款意愿和能力，进而给用户提供授信和现金分期服务。

尽管芝麻信用给用户提供了许多便利，但是一旦用户失信，也将遭受严重的失信惩罚。例如，最高人民法院与芝麻信用于 2015 年 7 月 24 日签署了对失信被执行人的信用惩戒合作备忘录。基于此，芝麻信用能通过各种应用平台限制失信人贷款、购买机票、租车等服务。

资料来源：百度百科.芝麻信用[EB/OL].[2022-12-05].https://baike.baidu.com/item/%E8%8A%9D%E9%BA%BB%E4%BF%A1%E7%94%A8/15870746?fr=aladdin.

4. 合作关系的持续性不同

在直接互惠中，双方的合作由各自的合作意愿来决定。一旦一方退出合作，合作就会终止。在间接互惠下，由于企业与众多社会参与者建立起广泛的间接互惠网络，某一社会参与者的退出不会影响到其他合作伙伴之间的合作关系，故而间接互惠合作更具有可持续性，更为长久。

由此可见，间接互惠机制具有很强的灵活性和拓展性，从而能给企业合作行为带来广阔的收益空间，故而从间接互惠视角来理解企业社会责任行为能得到更多的启示。间接互惠通过声誉机制能够有效促进合作行为的形成。

| CSR 聚焦 4-6 |

间接互惠通过声誉机制促进人类合作

人类在地球上能拥有高度发达的文明，是因为人类存在合作。同时，这种合作不仅仅是建立在血缘和直接互惠基础上的合作，还包括建立在间接互惠基础上的合作。

但是，合作不是人类独有的现象，动物界中也广泛存在着合作。首先是社会群居动物内部的合作，如蚂蚁。其次是动物之间存在的长期直接互惠合作关系，如蝙蝠。然而，人类的合作与动物界的合作存在显著差异，即能跨越血缘及直接互惠的关系而延伸到完全相互陌生的人之间。例如，在日常生活中，人们常常相互观察并谈论彼此，并且对"谁对谁做了些什么，为什么他要做这件事情"等津津乐道。这种基于高度发达智力的社会行为，对于人类突破亲缘关系，以及间接互惠关系的合作起着非常关键的作用。

美国密歇根大学的理查德·亚历山大（Richard Alexander）在1987年出版的《道德系统的生物学》一书中首次系统地阐述了间接互惠的概念，用以解释人类大规模合作行为——尤其是陌生人之间合作行为的起源。其中，间接互惠是指在乙有困难时甲帮助了乙，这件事被丙知道了；当甲遇到困难时，丙会来帮助甲，即使丙之前从来没有得到过甲的帮助。

资料来源：郑昊力. 间接互惠通过声誉机制促进人类合作 [N]. 中国社会科学报，2013-09-09（B02）.

4.2　间接互惠与声誉机制

如果说直接互惠是看"脸"，即关注合作方本身，那么间接互惠则是看"名"，即关注合作方的声誉（详见 CSR 聚焦 3-1）。在间接互惠中，施惠方和受惠方是分离的，故而大家在选择合作对象的时候，所判断的依据是对方是否具有良好的合作声誉。在这一机制中，秉持的原则就是"与声誉好的人合作，而拒绝与声誉差的人合作"。那么，当企业作为施惠方通过履行社会责任而帮助其他社会群体时，就可能会建立起合作声誉，其他社会群体就会根据企业的合作声誉给予企业回馈，就此也能建立起自身的合作声誉，如图 4-1 中类型 1 所示。

这样一套机制能有效运行的关键就是要建立起声誉机制，即在合作网络中，每一方既往的合作表现都被充分记录下来并能被所有人知道。故而，要保证间接互惠机制能有效运行，实际上就是要让声誉机制发挥作用，这就受到以下几个方面因素的影响。

（1）社会规范（social norm）　间接互惠机制的存在很大程度上依赖于个人的信仰，即相信"我为人人，人人为我"的理念，并且在社会中得到广泛认可而成为社会行为规范。

（2）声誉传播（reputation dissemination）　声誉作为个人合作历史的概括，能广泛地传播并被社会参与者所熟知。只要每个社会参与者的声誉都是公共信息（public information），那么企业在寻找施惠对象时，就会基于对方的声誉进行选择。

（3）惩罚有效（reliable punishment）　在间接互惠机制下，惩罚是基于声誉开展的，并且破坏规则，如与声誉差的人合作也会损害个体声誉，这样才能建立有效的声誉惩罚机制。如果一个社会网络中背叛者众多，但是又得不到惩罚，间接互惠机制就难以发挥作用。

| CSR 聚焦 4-7 |

企业的名声

如今企业的名声越来越重要。例如，联合利华的企业声誉价值与公司市值之比达到56.7%，石油巨头壳牌和制药巨头葛兰素史克的品牌声誉与公司市值之比也超过50%。尽管有些企业的这些数字令人惊讶，但这也恰恰说明了品牌声誉对企业显得越发重要。过去10年，英国最重要的上市公司的企业声誉与公司市值比例总体呈不断上升趋势。其中，《金融时报》350指数成分股的声誉从10年前的20%多上升到近40%的水平。要建立品牌声誉，需要长时间的努力。声誉好的公司，往往也是长期能给人良好印象的公司，如管理好、有责任感、产品及服务质量好、对人才有吸引力等。

资料来源：陈济朋.企业的名声 [N].经济参考报，2018-07-09.

4.3 影响声誉机制发挥作用的因素

在间接互惠机制中，影响声誉发挥作用的因素众多，包括企业合作行为、企业声誉宣传、声誉信息传播、声誉噪声、社会参与者的声誉解读和声誉信息获取成本等，影响声誉机制发挥作用的因素涉及声誉信息的生产、传播、获取、解读这一全流程。

1. 企业合作行为

企业在社会交换中所表现出的合作方式直接影响其他社会参与者如何评价其声誉，受到企业合作投入水平、投入的持续性和背叛行为记录等因素的影响。一般而言，当企业合作投入水平越高，并且具有持续性，没有背叛行为记录时，就能树立良好的企业声誉。投入的水平越高代表企业合作动机越真诚，而投入的持续性则传递了企业参与合作的态度。这一点比单纯的一次性或偶然性的高水平投入显得更为重要。在合作过程中，企业会同时面对多个不同的利益相关者，合作表现的一致性就很重要，能避免引起负面感知和判断失误（详见第 5 章）。

| CSR 聚焦 4-8 |

慷慨的捐赠和投资者反应

企业社会绩效与财务绩效的关系一直是学术界关注的重点，并且产生了不同的结论。利益相关者如何感知和评价企业慈善活动是企业从慈善活动中获得正向回报的关键机制。基于此，古伯斯（Cuypers）等（2016）分析了企业慈善项目的性质和参与此类项目的企业特征如何影响利益相关者对企业慈善活动的感知，从而影响企业价值。

具体而言，古伯斯等（2016）将企业慈善捐赠分为两类：数量方面慷慨的捐赠（generous giving）和质量方面创新性的捐赠（innovative giving）。其中，慷慨的捐赠强调企业捐赠的数量，如企业连续三年捐赠金额超过企业息税前利润的1.5%，进而更容易被利益相关者认为企业实质性地参与慈善活动，从而提高企业价值；创新性的捐赠则强调企业捐赠的类型，旨在建立长期的社会影响，如帮助非营利性组织，特别是促进贫困人口的自给自足，进而也更容易被利益相关者认为企业实质性地参与慈善活动，从而提高企业价值。与慷慨的捐赠相比，创新性的捐赠由于更加关注社会影响，以及需要投入更多的精力，因而更容易获得利益相关者的信任与支持，从而对公司价值提升的作用更大。

资料来源：CUYPERS I R, KOH P S, WANG H, 2016. Sincerity in corporate philanthropy, stakeholder perceptions and firm value[J]. Organization Science, 27(1): 173-188.

2. 企业声誉宣传和声誉信息传播

企业通过参与合作所建立起来的声誉信息也需要对外传播而被其他社会参与者知道，这个过程就涉及声誉宣传。企业可以借助自媒体平台、新闻媒介，以及高管的私人网络等途径，如参加一些行业协会等，来传播、扩散企业声誉信息。在间接互惠机制下，企业声誉信息的扩散越广泛，对于企业通过间接互惠来获得回报越有直接帮助。同时，除了直接的信息传播，口碑相传也是一种很好的途径。在社交媒体时代，企业也可以充分利用社交平台的信息扩散作用，主动宣传企业的正面信息（如业绩增长），吸引关注，提高企业的社会知名度和影响力。

| CSR 聚焦 4-9 |

企业利用社交媒体传播信息

荣格（Jung）等（2018）以标准普尔1 500家公司在社交媒体推特上发布的季度盈余公告为研究对象，分析企业是否战略性地宣传与财务业绩相关的消息。具体而言，企业能使用推特直接向公众传递信息、控制宣传的时间、在几天之内发送与同一事件相关的多条重复性信息，能确切地知道关注的人数，进而能扩大盈余公告的传播范围。因此，当季度盈余公告出来之后，企业能战略性地宣传盈余公告信息，从而提高分析师的预期，最终提升企业价值。

资料来源：JUNG M J, NAUGHTON J P, TAHOUN A, WANG C, 2018. Do firms strategically disseminate? Evidence from corporate use of social media[J]. Accounting Review, 93(4): 225-252.

3. 声誉噪声

利益相关者获取有关企业的信息是多方面的，有与企业声誉一致的信息，也有与企业声誉不一致的信息，从而使利益相关者面对复杂的信息环境，在评判企业声誉时会受到噪声的干扰。企业可以通过强化自身声誉的宣传、维护自身声誉（发布澄清公告就是降低负面传闻损害企业声誉的有效途径）等途径来降低声誉噪声的影响，净化企业声誉的信息环境。

| CSR 聚焦 4-10 |

企业澄清财务造假传闻

2020年1月10日，宋某举报A上市公司财务造假，声称在A公司销售总监的委托下，宋某所在公司及另外两家公司于2017年上半年与A公司签订了几百万元的假合同，供公司融资使用。随即，A 公司于 2020 年 1 月 14 日迅速发布《关于起诉侵害公司名誉权的公告》进行回应。A 公司表示，该举报问题和微博描述的问题均与实际情况严重不符，并且于 2020 年 1 月 11 日向法院提交了有关名誉权纠纷的相关诉讼材料并获得了受理回执。此外，A 公司还在互动平台上回复投资者的提问表示一直致力于为广大股民创造价值，绝不会做假账。

资料来源：证券时报. 这家芯片企业被举报财务造假，公司火速澄清！当事双方早有纠葛，举报人如此回应"口说无凭"[EB/OL]. (2020-01-14) [2022-12-05]. http://egs.stcn.com/news/detail/552750.html.

4. 社会参与者的声誉解读和声誉信息获取成本

当社会参与者获取到有关企业声誉的信息时，其自身的信息分析、理解能力也会影响对企业声誉的判断。一般而言，对企业熟悉、与企业建立了长期交换关系的社会参与者能更好地解读与企业声誉相关的信息；而如果对企业不熟悉，在解读企业声誉信息时就需要耗费更多的时间和精力去判断，从而也加大了这些社会参与者接受企业声誉的难度。除社会参与者自身因素的影响以外，声誉信息获取成本也会影响对声誉的解读。对缺乏信息渠道或资源匮乏的社会参与者而言，如果其需要支付更高的成本才能获得相关信息，这些社会参与者就会面临信息不足的状况，从而影响其对公司声誉的判断。

| CSR 聚焦 4-11 |

捐赠还是营销？

2020 年 1 月 24 日，小米集团宣布启动紧急援助武汉行动，首批将捐赠价值超过 30 万元的医疗防护物资。小米第一个站出来支援武汉的做法得到了很多网友的支持，各大媒体也纷纷为小米点赞支持。但是在一些网友支持的同时，也存在另外一种批评的声音，网友对有关小米的捐赠信息存在不一致的解读。例如，有网友质疑小米捐赠了 30 万元物资，但是其实小米花了 60 万元做营销推广，使网络上很多营销号夸赞小米。

资料来源：数码圈资讯. 小米捐赠 30 万物资支援武汉，却被质疑捐款其实为了打广告？[EB/OL]. (2020-01-25) [2022-12-05]. https://baijiahao.baidu.com/s?id=1656681621020787996&wfr=spider&for=pc.html.

4.4　间接互惠与利他行为的传递

在间接互惠逻辑下，企业社会责任能否激发其他社会群体给予企业支持和回馈，受到企业社会责任的利他动机、社会群体的价值观或社会文化氛围等因素的影响。

1. 企业社会责任的利他动机

如果企业履行社会责任是基于利他动机（altruistic motivation）而产生的，那么社会群体就能认可企业的合作声誉，从而促发其他利益相关者、社会群体给予企业回报。这是因为利他比自利动机能更有效地建立起企业的声誉，而让利益相关者相信企业在与社会群体开展合作的过程中不会率先采取背叛行为，从而能更有效地将其与其他企业区分开，得到更多社会群体的信赖。当然，这不是说出于自利动机而履行社会责任的企业就不会触发间接互惠，只是这种企业更会强化与其有直接互惠关系的利益相关者的合作，而难以获得其他更多的社会群体的认可（详见第 13 章的讨论）。

| CSR 聚焦 4-12 |

间接互惠与理发师小费

哈加威（Khadjavi）（2017）设计了三组实验研究间接互惠的作用，基准组是其中之一。基准组是德国理发店的常见情景，即顾客进入理发店理发，当理发完成后，顾客和理发师走到收银台，顾客会付钱，并可能给理发师小费。与基准组相比，在实验组中，收银台上放了一个不透明的盒子，并且在盒子上标注了一家慈善机构（汉堡电台）的名字。相比于基准组，实验组的干预为以下两种方式。

实验组 1　理发师会在顾客结账或付小费之前告知顾客："在 12 月，我们为'汉堡电台'收集捐款，请把你的捐款放入这个盒子里。"

实验组 2　理发师会在顾客结账或付小费之前告知顾客："在 12 月，我们为'汉堡电台'收集捐款。对于今天理发的每一位顾客，我们都会向慈善机构捐赠 1 欧元（理发师随后在顾客眼前的盒子里放入 1 欧元）。请把你的捐款放入这个盒子里。"

之后，顾客将支付理发费用，并决定是否给小费和捐多少钱。在顾客离开理发店后，理发师记录下日期、价格、小费、捐赠，以及顾客的个人相关信息。

实验发现，在基准组中，平均小费为 2.21 欧元，80.38% 的顾客给了小费。在实验组 1 和实验组 2 中，平均小费分别是 2.83 欧元和 2.88 欧元，并分别增长了 28.05% 和 30.32%。实验结果表明，理发师收集捐赠将显著增加理发师获得的小费，从而验证了间接互惠的作用，即理发师帮助慈善机构募捐的行为触发顾客对理发师的善行进行回馈，从而提高小费水平。

资料来源：KHADJAVI M, 2017. Indirect reciprocity and charitable giving: evidence from a field experiment[J]. Management Science, 63(11): 3708-3717.

---

2. 社会群体的价值观

间接互惠本身就是一种价值观，即相信"我为人人，人人为我"。如果社会群体秉持这样的价值观，就会更加认可履行社会责任的企业的声誉，而愿意按照其信念行事。然而，如果社会群体都秉持个人利益至上，就不会接受间接互惠的逻辑，故而也就不会主动去支持具有良好社会声誉的企业。这也说明，企业所处的社会文化氛围是否支持间接互惠逻辑对于提升企业履行社会责任的社会影响具有突出作用。如果所处区域的企业、利益相关者、社会群体都秉持这样的利他价值观，企业社会责任行为就容易触发和建立起广泛的企业与社会群体之间相互支持的合作网络。这就促进了社会责任、利他行为在网络中的扩散和传播，进而能吸引更多的（陌生的）社会群体参与进来。

本章小结

1. 本章讲述了间接互惠机制，比较了间接互惠与直接互惠的差异，并解释了间接互惠与声誉机制的关系，分析了影响声誉发挥作用的因素，以及间接互惠与利他行为的传递。
2. 间接互惠与直接互惠有本质上的差异，主要体现在：①合作对象约束不同，间接互惠的企业无合作对象限定；②合作投入水平不同，间接互惠下企业合作的投入水平更多地取决于自身的实力；③惩罚机制不同，间接互惠下企业的背叛行为直接损害的是其声誉；④合作关系的持续性不同，间接互惠合作更具有可持续性且更长久。
3. 间接互惠机制有效运行的核心是声誉机制有效，即在合作网络中，每一个人既往的合作表现都被充分记录下来并能被所有合作者知道。
4. 影响声誉发挥作用的因素包括：企业合作行为、企业声誉宣传、声誉信息传播、声誉噪声、社会参与者的声誉解读和声誉信息获取成本等，即涉及声誉信息的生产、传播、获取、解读这一全流程。
5. 在间接互惠逻辑下，企业社会责任能否激发其他社会群体给予企业支持和回馈，受到企业社会责任的利他动机、利益相关者的价值观或社会文化氛围等因素的影响。

关键术语

间接互惠（indirect reciprocity）
声誉机制（reputation mechanism）

利他动机（altruistic motivation）

复习思考题

1. 间接互惠与直接互惠的差异是什么？
2. 间接互惠机制是怎么起作用的？其有效运行的核心是什么？
3. 影响声誉机制发挥作用的因素有哪些？
4. 在间接互惠逻辑下，若企业履行企业社会责任，社会群体是否对此给予回馈受到哪些因素的影响？

应用案例

字节跳动扶贫：企业社会责任与共享价值创造

北京字节跳动科技有限公司（以下简称字节跳动）成立于2012年3月，创始人是出生于1983年的张一鸣。作为一家迅速崛起的移动互联网高科技企业，字节跳动以建设"全球创作与交流平台"为愿景，自创立之日起就相继推出今日头条与抖音等多个爆款产品，发展迅猛。字节跳动在快速发展的同时也积极承担社会责任。

2017年11月，字节跳动正式推出第一个扶贫项目"山货上头条：我为甘肃农产品代言"，与甘肃省委和网信办合作，帮助甘肃省10个国家级贫困县推广牦牛肉、土鸡与羊皮手套等产品。此后，字节跳动积极参加扶贫项目，并于2018年6月专门成立了扶贫部门，最初的员工都是从三农频道等部门调过来的，只有三四个人，后来扶贫业务快速发展，部门人员也达到60余人。

扶贫部门成立后继续推进"山货上头条"项目，但与前期相比，更加注重从打通整个产业链的视角来进行项目推进。对于每个项目涉及的贫困地区与贫困企业，项目组都会进行详细的书面调研、电话调研，有的再进行实地调研。为了提升传播效果，扶贫部门还专门招募策划人员，帮助贫困县来梳理产业特点，提炼特色农产品的差异化卖点，并通过创意策划，提出品牌定位与推广方案，甚至帮助当地企业围绕品牌定位来提炼品牌口号。为实现"造血式"扶贫，2018年7月底，字节跳动发起了"扶贫达人"计划，联合内部的头条学院与中国人民大学新闻学院等部门，针对贫困地区当地政府、融媒体中心、农产品企业与农户等，提供各种线上与线下专题培训，帮助他们掌握图文创作、视频拍摄、新媒体运营、电子商务与品牌管理等全方位的技能。

2020年是国家扶贫攻坚战的收官之年，也是字节跳动公司扶贫的第三年。三年来，字节跳动扶贫已经帮助152个贫困县进行宣传推广，帮助超过10万贫困人口实现增收。其中，"山货上头条"项目累计销售农产品160.7万件；"山里DOU是好风光"打造了9个贫困县文旅品牌；累计为全国乡村地区培训新媒体人才4.3万人次；疫情期间，已有超过105位市长、县长走进直播间，联合多位平台创作者销售农产品超过250.6万件，销售额超过1.2亿元。

资料来源：字节跳动扶贫：企业社会责任与共享价值创造. 中国管理案例共享中心案例库.

讨论题

1. 字节跳动为什么要参与扶贫？
2. 你怎样看待字节跳动参加扶贫，把企业资源投入非核心业务上的做法？

学习链接

[1] COHN A, CHAL M A, TANNENBAUM D, et al., 2019. Civic honesty around the globe[J]. Science, 365(6448): 70-73.

[2] CUYPERS I R, KOH P S, WANG H, 2016. Sincerity in corporate philanthropy, stakeholder perceptions and firm value[J]. Organization Science, 27(1): 173-188.

[3] JUNG M J, NAUGHTON J P, TAHOUN A, et al., 2018. Do firms strategically disseminate? Evidence from corporate use of social media[J]. The Accounting Review, 93(4): 225-252.

[4] KHADJAVI M, 2017. Indirect reciprocity and charitable giving—evidence from a field experiment[J]. Management Science, 63(11): 3708-3717.

[5] WESTPHAL J D, PARK S H, MCDONALD M L, et al., 2012. Helping other CEOs avoid bad press：social exchange and impression management support among CEOs in communications with journalists[J]. Administrative Science Quarterly, 57(2): 217-268.

第5章 企业社会责任行为的不一致

【学习目标】

1. 理解企业社会责任行为不一致的普遍性及其原因。
2. 掌握企业社会责任行为不一致对企业声誉的影响。
3. 了解企业社会责任行为的类保险作用。
4. 熟悉社会群体对企业背叛行为的反应。

开篇案例

关于社会责任,游戏企业"顾左右而言他"

中国消费者协会2019年5月发布的《青少年近视现状与网游消费体验报告》显示:我国青少年首次接触网络游戏呈现出低龄化特征,而多款网游产品在实名制、家长监护机制和防沉迷措施等方面存在重大缺失。这一现象再次引发了全社会对游戏企业社会责任问题的关注。同时,游戏工委(GPC)发布的《2018年中国游戏产业报告》数据显示,中国网络游戏市场2018年的销售收入为2 144.4亿元;其中,上市游戏企业有199家,游戏玩家的规模达到6.26亿人,游戏从业者约145万人。随着我国游戏市场的不断扩大和消费者人数的不断增长,社会对游戏企业需要承担相应社会责任的关注度居高不下。

然而,游戏企业在对待社会责任问题上存在明显的"冷热不均"现象,甚至"顾左右而言他"。很多游戏企业用承担公益慈善责任、环境保护责任来"掩饰"其"关键责任议题"。对一个企业而言,所要履行的社会责任是多方面的,企业需要识别其"实质性社会责任议题",将"必尽责任"承担好。未成年人保护与防沉迷建设都是游戏企业要承担的"实质性社会责任议题"。

南方周末中国企业社会责任研究中心选取了25家有代表性的上市游戏公司，并对这些公司发布的2018年度社会责任报告及年报进行了内容分析。分析发现：截至2019年5月18日，8家企业发布了社会责任报告，9家企业在年报中披露了社会责任信息，还有8家企业并没有披露有关社会责任的信息。进一步对上述发布信息的17家游戏企业社会责任的主题进行分析后发现：15家企业对股东、债权人、员工的责任进行了披露；12家企业对商业合作伙伴的责任进行了披露；10家企业对公益、环境保护信息进行了披露；5家企业披露了精准扶贫信息；仅有3家企业披露了未成年人保护信息。

由此看来，在面对众多利益相关者时，游戏企业将对股东和债权人等的责任放到了首位，其次是商业伙伴、公益事业和环境，最后才是未成年人保护。这与游戏企业所要承担的"关键责任议题"——保护未成年人是相违背的。

资料来源：南方周末公众号.关于社会责任，游戏企业"顾左右而言他". [EB/OL]. (2019-05-27) [2022-12-05]. https://mp.weixin.qq.com/s/uA26pQ7WI-8yZCdUgca2XQ.

企业社会责任是一个多维度的概念，既包括提升利益相关者福利的各种积极行为，又包括损害利益相关者福利的各种无良行为。当企业采取单一的社会责任行为方式时，其所产生的原因和后果在前文做了详细阐述。现在的问题是，对于同一家企业，其社会责任行为也会出现不一致的情况，即在某一时期同时出现社会责任行为和企业无良行为两种相互矛盾的行为，如图5-1所示。当然，企业采取的两种自相矛盾的社会责任行为所施加的对象既可以是同一个利益相关者，也可以是不同的利益相关者。例如，在开篇案例中，很多游戏公司注重保护投资者和员工的利益，但是忽视了对未成年人群体利益的保护。本章旨在分析这种不一致社会责任行为产生的原因及后果。

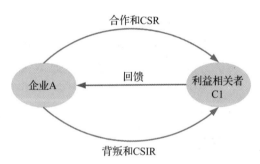

图 5-1　企业社会责任行为的不一致

5.1　社会责任行为不一致的普遍性

企业社会责任的表现与时间和空间两个维度有关。所谓时间维度强调的是企业社会责任的一致性，即在不同时间点上企业履行社会责任遵循同样的标准。例如，对上市公司而言，去年捐款100万元，今年继续捐款100万元，这就体现了时间维度上社会责任的一致性。空间上的一致性强调的是企业以相同的方式对待不同的利益相关者，如公司向慈善机构捐款，也为员工提供良好的工作环境，这样就体现了社会责任行为在空间上的一致性。

然而，企业实际的社会责任表现可能出现各种情况，包括时间上的不一致、空间上的不一致，以及时间和空间上都不一致。时间上的不一致表现为企业的社会责任行为缺乏连续性，比如企业去年捐款100万元，今年捐款10万元，这在上市公司中也非常普遍。空间上的不一致更多的反映了企业对待不同利益相关者的不同态度，如企业在对外捐款的同时却克扣员工工资，或者要求员工"996"，这就产生了空间上社会责任行为的不一致。时间和空间上同时不一致表现为公司去年捐款100万元，今年开始要求员工"996"。

| CSR 聚焦 5-1 |

企业捐款和"996"工作制

从2016年提出至今，"996"工作制饱受诟病。员工过度加班猝死、公司与员工之间签订所谓"自愿合同"、员工不敢休假等事件频频发生，每一次都将如何保障劳动者权益的讨论推向舆论的风口浪尖。"996"工作制侵害了员工的权益，然而在同时期很多互联网公司大笔捐赠为社会做贡献。

资料来源：新京报．"加班996"：拒绝玩命，是我们所有人的战争 [EB/OL]. (2019-04-12) [2020-12-26]. https://news.ifeng.com/c/7loCq3ghAWD.

5.2 企业社会责任行为不一致产生的原因

企业社会责任行为不一致的根本原因在于，企业没有足够的资源同时满足所有利益相关者的诉求。企业是否回应利益相关者的诉求取决于利益相关者的重要性，受到利益相关者的影响力、合法性、紧急性这三个维度的影响（Mitchell et al., 1997）。同时满足这三个条件的利益相关者对公司而言就是最为重要的利益相关者（definitive stakeholders），需要首先回应其诉求。

| CSR 聚焦 5-2 |

利益相关者重要性识别

利益相关者指在实现组织目标过程中影响组织或被组织影响的个人或群体（Freeman, 1984）。企业的利益相关者包括股东、员工、债权人、供应商、消费者、政府、社会公众等，他们会对企业存在不同程度的诉求，如消费者希望企业产品质量可靠，社会公众希望企业保护当地环境等，管理者在生产经营过程中需要关注和分析不同利益相关者的诉求。

米切尔（Mitchell）等（1997）对利益相关者的识别和重要性进行了理论阐述。他们认为可以根据利益相关者的三个属性来识别并判断利益相关者的重要性，包括影响力、合法性和紧急性。其中，影响力是指利益相关者具备支配企业关键资源的能力。合法性是指一个利益相关者的诉求是适当的、令人满意的，也是符合社会规范、社会价值观的（Suchman, 1995）。紧急性是指利益相关者的诉求需要被立即满足的程度。

根据利益相关者所拥有的上述三个属性的不同，米切尔（Mitchell）等（1997）将利益相关者分为三大类：当利益相关者只拥有一个属性时，他们的重要性是最低的（区域1、2、3），被称为潜在利益相关者（latent stakeholders）；当利益相关者同时拥有两个属性时，他们的重要性是适中的（区域4、5、6），被称为预期型利益相关者（expect stakeholders）；当利益相关者同时具备三个属性时，他们的重要性最高（区域7），被称为确定型利益相关者（definitive stakeholders）。此外，当主体一个属性都不拥有时，被称为非利益相关者（区域8）。

进一步来看，米切尔（Mitchell）等（1997）将利益相关者细分为7种，如图5-2所示。潜在利益相关者包括休眠型利益相关者（区域1）、任意型利益相关者（区域2）、需求型利益相关者（区域3）；预期型利益相关者包括主导型利益相关者（区域4）、危险型利益相关者（区域5）、依赖型利益相关者（区域6）；最后是确定型利益相关者（区域7）。

资料来源：FREEMAN R E, Strategic management: a stakeholder approach[M]. Boston: Pitman, 1984; MITCHELL R K, AGLE B R, WOOD D J, 1997. Toward a theory of stakeholder identification and salience: defining the principle of who and what really counts[J]. Academy of Management Review, 22(4): 853-886; SUCHMAN M C, 1995. Managing legitimacy: strategic and institutional approaches[J]. Academy of Management Review, 20(3): 571-610.

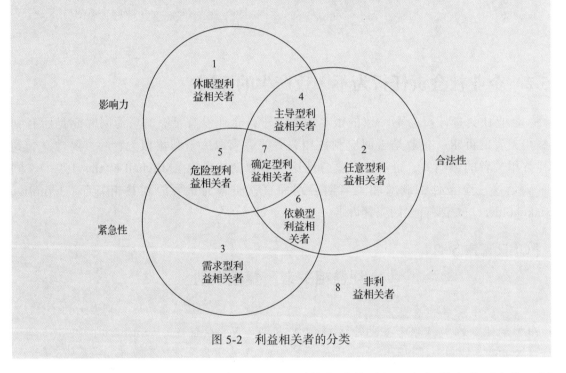

图5-2 利益相关者的分类

利益相关者的重要性并不是固定不变的，而是会随着时间、空间的变化而变化。例如，对同一利益相关者而言，不同时间上其重要性是不同的；而在同一时间点上，不同的利益相关者的重要性也不同。故而，在有限资源的约束下，企业只能优先回应关键利益相关者的诉求。这样，就会在时间、空间维度上出现企业社会责任行为不一致的情况。

5.3 社会责任行为不一致和企业声誉

企业社会责任行为的不一致增加了利益相关者在接收到相关信息时判断企业声誉的难度。利益相关者或社会群体在解析相互矛盾的信息时一般需要经过三个步骤：识别重要信号，对次要信号进行归因，形成判断。首先，利益相关者会根据自己的经验和有关企业的历史信息来判定两个矛盾的信号中，如一个正面信号、一个负面信号，到底哪个信号更为重要，或者与利益相关者的信念相一致。利益相关者往往偏好与自己信念相一致的信号，也就是强化自身信念的信号，而表现出心理学上所讲的确认偏见（confirmation bias）。如果利益相关者坚信公司是具备良好声誉的企业，那么正面信号就更凸显而得到利益相关者的重视。相反，如果利益相关者认为公司是存在声誉问题的企业，那么负面信号就与这一信念一致而受到利益相关者更多的关注。

| CSR 聚焦 5-3 |

确认偏见与信息选择

确认偏见也称验证性偏见，是指个人偏好支持自己的想法，无论想法是否合理、是否符合事实。人们会选择性地回忆、搜集有利于支持自己想法的信息而忽略与自己想法相反的信息，从而进行有偏解读。换言之，人们总是趋向于相信自己愿意相信的。当人们认为某个观点是正确的，会有选择性地去寻找证据证明自己的观点，而对于那些证明自己观点是错误的信息则选择回避。确认偏见的特点表现在选择性回忆、寻找支持个人观点的证据、忽略与个人观点相互矛盾的信息、对支持个人观点的信息给予更多的关注、对模棱两可的信息倾向于从支持个人观点的方面解读。

资料来源：MBA 智库·百科. 确认偏见 [EB/OL].[2021-12-05]. https://wiki.mbalib.com/wiki/%E7%A1%AE%E8%AE%A4%E5%81%8F%E8%A7%81.

在明确了重要的信号后，利益相关者就需要对与之矛盾的信号进行解释和归因，从而降低由于处理矛盾信号所带来的心理上的认知负担（cognitive burden）。人的大脑处理信息的能力是有限的，而在处理特定信息上所需要耗费的"脑力"就是认知负担。一般而言，如果受众（即接收到矛盾信号的个体）能找到符合逻辑的解释来说明次要信号的产生与其信念（主要信号所表达的意思）是不矛盾的，那么就会弱化次要信号对利益相关者基于主要信号所形成的对公司信念的影响。例如，面对公司对外捐款和克扣员工工资这样一对矛盾信号，如果利益相关者认为公司就应该主动承担社会责任，那么对外捐款这一信号就与利益相关者的信念一致而得到重视；而后，就要解释为何积极捐款的公司还会克扣员工的工资。可见，利益相关者就是按照自己的信念寻找原因，如公司员工本身工资就很高，或者公司员工有这种奉献精神等。这样就不再与利益相关者基于正面信号所形成的信念相矛盾，从而化解了矛盾信号间的认知冲突。在新冠疫情之下，大批公司积极捐款捐物，其中也不乏财务状况不佳的企业，但是在国家大义面前，员工和社会群体都能理解和接受企业看似"矛盾"的捐款行为。另外，一些不负责任的企业履行社会责任也有助于化解利益相关者对企业无良行为的负面反应，而表现出类似于保险的作用（insurance-like effect），这是因为利益相关者能够从"好"的方面来解释企业无良行为。

然而，如果利益相关者无法找到合理的解释来说明为何会出现矛盾的信号，那么就会给其带来很大的认知负担，而不得不改变已有的信念。例如，对投资者而言，面对公司对外捐款和不分红这样一对矛盾的信号，可能首先认为其选择投资的公司是能给其带来回报的，据此就会认为公司是对投资者负责任的，之所以不分红是因为财务绩效不佳。基于这样的想法，投资者想要解释为何公司还会捐款，就会因为无法找到合理的理由而增加认知负担。既然公司没有钱分红，为何会有钱捐款？这样，投资者也就没有办法合理化解释这样一对矛盾信号，而不得不调整之前的想法，转而认为公司是不负责任的并在面对矛盾的社会责任信号时做出更强的负面反应。

> | CSR 聚焦 5-4 |
> ## 社会责任信号不一致与受众反应
>
> **1. 石油泄漏的企业捐赠活动能降低投资者的负面反应**
>
> 慈善捐赠是企业履行社会责任的重要方式，能为企业积累道德资本，在企业发生负面事件时起到保险作用。例如，当企业发生环境污染事件时，企业前期的慈善捐赠越多，投资者的负面情绪越能被削弱。罗（Luo）等（2018）以美国石油行业的上市公司为研究对象，研究发现：当石油公司发生石油泄漏事件时，投资者产生消极情绪而导致目标公司的股票累计异常收益率为负，然而如果该公司在前一年的慈善捐款较多，投资者会倾向于认为企业的漏油事件不是故意的，进而有利于削弱投资者的负面情绪，使得股价下跌幅度变小。
>
> **2. 贪婪的高管所在公司捐款被媒体批评**
>
> 媒体作为信息传播的媒介，在公司治理方面起到很重要的作用。公司 CEO 的超额薪酬向利益相关者释放了 CEO 自私、贪婪的负面信号，而公司慈善捐赠向利益相关者释放了公司利他、慷慨的正面信号。韦尔涅（Vergne）等（2018）研究指出，当这两种信号不一致而产生了信号冲突时，即企业对外进行慈善捐赠而 CEO 却领取超额薪酬时，媒体会对公司进行更多的负面报道。
>
> **3. 财务重述的公司怎么能去兼并其他企业**
>
> 财务重述是指上市公司在发现并纠正前期财务报告的差错时，重新表述以前公布的财务报告行为。公司的并购频率和并购影响力是体现公司具有突出能力的正面信号，而公司财务重述是体现公司不诚信的负面信号，两者属于相互冲突的信号。帕如初日（Paruchuri）等（2021）研究指出，如果公司前期表现出较强的能力信号，当公司后期出现财务重述事件时，会使得投资者感知到信号不一致，从而产生更加负面的股票市场反应。
>
> 资料来源：LUO J, KAUL A, SEO H, 2018. Winning us with trifles: adverse selection in the use of philanthropy as insurance[J]. Strategic Management Journal, 39(10): 2591-2617; PARUCHURI S, HAN J H, PRAKASH P, 2021. Salient expectations? incongruence across capability and integrity signals and investor reactions to organizational misconduct[J]. Academy of Management Journal, 64(2): 562-586; VERGNE J P, WERNICKE, G, BRENNER S, 2018. Signal incongruence and its consequences: a study of media disapproval and CEO overcompensation[J]. Organization Science, 29(5): 796-817.

故而，面对相互矛盾的社会责任行为，受众如何解析和判断公司声誉与受众自身及矛盾信号本身有密切关系。一般而言，当受众能对矛盾信号进行合理归因而与想法保持一致时，就不会改变对公司固有的认知；反之，若受众无法对矛盾信号做出合理归因，则会改变原有的对公司的看法。

5.4 企业社会责任的类保险作用及其成立条件

企业社会责任的类保险作用（insurance-like effect）是支撑企业（功利地）履行社会责任的理论基石（详见第 15 章），也是解释受众如何对不一致社会责任信号做出反应的主要理论之一。企业社会责任的战略意义取决于两点：第一，在正常的商业环境中，企业履行社会责任能够提升企业绩效；第二，企业社会责任除了能给企业带来直接经济价值以外，在企业因为发生负面事件而面临声誉危机时，企业此前履行社会责任所积累的道德资本（moral capital）能削弱受众对企业声誉的负面评价。

| CSR 聚焦 5-5 |

企业社会责任的类保险作用

企业社会责任能起到类似于保险的作用。戈弗雷（Godfrey）(2005) 提出了以下主要观点。

（1）企业的慈善活动和社区的道德价值观一致性较高时，能获得所在社区更大的正面道德评价；当两者的对立性较高时，会招致所在社区更大的负面道德评价；当两者没有关系时，只能获得所在社区中性的道德评价。

（2）当企业的慈善活动被社区成员感到是真诚的时，能获得所在社区更大的正面道德评价，而如果社区成员认为企业的慈善活动是出于迎合动机时，会给予企业更大的负面道德评价。

（3）当企业的慈善活动和慈善动机获得目标社区的正面道德评价时，企业慈善活动能产生更大的正面道德资本。

（4）当企业出现负面事件时，正面道德资本有助于降低利益相关者对目标企业的处罚倾向，进而减少目标企业关系财富价值的损失。

（5）当企业其他行为的道德资本与慈善活动的道德资本相互冲突时，慈善活动所产生的道德资本对企业的保护作用是最低的；当企业其他行为的道德资本与慈善活动的道德资本相互促进时，慈善活动所产生的道德资本对企业的保护作用是中度的；而当企业其他活动所产生的道德资本模糊时，慈善活动所产生的道德资本对企业的保护作用是最高的。

资料来源：GODFREY P C, 2005. The relationship between corporate philanthropy and shareholder wealth: a risk management perspective[J]. Academy of Management Review, 30(4): 777-798.

虽然有一部分实证研究为社会责任行为的类保险作用提供了经验证据，但是最近也有越来越多的研究就此给出了否定的答案（详见第 15 章）。例如，有研究指出当公司发生首次负面事件时，社会责任行为能起到保险的作用；但是当公司随后再次出现负面事件时，社会责任行为的保险作用就消失了（Shao and Yang, 2017）。另外，当积极对外捐款的公司也给自己的高管支付超额薪酬时，媒体的报道更加负面（Vergne, Wernicke, and Brenner, 2018）。有环境污染记录的公司因为担心媒体的负面报道，而不敢公布自己获得的环境认证（Carlos and Lewis, 2018）。

| CSR 聚焦 5-6 |

企业社会责任的保险作用只有一次

企业履行社会责任有助于积累道德资本，当企业发生负面事件时能缓解利益相关者的消极情绪。但是如果企业多次发生负面事件，履行社会责任还会发挥保险作

用吗？邵（Shao）和杨（Yang）(2017) 研究发现：企业长期履行社会责任能起到类保险作用，表现在当企业发生负面事件后，企业履行长期的社会责任越多，目标公司

的股票价格和债券价格所受到的负面影响越小。然而，企业只是短期履行社会责任不能起到类保险作用。他们进一步研究指出，企业社会责任的保险作用只能使用一次，如果企业再次发生负面事件，投资者会怀疑企业履行社会责任的动机，甚至怀疑企业是伪善的，此时企业社会责任的类保险作用会快速消失。

资料来源：SHAO Y M, YANG S L, 2017. Does engagement in corporate social responsibility provide strategic insurance-like effects?[J]. Strategic Management Journal, 38(2): 455-470.

这一系列研究表明，当公司出现负面信号时，诸如社会责任表现等事前的正面信号能否化解负面信号对企业声誉带来的不利影响，如降低利益相关者的负面反应，不是必然的。现有研究主要从伪善（hypocrisy）的角度来解释，认为出现矛盾的社会责任信号时，受众会认为公司是伪善的而不具有合法性，从而降低对公司的社会认可，损害公司的声誉。然而，这一套解释目前看来还缺乏可靠的理论支撑，还只是停留在猜测层面而没有给出直接经验证据。

| CSR 聚焦 5-7 |

伪善及其危害

伪善是企业关键利益相关者对企业的外部感知和判断，当企业一边做出某种承诺或声明，而另一边又表现出与这种承诺或声明不一致的行为或活动时（如社会责任信号的不一致），利益相关者感知到的伪善程度越高（Carlos and Lewis, 2018）。例如，2005 年美国通用电气公司承诺要做环保的先行者，但是很多利益相关者认为该公司的这一行为是虚伪的，因为该公司先前被认为是世界上释放有毒化学物质最多的五家公司之一。

企业的伪善行为会带来很多危害，例如招致更多的媒体负面报道和社会积极主义者的反对。扎娅洛娃（Zavyalova）等（2012）研究指出，当企业对负面事件做出的声明被感知到是象征性的、肤浅的时，会招致更多的负面报道。此外，伪善行为也会导致更长远的危害，例如损害企业的声誉、降低企业的财务绩效等。

资料来源：CARLOS W C, LEWIS B W, 2018. Strategic silence: withholding certification status as a hypocrisy avoidance tactic[J]. Administrative Science Quarterly, 63(1): 130-169; ZAVYALOVA A, PFARRER M D, REGER R K, et al., 2012. Managing the message: the effects of firm actions and industry spillovers on media coverage following wrongdoing[J]. Academy of Management Journal, 55(5): 1079-1101.

5.5 社会参与者对企业背叛行为的反应

从社会交换和合作博弈的角度来看，当企业做出"矛盾"的社会责任行为时，意味着一家长期采取合作策略的企业突然采取了背叛行为。在合作博弈中，对于这一种情形，合作方也可能采取"以牙还牙"策略，但是现有研究证明最佳的策略是"宽容以牙还牙"（见 1.3.2 小节），也就是原谅对方的背叛行为一次，而继续采取合作策略。

因此，对秉持合作意愿的利益相关者而言，面对企业的背叛行为，它们最佳的反应策略是继续相信企业的声誉而采取合作策略。这种情况下，企业的社会责任行为就发挥了类似保险的作用，让合作方放弃惩罚企业而继续与企业合作。然而，这里合作方选择继续合作策略，虽然看起来像是企业社会责任行为发挥了"保险"作用，但并不是因为受到企业的"道德资本"的影响，而是从自利性（self-interest）的角度出发做出的最优选择。

据此，社会责任行为产生"保险"作用的前提是利益相关者希望与企业保持合作关系，这一点至关重要。利益相关者越希望与企业保持合作关系，就越会原谅企业的"首次"背叛行为。反之，如果利益相关者不想与企业合作，那么就需要树立利益相关者惩罚背叛行为的社会声誉，从而在其自身所看重的合作方中树立良好的合作声誉。这样，面对企业的"首次"背叛行为，利益相关者就会果断采取惩罚措施。

这一解释机制能很好地解释现有实证研究结果上的矛盾。一般而言，机构投资者具有长期的时间导向（long-term orientation），而更愿意与公司保持长期的合作关系，故而企业社会责任行为能在投资者身上产生"保险"作用；但是，如果企业再次采取背叛行为，那么投资者就会放弃宽容转而对背叛的企业进行惩罚（Shao and Yang, 2017）。另外，媒体并不依赖于企业反而更加依赖于其他社会群体，故而媒体需要树立惩罚背叛行为的社会形象，对做出不一致社会责任行为的企业表明态度（Vergne et al., 2018）。

| CSR 聚焦 5-8 |

不同投资期限的投资者对企业不一致社会责任行为的反应

孙（Sun）和贾（Jia）（2021）研究了在面对企业慈善行为这一正面信号和企业员工低薪酬这一负面信号时，不同投资期限（time orientation）的投资者如何反应。具体而言，针对 2016 年—2020 年 IPO 市场的 1 214 个样本进行研究发现，对风险投资者这类投资期限短的投资者而言，他们对企业对外从事慈善行为却对内付给员工低薪酬这一行为持消极的态度。对机构投资者这类投资期限长的投资者而言，他们对企业对外从事慈善行为却对内付给员工低薪酬这一行为持积极的态度。整体而言，这篇文章从投资者投资期限的角度解析了企业社会责任何时发挥类保险作用、何时产生逆火效应（backfire effect）。

资料来源：SUN H, JIA M, 2021. CSR as a benefit or a burden: Diversified Time-oriented investors' Reaction on IPO Market[C] //Academy of Management Proceedings. Briarcliff Manor, NY 10510：Academy of Management, (1): 11783.

本章小结

1. 本章讲述了企业社会责任行为不一致产生的原因及其后果。
2. 企业社会责任是一个多维度的概念，既包括提升利益相关者福利的积极行为，也包括损害利益相关者福利的无良行为。
3. 企业履行社会责任的表现与时间和空间两个维度有关。企业实际的社会责任表现可能出现时间上的不一致、空间上的不一致，以及时间和空间上都不一致的情况。
4. 企业社会责任行为不一致的根本原因在于，企业没有足够的资源同时满足所有利益相关者的诉求。企业是否回应利益相关者的诉求取决于利益相关者的重要性，受到利益相关者的影响力、合法性、紧急性这三个维度的影响。
5. 面对相互矛盾的社会责任行为，利益相关者如何解析和判断公司声誉与利益相关者自身及矛盾信号本身有密切关系。

6. 企业社会责任行为的类保险作用实际上并不是因为受到企业的"道德资本"的影响，而是利益相关者从自利性的角度出发做出的最优选择，即社会责任行为产生保险作用的前提是利益相关者希望与企业保持合作关系。

关键术语

企业无良行为（corporate social irresponsibility）
企业社会责任行为不一致（inconsistency of corporate social responsibility）
企业声誉（corporate reputation）
类保险作用（insurance-like effects）

复习思考题

1. 企业社会责任行为产生不一致的原因是什么？
2. 企业社会责任行为不一致对企业声誉有什么影响？
3. 利益相关者如何判断和解析企业社会责任相互矛盾的信息？
4. 企业社会责任的类保险作用是什么？
5. 企业社会责任的类保险作用的成立条件是什么？

应用案例

有关拼多多争议

拼多多成立于2015年9月，是一家专注于C2B拼团的第三方社交电商平台。目前，拼多多平台已汇聚7.313亿年度活跃买家和510万活跃商户，平台年交易额达人民币14 576亿元，迅速发展成为中国第二大电商平台。2018年7月，拼多多在美国纳斯达克证券交易所正式挂牌上市。虽然拼多多在资本市场获得巨大成功，但拼多多的企业社会责任承担却一直存在争议。

一方面，拼多多积极承担社会责任，如成立扶贫助农部，将创新的电商经营模式导入脱贫工作，帮助贫困地区推动农产品销售，为农村经济发展贡献力量；发起"新品牌计划"，聚焦中国中小微制造企业成长；公益捐款，如河南洪灾期间，拼多多宣布首期捐款1亿元，驰援河南救灾。

另一方面，在拼多多上售卖山寨品牌、低质量产品也为消费者所诟病。媒体评论指出对所有市场主体而言，需要明确的是，低价产品不一定都是低质产品。低价是市场需求，低质是商家失责，售卖假货则是违法行为。不管是拼产品，还是拼市场，拼到最后，一定是拼质量。

资料来源：李明珠. 拼多多上市引发售假热议 承担社会责任方行稳致远 [N]. 证券时报，2018-07-31(A01)；杨召奎. 争议拼多多 [N]. 工人日报，2018-07-30(4).

讨论题

1. 你如何看待拼多多企业社会责任不一致的行为？
2. 拼多多的投资者如何看待拼多多的前景？媒体如何看待拼多多？为何不同的利益相关者对拼多多的评价存在差异？
3. 你认为拼多多应该如何调整社会责任战略？

学习链接

[1] CARLOS W C, LEWIS B W, 2018. Strategic silence: withholding certification status as a hypocrisy avoidance tactic[J]. Administrative Science Quarterly, 63(1): 130-169.

[2] DEEPHOUSE D L, 2020. Media reputation as a strategic resource: an integration of mass

communication and resource-based theories[J]. Journal of Management, 26(6): 1091-1112.
[3] FREEMAN R E, 2010. Strategic management: a stakeholder approach[M]. England: Cambridge University Press.
[4] GODFREY P C, 2005. The relationship between corporate philanthropy and shareholder wealth: a risk management perspective[J]. Academy of Management Review, 30(4): 777-798.
[5] LUO J, KAUL A, SEO H, 2018. Winning us with trifles: adverse selection in the use of philanthropy as insurance[J]. Strategic Management Journal, 39(10): 2591-2617.
[6] MITCHELL R K, AGLE B R, WOOD D J, 1997. Toward a theory of stakeholder identification and salience: defining the principle of who and what really counts[J]. Academy of Management Review, 22(4): 853-886.
[7] PARUCHURI S, HAN J H, PRAKASH P, 2021. Salient expectations? Incongruence across capability and integrity signals and investor reactions to organizational misconduct[J]. Academy of Management Journal, 64(2): 562-586.
[8] SHAO Y M, YANG S L, 2017. Does engagement in corporate social responsibility provide strategic insurance-like effects?[J]. Strategic Management Journal, 38(2): 455-470.
[9] SUCHMAN M C, 1995. Managing legitimacy: strategic and institutional approaches[J]. Academy of Management Review, 20(3): 571-610.
[10] SUN H, JIA M, 2021. CSR as a benefit or a burden: diversified time-oriented investors' reaction on IPO market[C]//Academy of Management Proceedings. Briarcliff Manor, NY 10510: Academy of Management, (1): 11783.
[11] VERGNE J P, WERNICK E G, BRENNER S, 2018. Signal incongruence and its consequences: a study of media disapproval and CEO overcompensation[J]. Organization Science, 29(5): 796-817.
[12] ZAVYALOVA A, PFARRER M D, REGER R K, et al., 2012, Managing the message: the effects of firm actions and industry spillovers on media coverage following wrongdoing[J]. Academy of Management Journal, 55(5): 1079-1101.

第 6 章　企业社会责任沟通

【学习目标】

1. 了解企业披露社会责任信息的动机。
2. 了解影响企业选择社会责任沟通信息的因素。
3. 掌握企业社会责任信息披露的策略。
4. 掌握企业选择社会责任沟通的时机和方式。

开篇案例

召开企业社会责任新闻发布会

2019 年 7 月 1 日，国家开发投资集团有限公司在北京举行新闻发布会，发布国投《2018 企业社会责任报告》。国投在 2018 年深化"五心行动"责任实践，国投的社会责任报告采用"五心行动"社会责任框架，分别从政治、经济、环境、社会、海外五个方面阐述了国投 2018 年的社会责任实践进展和效果。

《2018 企业社会责任报告》显示，国投将精准扶贫这一社会责任放在首位，并重点阐述了国投实施精准扶贫的成效。中国宏观经济研究院代表第三方对国投社会责任报告发表意见，认为国投的社会责任报告全面、客观地体现了国投创新驱动转型发展，服务国家战略和"一带一路"建设，助力我国经济高质量发展的决心。

资料来源：中国日报网. 国投发布《2018 企业社会责任报告》[EB/OL]. (2019-07-02) [2022-12-05]. https://baijiahao.baidu.com/s?id=1637925811028965660&wfr=spider&for=pc.

前文均假定利益相关者和企业之间是信息对称的，即利益相关者完全掌握企业社会责任的相关情况，并且企业的投入是可以辨识和验证的。然而，在现实生活中，利益相关者很可能不完全了解企业如何履行社会责任，因而存在信息不对称（information asymmetry）的情况。社会责任沟通（CSR communication）就成为利益相关者了解企业社会责任履行情况的主要信息渠道，如图 6-1 所示。

企业社会责任沟通的原因是多方面的。第一，企业社会责任的成效在短期内难以表现出来。例如，企业参与扶贫、支持社区改善环境等的成效就需要时间才能逐步显现出来。第二，利益相关者没有渠道获取有关企业社会责任投入的第一手资料。实际上，企业社会责任的实际投入一方面是企业的内部信息，另一方面除货币化的资源投

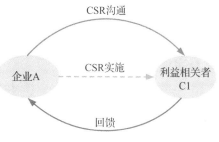

图 6-1　企业社会责任沟通

入（如现金捐赠）以外，还包括一些非货币的资源，如人力等。例如，企业关爱员工，与员工谈心，减轻员工的精神压力，组织员工参与社区服务等，就很难量化其投入的水平。第三，社会责任投入水平的判断和成效评价缺乏普遍公认的标准，导致难以形成统一的评判标准。例如，一家公司对外捐款 100 万元，有的利益相关者就会觉得这家公司捐款多，积极承担了社会责任，而有的利益相关者却认为公司捐款少。

| CSR 聚焦 6-1 |

华为捐赠被"骂"背后的社会责任沟通不畅

2020 年是不平凡的一年，新冠疫情始终牵动着全国人民的心，各行各业纷纷投入到抗击疫情的阻击战之中，众多企业纷纷自发为疫情严重的地区捐款捐物。1月24日，腾讯宣布捐赠 3 亿元人民币，设立第一期疫情防控基金；1 月 25 日，阿里巴巴也宣布设立 10 亿元医疗物资专项供给基金；1 月 26 日，华为宣布向武汉市慈善总会捐赠 3 000 万元，用于抗击新冠疫情。

与腾讯、阿里巴巴上亿的捐赠相比，华为的 3 000 万元着实显得有些少，为此华为甚至遭到了部分网友的指责。殊不知，华为除捐款之外，还利用自身科技优势全面投入抗击疫情的战斗中。根据央视新闻联播、微博、《楚天都市报》等媒体报道可以发现，火神山医院的平板设备为华为品牌，华为还向火神山医院捐赠了 5G 终端、显示屏、PC（个人计算机）等办公设备，同时在火神山医院建设时期，华为与中国电信合作全面完成医院的信息化系统建设，包括医院固话、光纤、4G 和 5G 网络覆盖和医疗上云、远程会诊等。相比直接捐款而言，华为利用自身科技优势，为控制疫情付出了很多，这些紧缺的资源甚至比资金还要重要，但是华为并没专门去宣传。

资料来源：搜狐网. 华为捐款 3000 万被骂后，央视终于"曝光"，令人佩服 [EB/OL]. (2020-02-13) [2022-12-05]. https://www.sohu.com/a/372732228_529063.

在企业社会责任实践中，企业社会责任沟通，即企业通过恰当的方式将有关其社会责任表现的信息传递给利益相关者，就显得非常重要。这里，企业社会责任沟通包括多方面，涉及社会责任沟通信息的选择（对外披露什么信息）、沟通信息的完整性（披露多少）和沟通方式的选择（如何披露）等内容。企业社会责任沟通属于利益相关者关系管理（stakeholder relationship management）的范畴，指的是企业通过采取各种信息沟通方式加

强与利益相关者之间的沟通,增进利益相关者对上市公司了解和认可的管理行为。良好的利益相关者关系不仅有助于提高利益相关者的满意度与忠诚度,增强利益相关者对公司的信心,达到提升企业价值、降低资本成本的目标,还能改善公司的经营管理和治理结构,提高公司核心竞争力。

| CSR 聚焦 6-2 |

企业社会责任沟通框架

杜(Du)等(2010)建立了企业社会责任沟通(简称 CSR 沟通)的理论模型框架。整体而言,企业需要关注 CSR 沟通内容和 CSR 沟通渠道,同时还需要考虑企业特征和利益相关者特征,进而提高 CSR 的沟通效果,如图 6-2 所示。

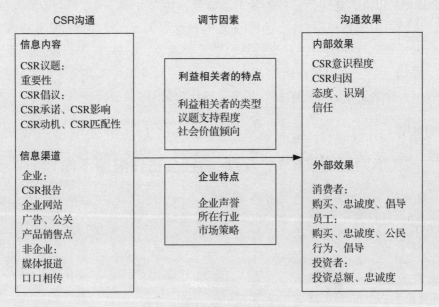

图 6-2 企业社会责任沟通框架

在 CSR 沟通内容方面,企业要强调其所关注 CSR 议题的重要性,同时还需要阐述企业对所关注议题的 CSR 承诺、CSR 的社会影响、企业 CSR 的动机(既要强调内在动机又要强调外在动机,即企业 CSR 的公司价值和社会价值)、CSR 的社会议题和企业经营活动的匹配情况。

在 CSR 沟通渠道方面,企业既要通过 CSR 报告、公司官网、广告等方式进行宣传,又要依靠媒体报道和利益相关者之间的口口相传增进沟通。同时,CSR 沟通所产生的沟通效果还受到企业特征(声誉、所处行业、市场战略)和利益相关者特征(利益相关者类型、议题支持、社会价值倾向)的影响。

最后,CSR 沟通效果主要包括内部效果(如利益相关者对待企业的态度、对 CSR 行为的归因、信任等)和外部效果(主要体现在消费者购买量、忠诚度、员工生产效率、公民行为和投资者投资意愿等方面)。

资料来源:DU S, BHATTACHARYA C B, SEN S, 2010. Maximizing business returns to corporate social responsibility (CSR): the role of CSR communication[J]. International Journal of Management Reviews, 12(1): 8-19.

6.1 企业社会责任沟通的动机

一般而言，企业开展社会责任沟通、披露社会责任信息，本质上是企业主动为利益相关者提供相关信息的行为，目的是回应利益相关者的诉求。而在企业社会责任沟通中，企业面对的利益相关者包括两大类：经济导向（economic-oriented）型利益相关者和社会导向（social-oriented）型利益相关者。经济导向型利益相关者的首要诉求是满足其经济利益，而社会导向型利益相关者则强调企业要关注社会福利。故而，企业高管作为公司的决策者，需要采取恰当的沟通方式才能满足不同类型利益相关者的诉求。

> | CSR 聚焦 6-3 |
>
> ### 实际控制人的政治、经济激励对企业社会责任沟通的影响
>
> 雷雪等（2020）研究了上市公司实际控制人所面临的政治激励、经济激励，以及政治和经济的双重激励对企业社会责任报告的影响。通过统计社会责任报告的页数、图片、图表、数字等信息，提出衡量企业社会责任报告实质性的指标。研究发现，企业实际控制人的政治激励越高，越倾向于发布企业社会责任报告，并且实质性的内容也会越多，表现在发布的 CSR 报告页数较多，并且报告中的图片、图表、字数也多；而企业实际控制人的经济激励越高，越倾向于不发布企业社会责任报告，即使发布社会责任报告，其实质性的内容也会较少。特别是当企业实际控制人同时面临政治和经济的双重激励时，企业虽然倾向于发布社会责任报告，但报告的实质性的内容较少。这也说明，企业的决策者会根据利益相关者的诉求来决定最佳的社会责任信息披露方式。
>
> 资料来源：雷雪，贾明，张喆，2022. 实际控制人的政治、经济激励对企业社会责任报告的影响 [J]. 管理评论，(08): 256-270.

具体而言，企业社会责任沟通一方面是为了满足经济导向型利益相关者的诉求，如提供利益相关者所需要的信息以获得股东、债权人、客户、供应商等的支持；另一方面，是为了应对来自社会导向型利益相关者（如政府、社区、环保组织）的压力，以获取、维护企业合法性和社会声誉，以便和政府、社区、非营利组织等建立良好的关系。

（1）从维护与经济导向型利益相关者关系的角度来看，披露社会责任信息可以降低企业与利益相关者之间的信息不对称程度，提升企业信息透明度，并将企业与竞争者区别开来，进而建立良好的社会声誉，这也有利于获得利益相关者的信任与青睐，最终提升企业绩效。例如，从维护与股东和债权人关系的角度来看，就存在再融资需求的企业而言，披露社会责任信息可以增进与投资者的沟通，有助于提升企业外部形象，从社会责任认同型的投资者手中获取财务资源，提高企业融资便利性（沈洪涛，2007；Ioannou and Serafeim, 2015），获得银行贷款的利率更低（Du et al., 2017），甚至还能帮助企业尽快摆脱财务困境（Chui et al., 2009）。另外，企业披露社会责任信息还可以赢得消费者和客户的信任和认同（Du et al., 2010），促进产品销售（Campbell et al., 2007），进而形成产品竞争优势（Kim, 2019）。因此，企业需要掌握经济导向型利益相关者的诉求，通过披露恰当的社会责任信息以做出积极回应。

| CSR 聚焦 6-4 |

投资者诉求影响企业社会责任信息披露

气候问题已成为全世界面临的重要议题。气候的剧烈变化影响相关企业的经营发展和供应链运输等,也让投资者感知到一定的潜在风险,因此投资者希望看到企业及时就其经营风险的信息进行披露,然后据此做出投资决策。然而,披露气候变化风险评估相关信息并不是强制性的,如何促使企业积极披露气候变化的相关风险信息成为重要的研究问题。弗拉姆(Flammer)等(2021)研究发现:投资者有关环境方面的积极主义增加了企业面临的压力,为了满足投资者的诉求,管理者会增加对气候变化风险信息的披露,尤其是投资者积极主义由机构投资者发起时或机构投资者的投资期限较长时,投资者积极主义对企业气候变化风险信息披露的促进作用会更加显著。

资料来源:FLAMMER C, TOFFEL M W, VISWANATHAN K, 2021. Shareholder activism and firms' voluntary disclosure of climate change risks[J]. Strategic Management Journal, 42(10), 1850-1879.

(2)企业通过与社会导向型利益相关者沟通(如发布社会责任报告)来构建、维护公司与政府、社区和社会公众之间的关系,从而获得、巩固企业的合法性和社会声誉。随着政府、社区和社会公众对企业履行社会责任的期望和诉求的提升,企业需要采取符合法律规定、社区预期和社会规范的行为而获得合法性,并建立企业声誉和竞争优势,从而保证企业得以生存下来。企业发布的社会责任报告并非单纯以慈善为目的或追求经济利益最大化,而是回应政府诉求的一种手段(Marquis and Qian, 2014)。例如,王建明(2008)指出,企业环境信息披露水平与其受到的外部监管压力呈正相关关系;毕茜等(2012)研究表明,《上市公司环境信息披露指南》的颁布及实施提高了企业环境信息披露水平;沈洪涛和冯杰(2012),以及潘安娥和郭秋实(2018)的研究均指出,地方政府对企业环境信息披露的监管能显著提高企业的环境信息披露水平。

| CSR 聚焦 6-5 |

社会导向型利益相关者的诉求及企业发布社会责任报告

政府作为公司重要的利益相关者,总是希望公司能积极履行社会责任,提高社会福利水平。马奎斯(Marquis)和钱(Qian)(2014)构建了政治依赖模型来检验公司对政府不同的依赖程度如何影响公司发布社会责任报告,以及发布社会责任报告的质量。从公司特征来看,民营企业财务绩效较好时,企业为了获得政治合法性而更加依赖政府,此时更倾向于发布社会责任报告。此外,当公司面临更高的政府监管风险时,例如公司高管具有政治关联或公司坐落于政府监管更强的区域时,公司更加倾向于发布实质性的社会责任报告,即社会责任报告的质量更高。

资料来源:MARQUIS C, QIAN C, 2014. Corporate social responsibility reporting in China: Symbol or substance?[J]. Organization Science, 25(1): 127-148.

6.2 企业社会责任沟通的信息选择

企业社会责任是多维度的,涉及的领域众多,包括对投资者、消费者、员工、社区、政府等众多不同利益相关者群体的社会责任。然而，企业在社会责任沟通的过程中，对于特定的沟通对象，需要根据其诉求来选择披露恰当的社会责任信息，从而在更大程度上获得利益相关者的支持和避免利益相关者的负面反应。因此，企业社会责任沟通的信息选择就受到利益相关者诉求、利益相关者预期和利益相关者之间的诉求冲突等因素的影响。

1. 利益相关者诉求的影响

作为企业沟通的对象，利益相关者的诉求也各有不同。企业需要根据利益相关者的诉求来选择适当的社会责任信息进行披露，从而产生选择性披露（selective disclosure）的问题。例如，如果员工希望了解有关员工福利方面的信息，企业就需要重点对这方面的信息进行披露；社区想了解企业在改善社区环境方面的投入，那么企业就需要披露有关社区方面的社会责任投入情况。企业良好的社会责任信息披露能够与利益相关者开展有效的沟通，从而促进形成良好的利益相关者关系。

| CSR 聚焦 6-6 |

奇正藏药的社会责任沟通

奇正藏药发布的 2020 年社会责任报告显示，奇正藏药的主要利益相关者包括员工、消费者、股东、合作伙伴、政府与监管机构、社区等。公司在利益相关者管理方面的核心议题主要包括患者关爱（以患者的需求为中心）、员工发展（为企业和社会培养种子选手）、文化传承（与当地社区共同进步）和资源保护（让青藏高原生态可持续）等。

奇正藏药针对不同利益相关者关注的议题披露了有针对性的举措，直观地让不同利益相关者了解公司在各方面所做的努力。例如，针对员工技能提升、公平发展、薪酬待遇等方面的议题，公司实施了如下举措：完善岗级标准，完成职业发展通道和路径设计，为员工发展提供指引，全面构建薪酬激励体系，建立绩效评价指标库等。针对消费者关心的产品疗效和质量方面的议题，该公司做出的举措包括推行全周期产品 PI 负责制，成立科学决策委员会，严格遵循 GMP 生产要求，对药品的全生命周期进行管理，持续进行产品健康及安全影响评估等。针对股东和投资者关心的议题，该公司真实、准确、完整、及时地进行信息披露，保证"三会"运作规范，加强董事会与管理层的沟通，运用新媒体工具，丰富与投资者的沟通方式等。

资料来源：东方财富网.奇正藏药：社会责任报告[EB/OL].(2021-04-16)[2022-12-05]. https://data.eastmoney.com/notices/detail/002287/AN202104151485228876.html.

2. 利益相关者预期的影响

虽然企业社会责任能够帮助企业获得合法性，但是企业社会责任投入所产生的经济效益并不是线性递增的，使"经济利益至上"的企业为了追求经济效益的最大化而需要在经济效益（economic efficiency）和合法性之间权衡，往往导致企业不能持续投入资源到社会责任事务中。据此，内森（Nason）等（2018）就认为如果利益相关者对企业社会责任产生过高的预期（给企业带来财务负担），那么企业最佳的做法是降低利益相关者的预期而缓解企业的经济效益压力；反之，如果利益相关者认为企业的社会责任投入不足，那么企业就需要提升利益相关者的认可而缓解企业面临的合法性压力。

企业通过社会责任信息披露来改变利益相关者预期的路径有两条。其一，选择披露的信息。例如，如果企业今年捐款 100 万元，那么利益相关者就会预期企业明年捐款超过 100 万元。显然，如果企业继续披露有关捐款方面的信息，就会给企业未来带来财务压力，故而企业要慎重披露相关信息。同样，如果企业今年没有捐款，利益相关者就会认为企业不主动承担社会责任，那么今年企业就应该披露其他方面的社会责任信息而缓解利益相关者对企业的负面评价。其二，选择信息呈现的语言方式。例如，企业用文本语言来弱化社会绩效的积极方面，而用图像语言来掩盖社会绩效的不足等，都能影响利益相关者对企业社会绩效的判断（见第 7 章）。

| CSR 聚焦 6-7 |

利益相关者预期、企业印象管理与社会责任沟通

印象管理是指公司管理者如何影响利益相关者对公司的感知（Bansal and Clelland, 2004）。印象管理策略可以分为反应式印象管理（reactive impression management）和前摄式印象管理（anticipatory impression management）。反应式印象管理是指在负面事件发生后，企业采取措施（如否定、找借口、道歉等）以削弱利益相关者的负面感知。前摄式印象管理是指在负面事件发生期间或发生之前采取措施以改变投资者的感知或预期。

企业发布社会责任报告是向利益相关者沟通其履行社会责任情况的重要方式。不同企业的社会责任报告形式不尽相同，如内容多少、文字、版式、图片、图表等，企业可能通过增加或减少图片、图表这种视觉信息的方式来进行印象管理，以改变利益相关者对企业社会绩效的感知。

资料来源：WANG H, JIA M, XIANG Y, et al., 2021. Social performance feedback and firm communication strategy[J]. Journal of Management, 1-42.

3. 利益相关者之间的诉求冲突的影响

正如王（Wang）等（2016）所指出的："虽然目前有关投资者（shareholders）和利益相关者（stakeholders）的诉求如何影响企业社会责任履行与信息披露的研究已经非常多了，但是关于不同类型利益相关者之间的相互影响和诉求冲突对企业社会责任履行与信息披露的影响，以及企业如何解决他们之间诉求冲突的研究还比较缺乏。"

企业往往需要同时应对不同利益相关者的诉求，然而企业资源是有限的，使企业无法同时满足所有利益相关者的诉求。从现有研究来看，公司主要是通过选择性披露（selective disclosure）特定利益相关者关切的信息来平衡多维利益相关者之间的利益诉求，从而避免矛盾冲突的。例如，考虑投资者与政府之间的诉求冲突，投资者希望企业将现金用于分红，而政府则希望企业进行现金捐赠。如果企业实际上将现金进行了捐款，那么也就不愿意把相关的社会捐款信息告知投资者，从而选择性披露社会责任信息（Wang, Jia, and Zhang, 2021）。金（Kim）和利奥（Lyon）（2015）研究发现，处于成长期的企业需要积极披露环境责任信息以作为对政府诉求的回应；但当盈利能力低的企业面临较大的投资者压力时，披露过多的环境责任信息会导致投资者反感。此时，企业会通过披露环境指标低于企业真实值这种选择性披露方式（brownwashing）来应对两者之间的诉求

冲突。此外，马奎斯（Marquis）等（2016）研究发现，对跨国企业而言，在环境污染事件发生后，越倾向于通过披露正面环境指标而隐藏负面指标这种选择性披露方式来应对社区与投资者之间的双重压力。

| CSR 聚焦 6-8 |

诉求冲突与选择性披露社会责任信息

企业会同时面对不同利益相关者的不同诉求，这些诉求可能是相互冲突的。金（Kim）和利奥（Lyon）（2015）研究发现，企业在面对诉求冲突时，会策略性地对企业的环境表现进行"漂绿"（是指企业对实际的环境绩效夸大其词）或"漂灰"（是指企业对实际的环境绩效轻描淡写）。具体而言，当公司财务绩效相对上一年增长时，其为了获得监管者的经营许可和达到公众对公司环保的预期而进行"漂绿"。相反，当企业所在地撤销对环保的规定时，即环保监管程度降低，如果企业过度进行环保投资就会损害投资者的利益，因此企业更倾向于进行"漂灰"，尤其是公司利润表现不佳时，企业的"漂灰"程度更大。进一步说，企业的"漂绿"和"漂灰"行为都会随着外部利益相关者审查的增加而减少。

资料来源：KIM E H, LYON T P, 2015. Greenwash vs. brownwash: exaggeration and undue modesty in corporate sustainability disclosure[J]. Organization Science, 26(3): 705-723.

另外，公司也会采取"言"与"行"的分离来应对外部利益相关者的诉求冲突，其思路和选择性披露一样，通过利用公司与利益相关者之间的信息不对称来调控（manipulate）利益相关者所获取的信息。例如，罗（Luo）等（2017）就指出，当公司面对中央政府和地方政府有关企业履行社会责任方面相冲突的诉求时，就倾向于通过快速地发布低质量的社会责任报告来平衡不同利益相关者间的诉求冲突。卡洛斯（Carlos）和路易斯（Lewis）（2018）甚至认为，如果企业所披露的社会责任信息会导致某些利益相关者不满，则会选择不披露，而做出战略性的沉默（strategic silence）。

总之，企业可以通过社会责任沟通来管理与利益相关者之间的关系，并且社会责任信息的选择性披露在很大程度上能缓和不同利益相关者之间的诉求冲突。

| CSR 聚焦 6-9 |

企业社会责任披露的战略性沉默

为什么公司获得环保认证而没有主动向外界宣传呢？卡洛斯（Carlos）和路易斯（Lewis）（2018）将公司的这一行为称为"战略性沉默"。他们研究指出，公司为了降低被认为伪善（hypocrisy）的风险而进行印象管理，即当公司面临环保声誉威胁时，例如股东环保积极主义和利益相关者环保积极主义较高时，公司更不倾向于对外宣传获得了环保认证。因为如果公司对外进行环保认证的信息披露而实际环保绩效没有达到利益相关者的预期时，可能会被看成伪善。同时，当公司的环保声誉越高或公司获得的环保认证具有更高的认可度时，企业更不倾向于发布获得环保认证的信息，而是选择战略性沉默。

资料来源：CARLOS W C, LEWIS B W, 2018. Strategic silence: withholding certification status as a hypocrisy avoidance tactic[J]. Administrative Science Quarterly, 63(1): 130-169.

6.3 企业社会责任沟通的投入

企业除了会选择性披露社会责任信息外,还会通过调整披露社会责任投入水平来达到最佳的利益相关者管理效果。这里的关键在于企业与利益相关者之间存在信息不对称,由于社会责任投入水平是难以验证的,故而利益相关者也就很难对企业披露内容的真实性进行检验。因此,企业可以根据自身的需要对企业社会责任投入水平进行选择性披露。根据企业实际社会责任表现"好""坏"和"不披露""正面披露""负面披露"这样几个维度来划分,企业社会责任投入的沟通策略有 6 种,如图 6-3 所示。

	企业社会责任表现情况	
	坏	好
正面披露	漂绿行为 (greenwashing)	宣传正面行为 (vocal green)
不披露	做坏事且不说 (silent brown)	做好事但不说 (silent green)
负面披露	披露负面行为 (vocal brown)	漂灰行为 (brownwashing)

图 6-3 企业社会责任投入的沟通策略

1. 夸大社会绩效投入

"漂绿"(greenwashing)指的是企业夸大(exaggeration)其社会责任投入水平的信息披露行为。从满足利益相关者预期的角度来看,当企业受到资源约束而没有投入足够的资源以达到利益相关者的预期水平(E),即实际社会责任投入水平为 R($R<E$)时,为了避免利益相关者因此而产生负面反应,企业就会通过对利益相关者宣传其投入水平为 T($T>E>R$)来夸大企业的社会责任投入。

| CSR 聚焦 6-10 |

英国石油公司的"漂绿"

人们可能时常有遭到"背叛"的感觉——一些企业发布精美的社会责任报告或发表绿色环保宣言,但并未真正履行社会责任。这种"漂绿"行为误导了投资者、消费者等利益相关者,大大降低了他们的决策效率。例如,英国石油公司(BP)墨西哥湾石油泄漏事件震惊世界。此次事故发生前,BP 公司曾通过广告营造出绿色环保的形象,包括对环境问题的重视、探索替代燃料的必要性等。环境友好型的企业形象吸引了众多消费者,提升了公司的财务绩效。

资料来源:孙建强,吴晓梦,2019.企业社会责任漂绿对财务绩效影响研究[J].财会通讯,(22):7-13.

如果企业为了达到利益相关者预期、获取合法性所需要付出的合法性管理成本（legitimacy management cost）过大，并且利益相关者无法验证企业社会责任投入的实际水平，从追求经济效益的角度来看，企业就会放弃实际加大社会责任投入而转向选择"漂绿"策略。给企业施加合法性压力的利益相关者众多，包括政府、员工、社区和非营利组织等。利益相关者对企业社会责任行为的监督越强，"漂绿"行为被发现的可能性也就越大，从而也会对企业的"漂绿"行为起到约束作用。马奎斯（Marquis）等（2016）研究指出，当企业面临利益相关者审查时会减少其"漂绿"行为。

2. 宣传社会责任

企业主动宣传能够降低信息不对称而让利益相关者更为全面地了解企业的社会责任表现。一般而言，企业社会责任表现好，自然也希望更多的利益相关者了解相关信息，从而得到更为广泛的认可和支持，进而提升企业社会责任的经济和社会效益。如果企业声誉良好，并且良好的利益相关者关系对于企业的生存和发展至关重要，那么，社会责任表现好的企业也会更加积极地宣传自己，例如发布企业社会责任报告，召开新闻发布会等。

| CSR 聚焦 6-11 |

中国企业发布社会责任报告：2009 年—2018 年

经济的快速发展催生了很多社会性议题，如环境污染、气候恶化、产品质量、员工权益保护等。企业在盈利的同时如何积极履行社会责任成为越来越重要的社会性问题。上海证券交易所于 2008 年 5 月发布了"关于加强上市公司社会责任承担工作暨发布《上海证券交易所上市公司环境信息披露指引》的通知"，倡导公司积极履行社会责任并发布社会责任报告。笔者根据"润灵环球社会责任报告评级数据"整理并绘制了 2009 年—2018 年上市公司发布 CSR 报告数量和 CSR 报告质量得分图。如图 6-4 所示，从 2009 年开始，上市公司发布企业社会责任报告的数量逐年增加，截至 2018 年，发布 CSR 报告的上市公司超过 800 家。从 CSR 报告质量得分来看，随着时间的推移，上市公司 CSR 报告得分逐渐增加，但是从 2015 年开始，CSR 报告得分增加变缓甚至在 2018 年出现下降的情况。

资料来源：根据润灵环球社会责任报告评级数据手工整理。

图 6-4 我国上市公司社会责任报告发布情况

3. 掩盖负面行为

对社会责任投入不佳的企业而言，避免被利益相关者知道自然是其理性选择，故而会减少相关信息的传播，避免宣传。也正是如此，导致公司的丑闻或无良行为都很难被发现。安然公司丑闻的曝光也是源于公司内部审计的举报。

| CSR 聚焦 6-12 |

揭露企业的无良行为

通常，告密者是指那些向政府告发自己公司不法行为的人。向政府告发自己的公司不是一件容易决定的事情，他们通常面临一个"囚徒困境"：当一家公司雇员发现自己公司存在不法行为的时候，是应该站出来向政府告发，还是默默地和公司同流合污呢？如果选择同流合污，良心会受到谴责，甚至最后也身陷囹圄；但勇敢地站出来吹响哨子，向政府告密，告密者往往很快就会遭受公司的报复。而且，一旦被冠以"告密者"的标签，即便是把公司告倒了，成了英雄，以后也再没有公司敢雇用了。

美国安然公司（Enron）在 2001 年宣告破产之前是世界上最大的电力、天然气，以及电信公司之一。安然公司的破产是因为持续多年的财务造假，而揭露这一问题的是时任安然公司发展部副总裁的沃特金斯。在清查企业资产时，沃特金斯发现安然公司除股票之外似乎没有任何可出售的资产。在后续的调查中，她发现安然公司通过利用下设的合伙公司虚报收入等错综复杂的方式进行财务欺诈。2001 年 8 月 15 日，她给公司董事长兼首席执行官肯尼斯·莱发出了一份长达 7 页的备忘录，指出了安然公司的财务造假行为。但是，由于公司高层不予理会，所以沃特金斯随即将公司造假的证据递交给政府监管部门并出庭作证，扮演了一个勇敢的吹哨者（whistleblower）角色。

财务舞弊等企业无良事件越来越引起投资者、监管者、审计师等利益相关者的重视，从安然、世通、银广夏财务丑闻到瑞幸咖啡、康美药业，财务造假事件层出不穷，使得如何甄别财务舞弊变得越来越重要。财务舞弊事件很难被发现，投资者甚至怀疑审计师的能力，同时研究指出即使有经验的市场参与者，例如机构投资者也不能成功甄别财务造假事件（Dyck et al., 2010）。

霍布森（Hobson）等（2012）提出了一种识别财务舞弊的新方法。他们认为，可以通过分析公司 CEO 在业绩电话会议（conference call）中发言的声音来识别公司是否存在财务操纵行为，研究发现，用声音情绪分析软件标记 CEO 发言过程中声音情绪不协调的地方越多，公司发生财务舞弊事件的可能性越高，同时这种财务舞弊识别方式比通过财务信息来识别财务造假的准确率提高了 11%。

资料来源：豆瓣. 告密者的"囚徒困境"：从曹无伤到沃特金斯[EB/OL]. (2015-04-16) [2022-12-05]. https://site.douban.com/238334/widget/notes/16672584/note/494420700/；DYCK A, MORSE A, ZINGALES L, 2010. Who blows the whistle on corporate fraud?[J]. The Journal of Finance, 65(6): 2213-2253; HOBSON J L, MAYEW W J, VENKATACHALAM M, 2012. Analyzing speech to detect financial misreporting[J]. Journal of Accounting Research, 50(2): 349-392.

---

4. 不宣传社会责任

企业不主动宣传自己的社会责任投入是违反常识的（counter-intuitive）。一般而言，企业履行社会责任的目的是获得利益相关者的支持，那么就需要积极宣传而扩大影响力。

但是，当企业面对的是多维利益相关者并且利益相关者之间的诉求存在冲突时，如果仅宣传其在某一维度上的社会责任表现，会引起其他利益相关者的不满而产生负面情绪和消极反应。对于企业而言，为了维护其合法性和避免利益相关者的负面反应，最佳的选择则是保持沉默。

第一，企业为了避免被利益相关者认为伪善而保持沉默。例如，一家污染环境的企业如果获得了质量体系认证，那么对于企业而言如果对外宣传自己所获得的新认证，就有可能会让利益相关者认为这家企业是伪善的。因为获得认证和污染环境这两件事情同时发生是不合情理的。故而，企业为了避免利益相关者的负面情绪，就会选择不对外发布相关的认证信息（Carlos and Lewis，2018，见CSR聚焦6-9）。

第二，企业为了维护合法性而选择保持沉默。例如，如果一家企业没有给员工有竞争力的工资，或者没有给股东分红，但是参与了慈善捐赠，这种情况下，如果企业对外宣传自己的慈善行为，会让股东、员工认为企业没有满足其诉求，并以牺牲其利益为代价去满足社区、政府的诉求而捐赠，从而认为企业的捐赠行为不具备合法性（illegitimacy）。这种情况下，对企业而言，也只好选择对捐款行为保持沉默。以我国上市公司为例，在企业年报中披露有捐款行为的企业大概占到70%，而在这些企业所发布的社会责任报告中，仅仅有30%左右的企业会明确提及企业的捐款行为（Wang，Jia，and Zhang，2021，见CSR聚焦2-15）。

5. 披露企业负面行为

企业有时候也会主动披露不负责任的社会行为，例如主动曝光、披露有关产品质量、环境保护、员工权益保障、社区支持等方面的不足。这种情况并不常见，能这样做的企业，其动机也很复杂。一种解释是从经济效益的角度来看，如果掩盖负面问题而等利益相关者发现时所需要付出的代价高于自己主动揭露时的损失，企业就会主动披露负面事件。例如，汽车制造商主动召回问题产品，原因就在于一旦问题车辆发生事故而引发法律诉讼，将给企业带来更大的财务和声誉损失。

| CSR 聚焦 6-13 |

瑞幸咖啡"自爆"财务舞弊

2020年4月2日，瑞幸咖啡突然发布公告，称公司董事会已经成立独立特别委员会调查内部业绩造假问题。内部调查表明，从2019年第2季度到第4季度，首席运营官刘剑和部分员工伪造业绩约22亿元人民币。根据公告，特别委员会建议采取临时补救措施，公司也正在评估财务造假对其财务绩效的整体影响。

资料来源：中国新闻网. 突发：瑞幸"自爆"伪造22亿交易！股份暴跌超70%，5次熔断[EB/OL].(2020-04-02) [2022-12-05]. https://baijiahao.baidu.com/s?id=1662873631021656485&wfr=spider&for=pc.

6. 缩报社会责任水平

与"漂绿"行为相反，"漂灰"行为（brownwashing）是指企业故意缩报社会责任的实际投入水平而低调对外宣传（极端情况下对社会责任投入保持沉默）。这种情况下，企业对外宣传的社会责任投入水平（A）小于企业实际投入水平（R）。从利益相关者预期管理的角度来看，如果企业的实际投入水平大于利益相关者的期望水平（$R>E$），利益相关者就会预期企业未来社会责任投入水平不断增长，这就会给企业带来很大的财务压力，而影响企业的经济效益，特别是在企业社会责任投入的经济效益并不明显的情况下。故而，企业也会选择在对外沟通时低报企业的社会责任投入（$A<R$）。

| CSR 聚焦 6-14 |

企业"漂灰"行为

虽然一些公司对它们的环境绩效夸大其词，但是密歇根大学的一项研究发现，有些公司的做法恰恰相反，即这些公司故意对它们在环境保护方面做出的努力轻描淡写，这一现象称为"漂灰"。密歇根大学利奥（Lyon）教授说道："当我们第一次看到这些数据时（一些公司故意低估自己的环境绩效），我们花了一段时间来找出一个合理的解释，即如果你观察一家公司的利益相关者及其特定处境，会发现不同利益相关者施加的压力会促使公司说不同的话。"

利奥教授调查了美国的能源公用事业公司，并将它们的实际碳减排量与美国能源部温室气体自愿报告项目中的碳减排量进行了比较。如图 6-5 所示，数据显示了一个惊人的结果：虽然一些公用事业公司夸大了它们的减排量，但许多其他公司却低报了它们的减排量。

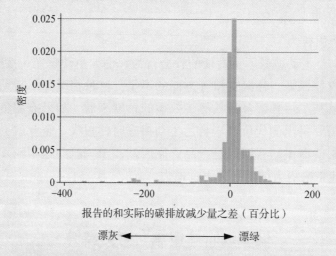

图 6-5　美国能源公司企业报告的和实际的碳排放减少量之差

由于在竞争激烈的环境下，股东们更加密切地关注着公司，如果公司过度地在环保方面进行投资，股东们会认为公司在损害他们的利益，因此那些对电力行业放松管制的州的电力公司更有可能低报它们在环保方面的绩效。事实上，利润低的公用事业公司更有可能在放松管制的州进行"漂灰"行为。

资料来源：Michigan News. Brownwashing: do companies underreport environmental progress? [EB/OL]. (2015-01-08) [2021-12-05]. https://news.umich.edu/brownwashing-do-companies-underreport-environmental-progress/; KIM E H, LYON T P, 2015. Greenwash vs. brownwash: exaggeration and undue modesty in corporate sustainability disclosure[J]. Organization Science, 26(3): 705-723.

6.4 企业社会责任沟通的时机与方式选择

企业社会责任沟通涉及沟通语言、沟通时机和沟通方式等方面的决策。沟通语言表示在披露社会责任信息时使用怎样的语言表现形式，虽然战略性使用语言（strategic usage of language）是平衡多维利益相关者诉求冲突的有效工具，但其效用的发挥需要与沟通时机和沟通方式相互配合（第7章详细讨论沟通语言的作用和选择）；沟通时机表示何时开展社会责任沟通、发布社会责任信息；而沟通方式则表示借助怎样的途径、平台来进行沟通。

6.4.1 沟通时机选择

沟通时机强调的是企业对何时与利益相关者进行沟通的战略考量，主要受到利益相关者的重要性和诉求冲突水平等因素的影响。利益相关者诉求的冲突水平越高，其对于企业的资源争夺越激烈、战略目标间的矛盾越凸显，此时利益相关者间的矛盾很难调和，企业可以考虑暂缓沟通；而如果诉求冲突水平低，给企业带来的合法性压力相对较弱，企业可以通过及时沟通来化解矛盾；而当利益相关者间的诉求冲突水平很高，调和的可能性不大时，企业就需要以更快的速度做出回应。

由此可见，利益相关者间诉求冲突的特征也会影响到企业对沟通时机的选择。只有当诉求冲突不是实质性的而是条件性的，即会在不同情况下发生转变时，企业才可能通过等待或者延迟沟通的方式来应对诉求冲突；一旦诉求冲突是实质性的，即不会随着时间的改变而变化，企业也就不能再采取等待或者拖延的方式去应对诉求冲突。

| CSR 聚焦 6-15 |

选择恰当的沟通时机

2019年10月5日，NBA休斯敦火箭队总经理莫雷在社交媒体上发表了涉港不当言论。继我国政府表态后，相关企业也陆续发表声明。当与NBA有联系的中国企业面对核心利益相关者（中国政府）和合作伙伴（NBA）间的诉求冲突时，企业就需要评估诉求冲突的水平和回应诉求的紧迫性，而选择恰当时机发布抵制NBA的声明来维持其自身的合法性。显然，此时的诉求冲突是没有办法调和的，是实质性的。故而，腾讯体育很快表明了终止与NBA合作的态度，并随即暂停了NBA火箭队赛事的转播。此前，腾讯在2019年7月与NBA达成续约协议并完成了合同签署，合约金额预计5年15亿美元。在此次事件中，腾讯的迅速反应赢得了广大中国公众的一致好评。

当面对不同利益相关者的诉求冲突时，组织应该如何去应对？拉依玛克（Raaijmakers）等（2015）提出了决策者应对诉求冲突的时间延迟模型，并针对荷兰幼儿托管所的100个经理人开展了实验研究。当面临诉求冲突时，决策者会采取时间延迟的策略进行应对，其试图通过所延迟的时间来平衡不同主体的诉求冲突或等待是否有其他途径能缓解这些诉求冲突。实验研究发现，决策者对诉求冲突的解读会影响决策者如何应对所面临的诉求冲突。

实验的主要设计思路是一部新的法律即将在未来五年实施，即托管所需要安装一个"电子墙"装置用于激发幼儿早期学习行为。然而，针对幼儿托管所是应该激发幼儿早期学习行为还是让幼儿保持天性，自然地去玩耍这一问题，托管所的员工和家长可能持有不同的态度，从而产生诉求冲突。当员工或家长不支持激发幼儿早期学习行为这一主张时，托管所的决策者会延迟实施这一规定。分组研究发现，当员工和家长都支持这一法律规定时，此时决策者面临的诉求冲突最小，他们实施法律规定的时间最短；而当双方都反对这一法律规定时，决策者面临的诉求冲突最大，此时他们实施法律规定的延迟时间更长。

资料来源：RAAIJMAKERS A G, VERMEULEN P A, MEEUS M T, et al., 2015. I need time! exploring pathways to compliance under institutional complexity[J]. Academy of Management Journal, 58(1): 85-110.

6.4.2 沟通方式选择

CSR沟通方式和途径包括发布企业年度报告、在公司网站发布新闻、发布企业社会责任报告和召开新闻发布会等多种形式，可以划分为直接与间接沟通、官方与非官方沟通、口头与书面沟通等多种形式。其中，发布企业社会责任报告已成为利益相关者沟通的主流方式。全球最大的250家公司中，有近80%发布了企业社会责任报告，而2005年这一比例约为50%。除此之外，企业还可以利用广告渠道来宣传企业社会责任活动。例如，石田农场（Stonyfield Farm）在其酸奶产品的杯盖上印上信息，向利益相关者传达公司各种有关健康和环境保护的倡议。

| CSR 聚焦 6-16 |

石田农场坚持"有机"

在1983年，石田农场的联合创始人塞缪尔（Samuel）和盖尔（Gary）在新罕布什尔州的一个小农场里经营着一所非营利性的有机农场学校。他们的使命是帮助家庭农场生产健康的食品，并保护当地环境。当时，塞缪尔和盖尔两个人承担着大部分的工作，包括挤牛奶、做酸奶、电话推销、送货等，他们的酸奶很受欢迎。30年过去了，石田农场一直坚持生产健康、有机的酸奶。今天，石田农场的有机酸奶、冰沙、冷冻酸奶、牛奶和奶油在美国各地的超市、天然食品店和大学里销售。他们始终坚持在生产过程中不使用有毒的杀虫剂、人工激素、抗生素或转基因生物。如图6-6所示，石田农场的酸奶杯盖上也印上了公司有关健康和环境保护的倡议信息，进而宣传它的"有机"理念。

图6-6　石田农场的有机酸奶广告

资料来源：Stonyfield. History of Stonyfield Yogurt [EB/OL]. [2021-12-05]. https://www.stonyfield.com/our-story/history.

图片来源：http://www.charitytreks.org/wp-content/uploads/2011/06/Stonyfield-Farm-logo.jpg.

需要注意的是，不同的社会责任沟通策略在呈现信息的方式、针对性、传播及时性和扩散范围等方面均存在差异，这就为公司回应特定的利益相关者诉求和化解诉求冲突提供了选择的空间。当利益相关者之间的诉求冲突水平较高时（例如，当业绩不佳的公司为了维护投资者利益而需要裁员时，就面临投资者和员工之间严重的诉求冲突），企业需要采用多种沟通方式的组合，如在使用社会责任报告披露信息的同时可结合新闻发布会、社交媒体等社会化的沟通方式，提高相关信息的扩散程度，以达到最优的沟通效果。

| CSR 聚焦 6-17 |

应对业绩下滑妥善裁员

裁员是所有企业和员工最不想面临的处境之一，但全球最大旅行住宿平台 Airbnb 的裁员展现了透明、周到和具有同理心（empathy）的态度，在此过程中的细致决策和公开说明让裁员有理又暖心。首先，表现出坦诚、不隐瞒的态度。不同于部分企业不透明地做出裁员的决定，Airbnb 公司的 CEO 布莱恩·切斯基（Brian Chesky）于 2021 年 5 月 5 日在官方的 Blog 发出公开信，坦承公司面临的困难，预告公司即将裁员 1 900 个人。其次，详尽说明决策和实施流程。Airbnb 将所有配套细节都制定好之后，巨细无遗地把裁员信息全部公布，力求让所有人都全面了解这件对员工生涯影响重大的事情。最后，对职不对人。公开信中多次强调，裁员过程依据的是职位本身及关键能力，而非 CEO 本人对员工的喜恶。除此之外，Airbnb 照顾员工到最后一刻，后续补偿和福利十分周到，包括员工离职前被邀请和直属主管一对一谈话和支付高于其他企业的补偿费等。

资料来源：搜狐网. 裁员 25% 竟然还能获好评，Airbnb 如何做到？[EB/OL]. (2020-05-11) [2022-12-05]. https://www.sohu.com/a/394346277_552181.

6.5　企业社会责任沟通与执行的权衡

如果将企业社会责任在做（walk of CSR）和说（talk of CSR）两个维度上按照水平的高低划分成两档，那么企业社会责任战略就有四种模式：说好做好；说好做差；说差做好；说差做差，如图 6-7 所示。

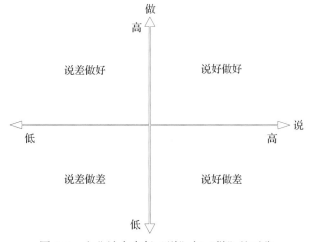

图 6-7　企业社会责任"说"与"做"的平衡

企业说差做差是典型的不负责任行为，即企业对社会责任不重视。这种企业必然会损害其声誉和社会合作网络，而失去利益相关者的支持（Greve，Palmer，and Pozner，2010）。

企业采取说好做差的企业社会责任沟通策略具有一定的普遍性，但同时会给企业带来潜在的风险。企业说差做好这种策略虽说是权宜之计，但同样会降低企业价值。因此，企业履行社会责任的理想策略为说好也做好，即对企业社会责任行为进行真实披露。需要强调的是，在披露真实信息的前提下，企业仍然可以从战略性使用语言的角度，通过选择、运用文本和图像语言来呈现特定的信息，并结合沟通时机和方式以实现与利益相关者的最佳沟通（详见第7章）。

| CSR 聚焦 6-18 |

企业社会责任说与做不一致对企业的负面影响

环境保护是企业社会责任的重要组成部分。然而，现有研究发现：企业真实的环境绩效和企业对外披露的绩效往往存在差异。当企业对真实环境绩效夸大其词时被称为"漂绿"，相反，企业对真实环境绩效轻描淡写，故意低估环境绩效时被称为"漂灰"，这两种行为都体现了企业在社会责任方面说和做的不一致。

虽然一些研究认为企业的"漂绿"会在短期内提升企业声誉和顾客满意度（Testa et al.，2018），但是很多研究指出企业的"漂绿"行为会降低企业声誉和市场绩效（Boiral et al.，2017），甚至会被资本市场惩罚（Du，2015），并且企业的策略性环境披露行为不能提高企业的财务绩效（Testa et al.，2018）。当企业"漂灰"时，由于被利益相关者感知到企业环境合法性降低而产生负面影响（Delmas and Grant，2014），如对环境敏感的消费者失去吸引力（Testa et al.，2015）或被资本市场要求更高的风险溢价（Lambert et al.，2012）。

资料来源：BOIRAL O, HERAS-SAIZARBITORIA, I, TESTA F, 2017. SA8000 as CSR-washing? the role of stakeholder pressures[J]. Corporate Social Responsibility and Environmental Management, 24(1): 57-70; DELMAS M A, GRANT L E, 2014. Eco-labeling strategies and price-premium: the wine industry puzzle[J]. Business & Society, 53(1): 6-44; DU X, 2015. How the market values greenwashing? evidence from China[J]. Journal of Business Ethics, 128(3): 547-574; LAMBERT R A, LEUZ C, VERRECCHIA R E, 2012. Information asymmetry, information precision, and the cost of capital[J]. Review of Finance, 16(1): 1-29; TESTA F, IRALDO F, VACCARI A, et al., 2015. Why eco-labels can be effective marketing tools: evidence from a study on Italian consumers[J]. Business Strategy and the Environment, 24(4): 252-265; TESTA F, Miroshnychenko I, Barontini R, et al., 2018. Does it pay to be a greenwasher or a brownwasher?[J]. Business Strategy and the Environment, 27(7): 1104-1116.

本章小结

1. 在企业社会责任实践中，由于利益相关者和企业之间的信息不对称，因此企业社会责任沟通非常重要。本章讲述了社会责任沟通中的信息选择（对外披露什么信息）、投入水平选择（披露多少）、时机选择（何时披露）和方式选择（如何披露）等问题。

2. 一般而言，企业披露社会责任信息一方面是为了满足经济导向型利益相关者的诉求；另一方面是为了应对来自社会导向型利益相关者（如政府、社区、环境）的压力，以获取合法性和社会声誉。

3. 企业在社会责任沟通的过程中，对于特定的沟通对象，需要根据其诉求来选择披露恰当的社会责任信息，从而在更大程度上获得利益相关者的支持和避免利益相关者的负面反应。这受到利益相关者诉求、利益相关者预期和利益相关者之间的诉求冲突等因素的影响。

4. 企业除了会选择性披露社会责任信息外，还会通过对披露信息的操纵来达到最佳的利益相关者管理效果。根据企业实际社会责任表现"好""坏"和"不披露""正面披露""负面披露"这样几个维度来划分，企业社会责任投入的沟通策略有6种。

关键术语

利益相关者关系管理（stakeholder relationship management）
企业社会责任沟通（corporate social responsibility communication）
经济导向型利益相关者（economic-oriented stakeholder）
社会导向型利益相关者（social-oriented stakeholder）
选择性披露（selective disclosure）
战略性使用语言（strategic usage of language）

复习思考题

1. 企业为什么要披露社会责任信息？企业社会责任信息披露受到哪些因素的影响？
2. 企业社会责任披露的策略有哪些？各有什么特点？
3. 企业应该如何选择社会责任沟通的时机和方式？
4. 从做和说两个维度来看，企业社会责任沟通最佳模式是什么？为什么？

应用案例

企业社会责任信息的选择性披露

2019年8月，中央环保督察组调查发现，上海振华重工集团长兴基地的环境违法违规问题突出。早在2016年第一轮中央环境保护督察期间，督察组就发现了该企业的环境违法违规问题，并责令其对相关问题进行整改。然而，到2019年7月第二轮中央生态环保督察组进驻上海时，督察组发现该企业长兴基地的环境违法违规问题仍十分突出，相关问题并未得到有效整改。

与此对比鲜明的是，该企业在2016年的社会责任报告中并未披露与环境违法违规相关的负面信息，在2017年的社会责任报告中同样只是描述企业对环境保护议题的重视。

由此可以看出，很多企业仍将社会责任报告看成宣传企业"好人好事"的工具，而不能客观陈述企业履行社会责任的成效。

资料来源：中国政府网.上海振华集团环境违法问题突出被中央环保督察组通报[EB/OL]. (2019-08-12) [2022-02-28]. http://www.gov.cn/hudong/2019/08/12/content_5420569.htm；南方周末.上海振华等多家企业社会责任报告"虚假披露" [EB/OL]. (2019-08-31) [2022-12-5]. http://www.infzm.com/contents/157787.

讨论题

1. 该企业选择了哪种策略来披露环境责任信息？为什么？
2. 你认为可以采取怎样的措施来提高企业社会责任信息披露的真实性？

学习链接

[1] BOIRAL O, HERAS SAIZARBITORIA I, TESTA F, 2017. SA8000 as CSR-washing?

The role of stakeholder pressures[J]. Corporate Social Responsibility and Environmental Management, 24(1): 57-70.

[2] CARLOS W C, LEWIS B W, 2018. Strategic silence: withholding certification status as a hypocrisy avoidance tactic[J]. Administrative Science Quarterly, 63(1): 130-169.

[3] CAMPBELL J L, 2007. Why would corporations behave in socially responsible ways? An institutional theory of corporate social responsibility[J]. Academy of Management Review, 32(3): 946-967.

[4] CHUI J, WANG H, 2009. Stakeholder relations and the persistence of corporate financial performance[J].Strategic Management Journal, 30(8): 895-907.

[5] DELMAS M A, GRANT L E, 2014. Eco-labeling strategies and price-premium: the wine industry puzzle[J]. Business & Society, 53(1): 6-44.

[6] DU S, BHATTACHARYA C B, SEN S, 2010. Maximizing business returns to corporate social responsibility (CSR): the role of CSR communication[J]. International Journal of Management Reviews, 12(1): 8-19.

[7] DU S, YU K, BHATTACHARYA C B, et al., 2017. The business case for sustainability reporting: evidence from stock market reactions[J]. Journal of Public Policy & Marketing, 36(2): 313-330.

[8] DU X, 2015. How the market values greenwashing? Evidence from China[J]. Journal of Business Ethics, 128(3): 547-574.

[9] DYCK A, MORSE A, ZINGALES L, 2010. Who blows the whistle on corporate fraud?[J]. The Journal of Finance, 65(6): 2213-2253.

[10] FLAMMER C, TOFFEL M W, VISWANATHAN K, 2021. Shareholder activism and firms' voluntary disclosure of climate change risks[J]. Strategic Management Journal, 42(10): 1850-1879.

[11] GREVE H R, PALMER D, POZNER J E, 2010. Organizations gone wild: the causes, processes, and consequences of organizational misconduct[J]. Academy of Management Annals, 4(1): 53-107.

[12] HOBSON J L, MAYEW W J, VENKATACHALAM M, 2012. Analyzing speech to detect financial misreporting[J]. Journal of Accounting Research, 50(2): 349-392.

[13] IOANNOU I, SERAFEIM G, 2015. The impact of corporate social responsibility on investment recommendations: analysts' perceptions and shifting institutional logics[J]. Strategic Management Journal, 36(7): 1053-1081.

[14] KIM E H, LYON T P, 2015. Greenwash vs. brownwash: exaggeration and undue modesty in corporate sustainability disclosure[J]. Organization Science, 26(3): 705-723.

[15] KIM S, 2019. The process model of corporate social responsibility (CSR) communication: CSR communication and its relationship with consumers' CSR knowledge, trust, and corporate reputation perception[J]. Journal of Business Ethics, 154(4): 1143-1159.

[16] LAMBERT R A, LEUZ C, VERRECCHIA R E, 2012. Information asymmetry, information precision, and the cost of capital[J]. Review of Finance, 16(1): 1-29.

[17] LUO X R, WANG D, ZHANG J, 2017. Whose call to answer: institutional complexity and firms' CSR reporting[J]. Academy of Management Journal, 60(1): 321-344.

[18] MARQUIS C, QIAN C, 2014. Corporate social responsibility reporting in China: symbol or substance?[J]. Organization Science, 25(1): 127-148.

[19] MARQUIS C, TOFFEL M W, ZHOU Y, 2016. Scrutiny, norms, and selective disclosure: a global study of greenwashing[J]. Organization Science, 27(2): 483-504.

[20] NASON R S, BACQ S, GRAS D, 2018. A behavioral theory of social performance: social identity and stakeholder expectations[J]. Academy of Management Review, 43(2): 259-283.

[21] RAAIJMAKERS A G, VERMEULEN P A, MEEUS M T, et al., 2015. I need time! Exploring pathways to compliance under institutional complexity[J]. Academy of Management Journal, 58(1): 85-110.

[22] TESTA F, IRALDO F, VACCARI A, et al., 2015. Why eco-labels can be effective marketing tools: evidence from a study on Italian consumers[J]. Business Strategy and the Environment, 24(4): 252-265.

[23] TESTA F, IRALDO F, DADDI T, 2018. The effectiveness of EMAS as a management tool: a key role for the internalization of environmental practices[J]. Organization & Environment, 31(1): 48-69.

[24] TESTA F, MIROSHNYCHENKO I, BARONTINI R, et al., 2018. Does it pay to be a greenwasher or a brownwasher?[J]. Business Strategy and the Environment, 27(7): 1104-1116.

[25] WANG H, JIA M, XIANG Y, et al., 2021. Social performance feedback and firm communication strategy[J]. Journal of Management, 1-42.

[26] WANG H, JIA M, ZHANG Z, 2021. Good deeds done in silence: stakeholder management and quiet giving by Chinese firms[J]. Organization Science, 32(3): 649-674.

[27] WANG H, TONG L, TAKEUCHI R, et al.,2016. Corporate social responsibility: an overview and new research directions[J]. Academy of Management Journal, 59(2): 534-544.

[28] 毕茜，彭珏，左永彦，2012. 环境信息披露制度、公司治理和环境信息披露 [J]. 会计研究，（07）：39-47；96.

[29] 雷雪，贾明，张喆，2020. 实际控制人的政治、经济激励对企业社会责任报告的影响 [J]. 管理评论.

[30] 潘安娥，郭秋实，2018. 政府监管与企业环境信息披露：基于高管环保意识的调节作用 [J]. 软科学，32（10）：84-87.

[31] 沈洪涛，2007. 公司特征与公司社会责任信息披露：来自我国上市公司的经验证据 [J]. 会计研究，（03）：9-16；93.

[32] 沈洪涛，冯杰，2012. 舆论监督、政府监管与企业环境信息披露 [J]. 会计研究，（02）：72-78；97.

[33] 孙建强，吴晓梦，2019. 企业社会责任漂绿对财务绩效影响研究：以中石油为例 [J]. 财会通讯，（22）：7-13.

[34] 王建明，2008. 环境信息披露、行业差异和外部制度压力相关性研究：来自我国沪市上市公司环境信息披露的经验证据 [J]. 会计研究，（06）：54-62；95.

第 7 章　企业社会责任报告

【学习目标】

1. 理解企业社会责任报告中的战略性语言选择。
2. 掌握文本和图像语言的特征、适用条件和效果。
3. 了解社会绩效对企业社会责任报告语言选择的影响。
4. 熟悉多维利益相关者诉求冲突对企业社会责任报告语言选择的影响。

开篇案例

中国企业社会责任报告呈现新特征

第十三届中国企业社会责任报告国际研讨会于 2020 年 12 月 3 日在北京召开。《金蜜蜂中国企业社会责任报告研究 2020》的正式发布成为此次研讨会的亮点之一，受到了很多人关注。

该报告详细介绍了 2020 年中国企业履行社会责任的表现。第一，从数量来看，责扬天下搜集到 2020 年 1 月 1 日至 10 月 31 日期间各类社会责任报告共计 1 903 份，其中企业报告 1 806 份，占比为 94.90%，非企业组织报告 97 份，占比为 5.10%。第二，从发布时间来看，有 61.79% 的社会责任报告在距财年 4 个月以内进行发布，相较于 2019 年 70.90% 的比例下降了 9.11 个百分点。同时，2020 年受到新冠疫情的影响，一些企业包括上市公司的社会责任报告发布时间有所推迟。第三，从发布报告的主体来看，有 38.38% 的企业属于制造业，相较于 2019 年的占比和 2018 年的占比均有所降低；其次是金融、信息技术、电力、房地产等行业，它们的占比分别为 9.60%、8.38%、7.11% 和 6.07%。

具体来看，2020年中国企业社会责任报告呈现以下主要特征：中国企业社会责任报告质量处于稳步发展状态；报告完整性、实质性和可读性水平相对较高；报告普遍缺乏对实质性议题管理过程的信息披露；报告更加重视环境、客户、供应商、同行、媒体等方面的利益相关方；中央企业报告质量始终处于高水平；非上市公司发布的报告质量高于上市公司，但发布报告的数量和占比呈现显著的下降趋势。

资料来源：搜狐网. 2020中国企业社会责任报告十二个特征与六大建议 [EB/OL]. (2020-12-08) [2022-12-05]. https://www.sohu.com/a/437014949_370262.

在企业社会责任沟通中，企业除了可以通过采取选择性披露社会责任信息的方式达到沟通的目的以外，还可以在遵循事实的基础上，通过调整社会责任沟通的语言等来达到最佳的社会责任沟通效果。与企业社会责任沟通中所采用的选择性披露社会责任信息不同，企业社会责任沟通中的语言选择强调的是不改变社会责任信息的真实性，这一点至关重要。例如，企业"漂绿"环境绩效而选择性地说好做差，但在企业社会责任报告中，企业仍然要据实披露差的环境绩效，因而在语言选择上可以采取恰当的形式来降低利益相关者的负面感知和反应，如图7-1所示。

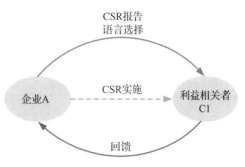

图7-1　企业社会责任报告的语言选择

7.1　企业社会责任报告的语言选择

企业社会责任报告的语言选择强调的是结合利益相关者的诉求，通过选择恰当的语言来呈现企业社会责任履行的情况，以削减利益相关者的负面情绪，从而提升满意度，达到与利益相关者沟通的最佳效果。随着企业社会责任理念的普及，上市公司在维护与利益相关者间关系的同时还不得不顾及其他利益相关者（如员工、政府部门、社区、非营利组织等）的诉求。例如，政府部门要求企业承担更多的社会服务就可能影响企业财务业绩；员工要求提高工资也会增加公司成本而降低利润；社区要求公司增加更多的环保投入会加重企业的财务负担等。如果企业无法满足投资者的诉求或不能妥善协调投资者与各利益相关者诉求之间的矛盾，不仅可能失去投资者的支持，甚至可能激化投资者与各利益相关者之间的矛盾（贾明等，2016；Greenwood et al., 2011；Perez-Batres et al., 2012）而危害到公司的生存与发展。

企业发布社会责任报告能同时体现企业在利益相关者各个维度的资源投入，因而是管理企业与利益相关者之间关系的有效手段。从2006年起，中国证监会、证券交易所和各行业协会也都先后发布各种文件来推动、指导企业履行社会责任，发布社会责任报告，披露社会责任信息，如鼓励、指导企业披露有关股东权益保护、客户与产品、环境保护、社区参与、员工权益保护等各方面的信息。

| CSR 聚焦 7-1 |

关于企业社会责任的主要指导文件

随着经济社会的快速发展，企业履行社会责任变得越来越重要，表7-1梳理了从2006年—2018年有关企业社会责任的主要指导文件。

表7-1　2006年—2018年企业社会责任的主要指导文件

文件名称	发布日期	发布机构
中国企业社会责任推荐标准	2006年10月	中国可持续发展工商理事会
上市公司社会责任指引	2006年9月	深圳证券交易所
关于加强银行业金融机构社会责任的意见	2007年5月	中国银行业监督管理委员会
关于中央企业履行社会责任的指导意见	2007年12月	国务院国有资产监督管理委员会
中国工业企业及工业协会社会责任指南	2008年4月	中国工业经济联合会
关于加强上市公司社会责任承担工作暨发布《上海证券交易所上市公司环境信息披露指引》的通知	2008年5月	上海证券交易所
企业内部控制应用指引第4号——社会责任	2010年5月	财政部
中国慈善事业发展指导纲要（2011年—2015年）	2011年7月	民政部
直销企业履行社会责任指引	2013年10月	国家工商行政管理总局
网络交易平台经营者履行社会责任指引	2014年5月	国家工商行政管理总局
社会责任系列国家标准：社会责任指南；社会责任报告编写指南；社会责任绩效分类指引	2015年6月	国家质量监督检验检疫总局和国家标准化管理委员会
关于打赢脱贫攻坚战的决定	2015年11月	国务院
中华人民共和国慈善法	2016年3月	中华人民共和国
关于国有企业更好履行社会责任的指导意见	2016年7月	国务院国有资产监督管理委员会
关于全面加强生态环境保护，坚决打好污染防治攻坚战的意见	2018年6月	国务院
关于打赢脱贫攻坚战三年行动的指导意见	2018年6月	国务院
关于深入开展消费扶贫助力打赢脱贫攻坚战的指导意见	2018年12月	国务院

资料来源：根据网络资料整理。

现在，越来越多的上市公司开始发布社会责任报告。从2006年国家电网公司发布我国第一份社会责任报告以来至2020年，上市公司每年度发布的社会责任报告从2009年的32份增加到2020年的1800多份。中央企业在发布社会责任报告方面起到引领作用。

| CSR 聚焦 7-2 |

中国船舶发布企业社会责任报告

中国船舶集团有限公司是按照党中央决策、经国务院批准，于2019年10月14日通过重组成立的特大型中央企业。中国船舶集团有限公司于2021年9月发布《2020企业社会责任报告》（以下简称《报告》），全方位地展示了中国船舶集团的履责形象和履责绩效。具体来说，《报告》从"决战决胜，助力脱贫攻坚战全面胜利"和"众志成城，坚决打赢疫情防控阻击战"两大专题描述了其如何履行社会责任以助力国家经济社会实现高质量发展和可持续发展,从"绘就发展蓝图""履行强军首责""聚焦主业实业""矢志科技创新"等8个方面描绘了中国船舶集团有限公司如何履行军工央企的政治责任、经济责任、环境责任和伙伴责任。同时,《报告》还指出2021年总体工作目标,包括聚焦强军首责、壮大主业实业、深化创新驱动等方面,坚决完成好全年各项目标任务,确保"十四五"开好局,并全面推进企业高质量发展。

资料来源:国务院国有资产监督管理委员会官方网站.中国船舶集团《2020企业社会责任报告》发布[EB/OL]. (2021-09-06) [2021-09-06]. http://www.sasac.gov.cn/n2588025/n2588124/c20553547/content.html.

企业社会责任报告的语言多样性与我国现行的有关信息披露的要求有关。企业在准备财务报告的过程中需要遵循各项有关披露的规章制度,这也导致上市公司在选择财务报告的披露语言方面缺乏足够的自由空间,如很少有公司在年报中使用图像语言,文字描述更为清晰、具体。然而,监管部门对于企业社会责任信息披露的语言选择方面没有做具体要求,公司管理层在选择企业社会责任报告的信息披露语言时,要比财务报告的披露语言的选择有更大的自主性。这种社会责任报告语言选择的灵活性也给上市公司战略性使用语言来进行利益相关者关系管理创造了良好条件。例如,在社会责任报告中,企业除了可以选择不同的语言风格之外,还可以大量使用图片来丰富报告内容,使社会责任报告看起来更加形式多样。

| CSR 聚焦 7-3 |

丰富多彩的企业社会责任报告

与上市公司年报的固定风格相比,企业社会责任报告的风格更加多元,并能更好地展示企业的社会责任理念。图7-2就展示了国家电网2020年社会责任报告封面。

图7-2 丰富多彩的企业社会责任报告封面

紫金矿业集团股份有限公司是一家以金、铜、锌等金属矿业资源勘查和开发为主的大型矿业集团。在紫金矿业逐渐向好发展的过程中，为了向利益相关者强有力地表达和传递企业的正面形象，吸引注意力，从2017年开始，紫金矿业的社会责任报告从之前纯文字的描述转变成以图像与文本相结合的方式展现其所履行的社会责任，并逐步开始在社会责任报告中大量使用图像语言，如图7-3所示。

图 7-3　紫金矿业 2017 年度企业社会责任报告的语言

资料来源：根据公司的社会责任报告手工整理。

黑尔斯（Hales）等（2011）呼吁，在公司信息披露过程中，管理者不仅要重视如何披露数字内容等"硬信息"，还需要重视语言选择、内容形式、文本结构等传递的"软信息"。具体而言，信息披露语言的选择主要有文本和图像，以及文本－图像复合三种，而两种语言形式又有各自不同的特征、适用条件和使用效果（Brennan and Merkl-Davies, 2014; Meyer et al., 2018）。例如，用文本语言披露信息可以更加富有逻辑性，表意更加直接、准确，但因受到法律规定的管制而需要符合规范；用图像语言披露信息则更能抓住读者注意力、吸引眼球，较少受到法律规范的限制。已有研究表明，文本语言和图像语言对投资者决策产生各自不同的影响。

| CSR 聚焦 7-4 |

信息表达方式影响投资者决策

信息是投资者进行投资决策的重要参考，不同的信息表达方式会对投资者的决策产生不同的影响，如文本语言的具体性和抽象性。艾略特（Elliott）等（2015）通过实验研究指出，相对于抽象语言而言，公司使用具体性语言进行披露不仅有助于投资者更形象地了解公司的经营情况，更容易解读公司信息，还有助于提高投资者在评估公司价值时所感觉到的舒适程度，进而提高投资者对公司的投资水平。此外，从心理学角度来看，具体性语言缩短了投资者感知到的与所投资的公司之间的心理距离。因此，相对于投资者感知到的心理距离较近的公司而言，它对投资者投资水平的影响在投资者感知到的与所投资的公司的心理距离较远时效果较好。

财务信息的视觉属性，如图像、文字颜色等，如何影响投资者的投资决策？贝兹利（Bazley）等（2021）认为红色向投资者释放了一种风险信号，使投资者在决策时选择风险规避。贝兹利等（2021）首先开展了购买彩票的实验，研究发现：相对于以黑色显示信息而言，被试者看到红色信息时会感知到潜在的风险，进而风险承担水平降低了28%。第二个实验显示：相对于用黑色显示股票信息，当被试者看到以红色显示的股票历史数据时，对该股票未来的收益预期显著降低，购买意愿减少15%。通过以上实验发现，财务信息的颜色会影响投资者的投资决策行为。

资料来源：ELLIOTT W B, RENNEKAMP K M, WHITE B J, 2015. Does concrete language in disclosures increase willingness to invest?[J]. Review of Accounting Studies, 20(2): 839-865; BAZLEY W J, CRONQVIST H, MORMANN M, 2021. Visual finance: the pervasive effects of red on investor behavior[J]. Management Science. 67(9): 5616-5641.

需要指出的是，中国社会是高语境传播社会（Hall，1976），中国人长期以来对语言的非表层意义（如潜台词、暗示、含义等）的敏感性很强。这也使上市公司社会责任信息披露的语言成为管理决策的重要考量，从而产生了战略性地选择社会责任报告语言这一新的问题（Arya et al.，2009；Gao et al.，2016；Garud et al.，2014；Guo et al.，2017）。

| CSR 聚焦 7-5 |

语境文化

美国人类学家爱德华·霍尔（Edward T Hall）提出了高低语境文化这一概念。高低语境的差异可以用来说明世界文化的多样性。霍尔根据文化中的主流交际方式将不同文化划分为高语境文化和低语境文化两种类型。在这两类文化中，语境和语言在交际中的地位存在差异并且起到不同的作用。

高低语境文化的不同之处在于：高语境情况下交流者要考虑双方的语境，而低语境情况下交流双方更依靠所交流的信息内容而不用考虑语境。换言之，高语境文化主要依靠语境来传递信息，而低语境文化主要依靠信息编码来传递信息。在高语境文化下，交流双方往往基于共同的风俗习惯、价值观和社会规范，因此在解读信息时需要考虑这一语境。而在低语境文化下，交流双方对语境依赖较少，而是关注语言表达的逻辑性，因此在低语境情境下，迂回的表达方式会被视为对交际本身的不尊重。高低语境的不同决定了双方在交流时所采取的交流方式。低语境文化中的人们认为需要直接坦率地表达自己的观点，而不需要根据语境去揣测对方的想法。但是，高语境文化中的人们在交流时往往更倾向于采取婉转隐晦的表达方式，较多地考虑对方的感受，以避免出现在直接交流过程中造成双方尴尬的局面。

资料来源：MBA 智库百科. 高低语境文化 [EB/OL]. [2021-12-05]. https://wiki.mbalib.com/wiki/%E9%AB%98%E4%BD%8E%E8%AF%AD%E5%A2%83%E6%96%87%E5%8C%96.

7.2 文本和图像语言的特征、适用条件和效果

信息披露语言主要包括文本语言（verbal language）和图像语言（visual language）两种。文本语言指的是由字符构成的，以语法为架构组成的有规律的符号集合（Meyer et al.，2018）。图像语言是指用以描述事物外在形象特征并通过图片、图表、符号等方式传递信息的内容（Cooren et al.，2011）。文本语言与图像语言在特征、应用场景（如说明、论述、捕捉注意力等）等方面均存在显著的差异，见表 7-2。

表 7-2　文本与图像语言类型的比较：特征、应用场景与影响使用的因素

语言类型	特征	应用场景	影响使用的因素
文本 (verbal)	①构成元素：文字、语句	①⑤→系统论证	个体层面（教育经历、职业经历、从军经历）
	②信息结构：线性、累积、跨时空	②⑤→详细说明	
	③态度观点：描述性（代词）		企业层面（企业绩效、竞争压力、潜在竞争者）
	④读者感知处理方式：序列	②③④→叙事	
	⑤内容表意的确定性：高		制度层面（法制水平、宗教文化）
图像 (visual)	⑥构成元素：图标、图片、图形	⑩→渗透	信息的类型（整体信息与局部信息）
	⑦信息结构：空间的、整体的、即时的	⑦⑧⑨→吸引注意力	
	⑧态度观点：象征性		信息的复杂程度（复杂与简单）
	⑨读者感知处理方式：片段的、即时的	⑥→信息具体化	受众的特征（专业熟悉度、个人能力）
	⑩内容表意的确定性：低		

资料来源：贾明，2022. "一带一路"沿线中国企业海外社会责任[M]. 北京：科学出版社；MEYER R, JANCSARY D, HOLLERER M, et al., 2018. The role of verbal and visual text in the process of institutionalization[J]. Academy of Management Review, 43(3): 1-27.

7.2.1　文本和图像语言的区别

如表 7-2 所示，在特征方面，文本和图像语言具有以下 4 个方面的不同（贾明，2022；Meyer et al., 2018）。

（1）文本语言和图像语言通过使用不同的元素来构建意义　文本语言由文字这样的符号，以及由文字组成的语句构成。例如，在中国社会中有 3 000 多年的历史用汉字构建意义（谢仁友，2016）。我们需要先学习语法才能理解文本的含义，然后结合具体的情境去体会句子和段落所表达的含义。与文本语言不同，图像语言包括图片（例如，公司的照片）、图形等符号，理解这些图像符号所表达的信息往往需要根据经验来进行。因此，文本语言更加适合解释因果关系（如说明公司为何今年捐款减少），图像比文本语言更适合传递主观感受（例如公司积极参加扶贫取得的成就等）。

（2）文本语言与图像语言的信息结构不同　文本语言有格式要求，需要按照文字符号的序列、线性格式来组织信息（Jewitt and Oyama, 2001；Kress and Leeuwen, 2006；Meyer et al., 2018）。文本语言中每一个元素（如一个词语）通过语法规则和词序与其他元素组织到一起。文本语言中还可以使用时态表达存在时间先后顺序的信息（尽管中文

语言与英文语言在语法时态上存在根本的差异）。图像语言模式以空间的形式展现事件发生的地点及参与其中的人物（Kress and Leeuwen，2006；Meyer et al.，2018）。当两张图片中的元素相同时，我们无法分辨在时间上图片所表达的内容是否有先后顺序。这使得图像模式比文本模式更加适合吸引读者的注意力。例如，一张展示捐款增加的图表（跟历史绩效比较）会将读者的注意力吸引到公司积极捐款这一状况上。

（3）文本语言和图像语言在表达观点的方式上存在差异 文本语言有语法形式（如代词的运用）；用图像语言表达态度和观点采用场景或实物（Kress and Leeuwen，2006）。图像比文本更加适合传递主观感受。但是，文本比图像更加适合解释因果关系，以及说服读者。

（4）读者处理文本语言与图像语言信息的方式不同 与文本语言信息相比，读者对图像的感知，以及理解更加直接、迅速。文本内容是按照文字出现的先后顺序来展现的，因而具有线性结构特征（需要按照文字出现的顺序来组织、表述特定意思）。读者在阅读图片时可以迅速看懂图片想表达的信息。图像语言比文本语言更加适合抓住读者的注意力。

7.2.2 文本语言的适用条件

正是由于文本语言和图像语言存在以上 4 个方面的差异，使其适用条件和效果各有不同。与图像语言相比，文本语言更适用于论证、因果解释，以及叙事。具体来说，有以下 4 个方面：①文本语言适合系统的论证；②文本语言表达信息时所具有的清晰结构和时间先后顺序使文本语言更加适合解释因果关系；③文本语言可以明确指出对象及其属性，这种明确性使得文本语言可以强化论证；④文本语言在叙事上更有优势。

| CSR 聚焦 7-6 |

上市公司关于业绩下滑的说明

2021 年 5 月 20 日，兰州兰石重型装备股份有限公司发布了关于 2020 年度业绩下滑事项的专项说明。该专项说明首先将 2020 年度业绩与 2019 年度业绩进行了比较，然后分析了 2020 年度业绩下滑的主要原因，包括：受新冠疫情影响，公司 2020 年度上半年延迟复工复产，同时相关材料未按期到厂，导致生产规模下降，全年营业收入下降。公司随即根据相关会计政策对存货、应收款项、合同资产计提了减值准备。控股子公司的境外项目受疫情影响而导致进度放缓，计提了商誉减值。

专项说明中进一步阐述了业绩变动是否对公司当年及以后年度的经营产生重大的不利影响，通过分析公司从多方面积极采取业绩改善措施，公司认为 2020 年度的业绩下滑情况预计不会对公司未来的持续经营能力产生重大的不利影响。

资料来源：上海证券交易所网站.兰州兰石重型装备股份有限公司关于 2020 年度业绩下滑事项的专项说明 [EB/OL]. (2021-05-20) [2022-12-05]. http://www.sse.com.cn/disclosure/listedinfo/announcement/c/new/2021-05-21/603169_20210521_6.pdf.

7.2.3 图像语言的适用条件

与文本语言相比,图像语言模式在思想渗透、注意力聚焦、信息具体化方面更具有优势:①不同读者对图像含义的理解不一样,使得公司可以用图像语言来改变外界对企业的固有认识,如影响一些公众对公司的看法;②图像语言更加容易吸引读者的注意力,使得公司在信息交流中能突出强调某些信息,以引起读者的注意;③用图像传递的信息能够让读者觉得更加逼真和可信。

| CSR 聚焦 7-7 |

企业信息披露中使用图像语言

三棵树涂料股份有限公司(简称三棵树)于 2003 年成立,经营范围包括涂料、化工产品、建材、五金、防水材料、防腐材料、保温材料的生产和销售服务。三棵树"道法自然"生态文化和被誉为"醉美企业"的生态园区每年都会吸引数以万计的人来参观、学习。三棵树始终致力于打造包括内外墙涂料、防水、保温、地坪、辅材、施工"六位一体"的绿色建材一站式集成系统,同时提供集健康、色彩、品位、服务于一体的美好生活解决方案。三棵树始终坚持"让家更健康、让城市更美丽、让生活更美好"的企业使命,其发布的 2020 年度企业社会责任报告中大量使用了图像信息,使读者能清晰地看到三棵树在 2020 年履行的各种社会责任,并留下深刻的印象,如图 7-4 所示。

图 7-4 三棵树 2020 年度企业社会责任报告

贵州茅台针对"塑化剂"事件的澄清中也大量使用图片而增强说服力。贵州茅台酒股份有限公司(简称贵州茅台)的主要业务是茅台酒及系列酒的生产与销售,其产品"贵州茅台酒"是世界三大蒸馏名酒之一,也是国家非物质文化遗产。2012 年 12 月 9 日,网名为"水晶皇"的网友在博客上表示已经收到了在中国香港茅台酒专卖店购买的 53 度飞天茅台的检测证明,并附上相关检测报告的图片,指出茅台酒中塑化剂含量超过国家标准。

2012 年 12 月 10 日,贵州茅台发布了澄清公告。公告指出,公司对生产过程所涉及的塑料制品进行了全面筛查和风险评估,根据筛查和评估结果对产品的塑化剂指标实行严格监控,并附上了公司实况图片,如图7-5所示。同时,公告指出公司自己送至国家食品质量监督检验中心、贵州省产品质量监督检验院、上海天祥质量技术服务有限公司等三家权威检测机构检测的结果,均符合《卫生部办公厅关于通报食品及食品添加剂中邻苯二甲酸酯类物质最大残留量的函》(卫办监督函〔2011〕551号)的相关标准,同时将检测报告的图片附在公告之后。

专用塑化剂检测设备

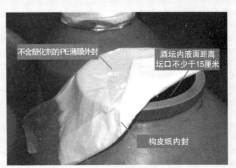

酒坛封扎

国家食品质量监督检验中心 检验报告

图7-5 贵州茅台澄清"塑化剂"传闻

资料来源:东方财富网.三棵树2020年度企业社会责任报告[EB/OL].[2021-12-05]. https://pdf.dfcfw.com/pdf/H2_AN202104281488394359_1.pdf?1619628397000.pdf;上海证券交易所官网.贵州茅台公告[EB/OL].(2012-12-10)[2021-12-05]. http://www.sse.com.cn/disclosure/listedinfo/announcement/c/2012-12-11/600519_20121211_1.pdf.

7.3 利益相关者预期对社会责任报告语言选择的影响

对企业的社会绩效表现,利益相关者往往有一个预期水平,即期望绩效。"绩效差距"(discrepancy of performance)是企业实际绩效和利益相关者期望绩效之间的差距。企业维护与利益相关者关系就需要引导利益相关者的预期,防止因绩效差距过大或者过小而对公司产生不利影响(Harris and Bromiley,2007)。

| CSR 聚焦 7-8 |

绩效差距与企业财务舞弊

企业财务舞弊行为会对利益相关者产生严重的负面影响,如影响公司与雇员、消费者、供应商、投资者等之间的关系,严重损害了企业的声誉。哈里斯(Harris)等(2007)借鉴企业行为理论从相对绩效差距的角度研究了企业财务舞弊的原因。具体而言,当公司的绩效低于预期时,更可能采取某些方式提高对外报告的绩效以达到令人满意的水平。因此,当公司的历史相对绩效(公司前一年的 ROA 小于前两年的 ROA 平均)越差时或公司的社会相对绩效(公司前一年的 ROA 小于同行业前一年的 ROA)越差时,管理者更可能发生财务舞弊行为。

资料来源:HARRIS J, BROMILEY P, 2007. Incentives to cheat: the influence of executive compensation and firm performance on financial misrepresentation[J]. Organization Science, 18(3): 350-367.

显然,企业社会责任报告中的语言使用也会影响利益相关者如何评价企业的社会责任表现。其核心在于,企业需要在合法性和经济效益之间平衡,既不能让社会绩效差距持续增长而给企业带来财务压力,也不能出现社会绩效差距为负即企业实际表现低于预期而损害企业合法性的情况。因此,企业就要围绕如何让社会绩效差距保持在合理范围内这一要点,采用恰当的信息披露语言,如是选择文本还是图像,又或者将文本和图像结合起来,这也就是企业社会责任信息披露中的战略性使用语言(strategic usage of language)。

7.3.1 社会绩效差距对社会责任报告文本语言选择的影响

奈森(Nason)等(2018)认为当企业社会绩效高于利益相关者期望水平时,如果投资者的注意力始终在企业社会绩效表现良好的维度上,显然会给企业带来压力,故而企业需要将利益相关者的注意力转移到其他社会责任维度上,如公司表现欠佳或者还需要改善的社会责任维度上,从而降低利益相关者对持续增长的预期。鉴于文本语言更加适用于系统论证、因果解释和详细叙事,因此,在这种情况下适合选用文本语言。

反之,如果企业在社会绩效方面的表现没有达到利益相关者的预期,企业此时再去解释为何投入不足很难说服利益相关者,并且也容易与其他信息相冲突而可能让人觉得企业伪善。例如,企业可能解释说今年资金紧张,但是如果利益相关者又发现企业高管的工资没有减少,这就很难让人信服。

7.3.2 社会绩效差距对社会责任报告图像语言选择的影响

如前所述,图像语言的特点是更加适用于思想渗透、注意力吸引和信息具体化。当企业的实际社会责任投入水平高于预期时,如企业今年有大额捐款,这种情况下,如果企业还使用图片去展示企业大额捐款的活动现场和得到的表彰等,就把利益相关者的注意力都吸引到这个方面,从而提升利益相关者的预期。这必然会给企业带来更大的财务压力,毕竟企业不可能持续大额捐赠。这种情况下,企业可以考虑减少图片的使用而淡化利益相关者对于企业捐款的关注。

反之,当企业当年的社会绩效投入低于预期即没有达到期望水平时,前面已经分析过这种情况下使用文本语言来解释不一定有效。因此,企业社会责任绩效的评价带有很强的主观性,它不像评价企业财务绩效好坏那样有明确的评判标准。鉴于图像语言具有思想渗透和注意力吸引的特性,故企业可以考虑采用一些参加社会活动的图片来强调企业对社会活动的关注和主动参与,这样有可能改变利益相关者对于公司不积极承担社会责任的认识。

| CSR 聚焦 7-9 |

社会责任绩效反馈与企业沟通策略

在评估企业绩效时,社会责任绩效越来越受到利益相关者的重视。因此,针对社会责任绩效反馈,企业如何与利益相关者沟通已成为重要的课题。基于企业行为理论和印象管理视角,王(Wang)等(2021)研究指出:由于视觉类信息(如图片、图表)有助于提高受众对信息的解读,并且容易唤起受众的情感,因此当企业的实际社会责任绩效超过社会预期绩效时,该企业为了降低利益相关者对其预期而在企业社会责任报告中更少使用视觉类信息;相反,如果企业的实际社会责任绩效低于社会预期绩效,该企业为了提高利益相关者对公司社会责任绩效的感知会在企业社会责任报告中使用更多的视觉类信息。

例如,某公司在2013年总捐款额为13 400元,其在企业社会责任报告中使用了10张图片;重庆长安汽车股份有限公司在2017年总捐款额为36 671 100元,其在企业社会责任报告中披露了2张图片,如图7-6所示。

a)

图 7-6 重庆长安汽车股份有限公司 2017 年企业社会责任报告中的图片

b)

图 7-6 （续）

资料来源：WANG H, JIA M, XIANG Y, et al., 2021. Social performance feedback and firm communication strategy[J]. Journal of Management, 1-42.

7.3.3 社会绩效差距对社会责任报告中复合语言选择的影响

鉴于文本语言和图像语言有其各自的特征，如果两者组合使用恰当可以交互影响，产生叠加效应。反之，如果文本语言与图像语言搭配不当，表达的信息相互冲突，就会增加读者对于信息的理解难度。在现实中，企业在编制社会责任报告时普遍会组合使用文本和图像语言；当然，也有一些公司发布的社会责任报告只有文字，但没有公司发布的社会责任报告只有图像。

结合前面的分析，当企业实际社会绩效高于期望水平时，企业就需要采用文本语言来分散利益相关者对于企业表现良好的社会责任维度的注意力，并且较少使用图片来凸显这一社会责任维度，但是可以配合使用图片来展现企业对于其他社会责任维度的关注。例如，企业当年有大额捐赠，那么在社会责任报告中就可以用文字描述企业同样关注社区发展，并且用图片展示企业在这方面做的一些准备工作。相反，当企业实际社会绩效低于预期时，企业就需要关注由此可能带来的负面影响。这种情况下，企业就可以考虑使用文本语言来描述对这一问题的关注和改进思路，并配合图片来展示企业在这一社会责任维度上的积极表现。

7.4 多维利益相关者诉求冲突对企业社会责任报告语言选择的影响

当诉求存在冲突时，利益相关者不仅关注公司如何回应其诉求，而且公司如何对待与其诉求相冲突的利益相关者同样会影响其对公司的态度。利益相关者基于对企业社会责任报告中不同部分内容的理解来评价公司如何回应各利益相关者的诉求，从而判断公司如何对待其本身（如是否公平）。这就使公司通过选择最佳的社会责任信息披露语言来维护多维利益相关者之间的关系成为可能。高（Gao）等（2016）也指出企业在信息披露中选择性地使用语言的一个主要动机就是处理外部诉求冲突。

语言作为信息传递的工具，可以操控观点，形成态度和信念，借此进行行为诱导

（Ashcraft et al.，2009）。当外部诉求存在冲突时，通过语言的选择和使用来调控冲突各方获得的信息和认知是解决外部诉求冲突的关键。鉴于此，当企业面临外部诉求冲突时，可以通过选择不同的语言形式来呈现社会责任报告中各模块的内容，以调节利益相关者对于企业如何满足各方诉求的感知，借此缓解利益相关者之间的诉求冲突，维护公司与利益相关者之间的关系。接下来，本书以公司中最为常见的两组利益相关者诉求冲突为例展开讨论。

| CSR 聚焦 7-10 |

企业社会责任报告不同模块的语言差异

企业需要面对不同利益相关者的社会责任诉求，例如投资者、客户、供应商等。企业为了平衡不同利益相关者的诉求而有选择地在社会责任报告中使用不同的语言沟通方式，例如文字、数字、图表、图片等。以图表和图片为例，笔者手工收集整理了 2009 年—2017 年上市公司发布的社会责任报告中不同模块（经营者、投资者、客户、环境、员工、供应商、社会等方面）使用的图片和图表的平均值，见表 7-3。从横向来看，上市公司针对同一类利益相关者在不同年份使用的图片、图表数量存在差异。例如，对投资者模块而言，上市公司在 2012 年、2013 年、2015 年使用的图片、图表数量较多，平均值分别为 14.19 个、5.30 个、7.60 个。从纵向来看，在同一年中，上市公司针对不同的利益相关者在企业社会责任报告中使用图片、图表的数量也存在差异。例如，就 2017 年而言，上市公司在员工方面的内容披露中使用的图片、图表最多，平均值为 5.53 个，而在供应商相关内容上使用的图片、图表数量最少。

表 7-3　上市公司企业社会责任报告不同模块的图表和图片数量平均值　（单位：个）

模块	2009 年	2010 年	2011 年	2012 年	2013 年	2014 年	2015 年	2016 年	2017 年
经营者	0.36	0.54	0.78	0.95	0.98	1.14	1.19	1.51	4.70
投资者	0.71	0.94	1.21	14.19	5.30	1.76	7.60	1.82	1.07
客户	1.14	0.82	0.97	1.03	1.19	1.51	3.27	1.92	2.37
环境	0.47	1.24	1.43	1.22	1.22	1.61	1.95	1.91	1.97
员工	1.02	1.85	2.23	2.95	3.67	4.51	5.10	5.25	5.53
供应商	0.12	0.13	0.20	0.27	0.29	0.41	0.40	0.54	0.36
社会	0.57	1.00	1.46	1.75	1.91	2.46	2.66	3.00	3.35

资料来源：根据上市公司企业社会责任报告整理。

7.4.1　投资者和员工之间诉求冲突与企业社会责任报告局部内容的语言选择

作为公司的首要利益相关者，投资者和员工都会从自身利益角度出发对企业提出诉求。在资源有限的情况下，企业无法同时满足双方诉求。例如，企业增加员工福利方面的投入，就会增大公司成本并降低利润，那么可供分配给投资者的回报就会降低（Hubbard et al.，2017）。反之，如果增加投资者分红或将资源用于扩大生产，可用于提高员工福利的资源就减少了。在这种情况下，投资者就不仅仅关注公司如何给予其回报，还会关注公司如何对待其员工。例如，公司不给投资者分红但大幅度提高员工工资就可能招致投资者的不满。但是，如果公司创造利润、给投资者分红等是建立在克扣员工工资、降低员工福利的基础上的，投资者同样也会感到不满。

作为与利益相关者沟通的重要途径，企业社会责任报告中如何披露与投资者和员工相关的信息就成为缓解两者诉求冲突的关键。因此，通过这两部分内容的语言设计来引导投资者对于企业如何满足自身需求的感知，缓和投资者感知到的诉求冲突就显得尤为重要。当公司实际给予员工的福利高于行业平均水平而给投资者的分红水平却低于行业平均水平时，投资者就可能认为公司对其不公平。那么，公司在准备企业社会责任报告时，可以考虑在投资者部分使用较多的图像语言展示公司对投资者利益的关注；相应减少在员工部分使用图像，并且可以在员工部分使用更多的文字阐明公司对员工福利的投入是基于公司发展战略的长期考虑，从长期来看有利于提高公司的盈利能力等。

7.4.2 投资者和政府之间诉求冲突与企业社会责任报告局部内容的语言选择

政府是公司重要的利益相关者之一，维护与政府之间的关系就成为公司的重要战略。公司除了需要积极、主动地履行各种社会责任（如提供就业、参加公益活动）之外，还需要承担政府所分配的各种社会任务。显然，公司承担过多的社会任务就不可避免地会占用公司资源而影响企业业绩，进而影响到分配给投资者的回报。因此，企业不可避免地需要面对投资者和政府之间诉求的冲突，不得不考虑如何通过企业社会责任报告中相关内容的披露语言选择来缓解投资者感知到的诉求冲突，提升投资者满意度，维护公司与投资者之间关系。

例如，当公司不给投资者分红或公司的分红比例低于行业平均水平，但是公司的社会捐赠额高于行业平均水平时，投资者就会认为公司没有把投资者的利益放在第一位，并据此认为公司的捐赠行为不具有合法性，从而产生不满。在这种情况下，公司可以在社会公益部分的内容中减少图片的使用，同时增加文本语言的使用以阐明公司的社会责任战略与公司长期绩效的关系等；而在投资者部分的内容中则更少地使用图像去展示分红的年度比较，但可以考虑使用图像去展示公司在投资者保护方面做的一些工作。

此外，如何使用语言展示企业社会责任报告中特定部分的内容往往受到利益相关者诉求冲突的强弱和其对公司的重要性等多种情景因素的影响。因此，企业要了解不同情景因素对企业社会责任报告最佳语言选择的影响。例如，高管具有政策关联的公司倾向于优先满足政府层面的诉求，企业社会责任报告中与政府诉求相关内容的语言策略就变得尤为重要。

本章小结

1. 本章讲述了在企业社会责任报告中，如何在遵循事实的基础上，通过选择使用文本语言、图像语言来达到最佳的沟通效果。

2. 企业社会责任报告能同时体现企业在利益

相关者各个维度的资源投入，是管理企业与利益相关者之间关系的有效手段。
3. 企业社会责任报告的语言选择具有灵活性，在公司信息披露过程中，管理者不仅要重视如何披露数字内容等"硬信息"，还需要重视语言选择、内容形式、文本结构等传递的"软信息"。
4. 文本语言和图像语言在特征、作用机制和应用场景等方面均存在显著的差异。
5. 企业可以通过社会责任报告中业绩信息披露的语言来管理利益相关者预期，包括文本语言、图像语言、文本和图像复合语言。
6. 当面临利益相关者诉求冲突时，企业可以使用恰当的语言呈现企业社会责任报告中各模块的内容，调节利益相关者对于企业如何满足各方诉求的感知，以这种方式来缓解利益相关者之间的诉求冲突，维护公司与利益相关者的关系。

关键术语

硬信息（hard information）
软信息（soft information）
文本语言（verbal language）
图像语言（visual language）

复习思考题

1. 什么是战略性语言选择？
2. 文本语言和图像语言的区别是什么？分别适用于什么场景？
3. 如何选择企业社会责任报告中的语言来回应利益相关者的预期？
4. 多维利益相关者间的诉求冲突对企业社会责任报告语言选择有什么影响？

应用案例

上市公司社会责任报告语言选择差异

中联重科股份有限公司（简称中联重科，股票代码：000157）主要从事工程机械和农业机械的研发、制造、销售和服务。2020年的营业收入超过651亿元，相比2019年增加50.34%，归属于上市公司股东的净利润超过72亿元，相比2019年增加66.55%。山推工程机械股份有限公司（简称山推股份，股票代码：000680）主要从事建筑工程机械、矿山机械、农田基本建设机械、收获机械及配件的研究、开发、制造、销售、租赁、维修及技术咨询服务。2020年的营业收入超过70亿元，相比2019年增加10.85%，归属于上市公司股东的净利润超过1亿元，相比2019年增加77.87%。从主营业务来看，中联重科和山推股份均属于工程机械行业。

两家公司在2020年都发布了企业社会责任报告（CSR报告）。中联重科的CSR报告共25页，主要包括综述；股东和债权人权益保护；绿色供应，智慧共生；以客户为中心，为客户创造最大价值；保护员工权益，提升人力资源价值；安环管理及职业健康；追求卓越质量，依法履行产品质量责任；履行企业公民义务，彰显中联大爱担当；打造科技创新高地，推动行业技术进步；做好新闻传播，传递品牌价值；行稳智远，千帆奋进11个部分。山推股份的CSR报告共45页，主要包括山推的2020、责任担当、价值体现、打造温馨山推家园、绿色环保、和谐共赢、承诺2021共7个主要部分。下面展示了两家公司CSR报告中针对不同利益相关者（如股东、债权人、社会、客户、员工等）如何选择报告语言。

1. 社会服务方面

中联重科：公司充分发挥工程机械力

量,组建"中联重科重型工程机械应急救援队",并出动25米应急架桥车、矿用自卸车等近20台高端装备参加了湖南省2020年抗洪抢险应急演练,高效、迅速地完成了"搭建临时道路、桥梁"和"封堵决口"等演练科目,展现了在大汛、大灾中的科技威力,强化了湖南省应急救援队伍;公司森林隔离带开辟车参加了湖南省森林火灾应急演练,在"开设隔离带"演练科目中,产品隔离带开辟能力强、作业效率高、模块更换快、液压动力稳、场地适应广、战常兼备等特点得到了参加演练的队员及观摩领导的高度称赞。

山推股份:2020年6月起,大暴雨连续降临江西,截至7月13日,江西全省共5个水文站水位超出预警线,其中鄱阳湖标志性水文站星子站水位达22.60米,已超警戒水位3.6米,突破了1998年以来的历史峰值。

水位高涨,漫天大雨倾盆如注,导致江西多地堤口崩决,仅鄱阳县问桂道圩堤一处,就导致15 000多亩(1亩=667米²)耕地和6个村庄被淹,上万名村民被组织转移。人民的生命财产安全在这一刻受到了严重的威胁。

灾情险急,容不得半点耽搁,山推装备冲向一线。

2. 员工方面

中联重科:创新培训方式、贴近业务需求,2020年聚焦管理干部、营销、风控、生产管理等人才培养,组织上百个培训项目,上万人次参训,全年培训总投入近2 100万元:营销人员培养融入实战演练,激发求胜欲望,塑造必胜信念;生产管理精英梯队培养导入实际案例,创造高效回报;大学生培养注重潜能开发,拓展综合能力;客户联盟人才培养贯彻战略合作理念,增强客户黏性,实现共享共赢。

同时,运用AI、大数据等信息化形式,将企业知识经验沉淀、萃取、加工、传播、使用,提升培训效率。

山推股份:累计开展突击服务活动90余项次,发挥了共青团的生力军和突击队作用;以"青年安全生产示范岗"创建为载体,提升一线青年员工的安全意识和技能水平,服务生产现场安全管理工作,履带底盘分公司锻造车间成功创建"全国青年安全生产示范岗";发挥青年表率作用,积极开展"青年文明号"创建工作,研究院智能控制研究所成功创建"济宁市青年文明号"。

资料来源:根据中联重科和山推股份2020年CSR报告整理。

讨论题

1. 两家公司的社会责任报告在语言选择上存在哪些差别?
2. 为什么两家公司的社会责任报告语言选择不同?

学习链接

[1] ARYA B, ZHANG G, 2009. Institutional reforms and investor reactions to CSR announcements: evidence from an emerging economy[J]. Journal of Management Studies, 46(7): 1089-1112.

[2] ASHCRAFT K L, KUHN T R, COOREN F, 2009. Constitutional amendments: "materializing" organizational communication[J]. The Academy of Management Annals,

3(1): 1-64.

[3] BAZLEY W J, CRONQVIST H, MORMANN M, 2021. Visual finance: the pervasive effects of red on investor behavior[J]. Management Science, 67(9), 5616-5641.

[4] BRENNAN N M, MERKL-DAVIES D M, 2014. Rhetoric and argument in social and environmental reporting: the Dirty Laundry case[J]. Accounting, Auditing & Accountability Journal, 27(4): 602-633.

[5] COOREN F, KUHN T, CORNELISSEN J P, et al., 2011. Communication, organizing and organization: an overview and introduction to the special issue[J]. Organization Studies, 32(9): 1149-1170.

[6] ELLIOTT W B, RENNEKAMP K M, WHITE B J, 2015. Does concrete language in disclosures increase willingness to invest? [J]. Review of Accounting Studies, 20(2): 839-865.

[7] GAO F, DONG Y, NI C, FU R, 2016. Determinants and economic consequences of non-financial disclosure quality[J]. European Accounting Review, 25(2): 287-317.

[8] GARUD R, SCHILDT H A, LANT T K, 2014. Entrepreneurial storytelling, future expectations, and the paradox of legitimacy[J]. Organization Science, 25: 1479-1492.

[9] GRAVES S, WADDOCK S, 1994. Institutional owners and corporate social performance[J]. Academy of Management Journal, 37: 1034-1046.

[10] GREENWOOD R, RAYNARD M, KODEIH F, et al., 2011. Institutional complexity and organizational responses[J]. Academy of Management Annals, 5(1): 317-371.

[11] GUO W, YU T, GIMENO J, 2017. Language and competition: communication vagueness, interpretation difficulties, and market entry[J]. Academy of Management Journal, 60: 2073-2098.

[12] HALES J, KUANG X I, VENKATARAMAN S, 2011. Who believes the hype? An experimental examination of how language affects investor judgments[J]. Journal of Accounting Research, 49(1): 223-255.

[13] HALL E T, 1976. Beyond culture[M]. New York: Doubleday.

[14] HARRIS J, BROMILEY P, 2007. Incentives to cheat: the influence of executive compensation and firm performance on financial misrepresentation[J]. Organization Science, 18(3): 350-367.

[15] HUBBARD T D, POLLOCK T G, PFARRER M D, et al., 2018. Safe bets or hot hands? How status and celebrity influence strategic alliance formations by newly public firms[J]. Academy of Management Journal, 61(5): 1976-1999.

[16] JEWITT C, OYAMA R, 2001. Visual meaning: a social semiotic approach[A]. In: Leeuwen, van and Jewitt, Carey, (eds.), A handbook of visual analysis[C]. London: SAGE Publications: 134-156.

[17] KRESS G V, LEEUWEN T, 2006. Reading Images: the Grammar of Visual Design[M]. London: Routledge.

[18] MEYER R, JANCSARY D, HOLLERER M, et al., 2018. The role of verbal and visual text in the process of institutionalization[J]. Academy of Management Review, 43(3): 1-27.

[19] NASON R S, BACQ S, GRAS D, 2018. A behavioral theory of social performance: social

identity and stakeholder expectations[J]. Academy of Management Review, 43(2): 259-283.

[20] PEREZ BATRES L A, DOH J P, MILLER V V, et al., 2012. Stakeholder pressures as determinants of CSR strategic choice: why do firms choose symbolic versus substantive self-regulatory codes of conduct?[J]. Journal of Business Ethics, 110(2): 157-172.

[21] WAGNER M, VAN PHU N, AZOMAHOU T, et al., 2002. The relationship between the environmental and economic performance of firms: an empirical analysis of the European paper industry[J]. Corporate Social Responsibility and Environmental Management, 9(3): 133-146.

[22] WANG H, JIA M, XIANG Y, et al., 2021. Social performance feedback and firm communication strategy[J]. Journal of Management, 1-42.

[23] 贾明，2022."一带一路"沿线中国企业海外社会责任[M].北京：科学出版社.

[24] 贾明，童立，张喆，2016.高管激励影响公司环境污染行为吗?[J].管理评论，28（02）：149-165；174.

[25] 谢仁友，2016.第十届全国语文辞书学术研讨会综述[J].辞书研究，（01）：88-92.

第 8 章　企业社会责任战略动态调整

【学习目标】

1. 理解利益相关者的诉求及诉求变化。
2. 了解企业社会责任行为常见的类型。
3. 熟悉企业社会责任战略的动态决策过程。

开篇案例

肯德基社会责任战略调整

作为快餐行业的领军者，肯德基一直以来将社会责任融入经营理念之中，坚持可持续发展并践行企业社会责任。它曾在 2020 年 12 月对外宣布公司的可持续发展理念，即"自然自在"。这份宣言向外界传递了肯德基保护环境、实施绿色发展的决心和举措。具体表现为在餐厅建设、行业建设、社区共建等领域深刻引领可持续的发展方式。

肯德基不仅在规划蓝图上聚焦于可持续发展，更是在公益事业上践行这一理念。肯德基多年以来持续关爱老弱病残群体，回馈餐厅所在的社区，并对自然环境的日益恶化表达了关切。"自然自在"的理念反映了肯德基对环境保护的关注与参与。除了对环境保护的关注外，肯德基一直以来致力于承担食品安全、员工保护，以及慈善捐款等方面的社会责任。肯德基的社会责任行动不是一次性的，而是一种动态的企业战略。随着社会环境的变化，肯德基也在逐步调整社会责任战略，为绿色发展贡献企业应尽的责任与力量。

资料来源：环球网. 肯德基发布"自然自在"可持续发展宣言 [EB/OL]. (2020-12-21)[2022-12-17]. https://baijiahao.baidu.com/s?id=1686677174222967297&wfr=spider&for=pc.

企业的社会责任战略是对利益相关者诉求的回应。但由于利益相关者的诉求并不是固定不变的，所以企业的社会责任战略也就不可能一成不变。从合作博弈的角度来看，虽然企业采取不一致的社会责任行为会损害企业声誉而可能受到惩罚，但是企业依然可以在合作的维度上，通过调整合作水平来动态分配资源，以满足不同利益相关者的诉求。本章引入时间维度和多维利益相关者诉求冲突这两个情境因素，考察企业社会责任战略如何进行动态调整。从企业与利益相关者之间的信息不对称视角入手，引入社会责任沟通，将社会责任执行与沟通并行考虑，以分析企业社会责任的动态调整策略。

8.1 多维利益相关者诉求变化与企业社会责任行为

从时间维度上看，上期利益相关者的诉求满足水平（satisfaction）直接影响到下期利益相关者的诉求。故而，利益相关者的诉求并不是固定不变的，而是会随着环境的变化而改变。

8.1.1 利益相关者类型与诉求变化

正如第 6 章中所提到的，根据诉求的不同可以将企业的利益相关者分成两大类：社会导向型利益相关者（social-oriented stakeholders，S）和经济导向型利益相关者（economic-oriented stakeholders，E）。社会导向型利益相关者（如社区、政府等）希望企业将资源投入提升社会福利的事业中，如参与扶贫、慈善捐赠等。经济导向型利益相关者（如员工、投资者等）则希望企业能提供经济回报，从而提高利益相关者自身的经济利益，如提高员工工资、向投资者分红等。显然，企业履行社会责任，如参与扶贫等社会事务，直接回应了社会导向型利益相关者的诉求而没有响应经济导向型利益相关者的诉求，如图 8-1 所示。由于企业资源是有限的，因此，当企业没有足够的资源能同时满足两类利益相关者的诉求时，就只能从中做出取舍，优先满足其中一方。至于优先满足哪一方的诉求，取决于利益相关者本身对于企业的重要性，这与利益相关者的影响力、诉求合法性和诉求紧急性相关（Mitchell et al.，1997）。

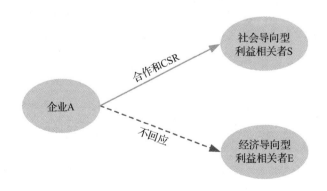

图 8-1 利益相关者的类型与诉求冲突

此外，利益相关者的诉求会随着时间的推移而发生变化。第一，从诉求水平来看。利益相关者的诉求水平会随着诉求被满足的情况而发生改变。例如，随着企业不断满足利益相关者的诉求，利益相关者预期企业会提供更高水平的支持而认为企业会不断加大投入（Nason et al., 2018）。第二，从诉求紧急性的角度来看。由于企业此前已经满足过利益相关者的诉求，因此再次满足其诉求的紧急性就会降低。第三，从诉求合法性角度来看。如果企业满足一方利益相关者的诉求是以牺牲另外一方利益相关者的利益为代价的，那么诉求得到满足的利益相关者再次寻求企业的资源就会逐渐失去合法性。第四，从诉求内容来看。首要诉求得到满足的利益相关者也可能转向提出次要（secondary）诉求，如转向支持诉求未得到满足的利益相关者所提出的诉求，以缓和企业在对待不同利益相关者之间存在的不公平。

由此可见，利益相关者的诉求，以及诉求冲突都会随着时间的变化而改变，这与企业所采取的社会责任行为，以及是否满足、在多大程度上满足哪一方利益相关者的诉求有密切关系。

| CSR 聚焦 8-1 |

政府的诉求变化：从精准扶贫到乡村振兴

我国脱贫攻坚战的胜利为乡村振兴战略奠定了坚实的基础。随着精准扶贫任务的完成，我国政府提出新的乡村振兴战略，旨在进一步推进广大农村地区的发展。这也体现了在不同的发展时期，我国政府制定了不同的农村发展战略，也向广大参与这项伟大事业的社会群体、企业提出了新的要求。

资料来源：光明经济.从精准扶贫走向乡村振兴[EB/OL]. (2019-12-24)[2021-12-17]. https://economy.gmw.cn/2019-12/24/content_33426107.htm.

8.1.2 企业社会责任策略矩阵与转化

从企业社会责任的实施和沟通这两个维度出发，企业在回应利益相关者诉求时，可以通过选择最佳的社会责任实践和沟通策略以缓和利益相关者间的诉求冲突，提高利益相关者的满意度，从而达到最佳的社会责任实施效果。在本章中，为了叙述的简洁，企业社会责任实施指的是对社会导向型利益相关者的诉求做出回应而将企业资源投入社会活动（区别于企业回应经济导向型利益相关者诉求而承担的社会责任）；企业社会责任沟通则指的是企业将有关其参与社会责任活动的信息传播给利益相关者。

面对多维利益相关者，企业需要对利益相关者的重要性做出判断，而这实际上取决于企业内部人对利益相关者在三个维度上，即影响力、合法性和紧急性上做出的评价（Mitchell, Agle, and Wood, 1997）。无论是社会责任的实施还是沟通，都需要企业内部人通过对投入成本和调用资源的便利性等进行评估（Durand, Hawn, and Ioannou, 2019），而决定如何进行社会责任投入。这里，引入内部人视角为我们理解企业社会责任战略决策提供了微观基础（详见第 9 章），即可以去探讨受外部环境和利益相关者诉求的影响，企业如何决定社会责任策略。

| CSR 聚焦 8-2 |

组织对压力的回应：基于意愿和能力的微观决策框架

杜兰德（Durand）等（2019）构建了一个理论框架以解释组织何时回应，以及如何回应制度压力。他们认为组织的意愿（willing）与能力（ability）是关键的影响因素。意愿是由组织遇到问题的重要性决定的。能力则是由组织解决这一问题投入的成本和获得的收益所决定的。据此，作者提出了五种组织回应方式，分别是：象征性遵从、象征性合规、实质性遵从、实质性合规，以及不回应。作者认为，当议题不重要时，例如跟企业战略没有关系，就不会回应；而如果议题变得越来越重要，企业就会主动回应；随着议题变得重要，企业回应的成本也越来越高，企业也就降低了自愿回应的动力，变成被迫应付。最终，如果议题变得非常重要，而回应的收益又非常低，企业就会选择放弃。

资料来源：DURAND R, HAWN O, IOANNON I, 2019. Willing and able: a general model of organizational responses to normative pressures[J]. Academy of Management Review, 44(2): 299-320.

这里，我们可以将企业投入资源的方式分成三种类型：实质性（substantial）投入、象征性（symbolic）投入和不投入（inaction）。所谓实质性投入，是指企业在社会责任履行或沟通中投入实质性的资源并预期这一投入能给企业带来经济回报；象征性投入则是指企业在社会责任履行或沟通过程中投入象征性的资源，表明企业也采取了这类行为，但是由于预期这一投入不能给企业带来经济回报而只投入最低水平的资源；不投入则表示企业不采取相应的企业社会责任行动。

根据企业社会责任履行和沟通两个维度，以及投入水平的三种类型，便可以归纳出企业社会责任行为常见的 6 种类型（简化起见）。

（1）实质型社会责任行为（实质性实施＋实质性沟通） 如果企业（内部人）评估认为社会导向型利益相关者更为重要（具有更大的影响力、诉求更有合法性且满足其诉求更为紧急），并且经济导向型利益相关者对企业的监督不强、不掌控企业的关键资源，那么，企业就可以积极回应社会导向型利益相关者的诉求，投入大量资源去满足其诉求，并积极宣传。这一类社会责任行为包括大额捐款、发布高质量的社会责任报告、主动宣传公司的社会责任表现等。

（2）"漂灰"型社会责任行为（实质性实施＋象征性沟通） 如果企业认为社会导向型利益相关者更为重要，但同时面临经济导向型利益相关者的审查和关注，这时利益相关者间的诉求冲突开始凸显，而使得企业需要在满足社会导向型利益相关者诉求的同时降低经济导向型利益相关者对企业的不满。在这种情况下，企业就可以采取"漂灰"策略，即在实质性地投入大量资源回应社会导向型利益相关者诉求的同时，低调宣传或不过多宣传企业在社会责任方面的投入。例如，公司大额捐款但是对外不披露具体捐款金额。

（3）沉默型社会责任行为（实质性实施＋不沟通） 如果企业认为社会导向型利益相关者依然更为重要，但是经济导向型利益相关者给企业施加很大压力，并且掌控企业的关键资源，对企业采取更为严格的审查和关注。在这种情况下，企业只能在投入资源回应社会导向型利益相关者诉求的同时避免宣传，控制相关信息的传播，进而最大限度地降低经济导向型利益相关者的不满。例如，公司大额捐款但是对外宣传时不提参加捐赠活动的事情。

（4）应付型社会责任行为（象征性实施＋象征性沟通）　如果企业认为经济导向型利益相关者更为重要，并且社会导向型利益相关者对企业有较为严格的审查和监督，那么，企业就可以从平衡多维利益相关者诉求的角度出发，通过象征性投入资源的方式，并进行象征性沟通，来缓和不同利益相关者间的诉求冲突。例如，如果政府要求企业加大环保投入，但是投资者要求企业提高经济效益的诉求更为急迫，那么企业就可能应付政府诉求，同时缓和投资者带来的压力。

（5）"漂绿"型社会责任行为（不实施＋实质性沟通）　如果企业认为经济导向型利益相关者更为重要，并且社会导向型利益相关者对企业也很重要，但对企业的监督和审查并不严格，例如不能完全掌握企业社会责任的实际投入情况，在这种情况下，企业就可能实际不投入资源却对外积极宣传其在社会责任方面做出的努力。例如，企业对外宣传重视环保，实际上却不对高耗能生产线做实质性的改造。

（6）拒绝型社会责任行为（不实施＋不沟通）　如果企业评估认为经济导向型利益相关者更为重要，并且社会导向型利益相关者也没有对企业施加压力和进行审查，那么，企业就可以不履行社会责任。例如，企业不参与慈善捐赠，也不披露社会责任信息。

| CSR 聚焦 8-3 |

组织回应冲突的制度压力

当组织受到外界相互冲突的诉求逐渐增多时，简单服从就会变得不太可能实现。因为满足了一方的诉求就有可能违背了另一方的利益诉求。基于此，帕切（Pache）和桑托斯（Santos）（2010）的研究考虑了组织回应制度压力时的内在决策过程，提出了以下观点。

第一，企业依赖于各种社会群体来保持运行，但是社会群体的诉求并不一致而是分割的，故而不同的社会群体会对企业提出不同的诉求。

第二，在企业面对的外部环境中，如果有发挥支配作用的群体能决定企业如何回应外部诉求，即如果社会权力是高度集中（centralized）的，那么，社会仲裁者就可以协调处理外部的诉求冲突。据此，作者认为，当社会群体的诉求是高度分割的并且社会仲裁者并不具备决定性的统筹协调权力时，企业就会面临外部冲突的诉求。

第三，企业如何回应外部诉求取决于在企业内部是否有外部群体诉求的内部代表，内部代表在企业中的决策权越大，其所代表的外部群体的诉求就越会得到企业的支持。

第四，当面对利益相关者冲突诉求时，且这些诉求缺乏企业内部的利益代表，企业更有可能诉诸回避，而不做出回应。

第五，当面对冲突的诉求时且诉求冲突的双方都有内部利益代表，企业更有可能诉诸操纵策略。据此，作者认为企业如何回应外部诉求取决于诉求冲突的特征，以及外部诉求是否有内部的利益代表和内部利益代表的权力结构。内部利益代表会根据其权力来推动企业对外部冲突的诉求做出回应。

资料来源：PACHE A C, SANTOS F, 2010. When worlds collide: the internal dynamics of organizational responses to conflicting institutional demands[J]. Academy of Management Review, 35(3): 455-476.

面对多维利益相关者的诉求，企业内部决策者根据利益相关者的重要性来决定当期的最佳社会责任战略，而这一战略的实施在满足一方利益相关者的同时必然会导致另一方的不满。随着时间的推移，诉求没有得到满足的利益相关者会逐渐积累其影响力、诉求合法性和紧急性，使得企业需要面对新的利益相关者结构并相应调整社会责任战略。例如，当消费者对企业非常不满而抵制购买时，企业就需要采取及时回应的策略来缓解消费者的不满情绪，回应消费者的诉求（McDonnell and King，2013）。

8.2　企业社会责任行为、利益相关者诉求满足与结构调整

利益相关者的重要性和诉求并不是固定不变的。这就涉及三个问题：第一，企业社会责任表现如何影响利益相关者的诉求变化和反应；第二，利益相关者的结构调整如何影响企业社会责任决策；第三，企业如何调整社会责任策略。

8.2.1　企业社会责任表现与利益相关者反应

1. 企业实质性履行社会责任与经济导向型利益相关者反应

企业实质性履行社会责任以回应社会导向型利益相关者的诉求，就忽视了经济导向型利益相关者的诉求。由于诉求没有得到企业的重视和满足，所以企业实质性履行社会责任会招致经济导向型利益相关者的不满。例如，在实质性履行社会责任的企业中，不给员工支付有竞争力的工资就会导致员工离职、降低员工工作积极性等；不给投资者分红就会招致投资者抛售股票、降低投资意愿、投票罢免管理层等（Hubbard et al.，2017）。

| CSR 聚焦 8-4 |

履行社会责任但绩效不佳的企业 CEO 更容易被解聘

虽然很多研究表明公司财务业绩是解雇首席执行官的主要驱动因素，但哈伯德（Hubbard）等（2017）的研究认为，企业社会责任绩效也是影响公司解雇 CEO 的驱动因素之一。作者研究了在董事会评估公司财务业绩并考虑是否解雇 CEO 时，公司前期的社会责任投入所扮演的角色。其研究发现，在企业社会责任前期投入越多的公司中，财务绩效表现较差时解雇 CEO 的可能性越大。相比之下，在企业社会责任前期投入越多的公司中，财务绩效较好时 CEO 被解雇的可能性越小。

资料来源：HUBBARD T D, CHRISTENSEN D M, GRAFFIN S D, 2017. Higher highs and lower lows: the role of corporate social responsibility in CEO dismissal[J]. Strategic Management Journal, 38(11): 2237-2254.

那么，为了提升自身的重要性，得到企业的重视，经济导向型利益相关者就需要从影响力、诉求合法性和紧急性这三个维度入手采取措施。例如，经济导向型利益相关者就会集结其他诉求被企业忽视或没有得到满足的利益相关者形成同盟，从而集体对企业施压；或是通过威胁企业中断合作、开发其他合作关系或不提供资源等方式来引起企业重视；从社会公平的角度来看，当社会导向型利益相关者的诉求得到实质性满足后，其

也会转而支持企业去满足其他利益相关者的诉求，从而使经济导向型利益相关者的诉求得到更多社会群体的支持，提升其诉求的合法性。因此，企业忽视经济导向型利益相关者的诉求，采取实质性社会责任行为会引发经济导向型利益相关者的负面反应和反制措施；这些利益相关者也会得到更多社会群体的同情和支持（如 Vergne, Wernicke, and Brenner, 2019），而使其重要性逐渐增强。

| CSR 聚焦 8-5 |

利益相关者的不满与公司回应

韦尔涅（Vergne）等（2018）研究媒体对 CEO 过度薪酬的评价（即一个与自私和贪婪相关的负面线索）如何受到企业慈善行为（一个与利他主义和慷慨相关的积极线索）的影响。一般而言，高管领取过度薪酬是一种自私和贪婪的表现，表示高管过度关注个人利益而忽视利益相关者的利益。而这些高管又想通过对外捐赠来树立慷慨利他的社会形象，就会让公众认为高管并没有直接回应经济导向型利益相关者的诉求而解决关键问题，从而不认可企业的捐款行为。据此，韦尔涅等（2018）研究发现，当面对贪婪的高管所在公司积极捐款时，媒体会发布更多的负面报道；而后，公司在媒体压力下会削减高管的超额薪酬，以缓和利益相关者的不满。由此可见，随着利益相关者不满的增强，其要求公司削减高管超额薪酬的诉求就变得更有影响力、更具合法性，也更加紧急，从而迫使公司做出回应。

资料来源：VERGNE J P, WERNICKE G, BRENNER S, 2018. Signal incongruence and its consequences: a study of media disapproval and CEO overcompensation[J]. Organization Science, 29(5): 796-817.

2. 企业消极履行社会责任与社会导向型利益相关者反应

企业消极履行社会责任包括拒绝履行社会责任或"漂绿"。社会导向型利益相关者主要包括非营利组织、政府和社区。企业在社会责任方面的消极投入没有满足政府、社区的诉求，自然会引起这些群体的不满和负面反应。例如，如果企业常年不捐款、不支持社区改善福利和环境，就会招致政府的审查、削减政府补贴和引来社区居民的抵制。同时，政府、社区也会采取措施来提升对企业的影响力，例如运用行政权力给企业施加压力、发展与企业竞争者的合作关系、阻止对企业的支持行为等。另外，企业长期不履行社会责任会逐渐失去合法性和破坏企业声誉，最终损害的还是经济导向型利益相关者的利益。故而，当企业充分回应这些经济导向型利益相关者的诉求后，这些利益相关者也会认为企业履行对社会导向型利益相关者的责任是正当而必要的。因此，企业消极履行社会责任行为会引发社会导向型利益相关者的负面反应和反制措施，同时一些经济导向型的利益相关者也会不满，而使得社会导向型利益相关者的重要性逐渐增强。

| CSR 聚焦 8-6 |

伪绿色的沃尔玛受到非营利组织的抵制

零售行业的沃尔玛公司曾于 2005 年提出了可持续发展目标，2009 年向外界承诺将实现绿色转型，但其后针对沃尔玛实施的一系列调查，发现其对外宣称的绿色承诺只是空头支票,并没有真正实现绿色转型与可持续发展。2020年,国际著名环保组织——绿色和平(Green Peace)持续性地敦促沃尔玛肩负起社会责任。作为社会导向型利益相关者,在面对沃尔玛侵犯消费者利益的问题时,也会主动站出来支持消费者的诉求,给企业施加压力。

资料来源:绿色和平组织."伪绿色"的沃尔玛,实现真环保并不难[EB/OL]. (2010-08-13)[2022-12-17]. https://www.greenpeace.org.cn/30984/.

8.2.2 利益相关者结构失衡与诉求管控

对企业而言,从短期来看如果利益相关者的相对重要性和其诉求维持不变,企业管理利益相关者的难度也就更低,成本也就更小。但是,随着企业对利益相关者的诉求做出回应,例如一方的诉求得到满足的同时另一方的诉求没有得到满足,会使得利益相关者的诉求结构发生调整。企业需要做的就是采取诉求调控手段(manipulation)以抑制利益相关者不断上涨的诉求,并降低由于利益相关者诉求没有得到满足而带来的负面情绪,从而使企业所面对的利益相关者结构维持稳定的状态。当然,需要强调的是,这种调控手段只是短期行为,从长期来看,还需要企业采取实质性的社会责任行为。

1. 企业履行社会责任与利益相关者诉求管控

利益相关者对企业所提出的诉求会随着诉求满足情况而不断调整。如果当期利益相关者的诉求得到了满足,就会预期企业接下来也会继续满足其诉求,并且也会期望得到更高水平的支持。这就是社会责任领域的"红皇后效应"。显然,利益相关者诉求的不断满足带来的是诉求水平的不断提高,这势必给企业带来更为沉重的财务负担和经济压力。故而,企业需要有效调控利益相关者的诉求水平而使之维持在适当的范围之中。例如,当企业捐款水平逐年增长时,就需要通过与社会导向型利益相关者进行沟通以强调企业除参与社会捐赠以外,还有许多其他社会项目需要投入,以分散利益相关者对企业慈善的关注,缓和不断增长的捐赠预期。

另外,对经济导向型利益相关者而言,如果因企业履行社会责任而忽视其诉求,必然会招致这些利益相关者的不满。为了缓和他们的不满情绪,企业可以采取一些印象管理的手段,如不宣传企业的社会责任表现(如保持沉默)。此时,如果企业提供与已有观念相反的信息,如通过发布社会责任报告,强调企业对经济导向型利益相关者诉求的关注(但实际上企业并没有这样做),从而象征性地回应经济导向型利益相关者的诉求,就可能会带来更为严重的负面反应。

2. 企业消极履行社会责任与利益相关者诉求管控

当企业认为经济导向型利益相关者更为重要,而不将资源投入企业社会活动中,专注于回应利益相关者的经济诉求时,也会使这些利益相关者的诉求水平不断提高。显然,面对利益相关者不断增长的经济诉求,企业也会面临更大的财务压力。这种情况下,企业需要采取印象管理的措施来管控利益相关者不断增长的经济诉求,例如向经济导向型利益相关者强调企业未来面临的经营风险(Kross,Ro,and Suk,2011),企业参与社会活动的重要性,以及社会导向型利益相关者的支持对于企业发展的重要价值等。另外,企业采取"漂绿"、不履行社会责任的行为也会招致社会导向型利益相关者的不满,使企业需要采取有效措施管控不满情绪,例如淡出公众视野,避免被政府关注等。

| CSR 聚焦 8-7 |

持续满足外界财务绩效预期,推动公司进行印象管理

克罗斯(Kross)等(2011)认为,一贯达到或超过分析师收益预测(MBE)的公司比没有既定收益预期的公司更频繁地通过提供"坏消息"来管控预期,尤其是在现有分析师预测乐观的情况下。上述研究表明,拥有连续达到分析师预期记录的公司更有可能引导分析师下调预期,从而避免公司承受过大的业绩压力。

资料来源:KROSS W J, RO B T, SUK I, 2011. Consistency in meeting or beating earnings expectations and management earnings forecasts[J]. Journal of Accounting and Economics, 51(1-2): 37-57.

8.2.3 企业对利益相关者重要性的再评估

从动态的视角来看,当期企业对利益相关者诉求的满足直接影响到下一期利益相关者的诉求水平和企业感知到的利益相关者的合法性、影响力和紧急性。如图 8-2 所示(贾明,2022),当利益相关者的诉求得到满足后,从企业的角度来看,回应该利益相关者诉求的紧急性就降低了,利益相关者要求企业满足其诉求的合法性和影响力也同样降低;而当利益相关者的诉求未能得到满足时,从企业的角度来看,回应该利益相关者的诉求更为紧急,并且该利益相关者也能通过一些策略来提升自身要求企业满足其诉求的合法性和影响力(如结成联盟,寻求其他利益相关者的支持等)(Odziemkowska and Henisz, 2020)。

具体而言,当企业持续采取实质性的社会责任行为时,诉求没有得到满足的经济导向型利益相关者的重要性就会不断增强,回应其诉求也会得到更多的社会群体的支持。同样,当企业持续采取消极的社会责任行为时,诉求没有得到满足的社会导向型利益相关者的重要性就会不断增强,而使企业逐渐认识到这些利益相关者的重要性。

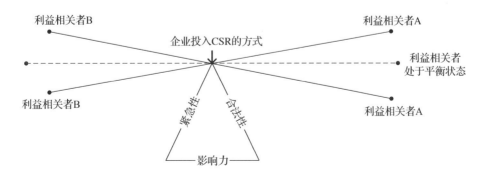

图 8-2 利益相关者的诉求满足与结构调整

资料来源:贾明,2022."一带一路"沿线中国企业海外社会责任[M].北京:科学出版社.

| CSR 聚焦 8-8 |

次要利益相关者推动企业履行社会责任

奥兹姆阔斯卡（Odziemkowska）和海尼什（Henisz）（2020）提出，利益相关者可以通过影响他们所倡导议题的重要性来推动企业履行社会责任。次要利益相关者通过与一个国家内重要的政治参与者互动，提高了相关社会责任议题的重要性。当不同的社会群体都关注和推动相关社会议题时，该议题的重要性也就得到提高，从而具备合法性。

资料来源：ODZIEMKOWSKA K, HENISZ W J, 2020. Webs of influence: secondary stakeholder actions and cross-national corporate social performance[J]. Organization Science, 32(1): 233-255.

8.3 企业社会责任战略的动态调整

企业在决策如何调整社会责任战略时受到两个因素的影响：利益相关者诉求的变化和重要性的改变。如果一方利益相关者的诉求水平不断提高而重要性在降低，那么企业就会转向支持另外一方利益相关者，如图 8-3 所示。

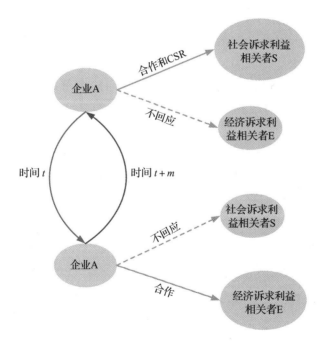

图 8-3　企业社会责任战略的动态调整

8.3.1　企业实质性社会责任行为的战略调整

如前所述，企业实质性履行社会责任的结果是经济导向型利益相关者的重要性不断提升，并且也会使得诉求得到满足的社会导向型利益相关者认可和支持经济导向型利益相关者的诉求。另外，企业实质性履行社会责任，不断满足社会导向型利益相关者，使社会导向型利益相关者的诉求水平不断提升，这也会加大企业对经济效益的担忧。两者相结合，对企业而言，就需要调整实质性的社会责任战略，降低在这一社会责任维度上的投入，而将资源投入回应经济导向型利益相关者的诉求之上。这样，企业的实质性社会责任战略就会转化成象征性履行社会责任或不履行社会责任。如果企业认为经济导向型利益相关者的重要性增长很快，那么也会更快地进行社会责任战略的调整。

需要强调的是，社会责任是一个多维度的概念，企业降低在某一个维度上的社会责任投入并不意味着不履行社会责任，而只是将企业投入社会活动的资源配置进行调整，从而与多维利益相关者维持良好的合作关系（Pache and Santos, 2013）。另外，从合作博弈的角度来看，企业在长期的合作过程中，短暂的合作背离并不会引起合作方过激的反应；由于企业在与其他方的合作中从以往的不合作转向了合作，这也会激励其他方转向合作，从而有利于企业构建更为广泛的合作关系。

| CSR 聚焦 8-9 |

组织对冲突诉求的选择性回应

帕切（Pache）和桑托斯（Santos）（2013）探讨了混合组织（hybrid）如何回应冲突的制度压力。传统研究提出，面对竞争的制度环境或相互冲突的制度压力，公司会采取"说一套做一套"的策略。但是，解耦策略（decoupling）的问题在于公司内部人会对是否采取这一策略产生矛盾；并且从长期来看，公司也很难避免因为这种虚伪的手段而激起利益相关者的不满。除解耦策略以外，也有公司会考虑采用妥协的办法，也就是在两种冲突的诉求中寻求平衡。但是，妥协最大的问题在于从长期来看，任何一方都会不满意。在这种情况下，作者就提出选择性合作策略（selective coupling），也就是在一系列存在竞争性关系的活动中，选择一些与公司战略和价值一致的诉求来回应。

资料来源：PACHE A C, SANTOS F, 2013. Inside the hybrid organization: selective coupling as a response to competing institutional logics[J]. Academy of Management Journal, 56(4): 972-1001.

8.3.2 企业象征性社会责任行为的战略调整

当企业认为经济导向型利益相关者更为重要时，就会采取应付的方式，如"漂绿"或不履行社会责任以回应社会导向型利益相关者的诉求。企业采取这一类社会责任行为会使社会导向型利益相关者的重要性不断增强（诉求的合法性、紧急性，以及利益相关者的影响力都会提升），也会使经济诉求不断得到满足的利益相关者转向支持社会导向型利益相关者的诉求。另外，随着经济诉求不断得到满足，经济导向型利益相关者的诉求水平也会不断提高，这同样会增大企业的财务压力。故而，两者相结合使企业需要调整其社会责任战略，转向投入资源参与社会活动，如从不履行社会责任转向实质性履行社会责任。

因此，企业需要根据利益相关者的诉求水平和重要性的变化来动态调整其社会责任行为，从而使得企业与多维利益相关者之间的关系维持在动态平衡的状况，即不能一味满足一方利益相关者的诉求而忽视另外一方的诉求。

8.3.3 企业社会责任战略的动态决策框架

企业社会责任战略的动态决策过程有四个阶段，如图 8-4 所示。在第一阶段，利益相关者会对企业的反应行为做出回应。无论企业采取何种社会责任策略，都可能使一部分利益相关者的诉求得到满足的同时而忽视或未能满足另外一部分利益相关者的诉求，甚至未能满足所有利益相关者的诉求。在面对企业的回应时，利益相关者随着自身的诉求得到满足或未能满足而会调整其诉求，如调整其诉求的内容、水平等，从而使企业在第二阶段面临的利益相关者的诉求结构发生变化。

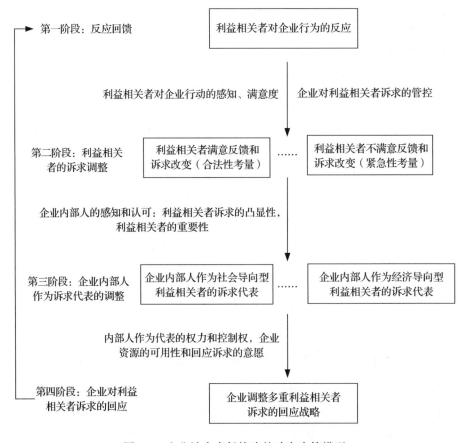

图 8-4　企业社会责任战略的动态决策模型

在第三阶段，从企业决策的微观机制来看，企业的内部人作为企业决策的制定者，在接收到不同利益相关者的诉求信息后，会结合企业的特征和自身的特征选择接受某一利益相关者的诉求，从而愿意作为这些利益相关者在企业内的代表，在企业决策过程中表达这些利益相关者的诉求。显然，如果利益相关者的诉求及其结构发生变化，企业内部人作为利益相关者诉求的代表，其结构也会发生相应的调整。例如，当企业长期忽视投资者的利益而持续参与慈善捐赠，那么投资者的诉求就会在企业内部得到更多内部人的支持，即便是此前支持社会导向型利益相关者诉求的内部人也可能在满足其首要诉求后转而支持投资者的诉求。

在第四阶段，随着企业内部人所代表的外部诉求结构的调整，代表不同诉求的内部人会结成利益联盟，其所掌握的公司权力也在发生变化。当一方拥有公司的绝对控制权后，就能根据其所代表的诉求，并结合企业的资源情况来制定和推行新的社会责任策略。

本章小结

1. 本章讲述了在时间维度和多维利益相关者诉求冲突这两个因素影响下，企业社会责任战略如何进行动态调整。
2. 根据诉求的不同可以将企业的利益相关者分成两大类，分别是社会导向型利益相关者和经济导向型利益相关者。
3. 利益相关者的诉求，以及诉求冲突都会随着时间的变化而变化，这与企业所采取的社会责任行为，以及是否满足、在多大程度上满足一方利益相关者的诉求有密切关系。
4. 根据企业社会责任履行和沟通两个维度，以及投入水平的三种类型，可以归纳出企业社会责任行为常见的6种类型——实质型社会责任行为、"漂灰"型社会责任行为、沉默型社会责任行为、应付型社会责任行为、"漂绿"型社会责任行为、拒绝型社会责任行为。
5. 企业采取实质性社会责任行为会引发经济导向型利益相关者的负面反应和反制措施，同时也会得到更多社会群体的同情和支持，而使经济导向型利益相关者的重要性逐渐增强。
6. 企业消极履行社会责任行为会引发社会导向型利益相关者的负面反应和反制措施，同时也会得到更多社会群体的同情和支持，而使社会导向型利益相关者的重要性逐渐增强。
7. 从短期来看，当利益相关者的诉求结构发生调整时，企业需要采取诉求调控手段以抑制不断上涨的诉求和降低由于诉求没有得到满足而带来的负面情绪，从而使企业所面对的利益相关者结构维持稳定的状态。
8. 从长期来看，当利益相关者的诉求结构发生调整时，企业需要动态调整企业社会责任战略，而企业在决定如何调整社会责任战略时受到两个因素的影响：利益相关者诉求和利益相关者重要性的变化。

关键术语

企业社会责任实施（walk of corporate social responsibility）

战略动态调整（strategy dynamic adjustment）
利益相关者诉求（stakeholder claims）

复习思考题

1. 若企业没有足够的资源同时满足多维利益相关者的诉求，应该先满足哪一方利益相关者？
2. 企业社会责任实施和沟通分别是什么？
3. 企业社会责任行为常见的6种类型分别是什么？
4. 企业实质性履行社会责任和消极履行社会责任分别回应了哪类利益相关者的诉求？
5. 企业调整社会责任战略受到哪些因素的影响？

应用案例

万科适时调整捐款水平

2008年汶川地震之后，全社会向灾区伸出援手，有钱出钱，有力出力，驰援灾区。尤其是企业界涌现出一批爱心企业家，纷纷拿出上千万的捐款，救助灾区。然而，万科集团作为财力雄厚的房地产公司却对外宣布捐款200万元，引来了公众的不满与质疑。

大部分网友认为，万科2007年的销售额超过523万亿元，净利润超过48亿元，一度名列房地产排行榜首位，却在此次自然灾害面前仅仅捐赠200万元，显得过于敷衍，没有诚意与担当，认为万科是一家没有社会责任感的企业，只知道赚钱，而不知道向灾区施以援手，回馈社会。

此后，为了平息社会公众的不满，万科董事长王石发文答复网友的质疑，其在文中认可200万元的捐赠，并解释慈善捐助应该量力而行，做到可持续性而不是一次性，不能因为捐款而对企业的经营造成负担。集团曾对内部员工表示，每人募捐不应超过10元，表明其不希望捐款成为员工的负担。但文中的解释不仅没有平息公众的怒火，反而引来了网友进一步的指责与"炮轰"。

在外界压力之下，王石于2008年5月21日再次对此事做出回应，他向广大网友表示了歉意，并承认自己的言行有待商榷，值得深刻反思。同日，万科集团向外界宣布，向汶川灾区提供1亿元的重建资金。

资料来源：搜狐网."捐款门"为何害了万科[EB/OL]. (2008-07-14)[2022-12-17]. https://business.sohu.com/20080714/n258136028.shtml.

讨论题

1. 万科捐款事件主要是回应了谁的诉求？万科的利益相关者如何反应？
2. 万科如何调整其社会责任战略？为何如此调整？
3. 自然灾害发生后，你对企业履行社会责任有何建议？

学习链接

[1] DURAND R, HAWN O, IOANNOUI, 2019. Willing and able: a general model of organizational responses to normative pressures[J]. Academy of Management Review, 44(2): 299-320.

[2] HUBBARD T D, CHRISTENSEN D M, GRAFFIN S D, 2017. Higher highs and lower lows: the role of corporate social responsibility in CEO dismissal[J]. Strategic Management Journal, 38(11): 2237-2254.

[3] KROSS W J, ROB T, SUK I, 2011. Consistency in meeting or beating earnings expectations and management earnings forecasts[J]. Journal of Accounting and Economics, 51(1-2): 37-57.

[4] MCDONNELL M H, KING B, 2013. Keeping up appearances: reputational threat and impression management after social movement boycotts[J]. Administrative Science Quarterly, 58(3): 387-419.

[5] MITCHELL R K, AGLE B R, WOOD D J, 1997. Toward a theory of stakeholder identification and salience: defining the principle of who and what really counts[J]. Academy of management review, 22(4): 853-886.

[6] NASON R S, BACQ S, GRAS D, 2018. A behavioral theory of social performance: social identity and stakeholder expectations[J]. Academy of Management Review, 43(2): 259-283.

[7] ODZIEMKOWSKA K, HENISZ W J, 2020. Webs of influence: secondary stakeholder actions and cross-national corporate social performance[J]. Organization Science, 32(1): 233-255.

[8] PACHE A C, SANTOS F, 2013. Inside the hybrid organization: selective coupling as a response to competing institutional logics[J]. Academy of Management Journal, 56(4): 972-1001.

[9] PACHE A C, SANTOS F, 2010. When worlds collide: the internal dynamics of organizational responses to conflicting institutional demands[J]. Academy of Management Review, 35(3): 455-476.

[10] VERGNE J P, WERNICKE G, BRENNER S, 2018. Signal incongruence and its consequences: a study of media disapproval and CEO overcompensation[J]. Organization Science, 29(5): 796-817.

[11] ZHAO W, ZHOU X G, 2011. Status inconsistency and product valuation in the California wine market[J]. Organization Science, 22(6): 1435-1448.

第9章 企业社会责任的微观基础

【学习目标】
1. 掌握影响利益相关者的决策基础。
2. 掌握企业社会责任行为的特征。
3. 了解企业社会责任影响利益相关者感知和反应的微观机制。
4. 了解利益相关者的反应类型。
5. 熟悉利益相关者反应的汇集效应及类型。

开篇案例

员工参与企业公益

企业在开展公益活动的过程中,往往会面临如何定位内部员工的问题,是应该让其参与,还是完全与员工无关,不同的定位会给外界带来不同的印象。阿里巴巴最近推出了一个公益项目——橙点侠益榜,在这个项目中要求所有员工都要结合自己的爱好及专业优势参与,挖掘其中的公益元素,公司继而会提供平台和资金的支持,以使该公益项目越做越大。

员工参与公益的优势是很明显的。首先,只要赋予员工足够的空间,公益可视为员工工作的延续,进而降低了企业介入公益的成本。其次,员工参与的公益项目会在组织内部形成一种开放、包容的企业文化,最终会形成企业独特的人力资本。把公益基因深深根植于组织内部的代表性企业是阿里巴巴,当员工在这种环境中时,既能达到谋生的目的,又能实现自身的价值。最后,内部员工参与的公益项目还会以巨大的驱动力裂变出去,发散成对外部利益相关者的感染力。目前,整个阿里巴巴公益项目推动了全社会近47亿人次参与,也就是说企业内部的员工自发参与的公益项目能够带动更多人参与进来，这是一种更宏大的价值与力量。

目前，越来越多的社会公益实践者和学者都呼吁企业鼓励内部员工参与公益项目或志愿服务。当员工身着印有企业元素的文化衫参与公益时，企业所传递的外部形象也会更加亲切而生动，相信在不久的未来，员工参与公益会成为企业践行社会责任的潮流。

资料来源：公益时报. 员工参与公益，企业践行社会责任的新潮流 [EB/OL]. (2018-03-27)[2022-12-17]. http://www.gongyishibao.com/html/qiyeCSR/13615.html.

企业社会责任所产生的各种效果和影响，本质上需要首先作用到具体的行为主体（如某一利益相关者群体C）身上，而后利益相关者C1通过对所感受到的企业社会责任效益（物质影响）或接收到的企业社会责任信息（信息影响）进行分析，从而形成对企业社会责任行为的认知和价值判断（好或不好；真实或虚伪等），进而结合自身所掌握的资源和能力做出反应。利益相关者群体（C）中个体（C1）的反应行为汇集起来，就表现为总体的利益相关者（C）的反应，即我们通常所观察到的企业社会责任的实施效果。这一微观机制如图9-1所示。例如，开篇案例中所介绍的，阿里巴巴鼓励员工参与社会责任活动，能提升员工的归属感和成就感，员工就会更加努力工作，这种员工的力量汇聚起来可以提升企业绩效。

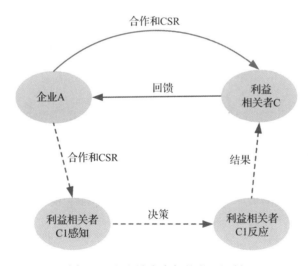

图 9-1 企业社会责任的微观机制

在这一过程中，存在以下几个关键点：利益相关者感知的决策基础（基于物质体验还是基于信息判断），利益相关者的价值判断类型和感知，利益相关者的反应类型，利益相关者反应的汇集类型。

| CSR 聚焦 9-1 |
企业行为效果的微观机制

近十几年以来，微观基础（microfoundation）在战略和组织研究中受到了广泛的关注。微观基础研究的核心就是要深入理解个人层面的因素如何影响组织层面的绩效，以及企业层面（宏观的）变量之间的关系如何通过微观行为的交互作用来实现。微观基础并不是一种独特的理论或经验方法，而是一种在宏观理论中广泛应用的思维方式或是一套广泛的启发式解决问题的方法。微观基础视角与成熟理论的结合称为微观分析（Argyres et al., 2012）。实际上，所有研究工作的本质都是力求揭示因果关系。其中，管理学主要强调的就是构建理论，需要建立起揭示概念之间因果关系的逻辑机制，从而把概念之间的内在关系说清楚。任何高层次的因素最终都是因为会影响具体人的行为才能产生作用效果。也就是说在人类社会中，所有变化最核心的是人与人之间的交互影响所累积产生的。

菲林（Felin）等（2015）提出的"浴缸"模型就说明了这些问题。图 9-2 首先区分了宏观组织层面和微观个体层面。其中，箭头 4 是指宏观层面和宏观层面之间的联系，箭头 1 是指宏观层面和微观层面之间的联系，箭头 2 是指微观层面与微观层面之间的联系，箭头 3 是指微观层面与宏观层面之间的联系。

研究类型 A（箭头 3）的因果解释聚焦于微观层面的动因。研究类型 B（箭头 2+箭头 3）所展示的因果关系是将个体行为之间的交互作为主要动因。研究类型 C（箭头 1+箭头 2+箭头 3）所展示的因果关系则将宏观层面作为主要动因，并在其中分析了微观个体层面之间的因果关系。这三种类型是所有微观解释基础的实例。箭头 4 所展示的因果关系则被认为是有问题的，由于它只阐述了宏观层面的因果关系，并没有揭示其中的内在微观解释机制。

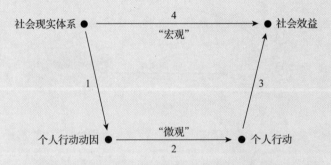

图 9-2　社会科学因果解释中的"浴缸"模型

资料来源：ARGYRES N S, FELIN T, FOSS N, et al., 2012. Organizational economics of capability and heterogeneity[J]. Organization Science, 23(5): 1213-1226; FELIN T, FOSS N J, PLOYHART R E, 2015. The microfoundations movement in strategy and organization theory[J]. Academy of Management Annals, 9(1): 575-632.

9.1　利益相关者感知的决策基础

企业履行社会责任而直接影响某一利益相关者的福利，这部分利益相关者称为直接影响利益相关者。此外，其他利益相关者也会了解到企业所开展的社会责任活动，而获得相应的有关企业社会责任表现的信息，这部分利益相关者称为间接影响利益相关者。当然，也存在一种可能，企业履行社会责任的效果难以在短期内被识别而使得"直接"受到影响的利益相关者并没有感受到这样的影响，而只是获得相关的社会责任信息。这种情况下,可以按照实际情况来做出判断,而将这一类利益相关者归为间接影响利益相关者。

9.1.1 直接影响利益相关者的决策基础

企业履行社会责任而直接改变利益相关者的福利水平,利益相关者基于实际感受而获取的有关企业社会责任的信息包括社会责任的维度、投入资源类型、投入水平,以及历史表现等。企业社会责任是多维度的概念,就影响的利益相关者而言,包括投资者、员工、消费者、供应商、社区、政府等众多社会群体。每个利益相关者群体由于其诉求不同,使企业相应所履行的社会责任的属性特征会存在显著差异。

1. 投资者的决策基础

投资者的诉求往往是分红和利益保护。公司对投资者履行社会责任表现为积极分红、建立完善的公司治理体系、高质量对外披露信息等。为了满足投资者的诉求,公司需要投入实际的资源(如人、财、物)去开展相应的活动,如对外分红、建立公司治理体系和编制高质量的财务报告等。

| CSR 聚焦 9-2 |

回应投资者诉求,完善上市公司分红制度

引导和鼓励上市公司以现金分红的方式回馈中小投资者,切实履行企业社会责任,是我国政策层面关注的重点。近年来,随着完善上市公司分红制度在一些重要文件中频频点题,上市公司分红金额逐年增长。根据证监会和交易所的数据统计,2017 年至 2020 年,上市公司现金分红已经连续三年破万亿元。当前上市 A 股公司的分红比例已超过 30%,一方面是由于国家宏观经济持续向好发展,另一方面是监管部门的分红政策起到了很好的推动作用。

对投资者来说,上市公司现金分红的逐年递增,有助于增强投资者长期持股的信心,强化价值投资理念。对上市公司而言,持续进行现金分红不仅可以反映出公司的资金面向好、业绩较为稳健,而且可以规范公司的治理水平,推动价值投资。

资料来源:证券日报.重磅文件"点题"完善上市公司分红制度 [EB/OL]. (2021-03-16)[2022-12-05]. https://baijiahao.baidu.com/s?id=1694343943471279979&wfr=spider&for=pc.

---

2. 员工的决策基础

员工的基本诉求一般包括货币化的报酬,以及非货币化的收益。其中,货币化的报酬包括基本工资、绩效奖励和各种福利等;非货币化的收益则包括工作安全、晋升机会、职业培训、团队氛围、领导支持等各方面。公司对员工履行社会责任,不仅需要建立完备的薪酬体系以满足员工对货币报酬的诉求,还需要不断完善公司的人力资源管理制度,给员工提供安全、舒适的工作环境,让员工感到组织的关心和温暖等。故而,员工会基于公司在建立薪酬体系,以及提供各种保障和支撑方面的表现来判断公司对员工履行社会责任的情况。

| CSR 聚焦 9-3 |

京东建员工宿舍

2009年，京东集团为了解决员工的住宿问题，下令给员工盖"高级白领公寓"，希望员工能住得有尊严。董事长刘强东为了明确他的要求，还特别举例自己曾经在银丰大厦办公的时候住了三年的艾瑟顿公寓，大概是46平方米，两个人一间。但等公寓快完工时，负责人带刘强东看了一个样板间，他一进门就愤怒地发现，居然是8人间。负责人解释说，已经过去三四年了，员工数量已经是原来的四五倍了，一个宿舍只有住8个人才能住得下。刘强东怒称："我真想打人，这不是以人为本，住不下可以再租楼，我们所需要的是让兄弟们住得有尊严"，并当即将这个样板间命名为"耻辱间"，让所有员工知道这是公司管理的耻辱。

资料来源：腾讯网．京东建员工宿舍，白领公寓被弄成8人间，刘强东怒道"我想打人"[EB/OL]. (2021-03-29) [2022-12-05]. https://new.qq.com/rain/a/20210329A08IQC00.

3. 消费者的决策基础

相对而言，消费者的诉求比较单一和明确，即要求企业提供性价比高的产品或服务。当然，随着绿色消费和新的消费理念的升级，消费者也会要求企业在生产产品或提供服务的过程中能更加绿色、环保、低碳，符合社会规范等，从而对企业的产品或服务提出一些更高附加属性的要求。对企业而言，则需要从满足消费者的诉求角度入手，保障产品或服务质量，践行新的消费理念，不断提升消费者的满意度。

| CSR 聚焦 9-4 |

蓝月亮荣获行业首批"中国绿色产品"认证

诞生于1992年的蓝月亮作为中国洗衣液市场的领导品牌，积极响应国家绿色环保号召，切实将绿色环保的理念融入日常的运营决策，并将环境友好的价值观贯穿在产品的全生命周期。2021年10月8日，经中环联合认证中心评价，广州蓝月亮旗下深层洁净护理洗衣液、绿色柔顺剂等22款产品获得中国绿色产品认证证书，成为行业内首批获得该认证的公司，而这也正是蓝月亮长期坚持绿色发展的结果。绿色发展取得显著成效的背后是蓝月亮在浓缩化产品领域始终如一的探索和对研发创新的高度重视。通过开发计量式泵头装浓缩洗衣液，可以使仓储面积更小、运输成本更低、包装废弃物更少，并且降低碳的排放量，省时省力又省水。在研发创新方面，从源头上减少外包装的消耗也是它的一大特色，通过推广替换装，降低包装材料用量，提升消费者的环保意识；同时，蓝月亮还注重包装材料的绿色化、轻量化，通过开发专门的包装材料来减少包装材料的用量。蓝月亮表示，未来公司将继续发挥"中国绿色产品"的积极效应，创新技术、绿色生产，持续推出绿色环保的产品。

资料来源：羊城晚报．长期坚持绿色发展理念，蓝月亮荣获行业首批"中国绿色产品"认证[EB/OL]. (2021-10-15) [2022-12-05]. https://baijiahao.baidu.com/s?id=1713665183688389789&wfr=spider&for=pc.

4. 供应商的决策基础

供应商与企业建立的供货关系以经济交换和相互信任为基础，强调公平交易。故而，供应商的诉求是企业能按照合同规定执行，如按时支付货款，并受到企业的公平对待等。这些对于供应商评判企业的社会责任表现至关重要。企业需要按照合同约定来支付货款，并且用统一的标准来要求供应商，如把控材料质量和提供公平的竞标机会等。

| CSR 聚焦 9-5 |

苹果公司的供应链责任管理

苹果公司作为美国的一家高科技企业已经成功地将社会责任管理融入企业的供应链运营战略。苹果公司通过创造良好的工作环境，让供应链员工能畅所欲言，并享有尊严，受到尊重。在供应链员工的个人成长和职业发展方面，苹果公司承诺给予大力投入，让员工能胜任今天及未来的职位。特别是在疫情期间帮助员工提升技能，扩大供应商员工获得教育的机会，发展学徒计划。对于供应商的表现，苹果公司每年都会评估供应商对 Apple《供应商行为准则》和《供应商责任标准》的遵守情况，这是其了解供应商表现的重要途径。总体来看，苹果公司的供应链将遍及全球的数百万人连接在一起，其所做的每项决策，都会影响供应链中每个人的生活。

资料来源：苹果公司官方网站. 供应商责任 [EB/OL]. [2022-12-05]. https://www.apple.com.cn/supplier-responsibility/pdf/Apple_SR_2021_Progress_Report.pdf.

5. 政府的决策基础

政府对企业的诉求主要是依法纳税和参与社会事务。首先，纳税是企业的首要社会责任，也是政府的主要收入来源。故而，依法纳税成为政府评价企业的首要因素。其次，政府往往需要面对纷繁复杂的社会问题，因而难以有足够的人力、物力、财力去解决这些社会问题，从而对企业主动承担社会事务提出要求。例如，政府需要企业积极参与精准扶贫、改善乡村教育、提高西部地区医疗保障水平等事务，共同解决社会问题。企业参与这些活动的表现也就成为政府评判企业社会责任的重要决策依据。当然，政府虽然具备足够的监管和信息收集能力而能掌握企业实际履行社会责任的情况，但是政府依然会面对信息不对称的问题而无法完全掌握相关信息。另外，不同层级的政府行政机构收集和处理信息的能力也会存在差异。例如，地方政府可能具备更多的非正式渠道去获取有关企业的非官方信息，从而能更为深入地了解企业社会责任的实际表现。

| CSR 聚焦 9-6 |

政府推动民营企业参与扶贫的模式升级

2020 年是全面建成小康社会的收官之年，我国脱贫攻坚所取得的显著成效离不开民营企业的参与。乡村振兴作为精准扶贫的下一阶段，将更加重视乡村可持续发展这一目标。因此，如何借鉴已有的成功经验、总结所存在的问题，实现扶贫模式的升级，成为进一步促进民营企业持续助力乡村振兴的关键。

目前来看，民营企业扶贫已逐渐由间接参与转变为直接参与。自党的十八大以来，脱贫攻坚成为我国全面建成小康社会的标志性任务，单纯通过以往的政府牵引，以向地方政府、民政部门或基金会捐款等模式间接参与扶贫将不利于乡村的可持续发展，国务院也出台了一系列政策鼓励民营企业直接参与扶贫，包括产业发展脱贫、转移就业脱贫、教育脱贫等，同时证监会要求企业在上市公司年报中披露扶贫的详细信息。

资料来源：贾明，向翼. 从政府主导到企业自主：民营企业参与扶贫的模式升级 [EB/OL]. (2020-10-19) [2022-12-05]. http://www.infzm.com/contents/194024.

6. 社区的决策基础

由于企业的经营活动会对社区的就业、环境状况、治安等产生直接影响，因此，社区从自身的利益出发，要求企业能解决当地就业问题和改善环境等。故而，企业招募当地员工、控制污染物排放和为社区捐款等活动都直接响应社区诉求，提升社区福利。

| CSR 聚焦 9-7 |

天齐锂业齐心战"疫"

2020年年初，新冠疫情爆发，面对严峻的疫情防控形势，以及全国各省市陆续出现医疗物资紧缺的情形，天齐锂业第一时间与其总部所在的四川省，以及重庆市的社区、工业园区等进行联系，了解到消毒原液的实际缺口和需求。天齐锂业动员其下游供应链生产商将募集的3吨消毒原液送至重庆市铜梁区疾病预防控制中心，向成都市志愿服务联合会捐赠7吨消毒原液。此外，天齐锂业还通过彤程公益基金会捐赠护目镜送至武汉防疫一线，为医疗工作者及时送上防护工具。

资料来源：天齐锂业公司官网. 天下一家，齐心战"疫"，天齐锂业捐赠60吨消毒原液及护目镜等医疗物资 [EB/OL]. (2020-06-28)[2022-12-05]. http://www.tianqilithium.com/content/details30_545.html.

9.1.2 间接影响利益相关者的决策基础

企业履行社会责任所产生的直接影响只是局限于提出相应诉求的利益相关者，而其他利益相关者的福利则不会受到企业社会责任行为的直接影响。但是，这些利益相关者也会获得有关企业如何履行社会责任的信息，从而形成对企业行为的认知和判断。例如，企业回应投资者的诉求而积极分红这一负责任的表现并不会改变员工、消费者、供应商、政府和社区的福利，对这些群体不会产生直接的影响。但是，企业如何回应投资者诉求的相关信息会传播给这些利益相关者，从而对其认知、判断和行为产生影响。这里，关键的决策信息包括：企业履行社会责任的类型、投入水平、历史表现等。例如，面对获得超额薪酬的高管所在公司参与慈善捐款这样的信息，媒体会认为这样的公司是伪善的，而更倾向于进行负面报道（Vergne et al., 2018，见 CSR 聚焦 8-5）。

要特别注意的是，在这种情况下，由于间接影响利益相关者仅仅能够获得有关企业社会责任的信息，而信息从企业传递到这些利益相关者的过程中可能会产生噪声，使得这些利益相关者所获得的社会责任信息与企业社会责任实际表现可能存在不一致。

（1）企业的信息操纵（information manipulation） 在第6、7章中讲了，企业会采取印象管理的方式来操控对外披露的社会责任信息。例如，夸大企业的社会责任表现或隐瞒企业的社会责任投入等。这些行为扰乱了间接影响利益相关者的信息环境，使这些社会群体无法掌握真实的企业社会责任信息。

（2）信息传递障碍　首先，由于间接影响利益相关者自身的信息获取能力存在差异，如注意力、认知能力等方面的差异，使企业社会责任相关的信息可能被忽略或无法理解。其次，信息从企业传递到间接利益相关者的过程中可能需要经过若干信息中介机构（intermediary agency）而产生噪声。例如，如果利益相关者获取相关信息主要依靠媒体报道，那么媒体如何报道企业的社会责任活动就直接决定了间接影响利益相关者所能获得的信息。理想情况下，媒体作为独立的第三方能如实报道、转述、传递相关信息；但是，媒体本身作为经济组织，在报道企业的过程中也会出现报道偏差（media bias）。例如，媒体会受到公司的影响而扭曲对公司社会责任事件的报道，出现诸如夸大、贬低或忽视企业社会责任的情况。故而，对间接影响利益相关者而言，他们制定决策的基础依据可能与企业社会责任实际表现一致，但也可能不一致。

| CSR 聚焦 9-8 |

企业捐款信息的选择性披露

慈善捐赠行为作为企业响应外部利益相关者诉求的主要手段，受到社会各界的广泛关注。从 2008 年开始，我国政府开始鼓励企业自愿披露社会责任报告并在其中披露具体的慈善捐款数额。一些企业认为社会责任披露会耗费精力和成本，因而选择不发布社会责任报告。一般情况下，如果企业选择发布社会责任报告，就会在其中披露捐款的具体数额，除非他们故意隐瞒（Wang et al., 2020）。通过对比 2011 年—2020 年的 6 182 份年报和社会责任报告，发现有 4 934 份年报所披露的捐款数额大于社会责任报告中所披露的捐款数额，有 948 份年报所披露的捐款数额小于社会责任报告中所披露的捐款数额，只有 300 份年报所披露的数额与社会责任报告中所披露的数额是一致的。

资料来源：WANG H, JIA M, ZHANG Z, 2021. Good deeds done in silence: stakeholder management and quiet giving by Chinese firms[J]. Organization Science, 32(3): 649-674.

9.1.3　利益相关者决策中的社会比较和历史比较

个体决策需要有参照系。社会比较（social comparison）指的是决策者会将目标企业与其他相关企业进行比较而形成判断（Festinger，1954），CSR 聚焦 3-12 中介绍了社会比较理论的主要观点。一般而言，决策者倾向于根据相似性原则来选择社会比较的对象，如根据目标企业的行业类型、地理位置、企业性质等来选择比较对象。也就是说，利益相关者在评价企业社会责任表现如何时会将目标企业与相似的企业进行比较而形成判断。

历史比较（historical comparision）指的是决策者会将目标企业当期的表现与其自身的历史表现进行比较。在这里，决策者基于企业历史数据形成对当前绩效表现的判断。无论是借助于社会比较还是历史比较，决策者首先形成对当期绩效表现的预期，然后将当期的实际绩效表现与预期表现进行比较，从而形成判断和决策。

9.1.4 利益相关者之间的比较对决策的影响

利益相关者除了能感受到企业如何回应其诉求（作为直接影响利益相关者）之外，也能获得企业如何回应其他利益相关者诉求的信息（作为间接影响利益相关者）。利益相关者会基于这两类信息进行比较，从而形成判断。虽然不同的利益相关者的诉求并不相同，但是利益相关者可以根据企业回应各利益相关者的诉求来判断企业对其诉求的重视程度。例如，投资者会根据公司如何对待员工来判断公司是否认真履行对投资者的责任；消费者会根据公司如何回应社区的诉求（如捐款）来判断公司是否尊重员工的诉求，积极承担对消费者的责任等。故而，如果企业积极捐款但是分红不足，投资者就会对企业的捐款行为表示不满（Wang, Jia, and Zhang, 2021）。

9.2 企业社会责任特征与利益相关者感知

利益相关者根据所获取的企业社会责任信息形成对企业履行社会责任表现的感知和判断。与企业社会责任特征相关的维度包括投入的资源类型、投入水平和投入变化。企业投入的资源是否直接回应利益相关者诉求，投入水平多高，以及与历史、社会水平相比如何都会影响利益相关者的感知和判断。

9.2.1 企业社会责任行为的特征

企业社会责任的真实性、显著性、持续性、公平性等维度对利益相关者的感知和判断影响显著。

1. 社会责任的真实性

由于企业社会责任在执行和沟通方面会存在分离，故而利益相关者所获得的信息可能与企业的社会责任执行不一致而存在真实性的问题。当企业承诺的社会责任和实际履行的社会责任保持一致时，利益相关者感知到企业在履行社会责任方面的态度是真诚的，从而有利于提升正面情绪。反之，如果企业承诺的社会责任无法兑现，或者打折扣，就会影响利益相关者对企业履行社会责任态度的认可，从而产生负面情绪。

| CSR 聚焦 9-9 |

虚伪的慈善

慈善捐款本是一种善意之举，但在利益的驱使下，原本单纯的慈善捐款活动却变成了许多人收获道德市场的利器。《中国青年报》指出从 2004 年起，每年四五月间，由民政部等指导、中国社会工作协会主办，公益时报社承办的中国慈善排行榜都会在京发布，这一排行榜也被称为"中国慈善官方榜"。不久前，这一"官方榜"的发起人——中国社会工作协会副会长刘京表示，中国慈善排行榜办公室在收集 2008 年度捐赠数据时，发现部分企业年度实际捐赠数额，与其向媒体和社会公布的捐赠数额不符，并且差距很大。

资料来源：中国青年报.多家捐赠未兑现企业承诺补上余款[EB/OL].(2009-04-25)[2022-12-05]. http://zqb.cyol.com/content/2009-04/25/content_2640141.htm.

2. 社会责任的显著性

显著性强调基于社会比较，企业的社会责任投入与其他相似的企业进行比较而更为突出。当企业的社会责任投入水平高于社会期望水平时，利益相关者会形成正面感知，从而认为企业在这一维度上投入充足，并产生正面情绪，如信任、忠诚、互惠等。反之，如果企业的社会责任投入水平低于社会期望水平，利益相关者会认为企业对其诉求的回应不积极、不充分，从而产生不满情绪，如失望、愤怒等。例如，2008年汶川地震后的王老吉和2021年河南水灾后的鸿星尔克等公司都因为大额捐款而得到社会公众的广泛认可。

3. 社会责任的持续性

持续性强调基于历史比较，企业的社会责任投入水平保持稳定的增长趋势。与历史水平相比，当企业的社会责任投入水平持续高于历史期望水平时，利益相关者会认为企业在这一社会责任维度上投入充足，从而产生正面情绪。反之，如果企业的社会责任投入水平低于历史水平，从而破坏持续性趋势，利益相关者就会产生疑虑，进而产生负面情绪。

| CSR 聚焦 9-10 |

坚持做好事

2021年，阳光保险集团凭借在社会公益方面的投入，荣获第十八届深圳关爱行动先进集体。成立16年以来，阳光保险集团坚持做好事、履行社会责任，并已形成一种习惯，将其融入企业的发展基因。

在慈善捐款方面，阳光保险集团不仅积极成立了全国性青年志愿者组织和阳光保险爱心基金会，还在汶川地震、玉树地震、芦山地震等自然灾害发生后第一时间捐资捐款。

在教育扶持方面，阳光保险集团一方面开启"心灵阳光计划"，关爱农村留守儿童心理健康，并援建了68所阳光保险博爱学校；另一方面，2018年，启动了"双生计划"，面向"三区三州"等国家级深度贫困地区，实施"万名贫困学生帮扶计划"，截至2020年年底，"双生计划"已覆盖35个国家级贫困县，资助学生3万余人次。

值得一提的是，2021年，"万名贫困学生帮扶计划"中帮扶的8000多名贫困高中生已顺利完成高中阶段的学习。

在产业扶贫方面，阳光保险集团董事长张维功就表示"脱贫只是初级目标，建设社会主义新农村的样板才是追求目标"。在吉林省延边自治州安图县，阳光保险集团建立了专业生产合作社，用现代企业管理机制全方位扶持其发展，最终使该地区顺利实现脱贫摘帽。

阳光保险集团从西南到东北，从教育到医疗，从"扶智"到"扶志"，从捐资到保险保障，累计投入超4.8亿元，这段有关"爱与责任"的故事相信还会长久地延续下去。

资料来源：腾讯网. 坚持做好事儿 阳光的"99"爱心 [EB/OL]. (2021-09-12) [2022-12-05]. https://view.inews.qq.com/a/20210912A0877500?startextras=undefined&from=ampzkqw.

4. 社会责任的公平性

公平性强调企业在回应不同利益相关者诉求的过程中，能平等对待每位利益相关者。虽然企业会根据重要性将利益相关者进行分类，但是同一类的利益相关者，以及不同类的利益相关者之间都会形成比较。如果企业能公平对待利益相关者，有利于培养利益相关者的正面感知；反之，如果企业对待利益相关者存在不公平，不仅使被不公平对待的利益相关者产生负面情绪，而且被优待的利益相关者也会因为企业的不公平而产生负面情绪。

| CSR 聚焦 9-11 |

公平理论

1965 年，美国心理学家亚当斯通过研究工资报酬分配的合理性、公平性对员工工作效率的影响，进而提出了公平理论（equity theory）。该理论认为员工对自己收入的满意程度能正向影响工作积极性。其中，员工对自身报酬是否满意是基于一个社会比较的过程形成判断的，一个人不仅关心自己的绝对收入的多少，而且会自觉或不自觉地关心自己相对收入的多少，进而做出公平与否的判断。具体来说，每个人会把自己付出的劳动和所得的报酬与他人付出的劳动和所得的报酬进行社会比较，也会把自己现在付出的劳动和所得的报酬与自己历史所付出的劳动和所得的报酬进行比较。如果员工发现自己的收支比例与他人的收支比例相等，或自己现在的收支比例与历史的收支比例相等，那么就会认为报酬的分配是公平、合理的，并感到心情舒畅，进而会提升工作效率。否则，当员工发现自己的收支比例与他人的收支比例不平衡，或自己现在的收支比例与历史的收支比例不相等时，差距越大（无论是正向差距还是负向差距），员工越会产生不公平感。

资料来源：百度百科. 公平理论 [EB/OL]. [2021-12-17]. https://baike.baidu.com/item/%E5%85%AC%E5%B9%B3%E7%90%86%E8%AE%BA/857698?fr=aladdin.

9.2.2 企业社会责任影响员工行为的微观机制

企业社会责任对员工产生影响的微观机制主要涉及四个理论：社会认同理论、社会交换理论、组织公平理论，以及自我决定理论，见表 9-1。

表 9-1　企业社会责任影响员工行为的理论解释

理论视角	主要观点	中介机制
社会认同理论	企业社会责任代表企业对员工的认同、信任，而使员工产生自豪感和情感承诺	组织认同，组织信任，外部声望，情感承诺，自豪感
社会交换理论	企业社会责任有助于建立互惠规范，让员工感知到组织的信任和支持	组织信任
组织公平理论	企业社会责任有助于员工感知到组织公平	公平感知
自我决定理论	员工对待企业社会责任的态度决定了员工的反应	内在动机，亲社会动机

1. 社会认同理论

社会认同理论提出，员工对他们自身群体成员身份的认识会影响他们随后的态度和行为。法鲁克（Farooq）等（2017）根据社会认同理论提出，企业对外履行社会责任能使员工感知到更高的外部声誉和组织认同，进而增强员工的忠诚度，而企业对内履行社会责任则能增强员工感知到的内部尊重，进而促进员工产生人际帮助行为，从而乐于助人。

| CSR 聚焦 9-12 |

增强快递员的社会认同

2021 年 7 月，中央七部委联合印发《关于做好快递员群体合法权益保障的工作意见》。该文件指出要进一步落实关于做好快递员权益保障工作的具体部署，切实提高快递员的合法权益。具体来看，主要聚焦于四个方面，包括建立行业工资集体协商机制，引导企业保障合理的劳动报酬；支持快递行业成立员工工会组织，鼓励员工参加工伤保险，完善快递行业的社会保障，并推荐开展全国邮政行业先进集体、劳动模范和先进工作者的评选表彰活动，增强快递行业员工的社会认同；拓宽快递员困难救济渠道，开展快递员满意度调查，压实快递企业主体责任；强化政府监督与服务，要求对企业重大经营管理事项开展风险评估。受此影响，多家快递公司上调快递派件费，提高快递员工资。

资料来源：每日经济新闻．中通、圆通等多家公司今起上调快递派费！快递小哥：刚好涨了一个月房租 [EB/OL]. (2021-09-01) [2022-12-05]. http://www.nbd.com.cn/articles/2021-09-01/1899539.html.

2. 社会交换理论

社会交换理论将企业社会责任视为获得员工回馈的投入。企业社会责任有助于形成员工与企业之间的互惠规范，增强员工感知到的组织信任和支持，进而引发他们对企业社会责任的积极反应（Gond et al., 2017）。

3. 组织公平理论

个体对企业社会责任的关注反映了他们普遍的公正观念（Gond et al., 2017；Rupp, 2011）。由于不公正行为违反了道德和伦理规范，所以员工会对这种行为做出反应。该模型暗示着员工不仅会对他们自身所受到的公平对待做出反应（即第一方公正），而且会对其他人所受到的公平对待做出反应（即第三方公正）。鲁普（Rupp）(2011)认为员工会"向内看"(looking in)以判断企业是否公平地对待自己、"环顾"(looking around)以判断企业是否公平地对待组织内的所有人，并且"向外看"(looking out)以判断企业是否公平地对待外部利益相关者，从而形成公平感知，最终这些都会影响员工的情绪、认知、态度和行为等。

4. 自我决定理论

自我决定理论强调人类行为的自我决定，即受到个人动机的影响。越来越多的研究表明，员工所在企业的社会责任行为可以向员工发出企业重视各方面利益相关者的信号，从而肯定了员工自身工作的价值，增强了员工对企业的认同感（Brammer et al., 2015）。

| CSR 聚焦 9-13 |

自我决定与企业社会责任对员工行为的影响

鲁普（Rupp）等（2018）认为员工的社会责任动机影响企业社会责任对员工工作投入产生影响的程度，并认为员工从参与社会责任活动中获得的收益与员工认为该活动是否由自身决定有关。相比于更多的外部控制或外在形式的动机，自我决定的自主性通常与更好的表现和更积极的态度相关联，使员工更可能从企业社会责任实践中获得自身价值,并且更加积极地工作。

资料来源:RUPP D E, SHAO R, SKARLICKI D P, PADDOCK E L, KIM T Y, et al., 2018. Corporate social responsibility and employee engagement: the moderating role of CSR - specific relative autonomy and individualism[J]. Journal of Organizational Behavior, 39(5): 559-579.

9.2.3 企业社会责任影响利益相关者的微观机制

社会认同理论强调企业对待利益相关者的方式代表企业的态度。企业对利益相关者履行社会责任也代表了企业的认同和信任,从而使利益相关者产生自豪感和情感承诺,进而对企业的社会责任行为做出积极回应。社会交换理论强调的是互惠关系的建立和双方之间的相互信任。企业对利益相关者履行社会责任有利于建立互惠规范,从而使双方基于互惠的方式来展开社会交互,并有助于建立信任关系。组织公平理论则强调企业在处理与多维利益相关者之间关系的时候,公平是利益相关者判断企业社会责任合法性的出发点,而且这里涉及对内公平、对外公平和第三方公平等多个维度。当利益相关者感知到企业的社会责任表现是公平的时,就能触发其积极反应。自我决定理论强调利益相关者自身的动机和价值观,对认可企业社会责任的利益相关者而言,其会做出积极的反应;对不具备亲社会动机(不认可奉献社会的价值观)的利益相关者而言,则会认为企业社会责任不能帮助企业获得任何资源(如获得合法性),因此做出消极反应。

9.3 利益相关者特征与社会责任感知差异

直接影响利益相关者和间接影响利益相关者可以对同样的企业社会责任行为分别做出判断,不同的是直接影响利益相关者是基于自身的直接感受来进行感知和判断的,而间接影响利益相关者则是根据企业社会责任信息来做出判断的。例如,公司对员工承担社会责任,提高员工的福利保障,提供更为舒适的工作环境等,那么员工(C)和社区(D)都会就这一社会责任行为做出反应。但是,利益相关者自身的差异会使其对相同的企业社会责任行为的感知和判断不同,如图9-3所示。

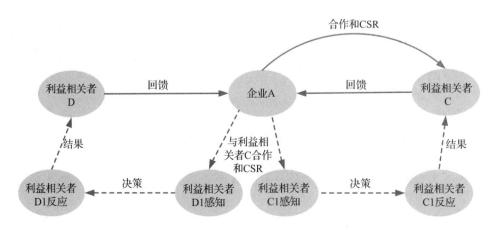

图9-3 企业社会责任与利益相关者感知的差异

这里，利益相关者特征因素包括诉求满足、价值导向、时间导向、影响力、诉求合法性等。

1. 诉求满足（claim satisfaction）

利益相关者会对企业如何满足其诉求，以及如何满足其他利益相关者的诉求做出反应。对于企业如何满足其诉求，利益相关者主要围绕企业社会责任的特征来做出判断，如一致性、显著性、持续性、真诚性等。某一利益相关者对于企业如何满足其他利益相关者诉求做出回应，则与利益相关者之间的社会比较有关，这里更加强调的是社会公平，也就是利益相关者会根据企业如何对待其他利益相关者来评价其如何对待自身的诉求。故而，利益相关者的诉求是否，以及如何得到企业的满足，影响了利益相关者对企业社会责任行为的感知和判断。

2. 价值导向

一般而言，利益相关者的价值导向（value orientation）可以分为社会价值导向和经济价值导向两大类。具有社会价值导向的利益相关者，如社区、政府等，关注企业的社会价值创造，故而会更认同企业的社会责任行为，而给予积极回报。当然，具有社会价值导向的利益相关者也会根据企业社会责任的特征，如一致性、显著性、真诚性、持续性等，以及结合与企业之间的认同、互惠、信任和公平感等因素，形成对企业社会责任的价值判断。当企业的社会责任行为具有一致性、显著性、真诚性和持续性等特征，并且对待利益相关者是公平的时，就体现了企业对利益相关者的认同而建立了信任关系，因此，社会导向型的利益相关者也会给予企业积极回应。

对具有经济价值导向的利益相关者而言，其更为看重的是企业回馈给这些利益相关者的经济利益。其一，如果企业积极回应具有经济价值导向的利益相关者诉求，并且保持一致性、真诚性、持续性等，就有利于建立起与利益相关者之间的认同、互惠、信任和公平感等关系，从而使利益相关者产生积极的反应。其二，只有在企业满足了具有经济价值导向利益相关者的诉求后，其再履行其他社会责任，才可能得到经济导向型利益相关者的认可和支持（如 Wang 等，2021）。否则，这也会使企业的社会责任行为因为缺乏使用合法性（pragmatic legitimacy）而招致这部分利益相关者的反对。

3. 时间导向

时间导向（time orientation）强调的是利益相关者期望与企业建立的合作关系的时间长短。短期导向的利益相关者倾向于与企业建立短期的交换关系。这类利益相关者更多与企业建立的是经济交换关系，从而更为看重的是从企业那里获得的经济回报，对于企业的社会责任表现则不看重。例如，在旅游景点购物是典型的短期一次性交易，这种情况下消费者更为看重的是商家的产品质量和价格，至于商家的社会责任表现则不重要。

反之，对长期导向的利益相关者而言，其更倾向于与企业建立长期的合作关系，形成相互信任。这时，企业社会责任可以起到强化信任关系的作用，因而受到长期导向的利益相关者的重视。一般而言，机构投资者作为长期导向的投资者更愿意投资社会责任表现好的企业。

| CSR 聚焦 9-14 |

不同利益相关者对企业慈善的反应不同

企业慈善捐赠与公司财务绩效之间的关系非常复杂，目前并没有确切的结论。出现这个现象可能因为不同利益相关者对企业慈善行为有不同的反应，因而很多学者呼吁应该对其内在作用机制进行研究。

在我国，企业首次公开募股（IPO）主要面临的问题是与利益相关者之间的信息不对称，仅有的一些信息是 IPO 发行方在招股说明书中所披露的信息，包括企业慈善捐款信息。IPO 企业信息的不足使一些利益相关者在做出决策时需要依赖这些捐款信息。也就是说利益相关者会基于 IPO 企业的慈善捐款信息来评估企业的价值。IPO 过程主要分为筹备阶段、发行阶段和交易阶段。贾（Jia）和张（Zhang）（2014）探讨了在 IPO 的三个不同阶段中所涉及的承销商、风险投资家、机构投资者和中小投资者这四类投资期限各不相同的利益相关者对企业慈善行为的不同判断，最终会如何反映在 IPO 绩效上。研究发现，在 IPO 筹备阶段，企业慈善捐赠与承销商声誉、风险投资和 IPO 融资成本呈负相关；在 IPO 发行阶段，企业慈善捐赠与机构投资者对 IPO 企业的估值呈 U 形关系；在 IPO 交易阶段，如果企业此前有负面报道，有关企业慈善活动的信息能够鼓励中小投资者购买股票。

资料来源：JIA M, ZHANG Z, 2014. Donating money to get money: the role of corporate philanthropy in stakeholder reactions to IPOs[J]. Journal of Management Studies, 51(7): 1118-1152.

4. 影响力

利益相关者掌控企业稀缺资源的能力决定了利益相关者对企业的影响力。例如，政府、投资者直接控制着决定企业生存的关键资源，从而对企业具有很强的影响力。这部分利益相关者的诉求自然需要企业首先回应。故而，这部分利益相关者在评判企业社会责任表现时，除根据前面所述的因素来判断以外，企业的响应时间或速度也是一个重要维度。企业积极响应、做出快速回应能让利益相关者感受到企业的认同，从而对企业有更为积极的评价。反之，当政府更为依赖企业使政府的影响力降低时，企业就可能通过适度投入来回应政府的诉求。

| CSR 聚焦 9-15 |

政府对企业的依赖与企业扶贫

《中共中央关于制定国民经济和社会发展第十三个五年规划的建议》指出，到 2020 年年底，我国政府的首要任务是消除贫困，全国人民要为实现这一目标共同努力。考虑到脱贫攻坚是一项艰巨的工作，中共中央出台一系列文件，引导和动员民营企业、社会组织等社会各方面的力量参与精准扶贫。为了进一步推动企业积极参与，上海和深圳证券交易所均要求所有上市公司必须在年报中披露在扶贫方面所做出的努力，包括在扶贫事务中的花费。那么，对企业来说，政府是影响企业生存的关键利益相关者，面对政府对企业的依赖，应该如何响应政府的呼吁？

如果企业过度投入资源来参与扶贫，虽然能避免政府对企业扶贫不作为的审查，但会影响企业内部的经营效率；相反，如果企业不响应政府的号召，则会产生合法性威胁。针对这一问题，向（Xiang）等（2021）提出了适度模仿的概念，并认为虽然企业的社会绩效缺乏客观的衡量标准，但随着越来越多的企业参与扶贫，行业平均水平就成为指导地方政府评估其他企业参与扶贫实践并获得合法性的标准。当政府对民营企业的依赖越强时，企业就越会表现出平均社会绩效水平，即适度模仿（modest imitation）同行业企业的扶贫措施，以平衡企业内部效率压力和外部的政治合法性威胁。

资料来源：XIANG Y, JIA M, ZHANG Z, 2021. Hiding in the crowd: government dependence on firms, management costs of political legitimacy, and modest imitation[J]. Journal of Business Ethics, 1-18.

5. 诉求合法性

某些利益相关者提出的诉求是否与社会规范一致，会影响其他利益相关者对企业社会责任行为的评价。对具备合法性的利益相关者诉求而言，企业回应其诉求是理所当然的。故而，利益相关者会积极评价企业的社会责任行为。例如，自然灾害发生后，即便是亏损企业积极捐款也能得到社会的广泛好评。但是，如果利益相关者的诉求不具备合法性（illegitimacy），而企业依然回应这些诉求，就很可能招致其他利益相关者的不满。例如，在正常的经营环境中，当公司绩效差的时候依然对外捐款，就会招致投资者的不满。

9.4 利益相关者反应及汇集

利益相关者根据其自身对企业社会责任行为的判断形成评价，做出反应。不同的利益相关者因为所掌握的资源不同，故所采取的反应形式也不尽相同。例如，投资者的反应就包括买卖股票和在股东大会上投票，消费者的反应是购买商品，员工的反应是更高的忠诚度和尽职工作，政府则是提供政府补贴或优惠政策，社区是给企业经营提供更好的支持和服务。

即便是对于同一企业的社会责任，由于利益相关者自身的差异（如诉求满足、价值导向、时间导向等的不同），也会做出不同的反应。企业社会责任是一个多维度的概念。企业可能在某一阶段同时开展多种不同类型的社会责任活动，以回应不同利益相关者的诉求（Zhang，Wang，and Zhou，2020）。这就使利益相关者的反应体系也变得复杂而多元。企业在得到一部分利益相关者支持的同时，也可能面临另外一部分利益相关者的反对。

对企业社会责任做出正面回应的利益相关者中，其所提供给企业的支持和资源可能产生互补效应，并发挥叠加作用，促进企业价值提升。例如，员工和政府对企业的支持为企业提供更高效的人力资源和更好的政策环境，就能起到互补的作用。但是，也存在一种可能，即不同利益相关者所提供的支持和资源是可替代的，而无法产生叠加作用。例如，机构投资者和中小投资者虽然有不同的时间和价值导向，但是都可能受到企业社会责任行为的影响而积极申购企业发行的股票。企业就可能把原本打算面向中小投资者发行的股份调配给机构投资者。

当然，在一部分利益相关者对企业社会责任做出正面回应的同时，也可能会有另一部分利益相关者做出负面回应。这种情况下，对于企业所产生的综合效应则取决于正面回应和负面回应的强弱。这也说明了为何企业社会责任与企业财务绩效之间存在复杂而不确定的关系（见 CSR 聚焦 3-3）。

| CSR 聚焦 9-16 |

企业社会责任与多维利益相关者的反应

企业如何在顺应制度压力与同行企业保持一致的同时，建立自身独特的差异化特征，以维持竞争优势？为了解答这个问题，张（Zhang）等（2020）基于最优区分理论，探索了企业社会责任活动的合规性与差异性如何影响证券分析师对企业的评估及证券市场的反应。企业社会责任的细分维度主要包括环境、员工、社区、股东、政府、合作伙伴等。他们研究发现：企业社会责任活动广度上的合规性提升了分析师对企业的关注度，企业社会责任活动深度上的差异性能提升证券分析师的推荐评级及获得更高的市场价值。作者强调了企业应该在社会责任活动中获得广度合规性的基础上，在深度方面也做到差异化，以达到最优区分的效果。因此，企业可以在社会责任实践的不同维度上战略性地进行调整，以获得更好的不同利益相关者都满意的评价，从而产生叠加效应，进而对企业绩效产生更好的促进作用。

资料来源：ZHANG Y, WANG H, ZHOU X, 2020. Dare to be different? conformity versus differentiation in corporate social activities of Chinese firms and market responses[J]. Academy of Management Journal, 63(3): 717-742.

本章小结

1. 本章讲述了企业社会责任行为的微观基础，企业社会责任产生效果的过程中存在四个关键点，包括利益相关者感知的决策基础、利益相关者的价值判断类型和感知、利益相关者的反应类型和利益相关者反应的汇集类型。
2. 企业履行社会责任直接改变利益相关者的福利水平，这一类利益相关者是直接影响利益相关者，包括投资者、员工、消费者、供应商、政府和社区。每个利益相关者群体由于其诉求不同，使企业相应所履行的社会责任属性存在显著差异。
3. 直接影响利益相关者基于自身的直接感受对企业社会责任行为进行感知和判断，而间接影响利益相关者则根据企业社会责任信息做出判断。
4. 社会比较指的是决策者将目标企业与其他相关企业进行比较而形成判断；历史比较指的是决策者将目标企业当期的表现与其自身的历史表现进行比较而形成判断。
5. 企业社会责任的真实性、显著性、持续性、公平性等维度对利益相关者的感知和判断影响显著。
6. 从社会认同理论、社会交换理论、组织公正理论、自我决定理论视角可以解释利益相关者对企业社会责任做出感知和判断的内在机制。
7. 利益相关者自身的特征使其对企业社会责任行为做出不同的感知和判断。这些特征因素包括利益相关者的诉求满足、价值导向、时间导向、影响力、诉求合法性等。

关键术语

微观基础（microfoundation）
社会认同理论（social identity theory）
社会交换理论（social exchange theory）
诉求满足（claim satisfaction）

复习思考题

1. 企业社会责任如何对利益相关者产生影响？
2. 直接影响利益相关者和间接影响利益相关者的决策基础分别是什么？
3. 企业社会责任的不同特征对利益相关者的感知有什么影响？
4. 现有对企业社会责任微观影响的研究主要是从哪些理论视角展开的？
5. 利益相关者对企业社会责任的感知和判断存在差异的原因是什么？

应用案例

海尔的企业社会责任

2021年1月7日，在青岛市慈善总会主办的"2020青岛慈善十佳"颁奖晚会上，海尔公司凭借长期在公益慈善方面的卓越表现荣获"2020青岛慈善工作奖"。特别是2020年这极其特殊的一年，海尔公司坚持助力公益慈善，勇于抗击疫情，充分展现了大国企业的责任与担当。

我国家电巨头海尔智家，原名"青岛海尔"，主要从事空调、冰箱、洗衣机等智能家电的研发、生产和销售业务。自1984年成立以来，海尔公司长期坚持积极履行社会责任，关注员工健康成长、关爱消费者的美好生活、保障产品质量安全、引领社会绿色发展。海尔公司长期致力于公益事业的发展，正如海尔公司的创始人张瑞敏所说："海尔应像海，为社会、为人类做出应有的贡献。"

2020年，海尔中国区所有产品均通过ISO 14001体系认证和ISO 9001质量管理体系认证，全年全部产品零召回。在公益活动方面，海尔公司在全国各个地区累计投入1.16亿元建设希望小学，帮扶学校师生10 000余人。特别是在新冠疫情期间，当人们的生活按下暂停键时，海尔公司挺身而出，用最快的行动构筑抗疫防线，时刻传递企业爱心和温暖。种种责任担当时刻彰显民族精神，传递温暖人心的力量，极大地提高了消费者的购买意愿，2020年海尔智家实现净利润88.77亿元人民币，同比增长了8.17%。

资料来源：朱春花，单臻，2021. 真实性视角下社会责任对跨国企业品牌与购买意向的关系研究[J]. 现代营销（学苑版），(7): 195-196.

讨论题

1. 海尔的企业社会责任体系都有哪些维度？表现出怎样的特征？
2. 海尔在产品质量方面的社会责任表现对利益相关者产生怎样的影响？
3. 海尔参与抗疫、扶贫等公益活动对于企业绩效有何影响？为什么？

学习链接

[1] ARGYRES N S, FELIN T, FOSS N, et al., 2012. Organizational economics of capability and heterogeneity[J]. Organization Science, 23(5): 1213-1226.

[2] ARYA B, ZHANG G, 2009. Institutional reforms and investor reactions to CSR announcements: evidence from an emerging economy[J]. Journal of Management Studies, 46(7): 1089-1112.

[3] BRAMMER S, HE H, MELLAHI K, 2015. Corporate social responsibility, employee organizational identification, and creative effort: the moderating impact of corporate ability[J]. Group & Organization Management, 40(3): 323-352.

[4] FAROOQ O, RUPP D E, FAROOQ M, 2017. The multiple pathways through which internal and external corporate social responsibility influence organizational identification and multifoci outcomes: the moderating role of cultural and social orientations[J]. Academy of Management Journal, 60(3): 954-985.

[5] FELIN T, FOSS N J, PLOYHART R E, 2015. The microfoundations movement in strategy and organization theory[J]. Academy of Management Annals, 9(1): 575-632.

[6] FESTINGER L, 1954. A theory of social comparison processes[J]. Human Relations, 7(7): 117-140.

[7] GOND J P, EL AKREMI A, SWAEN V, et al., 2017. The psychological microfoundations of corporate social responsibility: a person-centric systematic review[J]. Journal of Organizational Behavior, 38(2): 225-246.

[8] JIA M, ZHANG Z, 2014. Donating money to get money: the role of corporate philanthropy in stakeholder reactions to IPOs[J]. Journal of Management Studies, 51(7): 1118-1152.

[9] RUPP D E, 2011. An employee-centered model of organizational justice and social responsibility[J]. Organizational Psychology Review, 1(1); 72-94.

[10] RUPP D E, SHAO R, SKARLICKI D P, et al, 2018. Corporate social responsibility and employee engagement: the moderating role of CSR-specific relative autonomy and individualism[J]. Journal of Organizational Behavior, 39(5): 559-579.

[11] THIBAUT J, WALKER L, 1978. A theory of procedure[J]. California Law Review, 66: 541.

[12] VERGNE J P, WERNICKE G, BRENNER S, 2018. Signal incongruence and its consequences: a study of media disapproval and CEO overcompensation[J]. Organization Science, 29(5): 796-817.

[13] WANG H, JIA M, ZHANG Z, 2021. Good deeds done in silence: stakeholder management and quiet giving by Chinese firms[J]. Organization Science, 32(3): 649-674.

[14] XIANG Y, JIA M, ZHANG Z, 2021. Hiding in the crowd: government dependence on firms, management costs of political legitimacy, and modest imitation[J]. Journal of Business Ethics, 1-18.

[15] ZHANG Y, WANG H, ZHOU X, 2020. Dare to be different? Conformity versus differentiation in corporate social activities of Chinese firms and market responses[J]. Academy of Management Journal, 63(3): 717-742.

[16] 王娟，张喆，贾明，2017. 员工感知的企业社会责任与反生产行为：基于亲社会动机和内在动机的视角 [J]. 预测，36（05）：8-14；23.

第 10 章　我国企业海外社会责任

【学习目标】

1. 理解企业履行海外社会责任的必要性。
2. 掌握企业履行海外社会责任面临的困境。
3. 掌握企业海外社会责任的决策流程。
4. 熟悉海外社会责任效果评估与反馈。

开篇案例

中材水泥获"海外社会责任类优秀案例"

作为"一带一路"上的一张名片,中材水泥投资建设的中国建材赞比亚工业园长期以来认真践行海外社会责任,坚持追求市场、环境、社会的和谐共赢,坚持"为当地经济做贡献、与当地企业合作、为当地人民服务"的走出去"三原则",充分尊重各利益相关方的诉求,与当地充分展开合作,关爱当地员工,保护当地环境,坚持与各利益相关方携手共创可持续发展的美好未来,得到当地利益相关者的一致好评和支持,在为"一带一路"建设不断贡献力量的同时,也提升了中资企业的海外形象。

中材水泥在赞比亚的社会责任贡献不仅得到了当地利益相关者的好评和支持,而且也获得了国内的官方认可和鼓励。中国建材推荐的中材水泥案例《善用资源推动和谐共赢　履责担当共建"一带一路"》在由中央宣传部、国务院国资委、全国工商联指导,中国外文局于 2020 年 11 月 3 日主办的 2020 中国企业海外形象高峰论坛上,被评为 2020 中国企业海外形象建设"海外社会责任类优秀案例"。

作为中材水泥国际化业务迈出的第一步,中国建材赞比亚工业园通过海外履责获得了海内外多方的肯定,将激励中国建材赞比亚工业园更好地履行企业的海外社会责任,夯实中国企业有责任、有担当、有温度的海外形象,继续发挥好连接中非友谊的桥梁作用,继续坚持"善用资源、服务建设"的核心理念,充分利用海内外市场和资源,助力构建双循环新发展格局。

资料来源:《中国建材》,2020.中材水泥获 2020 中国企业"海外社会责任类优秀案例"[J].中国建材,(12): 76.

我国企业"走出去"越来越多,越来越深入地推进国际化。虽然越来越多的企业开始在海外开拓业务,但也面临着诸多挑战(如环境保护、社区关系、政府支持、劳工保护、法律遵守、习俗融入等),这些挑战危及企业与多维利益相关者之间的关系,以致威胁到企业海外的可持续发展。企业履行社会责任作为回应利益相关者诉求的重要方式之一,将企业海外社会责任融入"走出去"的全过程成为实现可持续发展的必由之路。

| CSR 聚焦 10-1 |

我国企业"走出去"

根据以往的研究,以及近年来我国企业的国际化进程,大致可以将我国企业的国际化历程分为"储能—探索—开拓—构建—引领"5 个阶段。

1. 储能阶段(1978 年—1991 年)

我国进入改革开放时期,开始积极吸引外商投资,通过与外资企业合作的方式,我国企业在这一阶段学习积累了先进的管理经验和知识,开启了国际化之路。

2. 探索阶段(1992 年—2000 年)

1992 年,我国提出"鼓励能发挥我国比较优势的对外投资",加强了企业对外投资的政策支持。在政策牵引下,大量企业,尤其是民营企业开始参与对外直接投资,开始了"走出去"的探索。

3. 开拓阶段(2001 年—2012 年)

2001 年,我国加入 WTO。我国企业国际化迎来高潮,尤其是 2002 年—2008 年,我国对外直接投资年均增速达到了惊人的 65.7%(厉翔等,2010)。我国企业深度融入全球,开拓全球市场,在全球化中起着越来越重要的推动作用。

4. 构建阶段(2013 年—2019 年)

2013 年,我国企业国际化进入新时代,开始探索和构建新的全球化架构及话语体系,成为推动全球化发展的重要力量。

5. 引领阶段(自 2020 年起)

新冠疫情深刻改变了世界,全球化发展面临巨大的挑战,保护主义、民族主义在欧美等发达国家兴起,我国企业对外投资逆势上扬,成为推动全球化的引领性力量。

资料来源:厉翔,位青,王健栋,等,2010.中国企业国际化历程阶段分析[J].经济视角(下)(10): 50-52;贾明,2022."一带一路"沿线中国企业海外社会责任[M].北京:科学出版社.

10.1 企业履行海外社会责任的必要性

1. 化解海外经营风险

企业作为经济组织在追求自身可持续发展的过程中,必须重视社会的利益,承担社会责任。只有全面履行了社会责任的企业,才能算得上是一个合格的、负责任的企业,才能得到社会的支持和拥护，从而实现可持续发展。企业在海外所面临的各项风险，核心是关键利益相关者对企业的不信任和没有建立互惠关系。例如，政治风险、社会风险、环境风险等都是企业未能与当地政府、社区、民众建立起良好的信任、合作和互惠关系所导致的。企业通过履行社会责任，有利于回应东道国利益相关者的诉求（Rathert，2016），平衡利益相关者之间的关系，实现企业发展与利益相关者福利提升的共赢。

企业要想实现"走出去"过程中的可持续发展，就需要将海外社会责任履行融入企业海外业务发展的全过程，使海外社会责任成为维护企业与来自母国、东道国、"一带一路"沿线其他国家和西方国家等众多地区利益相关者之间关系的纽带，促进中国企业在"走出去"过程中实现与多维利益相关者的融合与共赢（贾明，2022）。

| CSR 聚焦 10-2 |

我国企业在"一带一路"沿线开展海外业务面临众多风险

"一带一路"沿线涉及的国家众多，各国的经济发展水平、政治体制、文化氛围、社会环境，以及生态环境各不相同，且各个国家之间的关系错综复杂，使我国企业在"一带一路"沿线开展业务时面临众多风险，主要包括国家之间的关系风险、政治风险、社会风险、经济风险等。

其中，国家之间的关系风险：一方面来源于"一带一路"沿线各国家之间的民族及宗教冲突，以色列、巴勒斯坦、黎巴嫩、沙特阿拉伯、伊朗等"一带一路"沿线国家所在的中东地区矛盾冲突持续不断，国家之间的关系紧张，局势不稳，这使在此地区我国企业的可持续发展面临极大的挑战；另一方面主要源于东道国对于母国的敌意，如 2020 年 TikTok 在印度被禁用。

政治风险则主要源于东道国政局、政策的变化，如中国交建在马来西亚东海岸铁路项目尽管已经开工一年，但还是在马来西亚政府换届后被直接叫停。社会风险则主要源于企业对于东道国文化、习俗的忽视，如中资企业 infoshare pvtidt 有限公司在巴基斯坦的 foodmama 项目因为忽略了当地的饮食习惯而被迫停止。经济风险则源于东道国市场经济体制的不完善，如 2014 年以来中亚五国严重的通货膨胀极大地影响了我国企业在当地的采购成本。

企业在东道国履行社会责任有利于企业获得合法性而化解风险。拉厄特（Rathert）（2016）以制度理论为基础，研究了东道国制度环境如何影响跨国公司的社会责任战略。具体而言，他认为当东道国存在制度缺失时，东道国的利益相关者未被赋予权力，因而跨国公司更可能采用基于公认标准的社会责任政策。这种企业社会责任政策更多的是无关利益相关者诉求的，是以一种自愿的形式出现的。在赋予利益相关者群体权力的东道国制度环境中，跨国公司更可能采用基于诉求的社会责任政策，以满足东道国利益相关者的利益诉求，获得合法性。

资料来源：贾明，2022."一带一路"沿线中国企业海外社会责任[M].北京：科学出版社.
RATHERT N, 2016. Strategies of legitimation: MNEs and the adoption of CSR in response to host-country institutions.[J] Journal of International Business Studies, 47(7): 858-879.

2. 融入国际体系

企业在践行"一带一路"倡议过程中遵循国际准则并履行海外社会责任是企业赢得经营合法性、提高海外竞争力和品牌美誉度，进而塑造良好国家形象的一个必由之路。

过去数十年，伴随着全球化的迅猛发展，世界经济格局发生了深刻的变化。全球化在加快世界经济发展、促进国与国之间合作的同时，也带来了日益严重的问题。南北差距、贫富悬殊、生态环境恶化等严重的社会问题不断出现。在这样的背景下，1999年，联合国秘书长安南提出了"全球契约"计划，动员工商界自主遵守商业道德、劳工标准和环境方面的国际公认原则，尊重人权，以建立一个推动社会经济可持续发展和社会效益共同提高的全球治理机制。目前超过160个国家的10 000家企业加入了该契约。面对国际标准的不断推广，中国跨国公司只有主动接纳国际标准体系，积极遵守国际标准并履行企业社会责任，才能在国外获得合法性，建立国际声誉。

| CSR 聚焦 10-3 |

"全球契约"计划

1999年1月在达沃斯世界经济论坛年会上，联合国秘书长安南提出"全球契约"计划，并于2000年7月在联合国总部正式启动。该计划号召全球各公司遵守在人权、劳工标准、环境及反贪污等方面的十项基本原则。具体如下：

人权

原则1：企业界应支持并尊重国际公认的人权。

原则2：保证不与践踏人权者同流合污。

劳工标准

原则3：企业界应支持员工组织及切实承认集体谈判权。

原则4：消除一切形式的强迫和强制劳动。

原则5：切实废除童工。

原则6：消除就业和职业方面的歧视。

环境

原则7：企业界应支持采用预防性方法应付环境挑战。

原则8：采取主动行动促进在环境方面更负责任的做法。

原则9：鼓励开发和推广环境友好型技术。

反贪污

原则10：企业界应努力反对一切形式的贪污，包括敲诈和贿赂。

资料来源：百度百科. 全球契约 [EB/OL]. [2021-12-04]. https://baike.baidu.com/item/%E5%85%A8%E7%90%83%E5%A5%91%E7%BA%A6/2906815?fr=aladdin.

3. 改进企业管理水平和提升国家形象

企业承担社会责任是与国际社会接轨、提升自身管理水平的需要。跨国企业亟须将社会责任纳入企业海外经营活动的范畴，统筹主营业务和社会责任活动之间的关系，通过高效地履行社会责任来不断提升企业海外管理水平，借助海外社会责任管理和投入来增强企业的竞争力。在东道国，企业就代表母国，企业的形象就是母国的国家形象。海外社会责任的履行有益于树立母国在国际上的形象，推进国家之间更为深入而广泛的合作。

| CSR 聚焦 10-4 |

我国企业与非洲共同成长

中非发展基金自2007年正式开始运营以来，积极支持我国企业对非投资，注重企业对当地的经济贡献和社会责任，为我国企业走出国门、走入非洲搭建了桥梁。例如，2013年海信公司与中非发展基金在南非共同投入3.5亿兰特兴建现代化家电产业园，为当地创造了逾2 600个工作岗位，显著推动了当地经济发展，并对当地的小学进行课桌捐赠，为当地孤儿院捐赠物资，赢得了当地政府的认可、民众的欢迎，树立了我国企业良好的海外形象，为其他中资企业走入当地营造了有利的投资环境。

2021年11月26日，国务院新闻办公室发布了《新时代的中非合作》白皮书，全面介绍了中非合作取得的成果，展望了构建新时代中非命运共同体的美好未来。我国企业帮助非洲国家新增和升级超过1万公里铁路、接近10万公里公路、近千座桥梁、近百个港口、15万公里通信骨干网，网络服务覆盖了近7亿用户终端。中非合作的成果写满了非洲大地，在促进非洲的经济社会发展的同时也促进了我国企业在当地的发展，给双方人民带来了实实在在的好处。

资料来源：外交部. 国新办举行《新时代的中非合作》白皮书新闻发布会实录[EB/OL]. (2021-11-26) [2022-12-05]. https://www.mfa.gov.cn/wjbxw_673019/202111/t20211126_10453849.shtml；新华网. 搭建中国企业走入非洲的桥梁——记中非发展基金海外实践[EB/OL]. (2015-12-02)[2022-12-05]. http://www.xinhuanet.com/world/2015-12/02/c_1117328246.htm.

10.2 企业海外社会责任的实施

10.2.1 企业履行海外社会责任面临的困境

从社会交换的角度来看，企业到东道国履行社会责任面临的突出问题出现在企业社会责任的实施、沟通，以及反馈等诸多环节，如图10-1所示，使得在东道国履行社会责任、建立与利益相关者之间的合作关系变得更加困难。

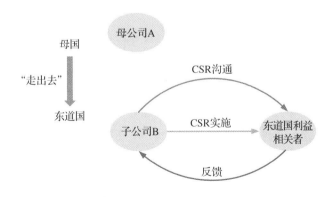

图10-1　企业履行海外社会责任的环节

1. 识别合作对象难

在母国，企业由于对利益相关者的结构有清晰的了解，故而能准确确定利益相关者的重要性及其诉求。但是，到东道国后，面对全新的外部经营环境，企业需要对东道国的利益相关者进行识别、筛选和评估，以确定开展合作的对象。

| CSR 聚焦 10-5 |

利益相关者识别不当导致密松水电站项目搁置

2009 年，缅甸电力部、中国电力投资集团公司（简称中电投）云南国际公司以及缅甸亚洲世界公司组成伊江上游水电有限责任公司，共同开发总投资额约 300 亿美元的密松水电站项目。在项目如火如荼地建设一年半以后，2011 年 9 月 30 日，缅甸政府以该项目破坏当地自然环境、企业社会责任不达标为由，单方面宣布搁置该项目。尽管中电投在项目期间发布了社会责任报告，表明了自己在项目建设期间与缅甸生物多样性保护协会、仰光大学等专业机构共同开展了多次野外环境调查工作，却仍然遭到当地人关于中电投的社会责任报告全部出自中国人之手的质疑。由此可见，企业必须进一步提高企业社会责任的可信度，以获得当地民众的信任和政府的支持。

资料来源：搜狐网．密松水电站搁置四年　揭秘究竟谁在反对这个项目 [EB/OL]. (2015-11-08)[2022-12-05] http://news.sohu.com/20151108/n425654394.shtml.

2. 传递合作信息难

在母国，企业与利益相关者居于同样的制度和文化环境之中，较容易形成共同的价值观，而使企业容易判断利益相关者是否认可企业的社会责任行为。但是，在东道国，企业与所在国利益相关者居于完全不同的制度环境之中，拥有不同的文化价值观，对企业社会责任行为的理解自然也会存在差异。故而，要想通过履行社会责任建立起与东道国利益相关者之间的合作关系，就需要借助沟通来形成共同的价值观，让东道国利益相关者接受企业的合作行为并愿意施以回报。

| CSR 聚焦 10-6 |

用当地的语言开展社会责任沟通

赛尔默（Selmier）等（2015）提出跨国公司在进行社会责任沟通时，首先应充分考虑当地社区的诉求，以促进企业社会责任实践在当地取得成功；其次使用当地的通用语言与当地利益相关者进行社会责任沟通，更能提高这些利益相关者对于企业在当地社会责任投入的感知，从而充分发挥出企业社会责任效能；最后指出将当地的通用语言与当地文化相结合并融入企业社会责任实践中能带来更好的实施效果。

资料来源：SELMIER II W T, NEWENHAM-KAHINDI A, OH C H, 2015. "Understanding the words of relationships": language as an essential tool to manage CSR in communities of place[J]. Journal of International Business Studies, 46(2): 153-179.

3. 确认利益相关者反馈难

在母国，企业对于利益相关者的支持和反馈有清晰的评价体系并能及时得到确认，如得到政府的支持、消费者的认可和社区的肯定等。然而，在东道国，由于企业缺少与东道国利益相关者之间沟通的有效途径，并且建立这些合作网络也需要时间，故而东道国利益相关者是否及如何给予企业反馈需要企业采取恰当的方式加以确认。

10.2.2 企业海外社会责任的决策流程

企业履行社会责任本质在于通过企业资源的投入去满足利益相关者的诉求，构建与利益相关者的良好关系，从而支持企业的长久发展。然而，资源的稀缺性使企业无法同时满足所有利益相关者的诉求，企业必须对其有限的资源予以合理分配，优先满足对其来说处于相对关键地位的利益相关者的诉求。因此，这就需要首先在企业的众多利益相关者中识别出企业的关键利益相关者；然后对关键利益相关者的诉求做出进一步的分析，以识别出关键利益相关者期望企业履行社会责任的内容、方式及投入水平，从而对企业的社会责任资源投入做出合理的分配，在优先满足关键利益相关者诉求后，再满足其他利益相关者诉求，以提高企业社会责任的经济和社会效益。

因此，企业社会责任履行的逻辑在于：关键利益相关者识别→关键利益相关者诉求识别→优先满足关键利益相关者的诉求→平衡各利益相关者的诉求。企业在履行社会责任时既要优先满足关键利益相关者的诉求，又要较为全面地兼顾其他利益相关者的诉求，针对关键利益相关者和其他利益相关者的诉求选择合适的企业社会责任履行方式和投入水平。例如，企业的关键利益相关者是员工，而员工的关键利益诉求是获得良好的薪酬待遇。因此，企业需要选择合适的方式去满足员工的薪酬诉求，到底是通过固定薪酬制度还是股权激励制度去满足员工的薪酬诉求，则需要企业根据自身情况和外界环境来决定。

10.2.3 关键利益相关者识别

从众多利益相关者中识别出企业的关键利益相关者是企业通过履行社会责任进行利益相关者管理，获取合法性的关键一步。从广义的利益相关者定义来看，企业的利益相关者是受企业经营活动影响或影响企业经营活动的群体或个人（Freeman，1984）。具体到企业"走出去"的过程中，涉及的主要利益相关者包括东道国的利益相关者、母国的利益相关者和第三方利益相关者。就东道国的利益相关者而言，企业在东道国进行投资、开展贸易等商业活动时，受其经营活动影响或影响其经营活动的主体就包括东道国的政府、本地企业、员工、消费者、非政府组织，以及社区等。就母国的利益相关者而言，企业参与东道国的建设离不开母国政府的支持，母国的股东、债权人、供应商、客户、消费者、员工也都会因企业"走出去"而受到不同程度的影响。

企业资源的有限使得企业难以满足众多利益相关者的诉求，因而识别出对企业生存和可持续发展起到关键作用的关键利益相关者，并首先满足关键利益相关者的诉求是企业进行利益相关者管理的必然选择。借鉴米切尔（Mitchell）等（1997）对于利益相关者的划分方法，可以从利益相关者的合法性、影响力，以及紧急性角度去划分企业的利益相关者，进而识别出关键利益相关者。

| CSR 聚焦 10-7 |

我国企业海外经营需要面对复杂的利益相关者群体

对在海外（如"一带一路"沿线）经营的我国企业而言，其利益相关者群体极为复杂，如图 10-2 所示。

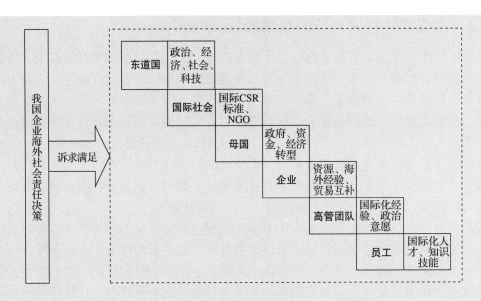

图 10-2 我国企业海外经营面对复杂的利益相关者群体

（注：NGO 是指 Non-Governmental Organization，即非政府组织）

首先，在宏观层面，我国企业在参与"一带一路"倡议"走出去"的过程中不仅涉及"一带一路"沿线国家的利益相关者，还涉及母国的利益相关者及其他国家的利益相关者。就沿线国家的利益相关者而言，不同东道国的利益相关者的诉求是不一样的，甚至是相互冲突的。就母国的利益相关者而言，它们会对我国企业在"一带一路"沿线国家履行社会责任表现出一定的不理解，认为国内还存在贫富差距、养老、教育、医疗等社会问题，应该先解决好自己的问题再到国外开展慈善公益活动。就其他国家的利益相关者而言，尤其是以美国为首的西方发达国家对于中资企业在"一带一路"沿线的活动尤其关注。

其次，在微观层面，企业下属的各子公司，以及公司内部的高管、员工都是中资企业面临的重要利益相关者。这些不同的利益相关者都有其自身的利益诉求，深刻影响中资企业在"一带一路"沿线的运营和发展。

资料来源：贾明，2022."一带一路"沿线中国企业海外社会责任[M]. 北京：科学出版社.

10.2.4 关键利益相关者的诉求识别

履行社会责任作为企业满足利益相关者诉求，获得合法性和竞争优势的一种手段，要想取得切实成效，必须首先掌握利益相关者期望企业以什么样的社会责任履行方式，以及投入何等水平的资源去履行何种社会责任，从而有针对性地采取能够基本达到利益相关者期望的社会责任履行方式及水平的措施，实现企业社会责任的收益最大化。除考虑到利益相关者的期望外，企业还应结合自身的战略定位和资源优势，以及企业能力去确定能承担和践行的社会责任。只有将两者结合，才能确定最佳的社会责任执行方案。

1. 利益相关者的诉求评估

一般而言，企业的社会责任包括经济责任、法律责任、道德责任等强制性社会责任和自由决定的策略性责任,以及慈善性责任等自愿性社会责任(Jamali,2007)。根据利益相关者理论,企业应该对其债权人、员工、供应商和客户、政府、社区,以及环境等利益相关者履行社会责任,满足利益相关者诉求以获取其支持与合法性,从而更好地生存和发展。因此,企业社会责任的议题是极为广泛的。企业在履行社会责任时需要首先识别出关键利益相关者的诉求。具体而言,企业可以通过向其利益相关者发放问卷和开展对话的方式来了解其关心的议题(诉求)。

企业在海外履行社会责任时不仅要符合当地社会标准以获取合法性和竞争优势,还要结合企业自身的战略定位和资源及能力积极遵守母国、国际社会等提出的更高的社会责任标准。但是,国际商务领域却存在所谓"污染天堂"的问题,即企业将污染产业转移到环境管制宽松的国家(Bu and Wagner,2016)。

| CSR 聚焦 10-8 |

企业都会到"污染天堂"投资吗?

卜(Bu)和万格(Wagner)(2016)通过整合污染转移假说(逐底竞争)和创新诱导假说(逐顶竞争)指出跨国公司对外直接投资的地点选择取决于企业的具体特征(如环境能力和企业规模)及其相互作用。具体而言,卜和万格认为环境能力较强的跨国公司更有可能将外国投资地点选在环境管制较为严格的地区。因为在环境管制较为严格的地区,这些企业更能发挥出其环境能力较强的竞争优势。反之,环境问题严重的企业更有可能将外国直接投资地点设在环境监管较弱的地区。因为环境问题严重的企业更能适应这些地区的环境制度,更能在这些地区生存下去。

资料来源:BU M, WAGNER M, 2016. Racing to the bottom and racing to the top: the crucial role of firm characteristics in foreign direct investment choices[J]. Journal of International Business Studies, 47(9): 1032-1057.

2. 企业的社会责任投入水平

企业的最佳社会责任投入水平要从供给方和需求方两个方面来看。所谓供给方,指的是企业愿意,以及能投入多少资源去履行社会责任,以满足利益相关者的诉求。这与企业自身的战略定位、资源优势,以及企业对于履行社会责任的期望收益水平和风险承担等企业自身特征及高管的个人特征等要素密不可分。企业在履行社会责任时需要着重分析和考虑其实施企业社会责任的成本、风险,以及期望收益。在通过"成本-收益"分析确定企业的社会责任总体投入水平之后,企业需要进一步去识别关键利益相关者对于企业社会责任投入的期望水平,优先满足关键利益相关者的诉求和期望,做好资源的分配工作。

总的来说,利益相关者对于企业社会责任投入的期望水平取决于利益相关者自身与企业之间的关系、利益相关者自身的利益诉求、所处的环境特征,以及企业社会责任投入的历史水平等因素。一般而言,不同的利益相关者对于企业的社会责任投入水平的期望是不同的,关键利益相关者与企业建立了很强的相互依赖关系,故而对企业社会责任的表现有更高的期望。

利益相关者对于企业社会责任水平的期望还受到企业社会相对绩效的影响。相对绩效通常可以分为社会相对绩效和历史相对绩效（Mishina et al., 2010；贾明等，2016）。其中，社会相对绩效指的是将公司绩效与其他公司绩效比较所得的结果，而历史相对绩效是将公司当前绩效与历史绩效比较所得的结果。具体到我国企业在"一带一路"沿线国家履行社会责任，利益相关者对于我国企业社会责任的期望主要取决于其他国家的跨国公司在当地的社会责任投入水平，以及当地本土公司的社会责任投入水平。其他国家的跨国公司或本土公司在当地社会责任投入水平越高，当地对我国企业社会责任投入的期望就越高。

| CSR 聚焦 10-9 |

国家制度对企业社会责任绩效的影响

约安努（Ioannou）和塞拉菲姆（Serafeim）（2012）研究指出一个国家的政治体系（劳动和教育体系）和文化体系是影响企业社会绩效最重要的制度因素。就政治体系而言，他们认为在法律法规促进竞争的制度环境中，企业会力求节约成本，减少对企业社会责任的资源投入；在强调股东保护的国家，企业会降低对于企业社会责任的投入，因为在股东眼里，企业社会责任是对其利益的侵占；在腐败水平较高的国家，企业一方面更有可能采取不道德的做法来降低成本或增加市场份额，另一方面，企业履行社会责任的收益可能较低，因为在这些国家，政府不太可能以免税、财政支持的形式激励企业承担社会责任。在工会权力较大的国家，强大的工会能推动企业承担更多社会责任。在人力资本可用性有限的国家，企业更可能通过提高其社会绩效来提高对求职者的吸引力。就文化体系而言，他们认为在个人主义文化盛行的国家，管理者更可能通过履行社会责任来凸显其个人价值，而在权力距离较大的国家，管理者更为关注自身利益而非社会利益。

资料来源：IOANNOU I, SERAFEIM G, 2012. What drives corporate social performance? The role of nation-level institutions[J]. Journal of International Business Studies, 43(9): 834-864.

就企业的历史相对绩效而言，若我国企业在当地的社会责任历史投入水平越高，利益相关者对于我国企业的社会责任投入水平的期望也就越高。因此，企业在刚刚进入某一东道国时，可以在调查当地其他跨国公司和本土公司回应该利益相关者诉求时的社会责任投入水平之后，再确定自己相应的社会责任投入水平；而在进入该地区以后，则一方面可以结合当地其他企业和自己的社会责任历史投入来调整后续的社会责任投入水平，另一方面可以通过采用印象管理的方式，结合社会责任沟通，调控利益相关者对于企业后续社会责任投入水平不断上涨的期望。

10.3 企业海外社会责任沟通

企业社会责任沟通涉及沟通语言、沟通时机和沟通方式等三方面的决策。企业社会责任沟通强调的是选择恰当的语言来呈现企业社会责任履行情况，并在合适的时间通过最佳的方式传播出去。具体而言，企业需要考虑以下四个方面的问题：识别企业社会责任沟通对象及其诉求;从选择企业社会责任信息披露语言的角度出发,结合文本语言和图像语言这两种语言形式的特点,分析不同利益相关者诉求情况下的最佳语言选择;从沟通时机和沟通方式的选择角度分析如何回应利益相关者诉求;分析企业海外社会责任"做"的方式如何影响到"说",以及如何平衡"说"与"做"之间的关系。

| CSR 聚焦 10-10 |

我国企业海外社会责任沟通困难重重

2015年11月1日,由中国国务院国资委新闻中心和中国社科院企业社会责任研究中心在北京举行的首届中国企业社会责任前沿论坛指出,履行海外责任已经成为中资企业"走出去"的必由之路。然而中资企业在海外履责整体还处在较低水平,且存在着"只做不说,多做少说"的问题,缺乏社会责任沟通意识。钟宏武等(2017)发布的《中资企业海外社会责任研究报告(2016~2017)》显示,中资企业海外社会责任平均发展指数为25.67分,六成企业得分低于20分,在其调研的100家企业中仅有10家企业发布了英文版或其他语种的社会责任国别报告或全球报告。

与在国内开展业务不同,"一带一路"沿线国家在政治、语言、宗教、文化等多方面的差异和利益相关者的多样性使我国企业海外社会责任沟通困难重重,如图10-3所示。

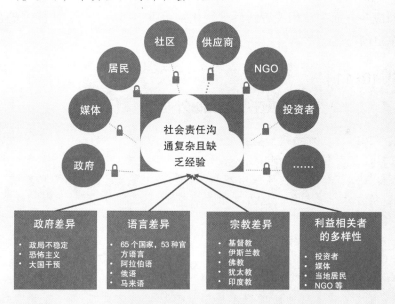

图 10-3 我国企业海外社会责任沟通的困难

我国跨国公司与多维利益相关者之间的社会责任沟通缺乏经验,主要体现在以下4个方面。

第一,海外社会责任沟通意识不足。长期以来,许多中资企业在海外"只做不说",沟通意识落后,企业在当地的社会责任行动民众鲜有知晓(张蕙等,2017)。钟宏武等(2017)的调查发现,仅有1/10的企业发布了国别报告或全球社会责任报告。

第二,海外社会责任信息披露水平不高。大多数中资企业海外社会责任信息披露水平处于较低的发展阶段(钟宏武等,

2017），仅有少数企业能较为全面地披露海外社会责任信息，信息披露的全面性亟待提高（张蒽等，2017）。

第三，海外社会责任沟通对象单一。在与东道国利益相关者沟通时仅仅注重与东道国政府的沟通，忽视了与东道国媒体、非政府组织（NGO）及社区居民等利益相关者的沟通。

第四，海外社会责任沟通技巧不足，效益低下。张蒽等（2017）认为不少中资企业在海外发展中仍习惯于采用新闻发布、广告宣传、政府喊话等"硬传播"方式与利益相关者沟通，不仅无法取得预期的传播效果，有时反而会被贴上某种政治标签，甚至导致当地社会的逆反心理，产生零效果甚至负效果。

资料来源：张蒽，魏秀丽，王志敏，2017.中资企业海外社会责任报告质量研究[J].首都经济贸易大学学报，19(6): 70-78；钟宏武，叶柳红，张蒽，2017.中资企业海外社会责任研究报告（2016~2017）[M].北京：社会科学文献出版社．

10.3.1　主动与多维利益相关者沟通

我国企业在"一带一路"沿线"走进去"的进程中不仅需要回应东道国政府、当地社区和员工等多维利益相关者的诉求，还要考虑来自母国、"一带一路"沿线其他国家和西方国家的利益相关者的诉求。这些诉求之间可能还会存在冲突而提高了企业社会责任沟通的难度。我国跨国公司在海外经营会遇到各种合法性挑战，只有有效开展社会责任沟通，积极回应各方面利益相关者的诉求，化解矛盾，回应关切，才能维护企业合法性，从而能够在东道国持续经营。

| CSR 聚焦 10-11 |

要更加重视企业海外社会责任沟通

中国电建 2018 年与加纳政府签订的一揽子优先基础设施工程设计、采购、施工总承包项目协议，引起了当地环保组织 A Rocha Ghana 的注意。该组织负责人表示，他们曾向中国电建总部表达了对阿特瓦森林开采铝土矿的担忧，并提出希望企业放弃在阿特瓦森林的铝土矿开采，但中国电建面对其主动沟通却采取了"不发声不回应"的态度，直接忽视了当地民众的诉求，缺乏和当地民众的主动沟通，致使造成误解，被当地民众理解为中资企业不负责，违背"绿色一带一路"的承诺。我国企业在海外经营中如果忽视社会责任沟通，就会给企业的海外发展带来挑战。

马拉诺（Marano）等（2017）指出，新兴市场的跨国公司可以通过发布企业社会责任报告的方式与东道国利益相关者和其全球利益相关者沟通其社会责任，传达出企业符合全球规范和期望的信号，从而克服来源国劣势。此外，新兴市场跨国公司的国际化程度越高，在发达国家上市，以及企业国际化的时间越长都会增强这些企业的来源国劣势和在海外的合法性挑战，从而增强这些企业运用社会责任报告去克服来源国劣势并获得合法性的动力。

资料来源：搜狐.中国企业"走出去"后，如何对外沟通？[EB/OL]. (2020-07-04)[2022-12-16]. https://www.sohu.com/a/405746867_260616; MARANO V, TASHMAN P, KOSTOVA T, 2017. Escaping the iron cage: liabilities of origin and CSR reporting of emerging market multinational enterprises[J]. Journal of International Business Studies, 48(3): 386-408.

10.3.2　发布海外社会责任报告

新兴市场的跨国公司越来越倾向于通过发布社会责任报告与外界沟通以获取、维持合法性和获得经济利益。具体来讲，企业披露社会责任信息是为了满足利益相关者的诉求，减轻企业与利益相关者之间的信息不对称程度，提升企业信息透明度，从而获得利益相关者的青睐，构建、维护企业与政府、社区、媒体和社会公众等之间的合作关系而获得合法性，并将企业与竞争者区分开而建立社会声誉，最终提升企业绩效。

对于我国企业在"走进去"进程中如何通过社会责任沟通来维护企业与多维利益相关者之间的关系，应该结合语言学的基础理论，掌握文本语言和图像语言的内在特征、适用条件及效果，据此分别分析在单一利益相关者诉求和多维利益相关者诉求冲突情况下的最佳社会责任报告语言选择问题。然而，我们也要注意到，由于跨国公司在海外面对错综复杂的外部环境，有些公司也会采取"做"和"说"相分离的社会责任执行和沟通方式，从而产生社会责任行为的扭曲（Tashman et al.，2019）。

| CSR 聚焦 10-12 |

一些跨国公司社会责任行为的言行不一

塔斯曼（Tashman）等（2019）提出一些跨国公司（EM-MNE）在母国和全球制度环境的双重嵌入条件下出现社会责任脱钩（CSR decoupling）行为，即企业通过在社会责任报告中夸大它们的社会责任贡献或在社会责任报告中选择性地披露其社会责任行为，隐藏其无良行为来对利益相关者进行社会责任感知的管理。

资料来源：TASHMAN P, MARANO V, KOSTOVA T, 2019. Walking the walk or talking the talk? Corporate social responsibility decoupling in emerging market multinationals[J]. Journal of International Business Studies, 50(2): 153-171.

10.4　海外社会责任效果评估与反馈

"走进去"的我国企业需要进一步"走上去"，而"走上去"的实质是对海外社会责任的国际影响进行评估，进而根据评估结果来调整企业海外社会责任战略。我国企业海外社会责任的国际影响评估与反馈是"一带一路"行稳致远的关键所在。通过构建国际影响评估与反馈机制可以清晰掌握我国企业实施海外社会责任战略的效果、具体社会责任议题的推进程度，便于及时调整社会责任的方向和力度，为下一阶段海外社会责任决策提供重要的依据。

企业在履行海外社会责任的过程中，所面对的重要利益相关者的结构和其诉求并非固定不变的，而是动态调整的。如图 10-4 所示，对跨国公司而言，它所面对的东道国、母国和第三方国家的利益相关者的诉求和其重要性都会随着上一期诉求的满足情况而调整。

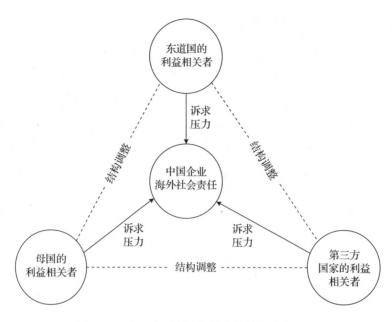

图 10-4　跨国公司利益相关者结构的动态调整

如图 10-5 所示，建立企业海外社会责任的国际影响评估体系能为企业直观地反馈和定量化地展现企业海外社会责任的履行情况，综合分析研判它的国际影响力，并为企业动态评估、调整它所需要面对的利益相关者提供依据。

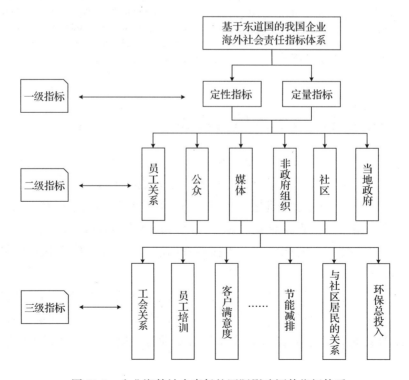

图 10-5　企业海外社会责任的国际影响评估指标体系

| CSR 聚焦 10-13 |

企业海外社会责任效果评估

贾明（2022）在《"一带一路"沿线中国企业海外社会责任》中构建了如图 10-5 所示的东道国利益相关者视角下的我国企业海外社会责任实施效果评估指标体系。首先，基于利益相关者的特征，以及合法性、影响力、紧急性原则，提取定性指标与定量指标的信息因子。其次，建立基于利益相关者视角的我国企业海外社会责任表征指标，以利益相关者的诉求和对信息因子影响力评价作为基础，确定因子结构。最后，通过构建表征指标形成我国企业海外社会责任三级评价指标体系。

企业可以基于上述三级指标建立数据库并收集年度评估数据，按照如下公式计算我国企业海外社会责任的得分：

$$A_i = \sum_{i=1}^{n} \lambda_i C_i$$

式中，A_i 表示东道国利益相关者对我国企业海外社会责任的评价得分；λ_i 表示各项指标的权重；C_i 表示经过归一化处理的各项指标值。根据 A_i 的数值大小，可以清楚地对中资企业海外社会责任的实施效果进行评价。其综合评价值越高，说明我国企业海外社会责任的实施效果越好。

资料来源：贾明，2022."一带一路"沿线中国企业海外社会责任 [M]. 北京：科学出版社.

这就需要企业动态调整其海外社会责任的决策、执行和沟通，进而形成一个动态循环、螺旋式上升的企业海外社会责任的反馈系统。故而，通过建立利益相关者的诉求满足与反馈评价机制，可以有效地对我国企业履行海外社会责任的全过程进行动态跟踪和评价，从而在履行海外社会责任的过程中优先满足重要利益相关者的诉求，找到最佳的企业社会责任实践内容和沟通方式，取得最优的海外社会责任实施效果，支撑起企业海外可持续发展，如图 10-6 所示。

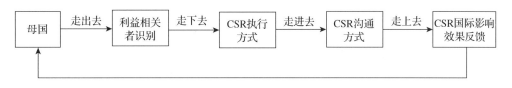

图 10-6　企业海外社会责任实施流程

本章小结

1. 本章讲述了我国跨国企业履行海外社会责任的必要性，并围绕企业"走出去→走下去→走进去→走上去"这一海外可持续发展路径，瞄准各阶段的关键点，有针对性地分析企业海外社会责任的决策要点。

2. 企业履行海外社会责任是化解海外经营风险、融入国际体系、改进企业管理水平和提升国家形象的需要。

3. 从社会交换的角度来看，企业到东道国履行社会责任面临的突出问题出现在企业社会责任的实施、沟通，以及反馈等环节，具体包括如何识别合作对象、传递合作信息、确认利益相关者反馈。

4. 企业在履行海外社会责任时既要优先满足关键利益相关者的诉求，又要较为全面地兼顾其他利益相关者的诉求，并选择合适的企业社会责任履行和沟通方式。
5. 通过建立利益相关者的诉求满足与反馈机制，可以对企业履行海外社会责任的全过程进行动态跟踪和效果评价。

关键术语

企业海外社会责任（corporate social responsibility overseas）

关键利益相关者（dominant stakeholder）

社会责任脱钩（CSR decoupling）

复习思考题

1. 跨国企业为什么要履行海外社会责任？
2. 企业到东道国履行社会责任面临的困境有哪些？
3. 跨国企业如何识别海外关键利益相关者及其诉求？
4. 如何评估海外社会责任的履行效果？
5. 企业海外可持续发展的路径是什么？各阶段的关键点是什么？

应用案例

南方电网公司助力"一带一路"沿线国家互联互通

南方电网公司以海外项目为纽带开展电力"互联互通"建设，积极促进互利互惠、民心相通。

互利互惠

自2014年澜湄电力企业高峰机制建立以来，南方电网公司与越南、老挝、缅甸电力企业合作取得了丰硕的成果。在越南，由南方电网公司与越南电力集团共同投资的越南小中河水电站二期扩建项目已开工建设。在老挝，南方电网公司已通过115千伏电力联网、230千伏老挝北部电网、南塔河1号水电站等项目与其结下了深厚的友谊，成为"澜湄国家"电力合作的成功典范。在中国与老挝建交60周年之际，中老铁路外部供电项目也全部建成。在缅甸，中缅联网项目中方工作组于2017年正式成立，南方电网公司为组长单位。该项目建成后，将有助于缓解缅甸用电紧张状况，改善民生用电，助力缅甸社会经济发展。

民心相通

作为"一带一路"倡议的践行者，南方电网公司注重在沿线国家的软实力建设，尊重所在地文化习俗，开展"民心工程"，促进了当地的就业，改善了当地的民生，积极促进跨文化交流，推动跨文化融合。如在老挝，南方电网公司援建的两所中老友好学校为解决偏远地区的发展和贫困问题做出了重要贡献。南方电网公司在老挝的中国专家对老挝籍员工倾囊相授，老挝籍员工则教中国专家吟唱当地歌曲，在培训当地员工的同时，促进了中老文化的交流。

资料来源：中国电力网. 南方电网公司助力"一带一路"沿线国家互联互通 [EB/OL]. (2021-09-13) [2022-12-05]. http://mm.chinapower.com.cn/xw/gnxw/20210913/102223.html.

讨论题

1. 南方电网公司在履行海外社会责任时，如何确定关键利益相关者？
2. 南方电网公司如何进行海外社会责任沟通？
3. 南方电网公司在海外开展业务过程中如何将履行社会责任和企业业务相融合？

> 学习链接

[1] BU M, WAGNER M, 2016. Racing to the bottom and racing to the top: the crucial role of firm characteristics in foreign direct investment choices[J]. Journal of International Business Studies, 47(9): 1032-1057.

[2] FREEMAN R E, 1984. Strategic management: a stakeholder approach[M]. Boston: Pitman.

[3] IOANNOU I, SERAFEIM G, 2012. What drives corporate social performance? The role of nation-level institutions[J]. Journal of International Business Studies, 43(9): 834-864.

[4] JAMALI D, 2007. The case for strategic corporate social responsibility in developing countries[J]. Business and Society Review, 112(1): 1-27.

[5] MARANO V, TASHMAN P, KOSTOVA T, 2017. Escaping the iron cage: liabilities of origin and CSR reporting of emerging market multinational enterprises[J]. Journal of International Business Studies, 48(3): 386-408.

[6] MITCHELL R K, AGLE B R, WOOD D J, 1997. Toward a theory of stakeholder identification and salience: defining the principle of who and what really counts[J]. Academy of Management Review, 22(4): 853-886.

[7] MISHINA Y, DYKES B J, BLOCK E S, POLLOCK T G, 2010. Why "Good" firms do bad things: the effects of high aspirations, high expectations, and prominence on the incidence of corporate illegality[J]. Academy of Management Journal, 53(4): 701-722.

[8] RATHERT N, 2016. Strategies of legitimation: MNEs and the adoption of CSR in response to host-country institutions[J]. Journal of International Business Studies, 47(7): 858-879.

[9] TASHMAN P, MARANO V, KOSTOVA T, 2019. Walking the walk or talking the talk? Corporate social responsibility decoupling in emerging market multinationals[J]. Journal of International Business Studies, 50(2): 153-171.

[10] SELMIER W T, NEWENHAM-KAHINDI A, OH C H, 2015. "Understanding the words of relationships": language as an essential tool to manage CSR in communities of place[J]. Journal of International Business Studies, 46(2): 153-179.

[11] 厉翔, 位青, 王健栋, 等, 2010. 中国企业国际化历程阶段分析[J]. 经济视角（下）,（10）: 50-52.

[12] 贾明, 2022. "一带一路"沿线中国企业海外社会责任[M]. 北京: 科学出版社.

[13] 贾明, 童立, 张喆, 2016. 高管激励影响公司环境污染行为吗？[J]. 管理评论, 28（02）: 149-165; 174.

[14] 张蒽, 魏秀丽, 王志敏, 2017. 中资企业海外社会责任报告质量研究[J]. 首都经济贸易大学学报, 19（6）: 70-78.

[15] 钟宏武, 叶柳红, 张蒽, 2017. 中资企业海外社会责任研究报告（2016~2017）[M]. 北京: 社会科学文献出版社.

第 11 章　企业社会责任与并购

【学习目标】

1. 了解企业并购的流程。
2. 掌握企业社会责任对企业并购目标方选择的影响。
3. 掌握在并购谈判中，并购方和目标方企业社会责任的影响。
4. 掌握企业社会责任对企业并购绩效的影响。

开篇案例

中国天楹的绿色并购

面对高速发展的全球经济，企业需要快速的技术创新以提升自己的竞争力。并购重组就是企业快速提升自身实力的一种战略行为。中国天楹股份有限公司（简称中国天楹）前身为中国科健有限公司，创建于 1984 年，原本主要从事数字移动电话机的开发、生产和销售。江苏天楹环保能源有限公司（简称江苏天楹）创建于 1994 年，2006 年开始从事废弃资源综合利用业务。2014 年 5 月，中国科健对江苏天楹进行并购重组，成立"中国天楹股份有限公司"。

2015 年，中国天楹充分认识到先进技术的重要性，面对自身的技术劣势，结合"一带一路"倡议的实施给企业提供的发展机遇，成立海外事业部。2015 年 9 月，中国天楹买断比利时 WATERLEAU 公司 Energize 垃圾转化能源技术，这既有利于提升企业的品牌知名度，又进一步奠定了世界范围内的行业技术优势。

站在长远发展的角度上看，仅仅聚焦于行业核心业务领域空间是有限的。中国天楹基于国家所提倡的"走出去"战略，在第二阶段的战略进程中，继续拓展海外市场、实践绿色发展理念，寻找并购海外优质资产以改变原有的粗放增长模式。到 2015 年年底，公司参与了垃圾焚烧行业最大的绿色并购案,虽然最终遗憾地与德国 EEW 公司失之交臂,但积累了国际并购道路上的宝贵经验。

在前两个阶段发展到一定规模的基础上,中国天楹的主营业务收入从 2015 年的 8.25 亿元人民币增加到 2017 年的 16.1 亿元人民币,产业的边界和技术市场的局限无疑限制了企业的发展。中国天楹对西班牙 Urbaser 公司实施了绿色并购计划。此次并购成功,公司不仅实现了成功进军全球近 30 多个国家和地区,包括西班牙、法国等欧美成熟市场、多个新兴国家市场,以及"一带一路"沿线国家等,而且将带动国内产业和市场升级,增强公司持续经营能力和抗风险能力。至此,中国天楹走出了一条属于自己的绿色并购之路。

资料来源:张术丹, 梁力, 2021. 企业绿色并购中技术创新之"谜":基于中国天楹的案例 [J]. 财会通讯, (6): 91-95.

11.1 并购流程与企业社会责任的渗入

并购能使企业快速获得所需资源,增加并购方的市场份额,使得产品多样化,并获得所需的专利、技术。并购过程中通常伴随着运营系统的巨大改变,包括技术能力、市场覆盖、组织结构、商业模式、运营流程和战略的转变。虽然这样的转变对并购方来说蕴含着机会,但也存在一定的风险(Rungtusanatham and Salvador, 2008),企业社会责任能帮助并购方应对这些挑战。

11.1.1 并购的主要流程

如图 11-1 所示,企业并购的全过程主要包括:决定是否要实施并购活动;目标方的选择;对目标方进行详尽调查;并购谈判,包括投标竞争、协商、确定合同中的关键项目(如确定并购价格、支付方式、并购模式、第三方对并购出具意见书等);发布并购交易公告;交易完成;并购后期融合;并购后期绩效。

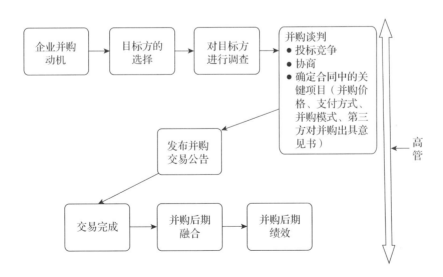

图 11-1　企业并购的全过程

企业之间的并购具有很大的不确定性，虽然并购能给企业的快速成长和实现战略目标提供便利，但是并购失败的可能性也很大。故而，并购作为企业的重大战略决策，是对企业高层决策能力的重大考验。

| CSR 聚焦 11-1 |

企业并购及其成败

企业并购包括兼并和收购两层含义、两种方式。国际上习惯将兼并和收购合在一起使用，统称为 M&A（merge & acquisition），在我国称为并购，即企业之间的兼并与收购行为，是企业法人在平等自愿、等价有偿的基础上，以一定的经济方式取得其他法人产权的行为，是企业进行资本运作和经营的一种主要形式。企业并购主要包括公司合并、资产收购、股权收购三种形式。

企业并购的全过程主要包含三大阶段：并购准备阶段、并购实施阶段和并购整合阶段。并购准备阶段的主要工作是需要并购方组建并购团队对目标公司进行详尽的调查，包括其组织结构、产业背景、财务状况、人事状况等都属于调查的基本事项；在并购实施阶段需要进行并购谈判，确定收购合同中的关键项目，包括并购价格、支付方式、并购模式、第三方对并购活动出具意见等，并最终由并购方发布并购交易公告；并购整合阶段主要包括并购后期双方企业的人力资源整合、财务整合、企业文化整合、资产整合等方面的事务（Zhu and Zhu, 2016）。并购的每个阶段都十分关键，任何一个阶段的失误都可能造成并购活动的失败。

企业之间能否成功进行并购整合通常具有很大的不确定性，特别是企业的跨国并购活动，通常受到许多因素的影响。TCL 和吉利汽车的海外并购就是两个典型的案例。2004 年 4 月 26 日，TCL 对外宣布并购法国阿尔卡特，双方将组建 T&A 合资企业，从事手机等相关产品的研发、生产与销售。2004 年 8 月 31 日，合资公司 T&A 正式投入运营，顺利的话，此次收购将产生协同效应，TCL 将实现中国手机销量第一。但由于 TCL 未在并购前期的准备阶段认真考查收购对象，缺乏跨国并购战略，高估了收购带来的经济收益，再加上双方的文化差异巨大，不到一年的时间，合资公司就出现了巨额亏损，最终不得不宣布合资公司解体。

2007 年，吉利汽车集团在提出要将核心竞争力从成本优势重新定位为技术优势后，通过聘请专业收购团队在充分了解沃尔沃的基础上，吉利汽车集团在 2010 年以 18 亿美元收购了沃尔沃 100% 的股权。在并购后期的融合过程中，吉利集团最大限度地保留了沃尔沃单独的运作体系，不干涉沃尔沃的运营管理，并承诺不裁员，积极汲取并购沃尔沃所带来的先进技术。近些年来，吉利汽车借助并购沃尔沃带来的优势，越做越大，已经连续 7 年跻身世界 500 强企业名单。

资料来源：ZHU H, ZHU Q, 2016. Mergers and acquisitions by Chinese firms: a review and comparison with other mergers and acquisitions research in the leading journals[J]. Asia Pacific Journal of Management, 33(4): 1107-1149；吴定祥, 2010. 企业文化整合：跨国并购中的一道难题：TCL 收购阿尔卡特失败案例分析[J]. 对外经贸实务, (05): 68-70；百度网. 吉利当年用 18 亿美元收购了沃尔沃, 10 年过去, 现在赚了多少钱[EB/OL]. (2020-03-11)[2022-12-05]. https://baijiahao.baidu.com/s?id=1660841857936604884&wfr=spider&for=pc.

11.1.2 企业社会责任对并购全过程的影响

如图 11-2 所示,在并购全过程中,企业需要考虑其社会责任的履行及其利益相关者的影响。这主要有两个方面的原因:一是并购作为企业最重要的投资决策之一,能对股东有着较大的财富影响,而股东对企业来说是最重要的利益相关者之一;二是并购的实施面临其他非股东利益相关者(如员工、政府、媒体等)的挑战,这些利益相关者对并购的结果有着重大影响,并在并购后期的整合过程中发挥着重要作用,因而并购方和收购方与利益相关者的关系会对并购活动产生重要影响。

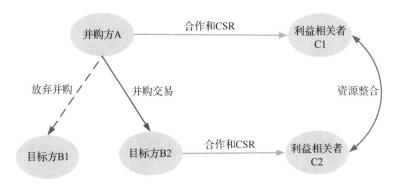

图 11-2　企业社会责任在并购过程中发挥作用

首先,并购方的企业社会责任表现影响并购动机,即社会责任表现良好的并购方能更有效地防范并购风险,如通过履行社会责任积累道德资本,进而更加积极地参与并购。

其次,在目标方选择上,并购方和目标方的社会责任表现都会影响到并购方对目标方的选择。一般而言,并购方与目标方之间由于存在信息不对称,而企业社会责任能很好地展现目标方的声誉,故而积极履行社会责任的目标方(见图 11-2 中的目标方 B2)也更可能成为并购对象。

再次,在并购交易过程中,并购双方根据对并购后企业风险的判断来协商确定并购交易的方式,如交易价格和支付方式。其中,并购方一般会认为并购具有社会责任感的目标方的风险较低,而更愿意支付现金;而目标方如果认为并购方具有良好的社会责任形象,也会对并购后的企业发展充满信心,而更愿意共担风险,接受股票支付方式。

最后,并购完成后,企业之间的资源整合就成为影响并购成败,以及并购绩效的关键。这其中既有物质资源的整合,又有人力层面的整合(例如,利益相关者 C1 和 C2 的整合)。是否有效地将目标方的资源融入并购后的企业中是决定并购成败的关键。

11.2　企业社会责任与目标方的选择

并购之前,并购方需要对目标方开展调查,未能识别目标企业无良行为所带来的风险可能会造成并购方声誉下降、品牌价值损失,以及导致大量的财务诉讼风险(Goss and Roberts,2011)。

11.2.1 目标方的社会责任绩效与并购目标选择

并购前期,并购方对于目标方的选择体现的是并购方对潜在目标方的价值评估。目标方的社会责任绩效影响并购方对于目标方的价值评估,会进一步影响并购方对目标方的选择。首先,社会责任目标方由于有着较低的盈余管理程度,向投资者隐瞒负面信息的可能性较低(Kim et al., 2014),因而有着较低的并购风险;其次,股票市场对收购社会责任目标方的并购事件有着积极反应(Aktas et al., 2011);最后,并购方通过向社会责任目标方学习,能够提升合并后公司的效率、员工和顾客的满意度,创造新的市场机会、形成良好的声誉和提升企业的投资效率(Benlemlih and Bitar, 2018),从而进一步提高并购后的企业绩效。

> **| CSR 聚焦 11-2 |**
>
> ### 选择收购社会责任目标方
>
> 克里希那穆提(Krishnamurtia)等(2019)研究发现为了避免价值损害、最小化外部风险,并购方倾向于收购社会责任目标方。由于社会责任并购方更能意识到社会责任给企业所带来的优势,因此具有社会责任导向的并购更倾向于并购同样具有社会责任的目标方。戈梅斯(Gomes)(2019)研究发现社会责任绩效是并购方选择目标方的重要动因,为了避免收购低社会责任绩效的企业所带来的成本、利益相关者阻碍等,并购方会寻找社会责任绩效较好的企业作为目标方。
>
> 资料来源: GOMES M, 2019. Does CSR influence M&A target choices?[J]. Finance Research Letters, 30: 153-159; Krishnamurti C, Shams S, Pensiero D, et al., 2019. Socially responsible firms and mergers and acquisitions performance: australian evidence[J]. Pacific-Basin Finance Journal, 57: 1-16.

11.2.2 并购方的社会责任绩效与并购目标选择

从并购方的角度来看,具有社会责任的并购方对目标方的选择有其特殊性。与由索(Uysal)等(2008)发现由于本土企业具有信息优势,故并购方倾向于并购本土企业而不是地理位置遥远的外国企业。特别地,由于社会责任并购方更倾向于风险规避(Kim et al., 2014),而跨国并购多是复杂和更具风险的,因此社会责任并购方更倾向于选择本土目标方进行收购。

从并购双方的角度来看,并购双方的相似性影响目标方的选择。企业文化的相似性在目标方的选择过程中起着很重要的作用。在企业文化中,企业的社会责任是其中一个重要的方面。社会责任政策是由利益相关者的偏好所驱动的,企业通过发布社会责任报告的方式与关键利益相关者交流公司的愿景,因此企业社会责任能反映组织内部共有的信念和价值观,从而构成企业文化的一个方面(Gao, Lisic, and Zhang, 2014; Hoi, Wu, and Zhang, 2013)。巴尔斯金(Bereskin)等(2018)认为两个企业在社会责任方面的文化相似性能降低来自不同组织的不同利益相关者之间的融合成本,故而能正向促进两个企业并购活动的实施。

| CSR 聚焦 11-3 |

社会责任文化相似性对并购的影响

越来越多的企业希望通过并购重组来实现企业的快速发展与扩张，但如何化解并购后期两个企业之间的冲突成为决定并购成功与否的关键。一项调查表明，48%的高管会因为双方企业文化的差异而放弃并购活动。因此，在并购中企业文化的融合就成为一个不可忽视的重要问题。

巴尔斯金（Bereskin）等（2018）认为当并购双方的社会责任实践相似程度越高时，所面临的并购后期融合的挑战越小，相应的并购活动将获得更大的协同效应和更好的长期并购绩效。反之，当并购双方的社会责任文化差异度较高时，由于企业社会责任实践的差异反映的是利益相关者的不同偏好和需求，而这种差异增加了并购双方利益相关者的融合成本，因而会降低企业的并购绩效。

资料来源：BERESKIN F, BYUN S K, OFFICER M S, et al., 2018. The effect of cultural similarity on mergers and acquisitions: evidence from corporate social responsibility[J]. Journal of Financial and Quantitative Analysis, 53(5): 1995-2039.

11.3　企业社会责任与并购交易

企业社会责任在并购谈判中对并购价格和支付方式产生影响。当并购方认为目标方的价值被低估时，倾向于用现金交易的方式进行支付；反之，当并购方认为目标方的价值被高估时，则倾向于使用股票的方式进行支付。并购溢价是指并购中并购方的支出高于通过并购所获得的资产价值。支付过高的并购溢价是危险的并购行为。

11.3.1　企业社会责任与并购价格

在理想状态下，并购方在出价时是理性的决策者，而所付出的并购溢价体现的是市场估值与并购方对于目标方估值之间的差距，以及并购方愿意为收购目标方所额外支付的金额和并购方对于目标方风险的衡量。在信息不对称的情况下，目标方为获取并购方更高的并购溢价，通常会夸大价值，并向并购方隐瞒负面信息。并购方可以通过在并购之前对目标企业进行调查来降低所面临的信息不对称性，获得目标方没有公之于众的信息。但是在有些情况下，由于目标企业复杂的组织结构和在各个地区较为分散的业务运营，目标企业的管理者很可能也都不太了解本公司的实际情况。因此，尽管并购方在并购决策初期就做了尽职调查，也很难获取目标企业的完备信息（Knecht and Calenbuhr, 2007）。故而，信息不对称是影响并购溢价的关键因素之一。

崔（Chui）等（2015）认为并购双方所存在的信息不对称问题可以通过目标方所履行的社会责任来解决。企业社会责任能向外部利益相关者传递出企业运营良好的信号，并将良好的声誉信号发送给并购方；相反，企业无良行为代表企业较大的风险和较低的声誉，这些负面信号会降低并购方对企业价值的评估。玛丽卡（Malik）等（2014）发现并购社会责任目标方所产生的并购溢价会更高。相反，目标企业的无良行为会导致并购方支付较低的并购溢价，同时当目标企业的无良行为被媒体广泛报道时，特别是目标方比并购方有更多的负面报道时，并购溢价将进一步降低（Maung，Wilson，and Yu，2020）。并购发生后，并购方不仅会继承目标方有形的资源，还会继承目标方无形的声誉财产。如果并购方并购一家无良或声誉有问题的企业，就可能会损害并购方的声誉和形象（Fong，Lee，and Du，2013），进而降低了并购方对目标方的估值和支付的并购溢价。

从资源基础理论视角来看，由于目标方的社会责任对并购方来说是一种珍贵的、无法模仿的、能够形成竞争优势的资源，所以并购方更有可能为社会责任目标方支付额外的并购溢价。并购社会责任目标方能提升并购方声誉、经济绩效、市场价值，获得更多的股权融资渠道，并降低风险，从而形成并购方的竞争优势，因此并购方愿意为社会责任目标方支付额外的并购溢价。

11.3.2　企业社会责任与并购支付方式

在公司的并购活动中，选择支付方式是完成交易的最后一个环节，也是决定一宗并购交易最终能否成功的重要因素之一。在实践过程中，公司并购的出资方式有现金并购和股票并购两种。两种方式各有其优缺点。现金并购是指以现金为支付工具，通过用现金置换目标公司的资产或用现金购买目标公司的股票来达到并购目标公司的目的。其优点是利用现金可以迅速直接达到并购目的，减少并购的决策时间，避免错过最佳并购时机，确保并购后公司控制权固化。现金支付方式也有其缺点，即可能会受到并购方现金结余量的制约和给并购方带来资金压力。

股票并购方式是指通过换股方式或增发新股的方式获得目标公司控制权的并购出资方式，其优点是不受交易规模和现金能力的限制。交易完成后，目标公司的股东不会失去其所有者权益，只是目标公司所有权转移到并购公司所有权中去。同时，采用股票并购方式可以使原目标公司股东与并购方共同承担并购后企业价值下降的风险。股票并购的缺点是由于受到证券市场交易规则的制约，加上其处理程序相对复杂，可能会延误并购时机。

从目标方的角度来看，亚历山德里迪斯（Alexandridis）等（2020）认为由于社会责任文化的差异性会带来并购融合的复杂性和不确定性，使目标方更不愿意投资于合并后的实体企业，因而接受股票作为支付方式的意愿降低。从并购方的角度来看，克里希那穆提（Krishnamurtia）等（2019）认为社会责任并购方更倾向于以利益相关者为导向，选择使用风险更低的支付方式，也就是现金支付的方式。

11.4　企业社会责任与并购绩效

企业之间的兼并与收购成功与否，最直接的衡量方式就是看并购绩效。衡量并购绩效的方式主要是基于并购前后企业绩效、市场价值的对比，从经济效益角度来进行衡量。

11.4.1 并购方社会责任对并购绩效的影响

企业社会责任已经成为公司运营中极为重要的一部分。许多企业开始发布年度社会责任报告来向外部利益相关者传递公司内部详细的社会责任活动信息,并将社会责任融入自身的经营战略。在并购领域,对于企业社会责任如何影响并购绩效有不同的看法。利益相关者理论认为企业社会责任行为和企业追求利润最大化并不是相互排斥的,保护利益相关者所带来的声誉和利益相关者的支持对化解并购的不确定性来说是很重要的;而股东至上视角下的企业社会责任是一种浪费资源的活动,股东会反对社会责任并购方的并购决策,从而增大了并购的不确定性。

邓(Deng)、康(Kang)和罗(Luo)(2013)研究发现,社会责任并购方能提升并购公告的短期和长期收益,提升并购速度和并购成功率,因而验证了利益相关者理论。阿鲁里(Arouri)等(2019)进一步研究了企业社会责任如何影响并购的不确定性,并支持了利益相关者理论,即并购方的社会责任能减少并购完成的不确定性。贝蒂娜兹(Bettinazzi)和佐罗(Zollo)(2017)研究发现非股东利益相关者,即企业对员工、顾客、供应商和社区团体的社会责任对并购绩效有着积极的影响。

11.4.2 目标方社会责任对并购绩效的影响

对于目标方社会责任如何影响并购绩效的问题,这里存在两种相互对立的解释:从利益相关者保护的角度来看,并购方能维护目标方与其利益相关者所建立的契约关系,从而能有效整合目标方利益相关者到并购后的企业中,最终提升并购后的企业绩效;从利益相关者侵占的角度来看,并购方破坏目标方与其利益相关者所建立的信任和合作关系,侵占目标方利益相关者的利益,最终也能提升并购后的企业绩效。

童(Tong)、王(Wang)和夏(Xia)(2020)对此做了深入探讨,研究结论支持并购方可以通过保护社会责任目标方利益相关者,进而增加目标方利益相关者的信任与合作,并最终提升企业的并购收益。此外,对高社会责任表现的目标企业来说,其利益相关者有着更强的动机为并购方企业贡献资源和知识,更有可能接受来自并购方不太有利的条款,因而并购具有良好社会责任表现的目标方能够获得更好的经济绩效(Chen,Lu,and Liu,2019;Tampakoudis and Anagnostopoulou,2020)。

收购社会责任目标方后,并购方能从目标方的社会责任中得到益处,进而吸引有价值的员工入职,提高客户忠诚度,产生新的市场机会,向外界传递出公司治理质量良好的信号。同时,市场也会奖励并购方所进行的相关社会与环境责任投资。总体来看,并购社会责任良好的目标方会使并购方自身的环境和社会绩效有所提高而提升并购收益。

11.4.3 并购双方社会责任对并购绩效的影响

并购后期的融合是决定并购成败的主要原因(Hoberg and Phillips,2018),同时,并购双方的相似性对并购后期的融合起着重要作用,因而会对并购结果产生一定的影响。例如,产品和市场相似性、技术相似性、共享一个审计师等都有助于并购后期的整合,从而实现预期的协同效应。

除此之外,企业文化相似性在并购后期的整合和实现成功合并的过程中也起着很重要的作用。麦吉(McGee)等(2015)通过对高管的调查研究发现76%的高管都认为文化的不兼容是影响并购后期整合的主要原因。收购方与目标方文化的不一致性阻碍了并购价值的实现(Buono and Bowditch,2003;Jemison and Sitkin,1986)。企业文化最重要的一个方面是企业的社会责任文化。企业社会责任政策是由利益相关者的偏好所驱动的,因而能反映组织内部共有的信念和价值观。企业社会责任文化相似的企业更倾向于发生并购活动,并且这些并购活动通常会有更好的协同效应。

本章小结

1. 本章讲述了企业并购的流程,并总结了企业社会责任对目标方选择、并购交易(并购价格、支付方式)、并购绩效的影响。
2. 并购之前需要针对目标方开展调查,目标方的社会责任绩效影响并购方对于目标方的价值评估,会进一步影响并购方对于目标方的选择。
3. 企业社会责任在并购谈判中对并购价格和支付方式产生影响。企业社会责任通过影响并购溢价进而影响并购价格。一般来说,并购的社会责任越高的目标方产生的并购溢价也越高。社会责任并购方更倾向于采用现金支付方式完成并购交易。
4. 企业社会责任文化相似的并购方和目标方的并购更容易完成,且并购后的企业绩效更高。

关键术语

企业并购(mergers and acquisitions)
并购绩效(M&A performance)
并购溢价(M&A premium)

复习思考题

1. 企业并购的流程是什么?
2. 并购双方的企业社会责任表现如何影响目标方的选择?
3. 并购双方的企业社会责任表现对并购价格和支付方式有什么影响?
4. 并购双方的企业社会责任表现对并购绩效有什么影响?

应用案例

福耀玻璃的美国工厂

2014年,福耀集团收购了位于美国俄亥俄州代顿市的一个工厂,该工厂于2015年正式投入运营,目前是代顿地区第三大制造厂,也是该地区的最大雇主之一。福耀集团在并购初期遇到的文化差异是跨国投资建厂中普遍存在的现象,不同的劳工文化、价值观和爱岗敬业的差异,包括背后的工会文化、工会制度差异本身就是客观存在的。由此引发的冲突和矛盾,是不可避免的磨合成本。面对文化差异,福耀集团选择从保护员工的角度出发,从融入当地社区着手,积极履行企业社会责任,加快双方文化的融合,进而实现企业并购的战略目标。

据福耀美国公司总经理刘道川所述，福耀集团内部已经形成了一个互动链条：管理层理解并响应工人需求；工人以积极的心态生产出高质量的产品，以满足客户诉求；客户下订单并获得高质量的产品；公司盈利并促进企业更加积极地关注员工的需求和福利。在福耀集团内部，管理层会定期下基层，将公司的规划告诉工人并了解工人面临的实际困难。同时，公司鼓励员工学习与成长，提供晋升渠道。此外，福耀美国公司还积极融入当地社区，成立员工困难帮扶基金，帮助遇到困难的员工，并积极参加社区活动和慈善捐款活动，为当地学校、公共服务机构和医院提供相应的捐助。

资料来源：新华社. 探访福耀美国工厂，当地员工在这里找到成长机遇[EB/OL]. (2018-09-14)[2022-12-05]. http://www.fuyaogroup.com/news_622.html.

讨论题

1. 福耀美国公司面临怎样的文化整合难题？
2. 福耀美国公司如何通过履行社会责任促进文化整合，提升并购绩效？

学习链接

[1] AKTAS N, DE BODT E, COUSIN J G, 2011. Do financial markets care about SRI? Evidence from mergers and acquisitions[J]. Journal of Banking & Finance, 35(7): 1753-1761.

[2] ALEXANDRIDIS G, HOEPNER A G, HUANG Z, et al., 2020. Corporate culture and M&As: international evidence from corporate social responsibility[J], Available at SSRN 3233616.

[3] AROURI M, GOMES M, PUKTHUANTHONG K, 2019. Corporate social responsibility and M&A uncertainty[J]. Journal of Corporate Finance, 56: 176-198.

[4] BENA J, LI K, 2014. Corporate innovations and mergers and acquisitions[J]. The Journal of Finance, 69(5): 1923-1960.

[5] BENLEMLIH M, BITAR M, 2018. Corporate social responsibility and investment efficiency[J]. Journal of Business Ethics, 148(3): 647-671.

[6] BERCHICCI L, DOWELL G, KING A A, 2012. Environmental capabilities and corporate strategy: exploring acquisitions among US manufacturing firms[J]. Strategic Management Journal, 33(9): 1053-1071.

[7] BERESKIN F, BYUN S K, OFFICER M S, et al., 2018. The effect of cultural similarity on mergers and acquisitions: evidence from corporate social responsibility[J]. Journal of Financial and Quantitative Analysis, 53(5): 1995-2039.

[8] BETTINAZZI E L, ZOLLO M, 2017. Stakeholder orientation and acquisition performance[J]. Strategic Management Journal, 38(12): 2465-2485.

[9] BOONE A, UYSAL V B, 2020. Reputational concerns in the market for corporate control[J]. Journal of Corporate Finance, 61, 101399.

[10] CHEN C, LU W, LIU M, 2019. Corporate social responsibility learning in mergers and acquisitions[J]. Asia-Pacific Journal of Accounting & Economics, 1-24.

[11] CHUI G, CHRISTMANN P, KIM T N, 2015. Target CSR as a signal in acquisitions: its effect on acquisition premium[J]. Academy of Management Annual Meeting Proceedings, (1): 17621.

[12] CUMMING D, JI S, JOHAN S, et al., 2020. End-of-day price manipulation and M&As[J]. British Journal of Management, 31(1): 184-205.

[13] DENG X, KANG J K, LWO B S, 2013. Corporate social responsibility and stakeholder value maximization: evidence from mergers[J]. Journal of Financial Economics, 110(1): 87-109.

[14] GAO F, LISIC L L, ZHANG I X, 2014. Commitment to social good and insider trading[J]. Journal of Accounting and Economics, 57(2-3): 149-175.

[15] GOSS A, ROBERTS G S, 2011. The impact of corporate social responsibility on the cost of bank loans[J]. Journal of Banking & Finance, 35(7): 1794-1810.

[16] GOMES M, MARSAT S, 2018. Does CSR impact premiums in M&A transactions?[J]. Finance Research Letters, 26: 71-80.

[17] GOMES M, 2019. Does CSR influence M&A target choices?[J]. Finance Research Letters, 30: 153-159.

[18] HOBERG G, PHILLIPS G, 2010. Product market synergies and competition in mergers and acquisitions: a text-based analysis[J]. The Review of Financial Studies, 23(10): 3773-3811.

[19] JEMISON D B, SITKIN S B, 1986. Corporate acquisitions: a process perspective[J]. Academy of Management Review, 11(1): 145-163.

[20] KARAMPATSAS N, PETMEZAS D, TRAVLOS N G, 2014. Credit ratings and the choice of payment method in mergers and acquisitions[J]. Journal of Corporate Finance, 25: 474-493.

[21] KIM Y, LI H, LI S, 2014. Corporate social responsibility and stock price crash risk[J]. Journal of Banking & Finance, 43: 1-13.

[22] KRISHNAMURT I C, SHAM S S, PENSIERO D, et al., 2019. Socially responsible firms and mergers and acquisitions performance: Australian evidence[J]. Pacific-Basin Finance Journal, 57: 1-16.

[23] MALIK M F, ANUAR M A, KHAN S, et al., 2014. Mergers and acquisitions: a conceptual review[J]. International Journal of Accounting and Financial Reporting, 4(2): 520.

[24] TAMPAKOUDIS I, ANAGNOSTOPOULOU E, 2020. The effect of mergers and acquisitions on environmental, social and governance performance and market value: evidence from EU acquirers[J]. Business Strategy and the Environment, 29(5): 1865-1875.

[25] TONG L, WANG H, XIA J, 2020. Stakeholder preservation or appropriation? The influence of target CSR on market reactions to acquisition announcements[J]. Academy of Management Journal, 63(5): 1535-1560.

[26] ZHU H, ZHU Q. Mergers and acquisitions by Chinese firms: a review and comparison with other mergers and acquisitions research in the leading journals[J]. Asia Pacific Journal of Management, 2016, 33(4): 1107-1149.

[27] 张术丹，梁力，2021. 企业绿色并购中技术创新之"谜"：基于中国天楹的案例 [J]. 财会通讯，（6）：91-95.

第 12 章　平台型企业社会责任

【学习目标】

1. 了解平台型企业的特征和商业模式。
2. 掌握平台经济边界和社会责任范围。
3. 理解平台型企业恶性竞争的原因及后果。
4. 掌握企业数字责任。

开篇案例

阿里巴巴集团被罚 182.28 亿元

2020 年 12 月，市场监督管理总局对阿里巴巴集团控股有限公司（以下简称阿里巴巴）在我国境内网络零售平台服务市场实施"二选一"的垄断行为进行立案调查。经查，自 2015 年以来，阿里巴巴为阻碍其他竞争性平台发展，巩固自身市场地位，在平台内实施"二选一"垄断行为，禁止平台内商家在其他竞争性平台参与经营，并采取多种奖惩措施保障要求执行，限定商家只能与其进行交易，以获取不正当竞争优势。

2021 年 4 月 10 日，根据《中华人民共和国反垄断法》第四十七条、第四十九条规定，市场监督管理总局依法责令阿里巴巴停止该违法行为，并对其处以 2019 年销售额 4% 的罚款，共计 182.28 亿元。同时，按照《中华人民共和国行政处罚法》坚持处罚与教育相结合的原则，给予阿里巴巴《行政指导书》，要求其围绕严格落实平台型企业主体责任，自觉地加强内控合规管理，整改、建立公平竞争体系，并连续三年向市场监督管理总局提交自查合规报告。

当天，阿里巴巴回应称：诚恳接受，坚决服从。未来将会为所有商家和合作伙伴创造更开放、更公平、更高效、共享发展成果的平台环境。

资料来源：推动平台经济规范健康持续发展 [N]. 人民日报，2021-04-11(2).

以数据驱动的移动互联技术塑造了一个个新产业、新业态、新模式，平台经济也应运而生，成为一大全新的产业经济模式，并对相关企业的生产和运营理念产生了深刻影响，催生出一批批平台经济背景下的平台型企业。平台型企业区别于传统企业的最大特征是其通过与多边用户的连接，产生用户之间的网络效应和基于平台的价值共创。然而，在平台经济高速发展的同时，平台经济暴露的问题越来越多，特别是与市场交易规则的冲突日益凸显，平台垄断和反垄断成为当下社会关注的焦点，平台型企业社会责任的重要性日益突出。

12.1 平台与市场的冲突日益凸显

在平台经济高速发展的过程中，产生了各种不同类型的平台型企业，并涉及越来越广泛的生产、生活领域，产生显著影响。然而，在市场经济的大环境下，平台型企业虽然创造了大量新的就业岗位、提高了交易效率、增强了消费时效，但是也带来了许多问题。

美团外卖平台曾一边为建档立卡贫困人口提供就业岗位，一边又因挤占骑手配送时间，压低配送单价，无法保障骑手切身利益而饱受争议。蛋壳公寓作为长租公寓运营商，与租客签订一年以上的房屋租赁合同，并收取年付租金，却仅向房东月付租金，留给平台的是一笔"时间差"下可观的现金流存储，然而蛋壳"跑路"，房东和租客利益被严重侵害。除此之外，2020年频频出现在各大平台的平台卖菜，使消费者动动手指就可以买到非常便宜的瓜果蔬菜，然而消费者收到的商品质量却良莠不齐，曾活跃在菜市场的摊贩也慢慢不见了身影。这些平台型企业借"烧钱"大战给予用户补贴而搭建的社区团购市场给传统日用品市场带来了极大的冲击。平台型企业一旦发现商业模式出现问题，就开始大幅度裁员，完全不顾及平台所应肩负的社会责任。

| CSR 聚焦 12-1 |

平台型企业要重视社会责任

2021年7月24日，中共中央办公厅、国务院办公厅联合印发《关于进一步减轻义务教育阶段学生作业负担和校外培训负担的意见》（以下简称"双减"意见），旨在肃清义务教育资本化的不良风气。具体来说，"双减"意见明确规定学科类培训机构一律不得上市融资；已经上市的公司不得通过股票市场融资来投资学科类培训机构，不得通过发行股份或支付现金等方式购买学科类培训机构资产。除此之外，还特别规定现有学科类培训机构统一登记为非营利性机构。

近年来，头部资本接连介入教培行业，不断拉高"优秀的标准"，"教育内卷"也成为社会关注的热词。一方面，教培行业的教育资源被包装为不断加码的生活必需品，同时被商品化；另一方面，资本助长高额收费，形成教育资源富集高峰，教育不公平也持续加剧。实际上，教培行业应该深刻认识到义务教育的本质与初心，应该通过资本参与实现助推义务教育公平发展。资本应向善而生，淡化收益，强化社会责任,发展教育事业。

"双减"政策的落地对很多平台型企业的教育业务产生了巨大冲击。2021年8月5日,字节跳动旗下的业务品牌"大力教育"启动裁员,部分教育业务直接裁撤或关停。其中,对标K12学科培训课程的"清北网校"和学前启蒙教育的"瓜瓜龙"两大核心业务陆续裁员近3 000人。

字节跳动对教育业务的裁撤,是在落地"双减"政策路上的快速业务调整,但是这种举措太过重视资本利益,而置员工利益于不顾。新冠疫情下,字节跳动作为平台型企业,应当妥善处理"双减"政策下的员工裁撤问题,正确认识和处理以下三个关系:首先,正确处理管理层与员工的关系,谨慎做出裁员决策,妥善处理好被裁减员工的情绪疏导和安抚工作,维护员工对企业的信任;其次,正确处理员工与投资者之间的利益关系,企业与员工实际上是互惠互利的关系,保护员工权益既是尊重员工,也是企业坚守社会责任的体现,由此可助力企业树立起良好品牌形象;最后,正确处理企业与社会之间的利益关系,尤其是后疫情时代,企业应当深刻践行"共同富裕"的国家号召,少裁员、不裁员是企业不可推卸的社会责任,而非"一裁了之"。

资料来源:刘慧,贾明.资本不应助长义务教育内卷,而应助推义务教育公平[N].每日经济新闻,2021-07-27(006);新浪财经.平台企业应真诚履行社会责任妥善裁员[EB/OL].(2021-10-22)[2022-12-05]. https://finance.sina.com.cn/esg/cg/2021-10-22/doc-iktzscyy1205057.shtml?cref=cj.

显然,高速发展的平台经济所带来的社会问题已经日益凸显,平台不能无序发展。2022年年初的中央经济工作会议指出,要正确认识和把握资本的特性及行为规律,防止资本无序扩张。这对平台型企业提出了更高的要求,尤其是对平台型企业的战略定位,以及社会责任履行提出了更高的要求,希望平台型企业能发挥其社会价值,特别是发挥平台整合各方资源的优势,发展新业态,创造更大的社会价值。为了长久发展,平台型企业需要平衡经济利益和社会利益,确定其边界。

12.2 平台型企业的特征

12.2.1 交易的特征和要素

一项交易的完成需要满足几个基本条件:商家作为卖方提供丰富的产品和服务,并确定销售价格;消费者作为买方根据个体需求,挑选、支付价格而获得商品或服务;到此,完成了一单交易,如图12-1所示。在一项交易完成的过程中,有这样几个关键节点:生产制造商品并定价、消费者产生需求、达成买卖协议和支付价格,以及最后的服务提供和商品配送。在这个过程中,有关交易的信息(如商品或服务的介绍和价格信息,消费者需求信息等)是影响交易完成的关键因素,买卖双方实际上

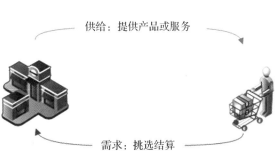

图12-1 交易完成的过程

就是基于这些信息做出交易决定的，而配送只是辅助交易完成的工作。

12.2.2 平台型企业的商业模式

平台型企业本身并不参与生产，其主要职能是撮合交易，并作为平台将不同的利益相关者组织和联系起来，提高交易效率，如图12-2所示。除此以外，在交易的其他环节，平台同样可以涉入，如担任卖方和定价（自营业务）、制造买方需求（广告推送业务）、资金收付（平台结算业务）和配送。照此，就产生了多种类型的平台型企业。

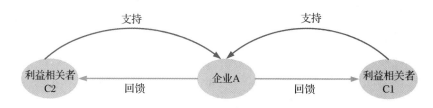

图12-2 平台型企业与利益相关者的关系

交易的每个环节都可以为平台型企业带来收益，包括信息撮合费、定价收益、宣传推广收益、资金存管收益和配送收益等。第一，在发挥最本质的交易撮合作用上，平台型企业可以通过收取交易佣金的方式获利，如交易提成等，这也是平台主要的收益来源；第二，在平台作为卖方的情况下，可以利用其市场地位自由定价，并要求供应商提供更低的价格，从而获取差价收益（如运用市场地位实施价格垄断）；第三，平台也可以通过定向推送广告等形式收取宣传推广服务费，并据此制造消费者需求；第四，平台也可以直接充当资金结算中心，建立资金池以获取资金存管收益；第五，在产品或服务的配送环节，平台可以通过提供配送服务收取服务费。这样看来，平台型企业的盈利模式实际上就是以上五种盈利途径的组合，从而产生了以天猫、京东、美团、蛋壳等平台为代表的典型商业模式。

1. 交易撮合平台

天猫作为综合性购物网站，是平台型企业中最纯粹的交易平台，如图12-3所示，它只充当买卖双方的交易撮合者，不介入任何交易，不参与交易结算（由第三方支付平台提供资金代收代付），不参与最终配送。天猫的收益主要源于交易佣金。天猫商城在网络购物领域取得成功，开创"双11"网上购物狂欢节。

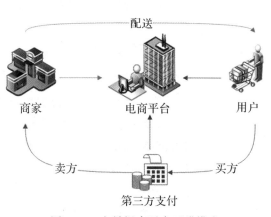

图12-3 交易撮合平台天猫模式

| CSR 聚焦 12-2 |

天猫商城与"双 11"

　　天猫是阿里巴巴集团旗下的业务，创立于 2008 年，主要向我国及海外消费者供应海内外品牌产品，以及传统零售店无法提供的产品。2009 年 11 月 11 日，时任淘宝商城总裁张勇的团队联合 27 家店铺将当天定为"购物狂欢节"，确认五折促销，在传统商业销售淡季创下 5 000 万元的销售额。2011 年"双十一"网购销售额高达 52 亿元。2014 年"双十一"网购销售额为 1 200 亿元。2020 年，天猫"双十一"全球狂欢季总成交额自 11 月 1—11 日共 4 982 亿元人民币，实时物流订单总量 23.21 亿单。2021 年，天猫"双十一"全球狂欢季总成交额自 11 月 1—11 日为 5 403 亿元人民币，相比 2020 年"双十一"的同口径数据，2021 年的增速为 8.45%。

　　资料来源：财新网. 天猫京东"双十一"成交额再创新高　增速却齐放缓[EB/OL]. (2021-11-12)[2021-12-04]. https://www.caixin.com/2021-11-12/101803708.html；财新网. 越来越"卷"的双十一[EB/OL]. (2021-11-08) [2022-12-05]. https://datanews.caixin.com/2021-11-08/101801987.html.

2. 交易配送平台

　　以美团和饿了么为代表的外卖平台，其主要功能是交易撮合和服务配送，如图 12-4 所示。这些企业在开展交易撮合这一平台核心业务的基础上将资金收付和配送纳入自身业务，通过建立平台自主的资金收付中心和配送体系来服务于买卖双方，并在这个过程中获取收益，包括交易佣金、资金存管收益和配送服务费等。与交易撮合平台相比（天猫），交易配送平台对交易过程的介入更深，但并不直接参与买卖交易本身，只是参与交易的辅助环节，如信息撮合、资金结算和配送。在这一模式下，平台一旦确立对交易中某个环节的垄断地位，如配送环节的垄断，就可能出现平台滥用市场支配地位的问题。

图 12-4　商品配送平台外卖模式

| CSR 聚焦 12-3 |

美团因垄断被罚 34.42 亿元

　　美团是我国领先的生活服务电子商务平台，当前拥有美团大众点评、美团外卖等消费者熟知的 App，服务涵盖吃、喝、行、游、购、娱等多个板块。2018 年 9 月

20日，美团正式在港交所挂牌上市。2021年4月，市场监督管理总局依据《中华人民共和国反垄断法》，成立专案组对美团在中国境内网络餐饮外卖平台服务市场滥用市场支配地位行为立案调查。2021年10月8日，根据《中华人民共和国反垄断法》第四十七条、第四十九条规定，综合考虑美团违法行为的性质、程度和持续时间等因素，市场监督管理总局依法做出行政处罚决定，责令美团停止在中国境内网络餐饮外卖平台服务市场滥用市场支配地位这一违法行为，全额退还独家合作保证金12.89亿元，并处以其2020年中国境内销售额3%的罚款，共计34.42亿元。同时，向美团发出《行政指导书》，要求其全面规范自身竞争行为，围绕完善平台算法规则、维护平台内商家合法权益、加强外卖骑手合法权益保护等进行全面整改，并要求美团明确整改任务和完成时限，连续三年向市场监督管理总局报送自查合规报告。

资料来源：人民日报. 美团被处罚 [EB/OL]. (2021-10-08)[2022-12-05]. https://mp.weixin.qq.com/s/qLwl9QU6zjtidWw1ZoirsA.

3. 交易中介平台

平台还可以直接充当交易第三方，即发挥中介的作用。例如，租房平台蛋壳网就充当房东（卖方）和租客（买方）之间的信息收集、撮合和交易中介的角色。房东、租客都与蛋壳网签订房屋租赁合同，如图12-5所示。但不同的是，平台还拓展了资金收付的功能，即蛋壳收取租客的租金后再支付房东租金。在这一模式下，蛋壳除了获取交易佣金外，还可以通过资金收付的时间差累积可观的资金池而获取资金存管收益。

图 12-5 房屋租赁平台中介模式

| CSR 聚焦 12-4 |

上市 445 天后，蛋壳公寓被摘牌

2015年1月，蛋壳公寓在北京成立，是一家提供高品质租住生活的资产管理和居住服务平台。2020年1月17日，蛋壳公寓在纽约证券交易所正式挂牌上市，成为2020年登陆纽交所的中国第一股，股票代码"DNK"。上市当天其市值为27.4亿美元。

自2020年11月16日起，全国多地蛋壳公寓办公区域开始出现大规模解约维权事件。2020年11月25日，深圳住建局在官网发布《深圳市住房和建设局关于做好蛋壳公寓租客稳定工作的紧急通知》，明确物业不得停水断电赶走蛋壳公寓租客。2020年12月1日，上海房管局约谈蛋壳公寓。2020年12月25日，蛋壳公寓App房源信息已经全部下架。

2021年4月6日,纽约证券交易所宣布将蛋壳公寓从纽交所摘牌。从上市到摘牌,蛋壳公寓在纽交所待了445天。

资料来源:金融时报.摘牌!蛋壳公寓的纽交所漂流之旅或将画上句号[EB/OL].(2021-04-07)[2022-12-05]. https://mp.weixin.qq.com/s/mE7pwdIKAGLP5GdPDrmQTw.

4.自营交易平台

与天猫的业务模式不同,同属综合性购物平台的京东、盒马鲜生采用的是自营模式,如图12-6所示。这些平台型企业虽然都不参与产品生产,但其与各商家已达成事前采购的合作,直接由其担任卖方角色,并参与交易结算和后续配送。显然,此模式下平台型企业的交易参与度最高,同时,盈利方式也更加多元化,包括交易撮合服务费、定价收益(商品采购和销售价差)、资金存管收益和平台配送服务费等。

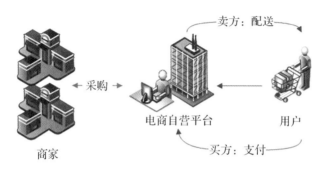

图 12-6　平台自营模式

12.3　平台型企业的社会责任边界

12.3.1　平台型企业的无良行为

只要平台从事除交易撮合以外的业务,就有对平台生态圈中的利益相关者产生利益侵占的可能。正如前文所述,由于天猫重点关注买卖双方的交易撮合,因此可称为最纯粹的平台型企业。天猫发挥的作用就是收集、分配、撮合交易相关的信息,从而提高交易效率,使买卖双方都获益,产生积极的经济和社会双重效益。然而,在后续的演化模式中,平台型企业或多或少都参与了交易的其他环节,或是以整合卖方、消除散户的自营模式,或是以参与配送、支付结算的交易配送模式等。无论采用何种商业模式,平台在交易中难免会利用其强大的资本实力和市场地位,侵占其他平台用户的利益,破坏市场竞争规则,比如用"二选一"的方式垄断市场、锁定商家,用差异化定价侵占消费者利益,用压低配送单价的方式侵占配送员收入等,牟取平台经济利益而不顾社会利益。

在自营模式中平台作为卖方,其对制造商而言具有很强的定价权,压低进货价是其维持平台价格吸引力的典型方式;而后,一旦平台形成对某商品供给的垄断,就可以通过抬高销售价格而侵占消费者的利益。在交易配送的外卖模式中,平台参与配送的结果会导致平台可能通过压低配送员的配送服务费来获取更多的配送收益，这本质上也是因为平台滥用市场支配地位，配送员在配送单价制定过程中毫无发言权。

社区团购业务的运营模式与京东自营模式类似。各平台凭借自身的资金和规模优势直接下沉市场，参与交易，充当卖方角色，发挥资金收付和产品配送作用。其直接的竞争对手就是传统菜市场和菜贩。平台依靠其资金实力，以明显低于成本的价格和近乎"疯狂"的用户补贴与传统菜贩打价格战，抢占市场，试图用买菜平台取代传统菜市场。

| CSR 聚焦 12-5 |

平台的不负责任行为层出不穷

1. 平台垄断与"二选一"

当前，平台经济出现的"二选一"等垄断行为屡见不鲜。部分大型互联网平台作为行业中的领先企业，却通过垄断内外部用户的流量与数据等方式，限制其他平台的发展。除"二选一"外，部分企业也寄希望通过垄断行为集中市场资源，维持竞争优势。

不可否认，"二选一"与垄断行为在短期内可以为企业实现规模经济并获得超额利润，然而从长期来看，这终会出现害人害己的后果。一方面，这些不正当竞争行为严重妨碍商品服务与资源的自由流通，阻碍经济发展。另一方面，这极容易使企业失去竞争优势，缺乏创新动力；习惯现有模式，不愿做出改变；维持已有地位，忽视新市场开拓；依赖短期利润，忽视利益相关者诉求。例如，中国胶片市场曾经的霸主"柯达"，一味地追求胶卷业务的垄断，而丧失危机意识，漠视市场需求，忽视创新，终致衰落。

2. 令人担忧的配送员

美团公开发布的《2020年上半年骑手就业报告》显示，2020年上半年美团平台参与配送业务的骑手总数达295.2万人；而饿了么官网显示的骑手数量约300万人。然而，《人物》杂志团队进行了近半年的调查，通过与全国各地数十位外卖骑手、配送链条各环节的参与者、社会学者的交流，向公众展示了当前数百万外卖骑手令人担忧的工作现状。

配送平台为了获取更高的配送收益，不断修改平台算法，压缩配送员的配送时间和提高配送效率。在外卖平台的驱动下，近600万骑手的配送时间被逐渐压缩。骑手为了获得更多"单量"收入、更少"超时率"、更少"投诉率"或"差评率"，不得不陷入逆行、闯红灯、超速等"拼命"状态。

3. 社区团购的崛起

2020年11月，京东集团发布公告称将以7亿美元战略投资湖南兴盛优选电子商务有限公司。至此，京东成为继拼多多、美团、滴滴和阿里巴巴等企业后，又一家驶入社区团购赛道的平台经济型头部企业。

平台参与社会团购势必会对相关交易的传统利益相关方产生直接冲击。首先，菜贩群体不具备和平台巨头进行价格博弈的实力，可能造成该实体经济利益大幅减少或消失。其次，资本希望以价格补贴的方式在短期内迅速占领市场，而在消费者对社区团购产生依赖心理后就可能会用大数据杀熟等手段攫取消费者利益。

资料来源：宁嘉琪，贾明.行业领先企业要放弃"垄断"欢迎"竞争"[N].每日经济新闻，2021-10-12(006)；百家故事.外卖骑手，困在系统里[EB/OL].(2020-09-08)[2021-12-05]. https://baijiahao.baidu.com/s?id=1677231323622016633&wfr=spider&for=pc；贾明，张思佳.社区团购：平台型企业对责任边界的一次"试探"[EB/OL].(2020-12-22)[2022-12-05]. http://www.infzm.com/contents/198287.

12.3.2 平台型企业边界及其社会责任

平台型企业一旦介入交易,就不可避免地侵占某些利益相关者的利益,也就没有最大限度地发挥出平台的资源整合优势,给经济社会发展带来不良影响。对平台而言,其基本功能就是买卖双方的交易撮合:收集、匹配和分发信息,而非参与本由市场决定的定价、资金收付和配送等实质交易过程,这也是平台经济的边界所在。

因此,平台型企业在自身获得发展的同时,要想获得可持续性,就不能以漠视平台用户利益和社会价值共创为代价,而应主动做好自己的本职工作,将交易撮合的基本功能发挥到极致(但依然需要基于市场交易的前提而不是垄断),这也是平台社会责任的体现。

(1)平台型企业应树立边界意识 平台型企业在追求利润最大化的同时需坚持底线意识,守住平台的边界,关注不同利益相关者的合理诉求而不是利用平台型企业的市场支配地位去侵占平台用户的利益。若急功近利,只关注眼下可得利益,越过平台边界,不仅会使平台型企业"内卷",谋取各种侵占平台用户利益的途径,还会导致平台型企业失去创新动力。这就给社会发展带来负面效应,不利于平台型企业自身和社会的长远发展。据此,平台型企业应该认识到平台经济的边界所在,在边界内不断优化,提高自身的创新效率。

(2)平台型企业应立足生态圈建设 平台型企业不仅作为独立主体存在,更重要的是平台能够通过资源整合形成平台生态圈,而嵌入社会的方方面面(肖红军等,2019)。平台型企业应当利用其资源整合优势,充分发挥平台的撬动作用,把解决社会问题和实现可持续发展目标作为平台生态圈的共同愿景;而不能抛弃部分群体,单纯地谋取平台自身的利益。例如,平台型企业可以通过提高平台用工的收入为迈向共同富裕做出贡献。

| CSR 聚焦 12-6 |

平台型企业应成为推动我国迈向共同富裕的重要力量

推进共同富裕,不仅需要政府积极作为,而且需要企业主动担当。作为连接消费端和生产端的信息枢纽的平台型企业理应担起应尽的责任。在迈向共同富裕的过程中,规范平台型企业的用工行为,维护新就业形态下劳动者的劳动保障权益,以提高中低收入者的收入,特别是提高劳动力价值和报酬是实现共同富裕的重要方式。

首先,收入的提高能提升中低收入人群的劳动积极性、工作效率和工作满意度等。其次,平台型企业拥有数量庞大的基层劳动力群体,这构成推动社会发展的血液(如快递、外卖、网约车等),公众对相关服务的满意度也能促进社会和谐发展。最后,提升平台内劳动者的收入能够吸引更多有能力的劳动者加入,从而给其他行业带来压力,进而促进社会整体层面上不断提升劳动者权益,倒逼企业专注于通过创新提升效率。

资料来源:贾明,刘慧,向翼.平台企业应成为推动我国迈向共同富裕的重要力量[N].每日经济新闻,2021-07-23(007).

（3）平台型企业应协调好与市场的关系　平台的核心作用在于提高交易撮合效率，而交易其他环节则可以交给市场。也就是说，在传统的基于买卖双方自主交换信息的交易模式中加入高效率的平台系统来提高交易撮合效率的同时，要维护市场的价格发现功能，鼓励商户之间和平台之间的竞争，提升平台效率，维护交易秩序。

平台型企业要想打造基业长青，发挥更大的社会价值，就需要在平台的边界内不断优化，理性思考企业应如何构建有效的平台生态，如何建立与各利益相关者的互利共荣格局，从而将平台型企业竞相攫取交易环节利益的现状转变为基于核心竞争力的创新变革。那么，平台型企业之间便会逐渐形成向上竞争的积极状态，关注如何通过创新驱动发展，推动整个社会的效率提升，从而真正成为新产业、新业态、新模式下的建设者和引领者。

12.4　平台的可持续发展

12.4.1　平台内卷与向下竞争

作为商业企业，平台型企业始终在思考，为了追求更高的收益它到底应该怎么做。以外卖平台为例，它希望可以消化来自用户的更多订单，并通过更高的配送效率有效地提高用户的满意度和自身核心竞争力。它希望能在平台生态圈的商家端收取更高的佣金，在骑手端支付更低的配送单价，从而增收且增利。显然，与商家相比，替代性更强的骑手们的议价能力更弱。为此，平台既想通过 AI 达到规划高效配送的目的，又想通过降低订单配送价格压缩成本。尽管平台可选的两种途径各异，但都是为了解决自身如何提高收益的难题，同时均以压榨骑手为代价，将平台待解决的难题传导给毫无议价能力的骑手，使其承担着精神上的限时配送和物质上的收入有限的双重压力。骑手为达到收入的心理预期和维持收入不降低，只能以更快的速度奔跑，试图用订单数量的增加来弥补单价降低造成的收入减少，如图 12-7 所示。

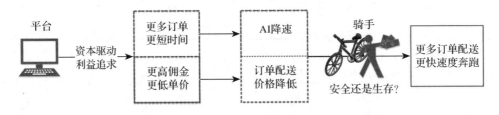

图 12-7　外卖平台型企业压力传导

这样导致的结果就是外卖行业正经历着一场疯狂的内卷。内卷本意为某行业因劳动力密集而导致的工资下降、企业失去创新动力的现象。伴随骑手总量大幅增加的是骑手日益增强的可替代性和不断降低的议价能力。平台型企业及相关的劳务外包公司作为资本方，对利益的追求驱使其可以轻松通过不断降低骑手收入的方式来压缩成本，提高自身收益，那么就自然缺乏创新动力。

放眼整个外卖配送市场，已形成几家寡头垄断的局面。某一家平台型企业的配送单价降低会使劳动力反向涌入单价相对较高的平台，这直接为高单价平台带来了富余劳动力，也为其创造了可通过降低单价来谋求利益的空间。为了实现增收且增利的目标，不必担心劳动力供给不足问题的高单价平台当然会选择再一次降价，从而轻松获取更多的利益。这样做的结果就是单位配送单价不断降低的恶性循环。至此，平台和相关企业在资本驱动下的"掠夺本性"使其不断通过压低单价实现非良性竞争，竞相逐底的结果是企业失去其原本应有的创新改革的动力。

| CSR 聚焦 12-7 |

逐底竞争

在全球化时代，一个国家主要通过两种方式在经济竞争中获取竞争优势。第一种，加大经济活动中的科技、教育投入，以增加本国人民福利的方式提高经济活动的生产率；第二种，以剥夺本国劳动阶层劳动保障的方式（例如，人为压低劳动阶层的工资），以放任自然环境遭受损害为代价去赢得竞争中的价格优势。后一种办法则称为逐底竞争。逐底竞争比拼的不是谁更优秀，谁拥有更多的科技、教育投入，而是比谁的标准更低，谁的情况更糟糕，谁更能苛待本国的劳动阶层，谁更能容忍本国环境被破坏。

资料来源：北京商报网. 逐底竞争[EB/OL]. (2018-01-28)[2022-12-05]. https://www.bbtnews.com.cn/2018/0128/228124.shtml.

当下，外卖骑手加倍工作尚可获得令其满意的收入，但是当配送单价不断被降低，甚至触及底线时，最终会降到维持骑手最低生活保障的下限。那么，外卖行业作为劳动密集型行业的人口红利也将逐步消失，留下的除了该行业的日渐衰落外，还有日渐突出的社会矛盾和贫富差距问题，并且平台的内卷化会传导到其他行业，而导致更大范围的内卷，其后果也会更加严重。

12.4.2 打破内卷，向上竞争

平台型企业不仅是独立运营的个体，还因其涵盖用户、商家等对象，从而成为具有多边市场属性的商业平台。当下，要解决外卖平台-用户-商家-骑手之间的矛盾，关键在于平台背后的所有者能及时调整战略导向，将社会利益和经济利益统一起来，更加关注平台型企业的高质量可持续发展。

首先，平台型企业作为独立主体，在追求利润最大化的同时也须坚持长期利益导向，回应不同利益相关者的合理诉求。若仅关注眼下可得利益，将不利于企业自身和社会的长远发展，同时会使企业失去创新动力，导致内卷出现。当前，越来越多的企业已经意识到将股东利益放在第一位不利于企业长期发展，并且会给企业和社会带来负面效应。据此，也有越来越多的企业认识到将员工作为关键利益相关者的重要性，认为建立与员工之间互利共荣的格局才是企业长青之道。

其次，平台型企业应认清其自身的社会性和经济性并存，单纯追求经济利益会带来巨大的社会负外部性，因此平台型企业须担当好"社会公民"角色。显然，平台型企业面对巨大的"人口红利"，以及可以轻松获取的巨额收益时，往往没有践行长期利益导向的自主性。那么，就需要相关机构，如政府或行业协会进行引导。最简单、有效的办法就是从保护骑手这一弱势群体的角度出发，制定订单配送的最低限价。最低限价的有效执行不仅保护了骑手利益，还能从根本上解决外卖行业的内卷问题，从而将外卖平台型企业竞相压价、向下竞争的现状，转变为基于核心竞争力的创新变革。

这样，外卖平台作为劳动密集型行业，如果想吸引更多的劳动力加入，就需要提高订单配送价格，以此迫使平台思考如何合理通过创新、优化管理等途径消化更多订单，通过提升平台运营效率来创造更多的收益。这也会引起其他平台竞争者的相继模仿，为提升竞争力而同样提升订单价格。以后，平台型企业及其构建的商业生态圈便会逐渐达到向上竞争的积极状态，而订单配送价格的上限则取决于平台型企业挖掘其自身潜能的能力。

同时，当劳动力大批涌入良性变革后的外卖平台型企业并创收后，这种积极影响对传统的劳动密集型制造业也将产生作用，激励其转向向上竞争，如产业升级和降低劳动力依赖，从而能带动整个社会的进步及促进社会和谐。这样看来，平台的问题不仅仅关乎平台，也关系整个社会的健康发展。

总之，平台型企业的问题，关键不在算法，而在背后的人，核心是不同利益相关者之间的利益分配。打破内卷，关键在于保护弱势群体，如制定配送单价下限，从而扭转平台竞相逐底的格局，引导企业向上竞争。

| CSR 聚焦 12-8 |

八部门联合发布
《关于维护新就业形态劳动者劳动保障权益的指导意见》

2021年7月，为切实维护新就业形态劳动者劳动保障权益，促进平台经济规范健康持续发展，人力资源和社会保障部、国家发展改革委等八部门联合发布《关于维护新就业形态劳动者劳动保障权益的指导意见》，首次明确平台型企业应当合理承担维护劳动者权益的相应责任，这意味着网约配送员、网约车驾驶员、电商主播等就业人员职业风险高、劳动强度大、保障水平低等状况将迎来转机。

平台型企业应当积极落实国家法律规定和政策要求，切实维护新就业形态劳动者劳动保障权益，这才能让平台经济可持续发展。因此，一方面，企业要做到义、利兼顾，主动承担社会责任，让渡部分利润空间来保障劳动者的安全与合法权益；另一方面，有关部门也应主动加强监管大型劳务派遣公司，加速探索、建立与之相匹配的法律法规制度。

资料来源：中国经济网.保护外卖骑手权益 平台经济才能走得更远[EB/OL]. (2021-09-29) [2022-07-02].http://views.ce.cn/view/ent/202109/29/t20210929_36958082.shtml；人民网.人民财评：切实维护外卖送餐员正当权益[EB/OL]. (2021-07-29) [2022-12-05]. http://hn.people.com.cn/n2/2021/0729/c195196-34843254.html.

12.5 企业数字责任

平台型企业作为数字经济的代表，其核心技术在于运用数字或数智技术来获取经济利益。但是，企业在运用数字技术创造经济价值的过程中同样需要贯彻运用数字技术的社会责任，即企业数字责任（corporate digital responsibility，CDR）。企业数字责任表示企业在不损害利益相关者价值的前提下充分使用数字技术。企业数字责任涉及社会、经济、技术和环境等多个方面，如保护隐私、关注算法伦理、保护工作岗位和降低能源消耗等（Wade，2020）。故而，企业数字责任实际上强调企业运用数字技术提升企业与利益相关者的共同利益，即实现共益，而不是运用企业数字能力侵害利益相关者的利益而自利。故而企业数字责任是企业社会责任一个新的维度，即如何使用数字技术来创造价值或提高资源使用效率。

| CSR 聚焦 12-9 |

数字时代的企业社会责任

2020 年，在瑞士达沃斯举行的世界经济论坛以"如何拯救地球"为主题，探讨可持续发展的相关议题。当前，不道德的数字化行为带来的风险日益增加，组织需要用一种新的形式整合可持续性和数字化：企业数字责任，要求组织以对社会、经济、技术和环境负责的方式使用数据和数字技术。社会层面的企业数字责任，包括保护利益相关者数据隐私、弥合数字鸿沟等；经济层面的企业数字责任，包括创造人工智能型就业岗位和数字化工作流程等；技术层面的企业数字责任，包括用人工智能替代手工作业的伦理问题等；环境层面的企业数字责任涉及数字技术与物理环境之间的联系，如负责任地回收数字化设备、限制用电量等。除此之外，企业数字责任还包括针对各个涉及数字化部门的协调和优化。

资料来源：WADE M, 2020. Corporate responsibility in the digital Era[J]. MIT Sloan Management Review, 28.

12.5.1 数字的经济价值和社会成本

数字首先能给企业带来经济价值。第一，有关消费者的私人数字信息为企业实行定向营销提供线索。第二，智能算法的运用能提高生产的自动化程度，降低对人力的需求和人力成本。第三，基于数字技术能开发出新的生产技术，从而提高工作效率。第四，数字技术的运用能提高资源的使用效率。

企业在挖掘数字经济价值的同时也会产生社会成本。首先，隐私信息的商业化使用带来的社会问题就是隐私泄露、滥用，从而侵犯个人权益。其次，智能算法的大量运用挤占了工作岗位，会造成失业。再次，智能算法压榨员工、消费者的利益。最后，智能设备的运用必然会加大能源消耗，从而加大企业碳排放。

12.5.2 企业数字责任的特征

与传统的企业社会责任行为相比，企业数字责任存在以下多方面的差异，见表 12-1。企业数字责任是以数字的运用为载体的，其行为包括保护投资者、员工隐私；使用机器人从事危险工作；采用信息系统管理供应商和利用 AI 技术提高企业资源配置效率等。这些运用数字技术的行为如果与技术相关，如涉及技术开发和为了实现技术目标而配置硬件设备，则会产生直接成本；当然，如果涉及的是加强数字信息使用的伦理道德底线建设，则主要是构建企业文化和企业数字伦理氛围而不涉及直接成本。

表 12-1 企业数字责任与企业社会责任的对比

维度	企业社会责任	企业数字责任
概念定义	企业提升利益相关者福利的行为	企业在不损害利益相关者价值的前提下使用数字技术的行为
行为载体	各种有利于利益相关者福利提升的行为	对涉及利益相关者的数字信息的恰当使用
行为方式	如捐赠、员工安全保障、环境保护、供应商保护、社区服务等	如保护投资者、员工隐私，使用机器人从事危险工作，采用信息系统管理供应商关系，利用 AI 算法提高企业资源配置效率
成本	与社会活动参与深度、广度直接相关	维护数字信息恰当使用的技术、人力投入，以及建立企业数字责任文化、理念的无形投入
动机	获取利益相关者的支持；互惠交换	遵守社会法律、伦理道德，信任机制
经济收益	间接产生；通过利益相关者的支持间接提升企业绩效	直接或间接产生，数字技术的运用能直接提升企业效率，或者企业数字责任能促进组织内的信任
社会效益	提升社会福利	保护社会福利，不一定直接提升社会福利
主要行业	所有行业	高科技行业，智能制造行业
无良行为表现	侵害利益相关者的利益	数字技术使用损害了利益相关者的利益，如侵犯隐私、AI 监控、定向营销等；消极对待数字技术，不做数字化转型等

从动机上来看，虽然传统意义上影响企业履行社会责任的因素都可能对企业数字责任产生影响，如高管的各种特征、企业财务和技术状况、行业因素，以及区域和政府因素等，但本质上产生决定作用的应该是两种动机：制度合法性和经济动机。

第一，企业数字责任受到国家法律、社会规范和企业文化等多层次正式和非正式制度的约束，而设定了企业数字责任的边界。企业数字责任需要在政府、社会设定好的边界内运行，否则就会产生合法性危机。例如，对员工进行行为监控、利用消费者私人信息进行定向广告推送、改进 AI 算法压迫配送员更快送餐等，都是超出了企业数字责任的边界而有损企业合法性的行为。

第二，企业数字责任的推行既能推动企业发掘数字技术的潜能，提升企业绩效，也会促进企业与利益相关者之间建立起信任关系，从而有利于企业经济效益的提升。

故而，企业数字责任所产生的经济效益既可以是直接的，也可能是间接的。企业通过合理利用数据而获得更高的经营效率，能直接提升经济效益；而企业在维护数据合法性方面的努力也能帮助企业获得更广泛的利益相关者的支持，建立企业声誉。从社会效益的角度来看，企业数字责任行为不一定能直接提升社会效益，但却是保护社会效益不受损失的重要手段。这一责任在数字技术发挥主导作用的行业中愈发显现其重要性，如在高科技行业、平台型企业、互联网企业中，企业数字责任已经成为重要的议题。

企业数字无良行为的直接表现就是滥用数字技术获取经济利益而损害利益相关者利益的行为。实际上，如果企业不受数字责任的限制，企业通过数字技术的开发运用所获得的经济效益就与由此带来的社会效益的损失直接相关，或者企业在获得多大的经济效益的同时也会产生同样或更高水平的社会效益的损失。除此以外，企业数字无良行为还表现在浪费数字资源不进行开发而丧失通过数字技术的运用提升经济和社会效益的机会。这种机会成本损失也是企业数字无良行为所造成的。故而，企业的数字责任不是"做不做"的问题，而是"如何做"和"做多少"的问题。

| CSR 聚焦 12-10 |

平台型企业的数字责任问题凸显

近些年来网络购物、交通出行、旅游住宿、订餐外卖、网络游戏等生活消费领域都出现了大型平台型企业，这些企业通过大数据、人工智能等手段为消费者提供了更丰富的产品或服务，为社会创造了价值，但与此同时，也存在一些侵害消费者权益的行为，引发了社会广泛关注。中国消费者协会指出，这些侵权行为背后的核心问题就是算法的滥用。

据网络安全审查办公室2021年7月2日发布的公告，为防范国家数据风险，维护国家安全，保障公共利益，根据《中华人民共和国国家安全法》和《中华人民共和国网络安全法》，网络安全审查办公室对"滴滴出行"实施网络安全审查。审查期间"滴滴出行"停止新用户注册，以防止风险进一步扩大。

在中国网民数量突破10亿关口之际，算法推荐也将面临更严格的监管。2021年8月27日，国家互联网信息办公室发布了关于《互联网信息服务算法推荐管理规定（征求意见稿）》（简称《规定》）公开征求意见的通知。该《规定》辐射范围广泛，包括外卖、出行、资讯、视频、社区、电商等领域的大部分互联网企业。

面对无处不在的"算法推荐"，普通用户也将可以拒绝算法推荐，"大数据杀熟"被明令禁止，互联网公司的算法机制将被要求定期核查，算法安全、算法歧视等问题的监管也将进一步明确。《规定》提到，算法推荐服务者应该向用户提供不针对其个人特征的选项，或者向用户提供便捷的关闭算法推荐服务的选项。若用户选择关闭算法推荐服务，算法推荐服务提供者应当立即停止提供相关服务。

资料来源：中共中央网络安全和信息化委员会办公室. 网络安全审查办公室关于对"滴滴出行"启动网络安全审查的公告 [EB/OL]. (2021-07-02)[2022-12-05]. http://www.cac.gov.cn/2021/07/02/c_1626811521011934.htm；界面新闻. 网信办出手整治互联网平台：算法推荐可关闭，"大数据杀熟"被明令禁止 [EB/OL]. (2021-08-28)[2022-12-05]. https://www.jiemian.com/article/6534702.html；中国消费者协会. 中消协：加强网络消费领域算法规制 保障消费者知情权、选择权和公平交易权 [EB/OL]. (2021-01-07)[2022-12-15]. https://www.cca.org.cn/zxsd/detail/29897.html.

12.5.3 企业数字责任的范围

企业数字责任行为包括保护隐私、适度使用人工智能、注重算法伦理和降低智能设备能耗等。这些行为作为企业社会责任的范畴，能起到提升员工绩效、消费者认可度的作用，最终的目标是实现与利益相关者的共生和利益的共享。按照数字资源识别、采集与使用这一过程来看，企业在以下 3 个阶段都需要履行相应的数字责任。

（1）数字资源的识别阶段　对有数字责任的企业而言，其内部对数字资源使用形成的共同价值观，以及建立的监管体系等都会影响企业认定可以采集的数字资源范围，并且企业所处的政策环境、行业特征和竞争对手的情况等都会对企业确认数字资源范围产生影响。

（2）数字资源的采集阶段　在数字资源的采集过程中，需遵循的很重要的原则是尊重数据提供方的知情权。企业需要在数据提供方知情的情况下采集相关信息，这样的行为才是符合基本的伦理道德的。

（3）数字资源的使用阶段　在开发数字资源的过程中，要建立基本的道德底线，如不能以侵害利益相关者的利益为目的来开发数字资源。

12.5.4　企业数字责任的表现形式和影响

企业数字责任的实施会对企业内外部产生影响。既然企业数字责任强调的是对利益相关者的尊重、信任和保护，那么这种行为也会得到利益相关者的认可和积极反馈，从而激发利益相关者的积极行为。例如，对员工隐私的保护能激发员工的组织忠诚度；合理使用人工智能，保护低水平员工的工作岗位能提升组织公平感；而限制人工智能技术对底层员工价值的剥削，也能增进组织和谐和利益相关者的认可等。

1. 对投资者的数字责任

企业通过技术手段的运用提升投资者保护水平和企业绩效，或者通过采取技术手段保护投资者隐私等行为，均构成对投资者的数字责任，具体包括：第一，企业运用数字技术手段来提升企业绩效；第二，企业运用数字技术提高信息披露水平和时效性，更加有利于投资者可视化获取企业的经营信息；第三，企业运用数字技术提升内部治理、内部控制的效率；第四，企业对投资者隐私的保护。

2. 对员工的数字责任

企业对员工的数字责任是多元的。第一，企业运用数字技术手段提高员工工作效率；第二，企业运用数字技术手段改善员工工作环境和提升工作安全水平，运用机器人来替代人工从事危险作业；第三，企业运用数字技术加强对员工隐私的保护；第四，企业运用数字技术提升组织氛围，如加强员工沟通等。这方面的研究与信息技术对员工的影响密切相关。企业也可能受到经济利益的驱动而采取不负责任的行为，如运用技术手段压榨、剥削员工，这也是企业数字责任问题比较突出的领域。

3. 对消费者的数字责任

企业可以获得消费者的隐私信息，这对企业而言具有很高的商业价值，但同样涉及数字责任问题。第一，企业利用数字技术来分析、判断消费者的需求，提升产品和服务质量，能更好地满足消费者需求；第二，企业通过消费者的消费记录获取有关消费者的隐私信息并提供保护。若企业违反数字责任而过度开发、利用数字技术，则会在给企业带来经济效益的同时侵害消费者的利益。

| CSR 聚焦 12-11 |

智能汽车泄露隐私

随着汽车智能化程度越来越高，智能网联汽车生产企业的数据安全问题日益严峻。智能汽车内置系统采集用户信息、交互习惯、道路信息等数据都可能涉及侵犯个人隐私和危害国家安全。

2021 年 4 月 7 日，为推动智能网联汽车产业健康有序发展，工业和信息化部发布《智能网联汽车生产企业及产品准入管理指南（试行）》征求意见稿，指出：智能网联汽车生产企业应重视网络信息安全，依法收集、使用、保护和管理个人信息，不得泄露涉及国家安全的敏感信息。在我国境内运营中收集和产生的个人信息、重要数据应当按照有关规定在境内存储。因业务需要确须向境外提供的，应向行业主管部门报备。这意味着智能化汽车围绕人工智能、大数据所开展的人脸识别、用户数据收集、道路数据收集等活动，将纳入政府监管。

资料来源：搜狐网. 工信部加强监管：智能汽车泄露隐私，并非危言耸听 [EB/OL]. (2021-04-13)[2022-12-05]. https://www.sohu.com/a/460463434_537125.

4. 对供应商的数字责任

现代物流、资源管理效率的提升在很大程度上依赖于人工智能、数字技术的使用。企业利用数字技术管理与供应商之间的物流供应、共享企业信息、调配资源，从而实现物流和物料使用效率的提升。若企业违反数字责任，如泄露供应商的信息、违背公平竞争原则等都会影响供应链的稳定。

12.5.5 企业数字化转型的伦理和边界

当前，数字技术所带来的巨大效率提升为传统企业的转型升级提供了广泛的改进空间和激发了广泛的创新与产业升级。越来越多的企业涉足数字化转型，并在企业的管理、生产、销售等各个环节中引入数字技术，实现对业务全过程的数字化管控和预测，建立强大的 AI 决策支持系统，并根据系统反馈采取及时的干预措施。

数字化转型无疑会将需要效率的业务潜力充分挖掘，从而让很多企业看到数字化转型的优势和价值。企业数字化管理对象既可以是没有生命的设备，也可以是有生命的人或动物。一般而言，如果数字化管理对象是机器、设备，那么数字技术的运用不涉及伦理问题。这部分企业也是数字化转型的最大受益者，如传统的制造业企业。但是，现如今，越来越多的企业也将数字技术运用到管理生命体，希望通过数字技术的运用，能让这些生命体像机器一样高效率地运转，从而给企业带来更大的经济利益，这就产生了数字化伦理问题。

1. 窥探隐私

企业运用数字技术提高员工生产效率的前提是有足够多关于员工的私人信息，使得企业会运用数字技术手段对员工的工作过程进行监控和数据采集、分析等，并据此对员工工作效率和绩效进行评价。这个过程中，就可能涉及采集员工的隐私信息，例如家庭住址、家庭成员、家庭收入、个人通信记录和心理状态等信息。从技术层面来看，这些因素都可以作为评价员工能力和工作效率的重要依据。但是，这显然直接侵犯了员工的隐私权。

2. 侵犯被管理方自由

从企业角度看，能为企业创造价值的被管理方既可以是人，也可以是动物。数字技术的运用极容易侵犯被管理方的自由。例如，有的公司规定员工吃饭、休息和上厕所的时间等。另外，我们容易忽视的是很多企业的价值来源是动物，如乳制品行业、肉制品行业等。这些公司将数字技术大量运用到动物的养殖、培育过程中，完全不顾及动物自身的自由而产生严重的伦理问题。例如，乳制品企业就将数字技术运用到奶牛的饲养、生长、产奶等全过程监控中。这样，无论是作为人的被管理方，还是作为动物的被管理方，数字技术的运用和效率的提升都是以侵犯这些群体的自由为代价的，从而引发争议。

| CSR 聚焦 12-12 |

伊利的数字化饲养

伊利集团的数字化转型大致分为三个阶段。第一阶段是强调基础底层系统建设和数据资产沉淀的业务数据化。第二阶段是探索、扩大数据驱动业务核心场景的数智化阶段。第三阶段是实现业务自动化、智能化运营。

目前，伊利正处于数字化转型的第二阶段：在更多业务线和场景中布局智能化运营，而数字化饲养就是布局在上游领域的一项技术变革。伊利将人工智能识别系统引入智慧牧场，采用图像识别、关节识别等技术获取奶牛进食、产奶量等关键数据，再运用人工智能算法实时分析奶牛饲养、生产的规范流程，以进一步提升奶源质量管理的精细度。具体来说，伊利探索了人工智能在牧场各领域的应用场景，如连接到牛耳上的耳标识别系统等物联网设备，可以读取奶牛的运动、膳食与产奶等健康档案数据，实现个性化检测和精准地均衡营养饲养。伊利希望把数字技术应用在养殖、运输、生产、流通、消费等上游、中游、下游和最终消费者的各个环节。

资料来源：腾讯网.面向未来的数字化转型：伊利用数字化思维引领健康食品行业[EB/OL]. (2021-04-30)[2022-12-05]. https://new.qq.com/rain/a/20210430A01CE700.

---

3. 引发恶性竞争

数字技术的运用使企业往往根据效率来淘汰被管理方，这就加剧了被管理方之间的恶性竞争。例如，外卖平台利用数字技术压缩配单时间，迫使外卖骑手不得不冒着生命危险提高配送速度；企业利用数字技术评价被管理方的工作能力和效率，优胜劣汰，导致被管理方的工作能力被过度消耗，如加大工作强度。

过度数字化所带来的问题显而易见。企业在数字化转型过程中需要注意数字化的边界。企业数字化转型的边界在于保护被管理方的基本生存权的前提下合理运用数字技术，如制定员工隐私信息保护范围，保证员工的休息时间和限制每日工作时间，制定肉制品企业中动物生长率、出产率的上限，如猪的生长速度上限、奶牛日产奶量上限等。

| CSR 聚焦 12-13 |

企业负责任的数字化

企业的数字化转型旨在增进人类社会福祉，实现更加包容、普惠和可持续性的发展，但是，人或其他生命体的隐私、生存、健康和自由选择的权力都应该得到基本的尊重。因此，企业在数字化转型，以及应用数字技术的过程中，需要在数字化系统发展和生命体尊重之间取得平衡。

一是要注意工作标准化与被管理方生存权的平衡，将数字技术的良性发展建立在保障被管理方基本权益的基础上，而非侵犯被管理方的工作机会和生存权。

二是要注意工作流程化与被管理方自由的平衡，企业须尊重相关方应有的自由支配时间和空间的权力。

三是要注意工作智能化与相关方隐私的平衡。企业要明确信息采集界限，有效维护数字化最基础的伦理道德。企业需要在扩大产业边界的同时兼顾数字责任，促进数字经济走上健康友善和高质量发展的道路。

资料来源：贾明，张思佳. 警惕企业数字化中的伦理风险 [EB/OL]. (2021-05-12)[2022-12-05]. http://www.infzm.com/contents/206183.

本章小结

1. 本章讲述了平台型企业的特征、经济边界及其社会责任；介绍了企业数字责任的相关内容。
2. 平台型企业因服务于交易的买卖双方而提高交易效率，通过撮合交易而获得收益。平台型企业在交易的每个环节都可以获得收益，主要包括信息撮合费、定价收益、宣传推广收益、资金存管收益和配送收益等。
3. 平台型企业有4种典型的盈利模式——交易撮合平台、交易配送平台、交易中介平台、自营交易平台。
4. 平台商业模式存在风险，平台依靠其强大的资本实力和市场地位，在与其他平台利益关联者的交易中难免会利用平台优势侵占其他用户的利益。
5. 平台型企业应树立边界意识，立足生态圈建设，协调与市场的关系，这样才能打造基业长青，发挥平台更大的社会价值。
6. 外卖平台和相关企业在资本驱动下的"掠夺本性"使其不断通过压低单价实现非良性竞争，缺乏创新动力，内卷严重。打破内卷，关键在于保护弱势群体，引导平台型企业向上竞争。
7. 企业数字责任（CDR）表示企业在不损害利益相关者价值的前提下充分使用数字技术，进而可以产生经济效益和社会效益。企业数字无良行为的直接表现就是滥用数字技术获取经济利益而损害利益相关者利益的行为。

8. 企业在数字资源识别、采集与使用三个阶段都需要履行相应的数字责任。按照利益相关者的类别来看，企业对投资者、员工、消费者、供应商等均有数字责任。

9. 企业数字化伦理问题包括窥探隐私、侵犯被管理方自由、引发恶性竞争等。企业数字化转型的边界在于保护被管理方的基本生存权的前提下合理运用数字技术。

关键术语

平台经济（platform economy）
平台型企业（platform enterprises）
企业数字责任（corporate digital responsibility）
企业数字伦理（corporate digital ethics）

复习思考题

1. 平台型企业与传统企业有什么不同？其特征是什么？
2. 平台商业模式有哪些风险？平台型企业的边界是什么？
3. 平台型企业的社会责任是什么？
4. 什么是企业数字责任？企业数字化转型的边界是什么？

应用案例

外卖骑手被迫加速的驱动之手：AI 还是利益

2020 年 9 月，人物杂志的一篇文章《外卖骑手，困在系统里》引起了公众对外卖骑手群体的广泛关注，针对算法伦理问题的讨论也日益激烈。以美团、饿了么等为代表的外卖平台通过外卖骑手的海量数据，优化即时配送算法以缩短配送时间，提高用户满意度，却令骑手们陷入了与人工智能算法赛跑的恶性循环："骑手越快，系统算法越快"。美团平台 3 公里送餐距离的最长配送时限从 2016 年的 1 小时，变成 2017 年的 45 分钟，又缩短至 2018 年的 38 分钟。配送时长的压缩可有效提高用户订餐满意度，成为平台提高自身核心竞争力的有力举措，由此引发了平台型企业之间进一步压缩配送时长的恶性竞争。

然而，属于骑手的收入反而降低了。经美团的公开数据计算，骑手的每单配送单价从 2018 年的 4.773 元减少至 2019 年的 4.705 元。骑手的真实反馈却表示实际降幅从以往的 5 元/单降到了 4 元/单的水平。是谁把平台支付的配送费从骑手这里拿走了？趣活作为第三方劳动外包公司，是美团外卖业务的重要合作伙伴，承担美团和骑手的中介角色：向美团收取服务费，向外卖骑手支付薪酬。经趣活的公开数据计算，外卖骑手单位配送单价的降幅为 7.79%（具体计算见原文）。

对于订单配送单价降低的问题，核心还是利益分配。外卖骑手铤而走险的奔跑为美团换来收益，为趣活压缩成本（具体计算见原文），换来的却是不增反降的配送收入。这样导致的结果就是外卖行业正经历着一场疯狂的内卷。要打破行业内卷，一方面，企业要基于长期主义，关注弱势群体的真实诉求，平衡价值创造中不同利益相关者的利益分配，形成向上发展的商业生态；另一方面，监管方也可以通过合理引导（例如，制定订单配送的最低限价政策），使企业向上创新变革，为行业可持续发展"托底"。

资料来源：贾明，张思佳，黄珍. 外卖骑手被迫加速的驱动之手：AI 还是利益 [EB/OL]. (2020-09-28) [2022-12-05]. http://www.infzm.com/contents/192781.

讨论题

1. 美团的 AI 算法在应用过程中存在哪些问题?
2. 外卖平台的配送单价为何降低?
3. 平台型企业内卷的原因是什么? 如何打破内卷?
4. 平台型企业应肩负怎样的社会责任?
5. 平台型企业应如何将经济利益和社会利益统一起来?

学习链接

[1] WADE M, 2020. Corporate responsibility in the digital Era[J]. MIT Sloan Management Review, 28.
[2] 肖红军，李平，2019. 平台型企业社会责任的生态化治理[J]. 管理世界, 35（04）：120-144.

第 13 章　企业社会责任与组织韧性

【学习目标】

1. 理解组织韧性的含义和重要性。
2. 掌握企业社会责任直接互惠机制的含义与特点。
3. 掌握企业社会责任间接互惠机制的含义与特点。
4. 了解构建高韧性组织的途径。

开篇案例

组织韧性：化危为机

曹仰锋在 Plug and Play 论坛分享了他关于"组织韧性"的研究。曹仰锋具体分析研究了 6 家企业，分别是西南航空、苹果、微软、星巴克、京瓷和乐高。这 6 家企业都经历了多次低谷，但未曾陷入一蹶不振。例如，西南航空经历了 4 次大危机，分别是石油危机（1979 年—1985 年）、经济危机（1990 年—1997 年）、"9·11 事件"（2001 年—2007 年）和金融危机（2008 年—2015 年），却总是能在危机中抓住机遇进而获得成长，最终实现盈利，并且从 1972 年开始持续盈利 47 年；京瓷在过去 60 年的时间里曾遭遇互联网泡沫、金融危机、大地震等多次危机，但在稻盛和夫的带领下，京瓷实现了连续盈利 59 年的壮举；乐高从 1997 年开始陷入了长达 8 年的财务危机，但在 2004 年通过制订新的复兴计划，最终浴火重生。支撑这些企业渡过一次次危机的正是"组织韧性"这一能力。

曹仰锋指出企业的组织韧性实质上是战略、资本、关系、文化，以及领导力这五大韧性的组合，并且这五大韧性分别对应精一战略、稳健资本、互惠关系、至善文化，以及坚韧领导。同时，精一战略是其中的核心与基础。"精一"一词源于《尚书·大禹谟》："人心惟危，道心惟微。惟精惟一，允执厥中。"从企业战略的角度来看，"精一"则强调企业需要在动荡的环境中持续与专注地思考并立足于企业之本。同时，精一战略的四项基本原则为：专注核心业务、坚持能力驱动、敬畏成长之心和内生增长模式。

资料来源：Plug and Play. 为什么组织韧性是化"危"为"机"的企业战略选择？[EB/OL]. (2020-04-10)[2022-12-05] https://baijiahao.baidu.com/s?id=1663573354688051166&wfr=spider&for=pc.

13.1 组织韧性：定义、特征和重要性

在危机情形下，企业会突然失去关键利益相关者（C1）的支持，从而面临严重的资源约束，如图 13-1 所示。如果不能及时解决关键资源短缺的问题，就会给企业带来生存危机。例如，银行终止给企业发放贷款、供应商取消合同、政府撤回政策支持等都会给企业带来严重打击。面对突发危机事件，有的企业由于不能及时消除资源损失给经营带来的影响而垮掉；而有的企业则能在危机中迅速调整过来，转危为机。这种能在危机情况下化解危机的能力就表现为企业的韧性。

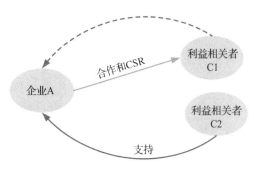

图 13-1　利益相关者关系破裂与组织韧性

| CSR 聚焦 13-1 |

企业韧性

美国特朗普政府自 2018 年开始便针对华为等企业发起带有明显"政治性"的制裁行动。对华为而言，尽管其处于十分艰难的境地，但随着替代性方案的出台（如海思半导体、鸿蒙操作系统等），不但没有被击倒，反而展现出了强大的生存力和竞争力。同时，基于这一事件，我国企业也开始认识到，企业不仅需要关注短期的经营绩效，还必须塑造长期的组织韧性。

资料来源：朱飞. 打造韧性组织——工商管理学者之家 [EB/OL]. (2021-03-02) [2022-12-05]. https://mp.weixin.qq.com/s/qsUyzgFNIFdW0JvDHM5jLA.

13.1.1　组织韧性的特征

有韧性的组织在面对突发危机事件时能保持其核心能力不受影响，并能重构组织资源和关系，进而使组织快速从危机中恢复过来（Gunderson and Pritchard，2002；Ortiz-de-Mandojana and Bansal，2016），并实现逆势增长（曹仰锋，2020）。曹仰锋（2020）提出为了构建组织韧性，企业需要具备精一战略、稳健资本、坚韧领导、互惠关系和至善文化 5 个方面的能力，从而把企业从内部到外部凝聚成一个命运共同体。

虽然精一战略强调企业需要长期保持战略一致性，稳健资本能降低危机给企业带来

的财务挑战，坚韧领导能保证企业面对危机时做到领导有力、处置得当，互惠关系能让员工、投资者等利益相关者与企业同舟共济，但是至善文化却在强调企业本性（为员工提供有意义的工作，为股东创造财富，为顾客创造价值等）的同时，以利他为核心，将利益相关者的诉求放在第一位，通过情感将企业与各利益相关者凝聚到一起，进而塑造命运共同体意识。这是打造组织韧性，保证企业能在危机中生存下来并实现持续增长的根本所在。例如，曹仰锋（2020）就以西南航空为例说明该公司从1972年—2019年先后经历了4次大的危机，却实现了持续47年盈利的壮举。其根本原因就是将文化韧性、战略韧性、关系韧性、资本韧性和领导力韧性有机协同起来，最终构建了强大的组织韧性。

因此，高韧性的组织不能以单一利益相关者的利益为目标，需要从命运共同体的角度定义组织的使命，将更为广泛的利益相关者的诉求纳入组织决策中，通过满足利益相关者的诉求来实现组织的稳健成长。构建企业韧性的核心就在于能有效地从利益相关者处得到额外的支持以弥补失去稀缺资源带来的影响。这就包括两种路径：尚存的利益相关者为企业提供损失的资源，或者新来的利益相关者取代了退出与企业合作的利益相关者。虽然两种路径均有可能，但是第一条路径寄希望于传统的互惠型社会责任所建立的合作网络，它发挥作用的前提是企业尚存的利益相关者具有广泛的资源而能取代退出的利益相关者。然而，由于利益相关者自身的资源有限性及自利性，使这一路径在现实中并不容易实现。因此，企业如何发挥第二条路径的作用，构建起组织韧性就显得非常关键。

13.1.2　系统性危机给组织带来的严峻挑战

系统性危机是指某一群体中（可以是某个地区、国家，也可以是某个行业）因多种内部或外部因素在某一时间段内没有被发现或重视，进而导致无法控制使参与者普遍受到影响的危机。例如，新冠疫情之下，由于受到商业活动的暂停、缓慢恢复和国际贸易的中断等影响（如物流、航空、制造等行业），大量企业处于停工状态，导致生产停滞、货物积压的同时，仍需要承担房屋租金、员工工资、社保税收等开支，现金流出现紧张，使很多企业面临生存危机。例如，2020年2月，清华大学等通过对995家中小企业进行调研发现："受疫情影响，预计29.58%的企业营业收入下降幅度超过50%，58.05%的企业营业收入下降20%以上。同时，85.01%的企业维持不了3个月。"

对于这样的危机，如果能通过针对系统中单个主体实施救助的方式来解决，就不是系统性危机（Eisenberg and Noe，2001；Kotz，2009）了。疫情之下，企业突然意识到系统性危机的存在，以及会给企业生存带来的巨大挑战，从而主动去思考如何构建自身的组织韧性。这就要首先掌握系统性危机的特征，以及与企业在正常商业活动中所经历的非系统性危机的区别，从而能够有针对性地采取应对系统性危机的措施。

第一，相对于非系统性危机而言，系统性危机产生影响的范围更广，能够波及更广泛的企业。在正常经营环境下，非系统性危机一般只是影响企业自身和与其有关联的利益相关者，而不会波及行业外或者其他地区的无关企业。例如，面临财务危机的企业可能会使与其有贷款业务的银行等受到影响；企业的产品出现质量问题被曝光可能会波及企业的供应商等。在这种情况下，企业通过与利益相关者建立的互惠关系，容易得到资源的再投入，从而化解危机。例如，面对产品质量危机，企业可以通过弥补消费者、公开道歉、获得消费者原谅等修复企业声誉。

在系统性危机之下，所有的企业、社会群体、个人都会受到影响。系统性危机对企业及其利益相关者的影响是普遍的，范围是没有限定的；随着系统性危机的延续，其影响范围还会不断扩大。在这种情况下，社会中的所有资源都会变得稀缺（如资金、原材料、用工等）。例如，受疫情影响出现资金链断裂的企业会出现在各个地区、各个行业，由于突然增大的资金需求，银行也会出现贷款紧张而无法同时满足这么多企业的资金需求；原材料也会出现短缺，导致企业大面积停工等。

第二，相对于非系统性危机较为容易化解而言，系统性危机给企业带来的挑战巨大，企业在短期内很难找到有效的应对途径。虽然企业在正常经营环境下也会遇到危机，如人力资源短缺、现金不足、库存不够等问题，但是由于社会总体资源是充盈的，通过发挥市场配置资源的作用，就能够得到逐步缓解，如可以通过招工、借贷和引入新的供应商等办法来解决这些现实问题。

然而，系统性危机的特点就是所有企业都会遇到类似的问题。如果许多企业同时需要某些特定的稀缺资源，就会产生对稀缺资源的"挤兑"，而导致市场机制失灵，即无法再通过市场来有效配置资源。例如，在疫情之下，企业都缺资金，如果银行把贷款发放给那些能够支付更高利率的企业，就会导致资源向财务能力强的企业聚集，反而不利于缓解系统性危机的普遍影响。

由于稀缺资源紧缺，企业很可能无法得到有效的资源供给，也没有企业会将稀缺资源拿来交换；即便是有的企业一时幸运地得到资源投入，但系统性危机可能持续一段时间，无法保证能够持续获得新的资源投入。在应对系统性危机时，政府能够发挥关键作用。例如，对航空公司而言，疫情的影响是毁灭性的。政府在配置航线资源的时候就只能用行政手段来调配；而航线能否在疫情期间得到维持受到许多不可控因素的影响。政府为了减少企业受疫情的影响，在削减政府开支的同时持续推出阶段性的减税政策，以降低企业的财务负担。

第三，相对于非系统性危机产生的不利影响较为明显而言，系统性危机的影响有更大的不确定性。为了应对自身的危机，企业通过持续性的资源投入能够削弱危机带来的不利影响，甚至有些危机会随着时间的推移而逐渐削弱。例如，遭遇财务危机的企业或面临法律诉讼的企业，都可以通过采取补救手段来化解危机；出现产品质量危机的企业也会随着时间的推移，消费者慢慢淡忘负面事件而逐渐消除影响。也就是说，企业有能力去干预非系统性危机的发展进程而逐渐消除不利影响，渡过危机。

但是在系统性危机之下，企业和社会群体都面临着极大的不确定性，不能预知危机何时结束；而且这种危机的影响程度并不会随着企业投入资源去应对危机而得到缓解。例如，疫情之下，企业的供应链何时得以恢复就具有很大的不确定性。这就如同一个吞噬资源的黑洞，企业需要不断获得并投入资源才能维持生存，并且只有那些持续投入资源并坚持到危机自然结束的企业才能生存下来。

在系统性危机面前，许多企业采取了各种自救方式，如裁员、限制投资、降低工资、控制成本等（Wenzel，Stanske，and Lieberman，2020）。但这些举措的成效有限。例如，时装零售商 ZARA 的母公司 Inditex 表示将于 2020 年及 2021 年关闭 1 000~1 200 间实体分店。但是，并不是说在系统性危机面前，企业只能坐以待毙，反而有些企业表现得更为坚韧而受疫情影响更小，甚至还能从中获益。例如，在疫情期间京东的业务反而出现增长。

| CSR 聚焦 13-2 |

疫情之下企业表现出迥异的危机抵抗能力

在新冠疫情之下，不论是国内市场，还是国际市场，许多企业都遭受到不小的冲击。从国内市场来看，2020 年 2 月，清华大学经济管理学院、北京小微企业综合金融服务有限公司和北京大学汇丰商学院联合通过对 995 家中小企业在新冠疫情期间的经营情况进行了调研，发现账面金额能维持企业生存 1 个月的占比 34%、生存 2 个月的占比 33.1%，超过 85% 的企业最多能维持 3 个月；从营业收入来看，本次疫情预计将导致 2020 年营业收入降低幅度超过 50% 的企业占比 29.58%，28.47% 的企业预计会降低 20%~50%。

从国外市场来看，2020 年第一季度，H&M 时装公司关闭了 54 个市场的 3 778 家门店；2020 年 4 月，优衣库也暂时关闭了 311 家门店。作为快时尚之王的 ZARA 在此次疫情中也受到了重创。2020 年第一季度财务报表显示，ZARA 的母公司 Inditex 销售额为 33 亿欧元（约 264 亿元人民币），同比下跌 44%，净亏损高达 4.09 亿欧元（约 32.72 亿元人民币）。因此，Inditex 集团在 2020 年提出在 2021 年关闭 1 200 家门店的计划。

然而，也有企业在疫情中实现了逆势增长。2020 年 5 月 15 日，京东第一季度财务报告显示，其净收入同比增长 20.7%，为 1 462 亿元人民币，而日用百货业务净收入同比增长 38.2%，为 525 亿元人民币。在疫情之下，京东几乎是唯一仍然持续运营的零售平台。究其原因，主要是由于京东的自营模式和供应链基础设施建设的长远布局。此外，京东还推出了"春雨计划""春雷计划"，并设立了"全国生鲜产品绿色通道"，从而帮助农民解决了疫情期间销路难的问题，并且助力了中小商家的复工复产。

资料来源：中欧商业评论. 重磅！清华、北大联合调研 995 家中小企业，如何穿越 3 个月的生死火线 [EB/OL]. (2020-02-06) [2022-12-05]. https://cj.sina.com.cn/articles/view/6144659182/16e400eee01900s7dg；松果财经. 三姐妹集体关闭，ZARA 离撤出中国市场还会远吗？[EB/OL]. (2021-01-14)[2022-12-05]. http://www.21jingji.com/article/20210114/herald/cac417ea37ae3a6ca460cf46c01ff11a.html；科技观察. 疫情之下，京东上行 [EB/OL]. (2020-05-18)[2022-12-05]. https://tech.123.com.cn/show/b385156.html.

13.2 传统互惠型社会责任战略和组织低韧性

13.2.1 互惠型社会责任战略的主要思想

弗里曼（Freeman）（1984）的利益相关者理论为研究企业社会责任提供了理论框架。利益相关者理论认为，企业不仅要对股东负责，还应该承担对债权人、员工、供应商和客户、政府、社区和环境的责任。因此，企业履行社会责任需要满足各方利益相关者的诉求，从而构建起企业与众多利益相关者的互惠关系。现有关于企业社会责任的研究主要聚焦于企业通过履行社会责任建立与多维利益相关者的直接互惠关系，如图13-2所示。

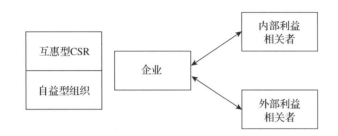

图 13-2　互惠型企业社会责任和企业与利益相关者的直接互惠关系

资料来源：贾明，向翼，张喆，2020.企业社会责任与组织韧性[J].管理学季刊，5（03）：25-39.

企业互惠型社会责任战略（CSR）可以分为对外社会责任和对内社会责任两种类型。对外社会责任（external CSR）主要是维护公司与外部利益相关者的互惠关系（如建立与投资者、供应商、客户、政府等的关系）；对内社会责任（internal CSR）则致力于建立公司与员工的互惠关系。现有关于社会责任的研究表明企业履行社会责任可以获得政治合法性、培养客户满意度、吸引外部投资者的关注等，进而建立与外部利益相关者的良好互惠关系，并且企业社会责任会对员工的态度和行为产生许多层面的直接影响，例如增强组织承诺、组织认同等。

显然，综合来看，对外社会责任和对内社会责任能广泛地用于建立和维护公司与众多外部和内部利益相关者的互惠关系，从而帮助企业获得充足的稀缺资源。这在正常的商业竞争环境中，对面临其他企业竞争而需要提高企业对稀缺资源的控制能力来说，显然是有益的。但是，当企业面对外部环境的突变而导致的系统性风险时，受这一互惠体系支配的企业就会暴露出组织的低韧性弊端。

13.2.2 互惠型社会责任战略的弊端与低组织韧性

尽管有关企业社会责任后果的研究表明，企业履行社会责任可以帮助企业构建起与利益相关者的直接互惠关系，有利于企业获得利益相关者的支持与帮助，但是企业如果想通过直接互惠机制去构建高韧性的组织却存在很大的难度。

1. 企业与利益相关者的直接互惠关系容易破裂

在互惠交换的框架下,企业履行社会责任的目的是获得利益相关者的回馈。企业社会责任的交换动机偏离社会责任的伦理属性,容易引起利益相关者的负面情绪,如感知到企业的不真诚,使企业无法得到利益相关者的认可和支持。另外,利益相关者的诉求往往存在冲突,企业显然不能满足所有利益相关者的诉求。当企业忽视一部分利益相关者的诉求时,必然会引起一部分利益相关者的不满,从而限制了企业在面临危机时可能获得的支持。

有许多文献都认为企业履行社会责任之所以能够提高企业绩效,是因为社会责任的履行有利于提升企业声誉(Brammer and Millington,2005;Godfrey,2005)。这里,企业声誉是指利益相关者对企业的总体评价,体现为利益相关者对企业社会责任的感知和判断。不同的利益相关者由于自身特征的不同,自然对企业社会责任有不同的感知和判断。这些研究普遍将企业社会责任作为一个整体来考虑,忽略了利益相关者的差异,以及可能存在的冲突,从而忽视了企业履行社会责任可能给企业声誉带来的负面影响。

例如,企业从经济效益的角度出发象征性地承诺捐款,但是实际上没有兑现,这会让利益相关者认为企业不真诚,从而产生负面反应。特别是当企业的社会责任行为出现不一致的时候,比如公司一方面对外捐款,是承担社会责任的表现;另一方面又给高管支付超额薪酬,是企业社会责任缺失的表现。这种情况下就极容易让公众认为企业履行社会责任不是真诚的而是伪善的,从而降低公众对公司的认可(Vergne,Wernicke,and Brenner,2018)。公司不给投资者分红但对外捐款,同样会招致投资者的不满。

企业一旦将社会责任作为战略工具来考量,就会自然而然地将企业社会责任决策纳入"成本-收益"的分析框架之中。如果履行社会责任是一种投入成本,企业希望能够有效地把这些投入变现为收益,如从利益相关者那里获取稀缺资源,或者直接侵占利益相关者的利益。这就可以解释为何企业一边给员工提供各种福利保障,一边又会要求员工"996";企业一边给社区捐款,一边污染社区环境。另外,这种互惠型的社会责任体系是很脆弱的,其能否维系取决于企业和利益相关者对合作是否满意。一旦利益相关者在得到企业的好处后不能给予企业所需要的回馈,互惠关系就很容易瓦解。这也能解释为何上市公司的捐款并不存在持续性,每年的捐款额度实际上波动很大(见CSR聚焦2-7)。

无论如何,企业基于互惠开展社会责任活动,难免会在某些时候让企业做出不一致的社会责任行为,而被利益相关者认为伪善,并且这种互惠交换关系本身也是不稳定的。一旦系统性危机发生,企业出现生存危机,谁也不知道企业在危机之下能否存续下来,理性的利益相关者不会主动站出来给企业提供资源,帮助企业渡过危机,因为企业并不能确定性地给利益相关者回报(互惠机制受到挑战)。

2. 固定的互惠交换对象无法帮助企业应对系统性危机

在系统性危机的影响之下,各种社会群体,包括企业、利益相关者都会受到危机的影响,使企业原有的资源管理、经营模式因受到破坏而无法维系。由于在企业固有的交换关系中,各方都受到系统性危机的影响而出现资源的短缺,并且都要面对未来巨大的不确定性，这就使各方继续开展互惠交换的信心不足。没有谁能够确定对方可以克服系统性危机的影响。所以在疫情之下，大批企业转向政府寻求帮助，因为企业知道政府是唯一掌握最充分的资源的利益相关者。

企业与利益相关者之间所构建的互惠交换关系是在正常的商业环境中，即不存在系统性危机的情景中形成的。这一互惠交换关系的形成是建立在双方都相信对方能够持续存在，并且有能力给予回报。故而，在这种交换关系中，双方都只保留维持正常商业活动所需的资源，从而能够最优化自己的资源配置，最大化经济效率。例如，与供应商建立良好的关系使企业敢于追求零库存管理，与银行建立良好的关系使企业不愿意过多贷款，与顾客建立良好的关系使企业按照市场需求预测来安排生产等。这样导致的问题是在这个系统中，各方都没有足够的冗余资源来应对系统性危机所带来的挑战，如应对整个企业合作网络中各个环节都出现资源短缺的问题。在系统性危机之下，当企业出现原材料紧张时，上游供应商也同样存在原材料不足的问题。

但是，在企业的合作网络之外，某些企业所缺乏的资源可能是其他社会群体的冗余资源。在疫情之下，有的企业缺乏的是资金；有的企业缺乏的是人力；有的企业缺乏的是原材料。例如，疫情发生后，由于消费者线上购物的需求量激增，导致盒马鲜生面临严重的用工压力，即使盒马的员工牺牲原本正常的排班和休息，也难以应对消费者的需求。随后盒马提出了"共享员工"的概念，7度湘、茶颜悦色、蜀大侠、望湘园等餐饮企业由于没有生意，出现员工冗余，这样正好满足盒马的用工需求。这就是企业跳出固有合作网络寻找资源的例子。在系统性危机之下，企业越是困于固定的互惠交换关系中，越会显得脆弱。

| CSR 聚焦 13-3 |

盒马鲜生"共享员工"

2020年年初，新冠疫情的暴发致使多家餐饮企业暂停运营，进而导致许多员工在家待业。例如，西贝餐饮董事长贾国龙表示，西贝的线下门店基本停业，仅保留了部分外卖业务，如果疫情不能在短时间被控制，目前账面金额不足以支撑西贝经营三个月。同时，对于仍然在经营的盒马鲜生等生鲜电商，虽然仍旧保持正常的营业状态，但是由于订单激增，进而也导致盒马面临运力不足的挑战。这就使商超与餐饮业的"跨界共享"员工成为现实。

例如，云海肴、青年餐厅由于暂停营业，部分员工将入驻盒马各地门店。盒马鲜生与暂停营业的餐饮企业合作实现共享员工，不仅能有效解决餐饮行业待岗人员的收入问题，而且能缓解餐饮企业的成本压力，减少餐饮企业的损失。

资料来源：电商报.疫情当前盒马伸出橄榄枝与餐厅"共享员工"[EB/OL].(2020-02-04)[2022-12-05]. https://baijiahao.baidu.com/s?id=1657599724178419322&wfr=spider&for=pc.

3. 固定的互惠交换关系排斥非关联社会群体

企业通过履行社会责任建立起与利益相关者的直接互惠关系。这种直接互惠关系强化了企业与特定利益相关者的交换关系，而不断强化企业的圈子文化。圈子文化的形成自然会使企业疏远与其没有利益交换的社会群体。企业采取互惠型的社会责任战略会导致自身与利益相关者的关系趋于封闭和排他，从而导致日常没有与企业建立交换关系的社会群体不会在企业遇到困难的时候提供支持和帮助。

现有研究主要聚焦于直接互惠关系，分析企业如何履行社会责任能获得利益相关者的支持。然而，企业与利益相关者的直接互惠难以形成高韧性的组织。因此，要想通过实施企业社会责任战略增强组织韧性，就需要从构建企业与利益相关者的间接互惠关系入手。

13.3　间接互惠关系、利他型企业社会责任与高组织韧性

13.3.1　间接互惠关系与高组织韧性

当前，学者们对企业社会责任的关注，主要还是从企业与利益相关者的直接互惠关系入手，强调企业通过履行社会责任从利益相关者那里得到回报，却忽略了企业社会责任也可以构建起企业与广泛社会群体的间接互惠关系，也正是这些间接互惠关系所构建起来的广泛的社会网络能够帮助企业建立命运共同体，从而增强组织韧性。例如，新西兰的一家巧克力公司每年举办"巧克力豆奔跑大赛"，将出售巧克力豆的钱全部捐给慈善机构用以救助绝症儿童或无家可归的孩子和老人，2017年当企业因资金断裂宣布倒闭时，本国人及外国人纷纷捐款将公司救活（见CSR聚焦1-15）。显然，如果企业通过履行社会责任能够激活、建立与广泛的利益相关者的间接互惠关系，这一机制将显著提高组织韧性。

在社会交换关系中，当一方付出之后相信会获得另一方的回报。这是社会交换关系建立的基础，也是区别于经济交换关系的关键。传统上的社会交换理论强调行动者的直接互惠关系，即行动者A会帮助曾经给予自己帮助的行动者B（Cropanzano and Mitchell，2005；Cropanzano et al.，2017）。然而，行动者的相互支持和交换关系也会借助声誉机制而导致间接互惠关系的发生（Westphal et al.，2012），即行动者A在帮助行动者B之后，行动者C会在行动者A需要帮助的时候帮助行动者A。因此，间接互惠又被称为第三方利他，强调第三方在看到第一方帮助另一方时，会主动加入这一互动之中去帮助第一方。对比直接互惠关系，间接互惠关系下施惠方所能得到的帮助是不确定的，即不确定社会群体中谁会来给予施惠方A帮助（不确定帮助从何而来），但是间接互惠机制同样强调社会群体之间所形成的声誉机制会使施惠方在需要帮助的时候，有其他社会群体来提供帮助（而不是不确定会不会得到帮助）。

对比来看，在直接互惠机制下，施惠方能确定帮助从何而来，但不确定对方是否会给予帮助；而在间接互惠机制下正好相反，施惠方不确定帮助从何而来，但确定会得到帮助。在间接互惠关系中，不确定的帮助（不确定帮助从何而来）反而是构成组织韧性的最核心要素。应对系统性风险时，企业最需要的就是掌握得到不确定性帮助的核心能力，才能使企业有能力跳出固有的合作网络而获得意想不到的帮助，从而帮助企业渡过系统性危机。

13.3.2　间接互惠与拥抱不确定性

传统观点认为不确定性对企业而言是不利的，企业战略管理的目标就在于管控不确定性而让企业处于相对可控的环境中，并平稳地开展经营活动。例如，资源基础理论强调企业竞争优势源于所掌握的资源；资源依赖理论则进一步认为企业战略管理的目标就是要提高对外界稀缺资源的控制力而降低失去关键资源的风险。企业社会责任战略同样也强调构建与利益相关者的稳定的关系，从而维持企业的稳健发展。

虽然不确定性会给企业经营带来挑战、制造混乱、产生波动，但是我们不能忽视的是不确定性同样意味着"不确定的机会"或"意外所得"。我们重复丢硬币，每次出现正面和反面的概率是一样的。如果我们丢 100 次硬币，那么最有可能出现的情况是 50 次正面和 50 次反面。这种结果的出现带有很大的确定性。然而，小概率事件也是可能发生的，例如丢 100 次硬币，全部都是反面。这种情况下，如果每个硬币代表一个社会群体，那么所有社会群体都出现"损失"而面临系统性风险。这时，依靠传统的"确定性"战略是不可能避免系统性风险下的"损失"的。因为这种情况下，在企业的合作范围内没有社会群体有多余的资源提供给企业。只有允许"不确定性"发生的企业，才有可能寄希望于系统外的社会群体提供额外的资源来帮助企业渡过系统性危机。

企业要利用"不确定性"，就要打破固有的、封闭的企业合作系统，其核心就在于利用间接互惠机制的无边界性，运用利他型社会责任战略触发社会群体的间接互惠，构建超越固有系统的、无边界的、可扩展的企业生态系统。间接互惠机制强调不确定的第三方给予施惠方回馈。施惠方的利他行为使自身为构建与社会群体的合作关系留下了巨大的"不确定"空间，从而使它在未来需要支持时，能够得到"意料之外"的帮助。

| CSR 聚焦 13-4 |

自利则生，利他则久

2020 年 12 月 10 日，伊利集团（简称伊利）在"2020 实现可持续发展目标中国企业峰会"上连续第四年获得"实现可持续发展目标企业最佳实践"奖。此外，伊利集团董事长潘刚获得"2020 可持续发展目标（中国）先锋"。伊利是第一个加入联合国全球契约的中国健康食品企业。

伊利一直致力于让更多人搭乘"伊利号"致富快车逐梦。这一系列的成效均来源伊利在全国逐步落实"产业基地精准扶贫"。潘刚也对扶贫工作提出了"党建引领、产业带动、精准发力、全面脱贫"的 16 字方针。伊利在山东、宁夏、陕西、内蒙古、江苏、河南等地进行了产业集群建设，进而全面带动养殖业、种植业、物流等相关产业发展，帮助更多人改变了生活。

伊利从集团成立之时就十分重视可持续发展，而消除贫困、促进健康只是伊利可持续发展实践的一部分。自利则生，利他则久。潘刚表示，可持续发展是全球性的目标，世界需要来自中国的智慧和贡献。

资料来源：内蒙古新闻网."中国先锋"潘刚：为全球可持续发展贡献伊利方案[EB/OL]. (2020-12-12)[2022-12-05]. http://inews.nmgnews.com.cn/system/2020/12/12/013033758.shtml.

13.3.3 利他型社会责任战略和高组织韧性

构建具有高韧性的组织，希望在于建立间接互惠机制，这就需要企业恰当地履行社会责任。如图 13-3 所示，企业与社会群体的间接互惠关系的关键在于有利于企业获得其他社会群体的支持。如果企业基于利他动机（持续地）帮助某些社会群体，那么当企业面临危机时，可能会继续从直接互惠关系中获益，比如从得到过企业好处的社会群体获得支持，但是这种支持是不确定的且脆弱的；更为重要的是由于企业履行社会责任是出于利他的动机，即并没有带有明确的目的性去帮助社会，这样才有利于建立起企业良好的社会声誉，触发间接互惠机制，从而吸引其他无关的社会群体加入企业的网络中来，在企业需要帮助的时候提供支持。利他型社会责任能够构建起企业应对系统性危机的能力，主要有三个方面的原因。

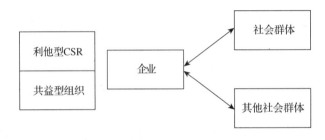

图 13-3 利他型企业社会责任和企业与社会群体的间接互惠

资料来源：贾明，向翼，张喆，2020.企业社会责任与组织韧性 [J]. 管理学季刊，3: 25-39.

（1）吸引第三方社会群体加入企业的合作网络中，从而聚集更广泛的社会资源　在间接互惠关系中，第三方从哪里来是不确定的，这种不确定性就给企业打破固有交换网络边界提供了可能。在间接互惠机制发挥作用的社会中，每一个社会群体都更为看重自身的声誉而不是是否能够得到即时的回报。故而，每一方都会去观察其他社会群体的行为和需求，当一家具有良好社会声誉的企业遇到危机而需要帮助的时候，帮助这样的企业显然有利于社会群体自身去建立良好的合作声誉。故而，这也是第三方社会群体愿意支持企业渡过危机的原因。也正因如此，在间接互惠机制发挥作用之下，遇到系统性危机的企业就有可能获得意料之外的支持。

（2）第三方社会群体给予企业支持时不计回报　在直接互惠机制中，一方给予另外一方多少回报取决于其从合作中获得了多少好处，故而一旦一方遇到危机，另外一方就会重新评估这种交换关系能否存续。相反，在间接互惠机制下，社会群体给予企业回馈的动机是利他性的，即并不期望即时或者未来能够得到企业的回报，而更为关注的是这样做能否建立自身的社会声誉。故而，受间接互惠机制的影响，第三方社会群体在投入资源帮助企业的时候并不会过多去评估这样做能得到多少回报，即淡化了给予企业帮助时候的功利性考量，而更关心的是能否给企业提供实质性的支持和关键性资源，帮助企业渡过危机。

（3）广泛的第三方社会群体能够持续投入资源　间接互惠机制所建立起来的企业命

运共同体是没有边界的,即随着企业声誉和所面临危机相关信息的扩散,越来越多的第三方社会群体受到间接互惠机制的影响加入企业的网络中来,甚至会不计成本、舍弃个体利益去给企业提供渡过危机所需要的关键资源。这样一来,广泛的第三方社会群体能够聚集无边的关键资源而能够持续为企业应对系统性危机提供支持。

因此,企业由传统互惠型社会责任模式转变为利他型社会责任模式将极大地提高组织韧性。正如王鹤丽和童立(2020)所指出的,企业履行社会责任需要满足不同利益相关者的诉求,并能让利益相关者感受到真诚。构建高韧性的组织需要企业积极履行利他型社会责任,进而建立间接互惠关系,树立企业的社会声誉。企业可以从两个方面入手履行利他型社会责任(贾明等,2020)。

第一,对内真诚,即企业对内履行社会责任,强调企业对待员工要真诚且可持续,淡化功利化的思想,保持行动的一致性。

第二,对外利他,即企业对外履行社会责任要强调公益性,不求回报地利他,如参加与企业业务无关的公益项目。

| CSR 聚焦 13-5 |

利他与组织韧性

华为成立于1987年,是全球排名第一的通信设备供应商和排名第二的手机品牌企业。2020年华为营业收入8 914亿元,净利润646亿元。华为从1996年便开始进行国际化,但随着国际化的深入,其遭到了美国政府的阻挠。尽管如此,从华为2019年公布的半年报来看,销售收入同比增长23.2%(4 013亿元),净利润率为8.7%;从2021年8月公布的半年报来看,虽然销售收入同比下降了29.43%(3 204亿元),但净利润率为9.8%,同比增长了0.6%。

华为在困境中顶住压力并且实现业绩增长的原因是华为拥有高组织韧性,而这一韧性形成的推动力之一是其损益相济的共同体生态。不同于西方企业强调的"双赢"或"多赢"概念,华为在与其他企业合作时强调关注自身发展的同时,实现与各类利益相关者的共同发展,以及包容式发展。通过利他,能让组织在一个良好的共同体生态中生存,并且在大环境受到破坏的时候仍能让各群体共存,形成各方利益相关者之间的"利益共同体",最终使组织更具韧性。

华为的"利益共同体"思想与稻盛和夫的管理理念高度一致。稻盛和夫在经营企业的过程中充满了智慧,既有对世界和人生终极问题的看法,也有解决具体问题的心态和方法。稻盛和夫经营哲学的基础是"以心为本",而"心"则强调人心。

稻盛和夫认为"简单原则"是"宇宙的意志",是大自然一般的规律,如正确做事的标准就是不损人利己,正确做人的标准就是人人信奉的一般伦理。稻盛和夫经营哲学的核心在于"敬天爱人"。其中,"敬天"的哲学思想体现在稻盛和夫的宇宙观上,相信人的自由意识是宇宙意识赋予的结果,进而使人的意志需要服从宇宙的意志。这使稻盛和夫认为管理的最终目的是在宇宙意志许可的范围内,将人的自由意志发挥出最大的作用,进而需要遵循因果法则多行善事,最终体现人的价值和意义,即"爱人"的哲学思想。

在具体的实践中,稻盛和夫的经营目标实现了从"以自我为中心"到"以公司员工及其家属为中心"再到"以人类为中心"的跨越。这不仅唤醒了员工的积极性和创造力，在实现员工价值的同时提高公司利益，而且也使企业的经营理念达到了最高层次。因此，"爱人"的经营哲学又被称为"利他至上"。这里面的"他"，包含了员工及其家属、顾客、合作者，以及同行竞争者。这些思想都充分地体现在《道德经》中，表现为"无我利他"的思想。

天地所以能长且久者，以其不自生，故能长生。是以圣人后其身而身先，外其身而身存。非以其无私邪？故能成其私。

——摘自《道德经》第七章

资料来源：春暖花开公众号. 为什么说"华为像水"？[EB/OL]. (2019-08-22)[2022-12-05]. https://mp.weixin.qq.com/s/PSQXs5X3msGzkGPyRYf6gQ；知乎. 稻盛和夫经营哲学的主要内容[EB/OL]. (2020-06-29)[2022-12-05]. https://zhuanlan.zhihu.com/p/151784739?from_voters_page=true.

本章小结

1. 本章讲述了组织韧性的重要性，比较了直接互惠型与间接互惠型企业社会责任的差异，提出企业应积极履行社会责任，进而建立间接互惠机制，提高组织韧性。
2. 组织韧性是指组织在面临突发性危机事件时保持其核心能力不受影响并能重构组织资源和关系，进而使组织快速从危机中恢复过来，实现逆势增长。
3. 直接互惠型企业社会责任战略有利于企业在正常商业竞争环境中，提高对稀缺资源的控制能力，但企业韧性较低，不利于企业应对外部环境的突变而导致的系统性危机。
4. 间接互惠机制有助于构建企业命运共同体，即将企业与更广阔的社会群体联系起来，从而增强组织韧性，有利于企业应对系统性危机。
5. 构建高韧性的组织需要企业积极履行社会责任，进而建立间接互惠机制，主要体现为对内真诚、对外利他。

关键术语

组织韧性（organizational resilience）
系统性风险（systemic risks）
直接互惠机制（direct reciprocity mechanism）
间接互惠机制（indirect reciprocity mechanism）

复习思考题

1. 什么是组织韧性？企业为什么要提高组织韧性？
2. 互惠型企业社会责任战略是什么？有什么弊端？
3. 间接互惠机制是什么？
4. 利他型企业社会责任战略是什么？有什么优势？
5. 不确定性对于企业有何好处？
6. 企业应如何提高组织韧性？具体表现为什么？

应用案例

吃亏是福？

天津友发钢管集团成立于2000年，并于2020年12月在上海证券交易所主板上市。友发钢管集团经过20年的发展成长为年产量近2 000万吨的钢管巨头，进而成为全球唯一一家千万吨级焊接钢管制造企业。在这背后，其始终秉承利他理念，营造出以利他为纽带的企业群落、相互帮助、集体学习、深度共享，最终使企业在自身得到进步与发展的同时，整个企业群落也实现了共同发展与协同进化。

利他，通常是一种自发行为，即帮助别人或照顾别人的利益，以及与人为善的想法。董事长李茂津在企业成立之初就把"关心员工、做帮助他人的事"作为企业的行动指南。经过不断的实践与探索，李茂津在2012年将"利他"直接写入了企业文化，并且将"利己先利人"这一思想贯穿于企业的各个方面。

李茂津通过三件事情将利他思想从个体感悟转化到企业身上。第一，让高管团队带头实践利他主义。例如，年底分配奖金时，李茂津带头少分或不分奖金，每个人都考虑到别人，进而尽量能让其他人多一些奖金。第二，将员工待遇的目标制定为"挣钱、顺心、提高"，始终让员工获得"本地不同行业同岗位中最高"和"不同地区同行业中最高"的"两高"工资，并且为员工提供平等的就业、培训和晋升机会。第三，基于制度建设打造以利他为底色的友发集团企业文化。"律己利他、合作进取"是友发人的精神。通过不断地对利他行为的推广与实践，利他文化逐渐在友发钢管集团落地生根。

除内部的利他之外，利他文化还推动无边界组织建设，使友发钢管集团也积极对外部利益相关者履行利他责任。第一，对经销商的利他。友发钢管集团不仅在资金上支持经销商，而且给予持续的管理支持（如改善经营管理、提升业务能力）和理念支持（分享对行业发展及企业建设的最新认识和思考），带领着大量经销商实现了巨大进步。第二，对供应商的利他。除与下游经销商建立关系之外，友发钢管集团还与上游供应商建立了合作互惠关系，不仅从没欠过款，还给予上游供应商资金上的支持。第三，对社会的利他。由于友发钢管集团在生产过程中产生的含铁废酸液会对当地水环境产生影响，因此，集团积极推行国家环保政策，累计投入环保建设资金约6亿元，最终实现了废酸、废水的零排放。此外，集团还积极参与慈善捐赠，为公益事业捐赠超过千万元。

友发钢管集团在营造以利他思想为纽带的企业群落中，其典型特征为互相帮助、集体学习、深度共享等。集团在实现自身发展的同时，整个群落间也相互促进、共同发展，这属于典型的协同进化。本质上，企业的经营是利他与利己的辩证统一。利他是大局意识下的高瞻远瞩，由利他作为心理基础的企业联盟，每个单位都在以更大的格局为联盟中的其他组织着想，进而超越了自我心理，并最终实现联盟的稳健运转。只有坚持利他，才能打造应对不确定性环境下的稳固共同体。

资料来源：吕峰，2021. 吃亏是福？天津友发钢管集团基于利他主义的企业群落无边界进化[J]. 清华管理评论，(05): 95-104.

讨论题

1. 什么是利他主义？
2. 天津友发钢管集团如何实现自觉践行利他主义？
3. 企业利他文化推动无边界组织建设体现在哪几个方面？有何作用？
4. 结合友发集团的实例，谈一谈利他主义为何能够提高企业韧性？

学习链接

[1] AGUINIS H, GLAVAS A, 2012. What we know and don't know about corporate social responsibility: a review and research agenda[J]. Journal of Management, 38(4): 932-968.

[2] BRAMMER S, MILLINGTON A, 2005. Corporate reputation and philanthropy: an empirical analysis[J]. Journal of Business Ethics, 61(1): 29-44.

[3] CROPANZANO R, ANTHONY E L, DANIELS S R., et al., 2017. Social exchange theory: a critical review with theoretical remedies[J]. Academy of Management Annals, 11(1): 479-516.

[4] CROPANZANO R, MITCHELL M S, 2005. Social exchange theory: an interdisciplinary review[J]. Journal of Management, 31(6): 874-900.

[5] EISENBERG L, NOE T H, 2001. Systemic risk in financial systems[J]. Management Science, 47: 236-249.

[6] FREEMAN R E, 1984. Strategic management: a stakeholder approach[M]. Boston: Pitman.

[7] GODFREY P C, 2005. The relationship between corporate philanthropy and shareholder wealth: arisk management perspective[J]. Academy of Management Review, 30(4): 777-798.

[8] GOND J P, EL AKREMI A, SWAEN V, et al., 2017. The psychological microfoundations of corporate social responsibility: a person - centric systematic review[J]. Journal of Organizational Behavior, 38(2): 225-246.

[9] GOND J P, MOSER C, 2019. The reconciliation of fraternal twins: integrating the psychological and sociological approaches to 'micro' corporate social responsibility[J]. Human Relations, 74(1): 5-40.

[10] GUNDERSON L, PRITCHARD L, 2002. Resilience and the behavior of large-scale systems[M]. Washington: Island Press.

[11] JIA M, XIANG Y, ZHANG Z, 2019. Indirect reciprocity and corporate philanthropic giving: how visiting officials influence investment in privately owned Chinese firms[J]. Journal of Management Studies, 56(2): 372-407.

[12] KOTZ D M, 2009. The financial and economic crisis of 2008: a systemic crisis of neoliberal capitalism[J]. Reviewof Radical Political Economics, 41: 305-317.

[13] ORTIZ DE MANDOJANA N, BANSAL P, 2016. The long-term benefits of organizational resilience through sustainable business practices[J]. Strategic Management Journal, 37: 1615-1631.

[14] RUPP D E, MALLORY D B, 2015. Corporate social responsibility: psychological, person-centric, and progressing[J]. Annual Review of Organizational Psychology and Organizational Behavior, 2(1): 211-236.

[15] VERGNE J P, WERNICKE G, BRENNER S, 2018. Signal incongruence and its consequences: a study of media disapproval and CEO overcompensation[J]. Organization Science, 29(5): 796-817.

[16] WENZEL M, STANSKE S, LIEBERMAN M B, 2020. Strategic responses to crisis[J]. Strategic Management Journal, 41: 7-18.

[17] WESTPHAL J D, PARK S H, MCDONALD M L, et al., 2012. Helping other CEOs avoid bad press: social exchange and impression management support among CEOs in communications with journalists[J]. Administrative Science Quarterly, 57(2): 217-268.

[18] 曹仰锋，2020. 组织韧性：如何穿越危机持续增长 [M]. 北京：中信出版社．

[19] 顾明远，1998. 教育大辞典 [M]. 上海：上海教育出版社．

[20] 贾明，向翼，张喆，2020. 企业社会责任与组织韧性 [J]. 管理学季刊，3：25-39.

[21] 王鹤丽，童立，2020. 企业社会责任：研究综述以及对未来研究的启示 [J]. 管理学季刊，5（03）：1-15；160.

第 14 章　企业社会责任与碳中和

【学习目标】

1. 理解碳达峰、碳中和的含义。
2. 理解企业碳中和行为的特点。
3. 掌握企业碳中和行为与传统企业社会责任的异同。
4. 了解 CROCS 企业碳中和管理和激励模型。

开篇案例

企业碳中和

2021 年 7 月 27 日，世界首份由联合国机构发布的全面指导企业实现碳中和的重磅报告《企业碳中和路径图》(Corporate Net Zero Pathway)（以下简称报告）由联合国驻华代表处正式发布。该报告对能源使用侧排放最为密集的 6 大基础设施行业进行了深入分析。6 大基础设施行业分别为交通运输、农业食品、工业制造、建筑、数字信息和金融服务。同时，该报告收录了来自美洲、欧洲、亚洲、非洲的 55 家企业的先进实践，这些企业中包括国家开发银行、宝武钢铁、百度、联想、华为等 13 家中国企业。显然，制定"碳中和"目标、实现公正的零碳未来是一项重要议题，这需要各国各地区果断采取行动。此外，该报告还强调，在零碳之路上，企业的参与至关重要。

目前在全球范围内，已有超过 800 家企业提出了自身的碳中和目标，而超过 50 家企业宣布已经实现碳中和。苹果公司 2020 年 7 月宣布将于 2030 年在其整个业务、制造供应链和产品生命周期中实现碳中和；埃克森美孚则提出将在 2025 年实现碳排放净零增长；壳牌则制定了在 2030 年成为极具规模的低碳企业，在 2050 年实现净零排放的目标。此外，在国内企业中，腾讯在2021年1月宣布启动碳中和规划；通威集团宣布将在2023年前实现碳中和目标。

资料来源：崔爽.《企业碳中和路径图》发布，详解减碳技术"中国智慧"[N].科技日报,2021-08-06(005)；经济观察报.企业"碳中和"实施路径分几步？[EB/OL].(2021-03-20)[2022-12-15]. https://baijiahao.baidu.com/s?id=1694715153886193012&wfr=spider&for=pc.

14.1 企业碳中和的背景和意义

14.1.1 碳中和提出的背景

气候变化危及人类生存，温室气体排放导致全球升温而引发气候灾害的问题最为突出，成为近30年来世界各国关注的焦点问题。低碳发展和控制温室气体排放成为世界各国的政治共识，从而成为全球公共治理的共同挑战。随着《京都议定书》《巴黎协定》等法规的签订和生效，世界各国陆续做出碳减排承诺，并提出了实现"碳中和"的时间表。在工业经济高速发展的同时，我国已成为全球范围内碳排放总量最大的经济体，面临巨大的碳减排压力。

| CSR 聚焦 14-1 |

《巴黎协定》签署的背景和主要内容

《巴黎协定》(The Paris Agreement)是由全世界178个缔约方共同签署的气候变化协定，是继《联合国气候变化框架公约》和《京都议定书》之后人类历史上应对气候变化的第三个里程碑式的国际法律文本，对2020年后全球应对气候变化的行动做出了统一安排。该协定于2015年12月12日在巴黎气候变化大会上通过，于2016年4月22日在纽约联合国大厦签署，并于2016年11月4日起正式生效。

《巴黎协定》的内容共计29条，包括目标、减缓、适应、损失损害、资金、技术、能力建设、透明度、全球盘点等相关内容。《巴黎协定》提出各个缔约方需要将全球变暖幅度控制在工业化前水平基础上的2℃范围内，并应将其尽可能控制在1.5℃范围内；要提高适应气候变化不利影响的能力，并以不威胁粮食生产的方式增强气候抗御力和温室气体低排放发展；要使资金流动遵循温室气体低排放和气候适应型发展的路径。全球应尽快实现温室气体排放达峰，并于21世纪下半叶实现温室气体净零排放。

资料来源：百度百科.巴黎协定[EB/OL].[2022-07-02].https://baike.baidu.com/item/%E5%B7%B4%E9%BB%8E%E5%8D%8F%E5%AE%9A/19138374?fr=aladdin.

2020年9月22日，我国政府在第七十五届联合国大会上提出："中国将提高国家自主贡献力度，采取更加有力的政策和措施，二氧化碳排放力争于2030年前达到峰值，努力争取2060年前实现碳中和"。这是我国政府面向世界做出的庄严承诺，也体现了我国政府大力推进碳减排，迈向碳中和的坚定决心。碳排放企业肩负着重要的历史使命和责任，构成碳中和目标达成的重要力量。据国际能源署统计，全球电力和热力生产行业贡献42%的二氧化碳排放，工业、交通运输业分别贡献18.4%和24.6%。具体到我国，电力和热力生产行业贡献 51.4% 的二氧化碳排放，工业、交通运输业分别贡献 27.9%、9.7%；我国碳排放来自电热、工业的占比相比全球更高。要想实现"3060"目标，我国面临严峻挑战，相关企业的碳减排和逼近碳中和成为实现我国"3060"目标的关键。

碳中和是减少二氧化碳排放量的手段。它是指企业、团体或个人测算在一定时间内，直接或间接产生的温室气体排放总量，通过植树造林、采用碳抵消技术等形式，抵消自身产生的二氧化碳排放，实现二氧化碳的"零排放"。它的实现路径如图 14-1 所示。

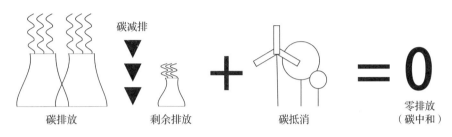

图 14-1　碳中和的实现路径

| CSR 聚焦 14-2 |

"碳中和"工厂

2021 年 10 月上旬，第一家"碳中和"合成煤油生产工厂在德国下萨克森州埃姆斯兰地区维尔特县揭幕，汉莎航空将成为该工厂的首批客户之一。当该工厂进入正常运营之后，其 2022 年的产能将为每天一吨原料煤油。值得注意的是，工厂将利用周边地区风力涡轮机提供的水和电生产合成煤油。

资料来源：央视新闻. 第一家"碳中和"合成煤油工厂在德国揭幕 [EB/OL]. (2021-10-05) [2022-12-15]. http://m.news.cctv.com/2021/10/05/ARTIZENH4E1rSpvzq4YM29Bp211005.shtml.

14.1.2　企业碳中和的重要意义

高质量发展的本质是实现高效率、公平和绿色可持续的发展。绿色低碳发展是高质量发展的应有之义。我国制定的"十四五"规划中也强调加快推动绿色低碳发展，持续改善环境质量，广泛形成绿色生产生活方式，碳排放达峰后稳中有降。例如，从能源结构来看，我国石油和天然气相对比较缺少，而煤炭相对较为丰富，想要实现能源结构的升级，就需要推动清洁能源的使用；从产业结构来看，我国钢铁、石化、化工等传统高耗能产业占比仍然较高，想要实现产业结构的升级，就需要加快推动高新技术的发展，降低碳排放。因此，只有通过推动企业碳减排，迈向碳中和来解决这些问题，才能实现高质量发展。

企业碳中和强调企业的碳排放通过减排手段实现最大限度的降低，而后再通过碳抵消方案的实施实现净排放为零。企业可以通过企业碳减排（corporate carbon reduction，CCR）和碳抵消（corporate carbon offsets，CCO）两个环节来实现碳中和，但关键途径在于企业碳减排。企业碳中和战略强调企业通过采取碳减排的有效措施以实现不可减排的碳排放量最小。其原因在于碳中和的本意是推进企业节能减排降耗,走高质量发展之路,在竭尽全力碳减排之后再去抵消剩余排放。如果过于强调碳抵消的作用,可能会使一些企业放弃其核心要务而借助碳抵消方法来实现碳中和。这显然背离政府的希望,而是典型的"碳中和""漂绿"行为。图 14-2 反映了碳减排和碳抵消的关系。

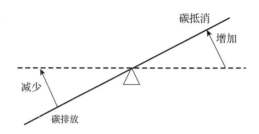

图 14-2 迈向碳中和过程中碳减排和碳抵消的关系

| CSR 聚焦 14-3 |

安踏备战碳中和

在行业绿色低碳转型过程中,品牌企业可以主动发挥自身影响力,担当供应链管理责任,积极协调上下游合作伙伴加强环境管理,并为合作伙伴开展碳减排活动提供相应支持,从而带动行业迈向碳中和。我国作为纺织品生产消费大国,由于庞大的市场需求和行业规模,纺织行业迈向碳中和显然面临众多挑战,不能一蹴而就。

在安踏集团副总裁李玲看来,推动行业绿色低碳转型,需要国家和行业层面给出碳达峰路线的相关指导和具体要求,更为重要的是低碳转型需要企业和消费者共同参与。在过去几年里,安踏不仅发挥品牌商的"采购杠杆"作用,激励供应商提升环境管理水平,还和合作伙伴共同研发环保产品,为消费者提供更多绿色低碳的产品。近 5 年,自安踏开展碳足迹管理以来,其碳排放强度持续降低。

资料来源:南方周末.备战碳中和 | 安踏集团李玲:发挥"采购杠杆"作用,带动行业迈向碳中和[EB/OL]. (2021-05-07)[2022-12-15]. http://www.infzm.com/contents/205907.

14.1.3 实现企业碳中和目标的关键问题

实现企业碳中和目标涉及两大方面的问题:管理与技术。管理是指通过引导、奖励和惩罚等手段激励碳排放主体参与和践行碳减排,迈向碳中和;技术则是指在碳中和过程中需要通过技术手段提高能源利用效率、降低对化石能源的依赖、提高可再生能源利用比率、构建高效率的碳抵消方案等,是为碳排放主体实践碳中和所提供的技术支持。

从现有研究来看,最近 30 年学术界对碳中和相关的管理和技术问题均有广泛的研究。

第一,科学技术的创新发展是全球能源转型的核心驱动力。近些年来,碳减排与碳中和相关技术得到了迅猛发展,在工程技术领域涌现了大量创新性成果,使整个能源产业的能源利用效率和降低碳排放水平得到了多角度、全方位的显著提升。这些成果主要集中在三个方面：一是以电力系统低碳转型、实现零碳或近零碳电力系统、提高关键材料的利用率为主的碳减排技术；二是以利用电能、氢能、生物质能等清洁能源来实现工业领域脱碳生产为主的碳替代技术；三是以碳捕捉与封存、提高关键材料的回收率、人工碳转化和森林汇碳为主的碳循环与碳抵消技术。这三个方面有效促进了高能耗行业向低碳循环经济转型。

第二，从管理层面入手，相关研究主要集中在能源经济、公共政策和金融等领域，重在从宏观或中观层面来分析影响碳减排、低碳发展和碳中和的关键因素。能源经济和公共政策领域的学者关注国家宏观能源政策的制定、区域碳排放和行业碳排放的影响因素等方面的研究（汤维祺、吴力波、钱浩祺，2016；谭显春、顾佰和、王毅，2017；赵桂梅、耿涌、孙华平、赵桂芹，2020）；经济、金融和管理领域的学者则围绕碳排放权确认和交易、碳定价机制、金融工具和碳市场建设等问题，对碳交易市场的建设和碳汇交易等问题做了深入探讨（魏一鸣、米志付、张皓，2013；张希良，2017；王梅、周鹏，2020）。特别是管理学领域的许多学者也运用运筹学优化方法对供应链层面的碳减排、绿色供应链等问题做了深入分析，提出了一系列优化方法（杨磊、张琴、张智勇，2017；Caro et al.，2013）。此外，部分学者基于制度理论分析了企业碳减排的动机（Chen et al.，2021），并指出合法性压力导致企业更加积极进行碳信息披露（Li et al.，2018；Villena and Dhanorkar，2020）。

尽管这些研究从企业层面分析了企业碳减排行为的动机及其后果，但现有关于企业碳中和行为的管理研究主要建立在企业社会责任研究领域的体系之下，并没有清晰剖析两者的区别，也没有专门针对企业碳中和行为展开系统而深入的分析，特别是从战略管理角度入手去分析影响企业推进碳中和的关键因素和实施效果等问题。在企业迈向碳中和的过程中，管理是基础，技术是保障。没有运用管理手段形成激励作用，碳排放主体不会参与碳中和。没有技术的保障和支撑，即便有强烈的热情参与碳中和，也难以保证目标的实现。在这两者之间，管理的重要性又更加凸显，成为实现企业碳达峰、碳中和目标的关键。

14.2　企业社会责任背景下企业碳中和的独特性与管理难点

企业碳中和行为与传统的企业社会责任行为有关，比如与企业环境责任（corporate environmental responsibility，CER）有直接关系。企业社会责任指的是企业所采取的有利于提高利益相关者福利的各种行为，其本质上是企业通过转移自身资源给利益相关者而期望得到利益相关者正向回报的社会交换行为，目的在于构建企业与利益相关者的直接互惠关系。企业碳中和指的是企业通过各种手段减少与企业生产活动直接和间接相关的各种碳排放。例如，企业通过投资新的生产工艺和流程而降低碳排放，为生态环境改善做贡献，这也是企业承担社会责任的表现。这一行为本质上也是企业通过资源投入改进生产方式，从而降低对环境影响的行为，最终有利于提高人与自然的共生环境。故而，无论是企业碳中和行为还是企业社会责任行为，两者都是企业运用自身资源提高社会福利的行为。

虽然企业社会责任相关研究是工商管理领域近40年的学术热点，但并没有太多学者直接关注企业碳中和行为，而最相关的研究也只是从企业社会责任视角入手去分析企业环境责任、企业污染行为，以及企业绿色创新和绿色生产等相关问题。碳中和作为企业社会责任行为的一种特殊形式，现有的大量关于企业社会责任的研究为系统掌握企业碳中和行为的特征，提供了丰富的文献资源和理论基础。有关企业社会责任的研究架构和行为规律为系统理解、剖析企业碳中和行为提供了模板。鉴于企业社会责任的研究包括责任界定、责任履行、责任补偿、责任披露和效果评价等部分，因此可以借鉴这一体系分析企业的碳中和行为。然而，企业的碳中和行为和传统企业的社会责任行为之间在这5个部分依然存在显著的差异，这就使企业碳中和行为相对企业社会责任而言有独特性，进而不能简单套用已有的研究结论。

14.2.1 企业碳中和行为的独特性

1. 责任确认的方式不同

企业履行社会责任依据的是利益相关者的重要性，以及利益相关者的诉求，其核心在于强调企业为了维持自身的发展、获取更大的经济利益而需要通过履行社会责任的方式与利益相关者构建互惠交换关系。故而，企业履行社会责任是受到自利性动机的驱动，通过评估这一社会责任行为是否有利于提升企业经济绩效来确定是否履行（履行企业社会责任能提高企业绩效）。

但是，企业碳中和责任是立足于企业生产活动的全过程，依据企业提供产品和服务的碳足迹来划分、确认企业应该承担的碳减排责任。除政府进行强制行政分派以外，其余的碳中和责任分配完全依靠企业自觉和供应链企业之间的合作与谈判。由于企业碳中和属于公益行为（短期内很难看到企业碳中和对绩效的提升作用），并且没有明确的碳中和责任界限，故而行政分派和企业的自觉性（利他性动机）在确认碳中和责任过程中占据重要位置。

2. 责任履行的标准不同

企业履行社会责任主要通过企业将其自身的资源运用于满足利益相关者的诉求活动之中，属于将企业的资源转移给企业利益相关者的交换行为。这一行为与其他企业存在竞争关系，目的在于赢得利益相关者的支持，获得利益相关者掌控的关键资源。故而，在企业履行社会责任的过程中，最重要的问题是如何满足利益相关者的诉求。满足利益相关者的诉求与否是企业履行社会责任情况的评判标准。

在企业碳中和责任的履行过程中，虽然我们可以从广义上认为企业碳中和也是回应利益相关者的诉求，如为了更好的空气、环境和大自然等，但是这些并不是利益相关者的首要诉求（如消费者、员工、供应商等要求企业碳中和，就没有要求企业履行对他们各自的社会责任那么强烈），故而企业参与碳中和更多还是政府主导下的公益活动。在这个过程中，企业需要运用其资源去改进生产流程、能源结构、管理方式，优化供应链等，目的是降低企业提供产品、服务过程中的碳排放总量。

从供应链视角来看，企业也需要加强与其他企业的合作，才能实现共同的减排目标，否则企业之间容易产生"搭便车"行为，即碳中和投入不足的企业与碳中和投入积极的企业较难区分。同时，企业碳中和进程没有确定的评判标准，一般而言较难量化考核，需要企业自身来决定如何平衡长期的减排任务和短期的经济利益，以及如何与其他企业有效合作，而将企业的有限资源投入降低企业碳排放的活动中。

3. 责任补偿的途径不同

对履行社会责任而言，企业如果在回应利益相关者诉求方面的投入不够充分，那么就会产生责任履行不足的问题。在这种情况下，为了缓和利益相关者的不满，企业往往会借助象征性手段对履行不足的社会责任进行"补偿"。例如，进行印象管理（如当企业捐赠水平低于行业平均水平时，就在社会责任报告中多放一些反映企业参与捐赠活动的图片）。故而，企业社会责任补偿的核心问题在于，如何通过印象管理手段来缓和利益相关者对企业社会责任投入不足的不满情绪。

但是，对企业碳中和而言，其最终目的是实现企业碳净排放总量为零，即具有明确的终极目标。企业由于碳减排不充分而必须通过采取实质性的手段来抵消未减排的碳，如购买碳信用产品、投资森林等。故而，在碳中和责任补偿阶段，企业关注的问题是如何确定企业碳抵消的额度，以及采取何种碳抵消手段来实现碳中和。

4. 信息披露的规范不同

企业社会责任信息披露的目的在于与利益相关者进行沟通，提高企业社会责任活动的曝光度。在发布相关信息的时候，企业以文字描述为主，逐渐开始重视运用图像语言来展现企业的社会责任活动。企业社会责任经过近40年的发展已经建立起一套信息披露规范体系，形成了一系列国际标准（如 ISO 26000，GRI standards），我国也建立了相应的社会责任信息披露的框架（如 CASS-CSR 2.0）。

在企业碳中和信息的披露方面，则缺少这样明确的规范和基本框架。虽然碳排放披露项目（Carbon Disclosure Project，CDP）所提供的问卷调研方案，以及更为宽泛的有关气候的气候相关财务信息披露工作组（Task Force on Climate-related Financial Disclosures，TCFD）信息披露体系为企业披露相关信息提供了一些指导和参考，但是这些指导方案仍过于宽泛而不便操作，并且没有形成国际上广泛认同和可推广的标准体系。我国也没有就碳信息披露建立明确的信息披露框架。企业并不清楚如何设计碳中和信息的披露方式、内容和语言，进而能让利益相关者，以及政府轻松理解企业所开展的活动、进行的投入和做出的努力。这方面涉及许多复杂的技术指标，很可能成为企业沟通的障碍。例如，我国上市公司目前所开展的碳信息披露就以文字描述为主，缺少量化指标，并且大量企业没有披露相关信息（宋晓华等，2019）。

5. 责任履行的效果不同

企业履行社会责任活动大多能给利益相关者带来直接的福利改善，且容易被观察到。故而，企业通过履行社会责任活动能有效建立起与利益相关者的互惠交换关系，从而得到利益相关者的支持，最终提升企业绩效。

企业履行碳中和责任并不能给利益相关者带来直接的福利改善，其实施效果很难评估（难以观察和验证），因此难以据此形成与利益相关者的直接互惠关系。故而，企业履行碳中和责任最多只能获得间接利益。例如，构建企业的绿色声誉、品牌形象等，从而得到同样持有绿色理念的利益相关者的青睐，或者完成碳减排任务，从而得到政府或其他机构的奖励和支持等。另外，从企业碳中和作为实现可持续发展的重要手段来看，企业碳中和的目的应该不在于获取短期的经济利益，而是让企业能与自然环境、社会共生，进而提高组织韧性。企业社会责任与企业碳中和的比较，见表14-1。

表 14-1 企业社会责任与企业碳中和的比较

阶段	维度	企业社会责任	企业碳中和
责任确认阶段	责任定义	运用企业资源提升利益相关者福利	运用企业资源减少碳排放、实现零排放
	责任性质	自利性动机，战略行为，提升企业绩效	行政指派、利他性动机，公益行为，提升社会福利
	分配原则	基于利益相关者诉求和利益相关者重要性	基于行政指派、供应链碳足迹划分和企业自觉认领
	责任边界	清晰	模糊
	责任要求	回应利益相关者诉求	减少碳排放
责任履行阶段	关键问题	企业承担哪些利益相关者的社会责任	企业承担多少碳减排责任？什么因素影响企业自觉推进碳中和
	回应方式	采取行动，有针对性地回应不同的利益相关者诉求	围绕碳中和目标采取各种不同行动减少企业碳排放
	行为对象	对外施展，将企业资源输出给利益相关者	对内施展，运用企业资源改进企业生产、运营方式
	行为目标	构建与利益相关者的互惠交换关系	减少碳排放总量
	竞争者关系	相互竞争、赢得利益相关者支持	相互合作、共同完成碳减排任务，减少碳足迹
	关键问题	如何满足利益相关者的诉求	如何激励企业、员工减少碳排放？如何与其他企业协同减少碳排放
责任补偿阶段	判断标准	基于利益相关者诉求满足水平，判断标准随诉求变化而变化	基于企业碳中和目标；明确不变
	责任未完成原因	资源投入不足	减排不足
	责任补偿	象征性，印象管理	实质性，碳抵消途径
	补偿途径	改变利益相关者预期	购买碳信用产品、投资森林等
	关键问题	如何调节利益相关者预期	如何确定不能减排水平，以及如何通过实施碳抵消方案实现碳中和
信息披露阶段	披露目标	向利益相关者提供企业履责信息，得到利益相关者认可	向政府、同行和利益相关者提供企业碳减排信息，得到相关方认可
	披露标准	有基本框架	当前无明确框架
	披露方式	发布企业社会责任报告	无单独载体
	披露内容	履行社会责任的具体内容，如投入方式、水平	碳中和范围，碳核算规则，碳目标的达成，碳抵消方案等
	披露语言	文字，图像	文字，图像
	关键问题	如何回应利益相关者诉求，展现企业社会责任投入和成效	如何展现企业碳中和的投入和成效
责任履行效果	履责效果	利益相关者直接获益；可观察	利益相关者间接获益；不可观察
	利益相关者反应	提供资源、提升信任、构建互惠关系	绿色声誉、绿色口碑；政府奖励
	对企业的影响	直接或间接影响员工；对生产活动无直接影响；间接影响供应链	直接影响员工；对生产活动有直接影响；直接影响供应链
	关键问题	如何影响企业绩效	如何影响企业韧性

14.2.2 企业碳中和的管理难点

表 14-1 从五个阶段对企业碳中和与企业社会责任的差异进行了对比，并详细论述了企业碳中和相对于传统企业社会责任的独特性。这就导致传统企业社会责任模式下的管理和激励方法不能简单运用于企业碳中和情景之中，进而使企业碳中和的战略管理在每一个阶段都面临新的难点。

1. 企业碳中和责任划分不准

虽然企业碳中和从理念上很容易表达，如实现碳排放为零的目标，但是在实施过程中，目前我国企业在碳中和责任的划分方面还不清晰、不明确，进而使企业在具体实施碳中和过程中缺少明确的责任边界和目标。同时，有关碳中和责任的确认虽然是一个技术问题，但更多的还是企业自觉的问题。国际上在碳中和责任划分上也主要采取自愿认领的原则。故而，准确划分企业的碳中和责任并能得到企业认可，是当前企业在推进碳中和过程中面临的首要管理问题。

2. 企业碳减排动力不足

虽然越来越多的企业认识到碳中和的重要性，并且也在各种因素，如政府推动和自身需求等的驱动下，开始着手推进节能减排，提高资源利用效率，推进发展模式转型，但是"碳达峰""碳中和"目标具有强制性且时间节点非常明确，进而需要企业加快推进。然而，影响企业碳中和的关键因素还不清晰。从宏观层面来看，由于地区环境规制和制度压力不平衡的格局在短期难以得到有效扭转，政府和市场的界限仍然存在模糊性，进而使得宏观层面的因素对企业碳减排投入的促进作用存在不确定性。从企业层面来看，企业碳减排带来的收益并不明确，供应链成员之间关系治理机制仍不健全，导致搭便车行为出现，从而影响了企业碳减排战略的实施，最终没有充分激发高管团队制定碳减排战略的积极性。从员工层面来看，由于员工在人格特质、环保态度，以及工作态度方面存在差异性，使员工执行企业碳减排战略的意识仍不到位。

| CSR 聚焦 14-4 |

能耗双控与低碳转型

2021 年 9 月，A 股多家上市公司发布与"能耗双控"相关的停产、限产公告，企业大范围的"拉闸限电"引发广泛关注。电力供应存在不足这一现象看似给企业造成短期严重的不利影响，但从实质上来讲，是在"提醒"企业低碳转型，实现高质量发展。

"拉闸限电"有以下四大原因：第一，我国发电能源结构依赖煤炭；第二，煤炭价格高企；第三，高耗能企业转型慢；第四，疫情下，我国企业面对海外市场盲目扩大规模，低质量生产，存在风险。

基于上述原因，我们提出企业的四大应对策略。首先，把握碳中和大局，及早谋划低碳转型和高质量发展；其次，处理好短期利益和长期发展的关系，避免盲目做大；再次，改进生产流程和管理模式，降低能耗；最后，提升产品附加值，提高企业盈利能力和低碳附加值。

资料来源：罗婧璇, 贾明. 拉闸限电后，企业应更加坚定走低碳转型之路 [N]. 每日经济新闻, 2021-09-29(2).

3. 企业碳抵消方法运用不当

虽然碳中和目标非常明确，但是也给企业提供了捷径或补充路径，即采用碳抵消方案来抵消不能减排的碳排放。从理论上讲，这一制度安排有其合理性，推动了诸如碳交易市场的发展。但是，这一机制的存在也可能导致逆向选择，即企业放弃主动碳减排，从而过度使用碳抵消。例如，从国家核实证明的自愿减排量（Chinese Certified Emission Reduction，CCER）的角度来看，CCER 机制的成交价格往往低于碳配额价格，这就使在抵消比例较高的情况下，企业更愿意通过购买 CCER 的方式去抵消企业的碳排放，从而降低企业碳减排的积极性。这就容易导致企业存在过度强调碳抵消的倾向，进而使企业碳中和成为象征性手段而偏离碳中和的本意。此外，从基于自然的解决方案角度来看，由于需要企业持续通过保护、恢复和可持续投入的方式促进生态系统的发展（如植树造林），并且该过程是一个逐渐累加的过程而难以短期见效，这就使企业缺乏自主参与投资森林碳汇的积极性。

4. 企业碳中和信息披露不清

虽然有关企业社会责任方面的研究能为碳中和信息披露提供许多指导，但是当前企业碳信息披露仍缺乏系统性、具体性及合理性。究其原因，最根本的原因在于企业碳中和信息披露机制不健全，缺乏明确的披露体系，进而导致企业在信息披露的语言选择和披露方式等方面仍存在一系列问题。从语言选择的角度来看，企业既可以通过纯文本的方式披露相关碳信息，也可以通过文本加图像的方式披露相关碳信息。但当前企业在语言选择上存在较大的随机性，纯文本语言和文本-图像结合语言的界限仍模糊不清。从披露方式的角度来看，由于碳信息披露政策的制定和执行机制不完善，因而企业在内容选择和途径选择上仍存在针对性不足，以及时机选择上存在主动性不够等问题。

5. 企业碳中和效益不明

虽然面对未来越来越复杂和不确定的外部环境，企业韧性显得愈发重要，但是当前企业并没有认识到参与碳中和对于企业长期发展的重要意义。由于碳中和的公益性特征和很容易被搭便车，使企业碳中和的成效也难以直接通过经济效益体现出来。当前，企业参与碳中和更多关注在能给企业带来的直接和短期效益上，并不关注不太显性化的间接和长期效益。

在实现"3060"目标的过程中，面临的问题比以往更加复杂，受到的约束比以往更加突出，而且对企业发展的要求比以往更加严格，进而使建立企业碳中和战略路径迫在眉睫。

14.3 企业碳中和的战略路径及 CROCS 模型

为了实现"3060"目标，我国企业需要围绕碳中和各个环节的管理难点去构建相应的管理和激励体系。首先，企业开展碳中和要明确碳排放责任，而要"确碳"，就要解决如何"确得准"的问题。当明确碳中和责任之后，企业需要开展碳减排工作，而在"减碳"过程中，就要解决如何实现"减得足"的问题。其次，企业在迈向碳中和过程中，难免会出现不可减排的碳排放，从而需要运用碳抵消的手段，而在"抵碳"过程中，最重要的就是解决如何"抵得当"的问题。企业为实现碳中和所做出的一系列努力都离不开企业对外的信息披露，而在"披碳"过程中，最重要的就是解决如何"披得清"的问题。最后，企业碳中和能给企业带来什么是构建激励机制不可缺少的一环，能起到建立正向反馈而激励企业持续推进碳中和的作用；在"激碳"过程中，最重要的就是解决如何"激得长"的问题。因此，这些困境给企业迈向碳中和带来了一系列新的问题，进而使企业需要构建新的战略路径。

基于此，企业碳中和战略路径构建的总体思路是：立足工商管理学科，借鉴有关企业社会责任的理论研究体系（责任确认、责任履行、责任补偿、信息披露和责任履行效果），进一步结合绿色金融、公共政策、绿色供应链、宏观政策与能源经济等研究领域，基于现有研究进展，围绕企业碳中和的全过程，分析我国企业从确定碳中和责任，到激励企业实施碳减排，以及合理利用碳抵消途径，再到有效披露碳中和相关信息，最后到评价碳中和的效果，从而激励企业参与碳中和，将其分解为"确碳"（commitment of carbon neutrality）、"减碳"（reduction of carbon emission）、"抵碳"（offsets of carbon emission）、"披碳"（communication of carbon neutrality）和"激碳"（stimulation of carbon neutrality）五个阶段，进而建立起一套适用于我国企业碳中和的 CROCS 企业碳中和管理和激励模型（CROCS 模型），如图 14-3 所示。

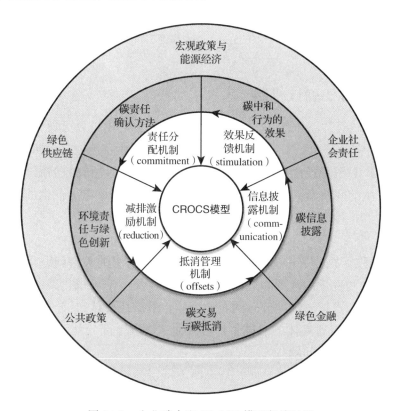

图 14-3　企业碳中和 CROCS 模型凝练过程

CROCS 模型的基本框架和各阶段之间的关联逻辑，如图 14-4 所示。在 CROCS 企业碳中和管理和激励模型中，"确碳"是一切工作的出发点，而"减碳"和"抵碳"作为企业实现碳中和的手段，两者既独立又相互影响；"披碳"是企业与利益相关者沟通的途径，也是实现企业低碳价值的关键纽带；"激碳"则是将企业低碳发展的效益可视化，从而为构建激励相容的企业碳中和激励体系建立起正向反馈的系统，即企业用自身的主动性去持续推进碳减排，迈向碳中和。

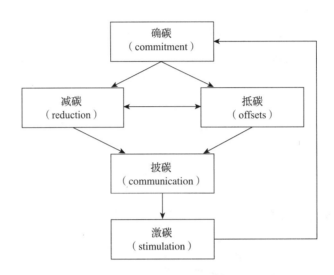

图 14-4　CROCS 企业碳中和管理和激励模型

14.3.1　企业碳责任确认机制

根据温室气体核算体系（GHG protocol），降低温室气体排放可划分为三个范围，如图 14-5 所示。范围一是降低直接温室气体排放，包括企业直接控制或拥有的排放源所产生的排放，如生产过程中产生的温室气体，拥有的交通工具所释放的温室气体等；范围二是降低用电产生的间接温室气体排放，是由企业消耗的外购电力产生的温室气体排放，包括蒸汽、供暖和供冷等；范围三是降低其他间接温室气体排放，主要来自企业供应链中的排放。

"确碳"部分强调企业碳中和责任的确认和划分，这里的关键问题是"确得准"，即如何确定企业碳中和责任的范围和边界。首先要看得见——可视化碳中和责任，然后要分得准——把碳中和责任清晰地分解到企业个体，最后还要认得够——让企业主动认领碳中和责任并足量落实到具体的减排主体。故而"确碳"部分就涉及"看得见""分得准""认得够"这三个具体问题。

首先，以国家碳中和目标为导向，自上而下层层落实碳中和责任，进而构建立体式碳足迹系统，系统测算企业生产活动直接和间接产生的碳排放水平，从而将企业碳足迹量化。在这一过程中，需要首先利用区块链、数字化等手段建立一套自下而上的碳排放信息收集管理系统，从而形成碳排放基础数据的汇总、反馈、核算、分析及决策体系。

同时，运用信息化集成、可视化等技术，针对企业不同部门、不同设备等碳排放具体单元实施测算更加实时、覆盖更加全面的碳排放在线监测手段，提高碳排放确认的精准性。

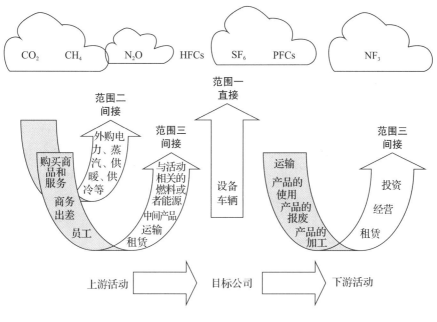

图 14-5 企业碳排放范围

其次，基于碳中和责任的量化系统，针对范围一、范围二的碳排放，通过"先归集后分配"的方式在企业内部分解碳中和责任，同时引入市场化机制，从碳交易的内部定价入手来动态调配各部门碳中和责任的划分。另外，供应链碳足迹、企业碳中和责任的确认是实现范围三或全供应链碳中和的核心，这就要从供应链系统分解碳中和责任。在供应链系统中，上下游企业复杂的生产关系决定了碳中和责任的确认和分解需要借助核心企业的市场领导力和行政力量来达成。

最后，在明确碳中和责任划分的基本思路、方法和原则的前提下，需要进一步提高企业和员工的碳中和自觉。

14.3.2 企业碳减排激励机制

"减碳"部分强调激励企业尽最大努力去减少碳排放，这里的关键问题就是"减得足"。企业碳减排虽然有很多技术层面的问题，如涉及碳减排技术的运用、生产流程改造、能源替换等，但是从管理的角度来看，最重要的问题是如何能够激励企业在碳减排过程中，围绕自己的碳中和目标，尽最大努力去进行减排。在这个过程中，也要避免由于未能充分认识到企业碳中和的重要性，以及和企业高质量发展之间的内在一致性而出现"运动式"减碳的问题。

这就需从多方面入手，如协同供应链全面排查、摸清家底；做好战略规划，稳妥有序地确定降碳路径；大力开发碳汇资源培育负碳、加快绿色低碳科技研发等。具体而言，需要从以下几个方面出发实现碳减排。

首先，提升企业碳中和的责任，需要从宏观、中观到微观层面等多维度入手促进企业提高碳减排技术投入的动力，与之相关的影响因素包括国家的政策、监管、行业竞争、企业行业地位、政治关联、企业的效益、技术优势和高管团队的特征（如企业家使命、高管团队的长期价值导向、价值观、受教育水平、专业背景、任期）等。2021年10月12日，国家发布《国家发展改革委关于进一步深化燃煤发电上网电价市场化改革的通知》，我国将在保持居民、农业用电价格稳定的同时，有序放开全部燃煤发电上网电价，并且对高耗能企业燃煤电价涨幅不设限制。新政策的出台不仅能推动燃煤电价实现市场化改革，而且能推进高耗能企业向低能耗、低碳发展转型。

此外，要鼓励企业以技术创新促进低碳转型。企业实现碳减排的核心还在于通过技术创新实现碳排放水平的降低。例如，《2030年前碳达峰行动方案》中强调要推动工业领域绿色低碳发展，鼓励钢铁行业探索开展氢冶金、二氧化碳捕集利用一体化等技术，提高有色金属行业使用水电、风电、太阳能发电的比例，鼓励建材企业使用粉煤灰、工业废渣、尾矿渣等作为原料或水泥混合材等。

同时，培育和弘扬员工的碳中和意识，通过激励和统一员工的碳中和意识，进而能让员工在工作中践行绿色工作行为，积极推动企业碳减排。另外，要充分结合我国的制度环境特征，提高各地区碳中和责任意识，在全社会、全产业积极推行碳减排，提高全行业碳中和责任意识，从而引导、鼓励供应链企业之间的共同投入，激励企业持续承担自身需要完成的碳减排任务。

| CSR 聚焦 14-5 |

纠正运动式"减碳"和实现企业低碳价值

运动式"减碳"表现为两种形式：一种是虚喊口号、蹭热度，而不采取实际行动的减碳行为，如企业承诺节能减排，而在生产销售各环节中的实质性"减碳"措施较少；另一种则是指企业不考虑自身发展水平和能力而采取不切实际的减碳行动，如片面强调零碳方案、大搞零碳行动计划，或者有些传统制造业将所有高能耗、高排放的项目全部关停。

无论是"只喊口号"的表面减碳行为，还是"不切实际"的过度减碳行为，都会损害企业声誉和外在形象，削减其核心竞争力，阻碍企业在迈向"双碳"目标过程中的可持续发展。综合来看，企业运动式"减碳"主要受到三个方面因素的影响。

第一，未能充分了解企业减碳的重要社会和经济效益。对企业运动式"减碳"而言，无论是表面减碳行为，还是过度减碳行为，都体现了企业回应政策的两种极端做法，属于企业对政策的被动回应。第二，未能将减碳和实现企业高质量发展统一起来。如果企业高管将减碳活动片面化理解，认为和企业发展转型没有直接关系，那么就无法将企业减碳和高质量发展统一起来。第三，未能找到切实可行的企业减碳路径。由于企业自身资源禀赋、发展阶段、战略规划，以及所属行业的不同，其减碳路径带有专属性特质，故企业无法采用统一的路径，而给其碳减排工作的稳步推进带来了诸多挑战。

基于以上原因，稳步推进企业碳减排工作需要从三个方面着手。首先，紧抓企业双碳教育，加强企业对双碳目标重要性的认识。其次，高管作为企业战略决策的制定者和执行者，在协调统一企业碳减排和高质量发展中发挥着重要作用，企业可以通过薪酬、晋升等激励方式统一高管认识。最后，优化企业减碳路径，制定切实可行的减碳促发展战略，实现减碳和企业战略转型稳步协同推进。

实现企业低碳转型与高质量发展是完成碳中和目标的重要基础和前提。值得注意的是，企业低碳价值创造是实现两者有机衔接的关键。价值创造是企业作为经济主体所追求的最终目标，也是企业实现可持续发展的关键。企业低碳价值创造是指企业以与低碳活动相关的行为方式满足利益相关者诉求。

虽然企业在低碳转型过程中可以将低碳价值创造和高质量发展联系起来，但是顺利完成低碳转型、实现低碳价值创造并非易事。低碳价值创造是连接企业低碳转型与企业高质量发展的"桥梁"。从本质上来说，企业低碳转型和企业高质量发展殊途同归，两者存在一定的内在关系。第一，两者都能将企业与社会贯通起来，从而提升企业韧性。第二，两者能将企业与企业贯通起来，从而促进企业间协同。第三，两者均有助于建立共生共益的企业生态。

资料来源：张莹，贾明. 纠正企业运动式"减碳"需从三方面着手[N]. 每日经济新闻，2021-08-11；罗婧璇，贾明. 企业需将低碳转型和高质量发展有机衔接[N]. 每日经济新闻，2021-09-17(7)。

14.3.3 企业碳抵消管理机制

"抵碳"强调通过碳排放权交易（如购买碳信用资产）或基于自然的解决方案（如投资森林）的方式来抵消企业不能减排的碳排放而实现碳中和，这里的关键问题就是"抵得当"，或称为"抵碳"的合法性（legitimacy）问题。过度使用"抵碳"手段会被利益相关者认为企业的碳中和是象征性的行为，是一种"漂绿"手段。企业在致力于碳中和的过程中最核心的任务毫无疑问是碳减排，而这里涉及一个关键问题，即企业如何决定碳抵消水平。因此，构建碳抵消管理机制，进而实现企业真诚碳抵消是实现"3060"目标的关键。这里就涉及以下几个方面的工作。

一是要基于企业碳排放范围核算三个范围内的碳排放量，运用碳足迹区块链量化系统核定企业、部门，以及个人的碳减排任务，进而构建企业不可减排碳排放水平的评价指标体系。二是推动企业使用合理性碳抵消水平，真正让企业将碳抵消手段作为实现碳中和的一种辅助方式。这就需要研发提高企业碳减排能力的技术、降低碳减排投入成本、提高高管和员工的减排责任意识。三是加强碳交易市场的监管，并建立统一完善的碳交易市场标准体系，例如，配额总量、纳入标准、行政处罚等，形成碳交易价格的上升通道和预期，建立起更为有效的碳交易市场，从而促使企业投入实质性的碳减排活动中。四是从"成本-收益"角度出发，结合企业的实施成本、处罚成本，以及时间成本这三个方面进行分析，选择恰当可行的碳抵消方案。例如，企业在碳排放权交易和基于自然的解决方案之间的权衡。

基于自然的解决方案包括森林碳汇、草原碳汇、碳捕捉与封存技术等。碳捕捉与封存技术是指企业通过化学反应等技术捕获其生产过程中产生的二氧化碳并将其净化和压缩。因此，企业可以不断优化碳捕捉与封存技术，降低其成本，从而最大限度地捕获企业无法减排的碳排放，并将捕获的碳通过化学（合成氢）、生物（促进植物生长）、矿化

（融入混凝土）等方式进行处理，提高企业碳抵消能力，最终促进碳中和目标的实现。

| CSR 聚焦 14-6 |

构建更有效的碳交易市场

碳排放权是碳排放企业排放多余的温室气体需要具备的资格。碳排放企业从其他企业购买碳排放权从而获得相应的资格，这个碳排放权的交易价格（简称碳价）就是碳排放企业为了获得碳排放权而支付的成本。理论上，从买方角度来看，当这个成本小于企业自主减排温室气体的成本时，碳排放企业才会考虑购买碳排放权，从而实现更大的经济效益。也就是说，当企业选择自主减排这部分温室气体需要花费的成本大于从市场购买碳排放权的价格时，碳交易才会形成。从卖方角度来看，只有当碳排放权卖方企业的碳创汇成本小于碳排放权交易价格时，交易才会形成，因为在这种情况下卖方企业才可以通过碳交易获益。

因此，碳交易实现的基本前提是碳创汇企业的成本≤碳交易价格≤碳排放企业的减排成本。也就是在这种情况下，通过碳交易能让企业的价值得到改进，即卖方和买方的收益都得到提升。这是碳交易市场建立的理论根基，即利用市场手段来配置资源以迈向碳中和。

但是，要注意的是，碳排放企业可能通过碳交易方式来抵消碳排放，从而放弃实质性的碳减排。碳创汇企业也可能因为短期内涌入大量的卖方企业而导致碳交易价格下降，从而遭受打击。从政策导向上来说，国家希望碳交易市场的建立能够激励更多的碳创汇企业投入，同时碳排放企业尽最大努力减排。只有这样，才是迈向碳中和的最有效路径。要实现这一目标就需要保证建立碳交易价格的上升通道。碳交易价格的上升有利于激励碳创汇企业的投入，同时也会激励碳排放企业减排。

那么，如何支撑起碳交易价格的上升通道？从短期来看，如果碳创汇企业有收益，那么大量企业涌入必然导致碳汇资源供给增大，从而导致碳成交价格降低，极端的情况会导致许多碳创汇企业受损，进而危害这一行业的发展，这将不利于碳中和长期目标的实现。

故而，政府在碳市场基础上要建立保障机制，维护碳创汇企业的利益，如设置最低成交价。随着碳汇资源供给的增加，利润稳定的碳排放企业的减排动力降低，从而会更多地购买碳汇进行碳抵消，而不是进行碳减排。这背离了碳中和的政策目标。政府还需要限制碳排放企业的碳抵消比例，如与企业碳减排量挂钩。在碳交易中，政府需要更为细化地设置调控方案，才能保证达到碳交易市场的最佳效果。在碳交易中简单地依靠所谓"市场发现价值"的市场机制可能弊大于利。

资料来源：贾明. 碳交易启动在即需构建更有效的碳交易市场 [N]. 每日经济新闻, 2021-06-30.

14.3.4 构建企业碳信息披露机制

"披碳"强调企业通过披露碳中和相关信息而实现与利益相关者的有效沟通。尽管我国当前部分企业通过企业社会责任报告、董事会报告、年度报告、CDP（Carbon Disclosure Project，碳信息披露项目）等方式披露碳信息，但我国还未建立统一的碳信息披露制度和碳信息披露体系，这就导致企业碳信息披露的类型、数量，以及质量存在较大差异而不能满足各利益相关者的诉求，并且当前碳信息以定性信息披露为主，缺乏定量信息披露，进而使企业碳信息披露缺乏及时性、准确性和真实性。例如，2020年CDP中国报告显示，CDP代表525家投资机构共邀请611家我国上市企业披露环境信息，仅65家总部位于我国的上市企业回复了CDP问卷。其中，在温室气体披露方面，57家企业披露了范围一排放数据，50家企业披露了范围二排放数据，我国企业碳信息披露的主动性和及时性较差。宫宁和段茂盛（2021）从质量和数量两个维度构建了企业碳信息披露评价指标体系。研究发现，我国企业往往通过碳信息披露的方式来获得合法性，目的是扭转自身碳减排不足的局面。因此，构建一套有效的碳信息披露机制，防止企业碳信息造假，对于规范企业碳信息披露、满足利益相关者诉求至关重要。

基于此，在碳中和信息披露方面，企业需要坚持恰当、充分披露碳中和信息。具体包括：一是针对不同利益相关者的期望水平制定有效的碳中和信息披露内容，如纯文本信息披露或文本－图像结合的信息披露，同时更加注重满足关键利益相关者的诉求；二是明确企业碳信息披露的主体责任，充分考虑披露内容、披露途径，以及披露时机三个方面的因素，针对不同利益相关者的实际诉求制定有针对性的披露方式；三是坚持供应链上下游企业之间的协同披露，维护供应链系统中碳中和信息披露的一致性和连贯性，防止出现搭便车行为、信息不一致，以及可信度低等问题。此外，企业将技术创新投入方面的内容融入碳信息披露中能显著提升信息的可信度。例如，企业在披露当年碳排放水平时，强调当年更新了设备，利用更加先进的技术进行生产，最终实现碳排放水平的降低等。

| CSR聚焦 14-7 |

健全企业碳排放报告和信息披露制度

近日，《中共中央 国务院关于完整准确全面贯彻新发展理念做好碳达峰碳中和工作的意见》正式发布，并印发《2030年前碳达峰行动方案》的通知。该意见中明确提出，需健全企业、金融机构等碳排放报告和信息披露制度。同时，通知中也明确提出了相关上市公司和发债企业要按照环境信息依法披露要求，定期公布企业碳排放信息的重点任务。

我国碳排放信息披露制度尚不健全，信息披露标准和准则还有待进一步完善。企业在碳信息披露的内容、方式等方面仍存在较大差异，"不主动、不充分、不规范"是目前我国企业在碳信息披露过程中存在的三个主要问题。一是企业碳信息披露动力不足。许多企业碳信息披露不主动，甚至将碳信息披露视为工作负担。二是企业碳信息披露标准不清晰。企业碳信息披露在内容、语言、时机和方式等方面标准不清晰，造成企业披露的碳信息不具备可比性。三是企业碳信息披露质量不高。质量不高表现在企业碳信息披露只披露成效，而不披露问题所在，甚至会出现碳信息造假的情况。

改善企业碳信息披露应从以下三个方面入手。第一，加强企业碳信息披露必要性的认知。企业应该强化碳信息披露的意识，树立低碳观念，自觉培养社会责任意识。第二，构建企业碳信息披露实践体系和最佳披露方式。相关主管部门可以参考国际通行的权威碳信息披露框架，结合我国实情，出台统一的碳信息披露框架。第三，建立碳信息披露监督机制，提高企业碳信息披露的质量。碳信息披露监督机制应包括企业的内部监督机制与外部监督机制，据此来解决企业碳信息披露内容的真实性和完整性等质量问题。

资料来源：赵庆，张莹，贾明.健全企业碳排放报告和信披制度[N].每日经济新闻，2021-11-15.

14.3.5 构建企业碳中和激励反馈机制

"激碳"强调显现企业碳中和的价值，不仅包括短期及长期的价值，还包括经济和社会的价值。构建企业实施碳中和战略的激励反馈机制直接影响"3060"目标的落实，是企业实现低碳价值创造，将企业低碳转型与高质量发展有机结合起来的关键环节。

显性化企业低碳价值就须构建相应的测度指标体系，以反映企业碳中和在"碳减排"和"碳抵消"两个方面的目标要求，同时注重定量与定性、主观与客观的统一。具体包括：一是构建碳中和真诚性评价指标体系，该指标须包含企业碳中和投入水平、持续性，以及碳抵消比例等因素；二是构建利益相关者评价指标体系，该指标须包含消费者、员工、政府，以及供应商等关键利益相关者的评价反馈；三是构建长效激励评价指标体系，该指标的选取应更多反映企业碳中和的社会效益。

从动态视角来看，当期企业碳中和的真诚性、利益相关者反应及碳中和的经济和社会效益会直接影响下一期企业如何承担碳中和责任，以及利益相关者如何评价、回应企业的碳中和表现。这就需要企业动态调整碳中和过程中的"确碳""减碳""抵碳"及"披碳"，进而形成一个循环往复、螺旋上升的企业碳中和战略的动态反馈体系。通过以上三种指标体系，可以有效对企业承担碳中和责任的全过程进行动态跟踪与评价，鼓励企业在面临碳中和时间压力的情况下，能在碳中和责任再确认过程中提升自觉性，从而承担更大的碳减排责任，体现更强的社会责任感。

将企业内部的碳中和责任和企业之间的碳中和责任协同起来，贯穿于CROCS模型的每个阶段也是推进供应链整体碳中和的关键，如图14-6所示。在每个具体的阶段，纵向层面企业内部、横向层面企业之间只有实现协同配合，才能发挥最大的碳中和社会效益。特别是企业要想实现范围三的碳中和目标，就需要在供应链上实现与上下游企业在碳中和各个阶段的协同和配合。

"3060"目标是党中央、国务院根据经济全球化新形势和国民经济发展的内在需要做出的重大承诺，成为新时代我国企业"高质量发展"的重大战略指引，要求企业积极推进绿色转型，提高能源利用效率，降低碳排放，共同打造绿色、协调、高质量发展的新发展模式，助力我国树立负责任大国的国际形象。在现阶段，我国企业在碳中和过程中面临诸多困境，产生了诸如碳中和责任划分不准、碳减排动力不足、碳抵消手段运用不当、碳信息披露不清和碳中和效益不明等一系列管理问题，从而阻碍国家"3060"目标的实现。在"3060"目标指引下，企业遵循国家制定的高质量发展路径，积极推进碳减排，不断接近碳中和是企业赢得经营合法性、提高竞争力，进而推动企业自身高质量发展的一条必由之路。

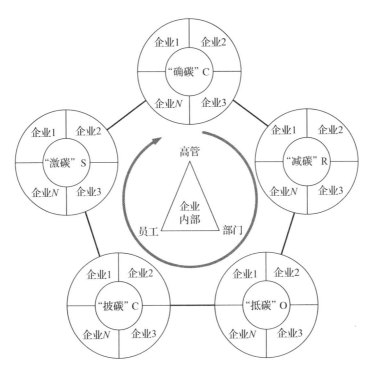

图 14-6　企业内部及企业之间实现碳中和的协同

| CSR 聚焦 14-8 |

从源头和入口形成有效的碳排放控制阀门

实现碳达峰与碳中和是一项复杂的系统工程,需要从根本上改变传统的生产方式、生活方式和消费方式,统筹考虑各行业投入产出效率、发展迫切程度、国计民生关注程度、产业国际竞争力、治理成本及难度等多种因素,谋划实施最优的碳达峰与碳中和路径。优化碳排放机制、实现"双碳"目标可以从碳排放的生产源头和消费端入口的管控入手。

首先,强化源头管控措施。实现对碳排放有效控制最基本的途径是从碳排放产生的源头发力,强化相关管控力度,鼓励企业节能减排。碳中和的主线是碳排放源头的变革,没有针对供给端的管控作为基础,消费侧的应用也将无从谈起。然而,当前制约碳排放主体减碳积极性的主要原因在于使用低碳生产技术、提供低碳产品的成本会升高,产生绿色成本溢价,导致企业在市场竞争中不具有竞争力。故而,降低绿色成本溢价成为激励碳排放主体减碳积极性的关键。

其次,完善消费端入口管控体制机制。企业在生产过程中出现碳排放的目的是形成产品,产品的最终流向则是消费者,因此针对碳排放的入口管控很大程度上是在消费端进行优化。政府及相关部门有必要在全社会积极开展低碳消费宣传教育,提高社会公众对碳减排的认知能力。低碳消费始于消费者的意识和觉悟,没有消费者自身改变的能动性,就不会有低碳消费的转化。

最后,建立生产端源头管控与消费端入口管控的联动机制。政府、企业和消费者共同构成碳减排的主体。在促进低碳消费的起步阶段，政府要发挥主导作用，把低碳消费纳入经济社会发展规划，推进低碳消费。企业作为低碳消费品的提供者，其低碳生产方式和商业模式能增加市场上低碳产品的可获得性，推动消费者将低碳消费意愿转化为实际行动。消费者在消费过程中，不仅要考虑经济成本，还要考虑产品或服务的"碳足迹"，选择购买和使用低碳产品。

资料来源：郑慧瑾，罗婧璇，贾明. 从源头和入口形成有效的碳排放控制阀门 [EB/OL]. (2021-10-29) [2022-10-31]. http://www.infzm.com/contents/216761.

本章小结

1. 本章讲述了碳中和的背景，并把企业碳中和行为与传统的企业社会责任进行比较，总结了企业碳中和行为的特点。
2. 碳中和是指企业、团体或个人测算在一定时间内，直接或间接产生的温室气体排放总量，通过植树造林、采用碳抵消技术等形式，抵消自身产生的二氧化碳排放，实现二氧化碳的"零排放"。
3. 我国二氧化碳排放力争于2030年前达到峰值，努力争取2060年前实现碳中和。在我国实现碳中和"3060"目标的过程中，碳排放企业肩负着重要的历史使命和责任，是达成碳中和目标的重要力量。
4. 企业虽然可以通过碳减排和碳抵消两个环节的综合运用来实现碳中和，但关键步骤在于企业碳减排。企业碳中和战略强调企业通过采取碳减排的有效措施以实现不可减排的碳排放量最小的战略途径。
5. 实现企业碳中和目标涉及两大方面的问题：管理问题与技术问题，而核心是管理问题。
6. 企业碳中和行为和传统的企业社会责任行为之间在多个维度上存在显著差异，包括责任确认的方式不同、责任履行的标准不同、责任补偿的途径不同、信息披露的规范不同、责任履行的效果不同等。
7. CROCS 企业碳中和管理和激励模型包含五个阶段："确碳""减碳""抵碳""披碳"和"激碳"。

关键术语

碳中和（carbon neutrality）
企业碳减排（corporate carbon reduction）
企业碳抵消（corporate carbon offsets）
企业碳信息披露（corporate disclosure of carbon information）
碳中和管理（carbon neutrality management）

复习思考题

1. 我国为什么要提出"3060"目标？企业在其中发挥什么作用？
2. 传统的企业社会责任行为与企业碳中和行为有什么异同？
3. 企业碳中和管理的难点是什么？
4. CROCS 企业碳中和管理和激励模型的主要内容是什么？企业如何运用这一模型开展碳中和实践？

应用案例

蚂蚁集团的碳中和路线图

2021年3月12日，蚂蚁集团对外公布碳中和目标，承诺将在2030年实现净零排放（范围一、二、三）、定期披露碳中和进展，并正式公布《蚂蚁集团碳中和路线图》。

根据温室气体核算体系，蚂蚁集团的碳中和行动覆盖范围包括二氧化碳、甲烷、氧化亚氮、氢氟碳化物、全氟碳化物、六氟化硫和三氟化硫7种主要温室气体。碳中和将涵盖与经营活动相关的所有温室气体排放，包括化石燃料燃烧导致的直接排放和逸散排放、电力和热力等外购能源所导致的间接排放、供应链上的相关间接排放。

蚂蚁集团明确表示将不断优化碳中和路径，实现最大限度地减排。针对蚂蚁集团自身的碳减排行动主要包括如下内容。第一，积极推进绿色办公园区建设。降低建筑、运输等的排放，如推动自身减排和可再生能源的使用；对于现有办公园区进行节能减排改造，提高能效；对于新建办公园区按照绿色建筑标准进行设计、建设与运营。第二，提升员工碳中和意识，鼓励员工积极参与碳减排。建立激励机制，提升员工减碳意识，倡导员工践行低碳办公。

针对供应链的碳减排行动主要包括：持续推动数据中心节能，如优化选址、建设示范型绿色低碳数据中心、与供应链共同推进数据中心使用、推进可再生能源投资；推动其他供应链减排，如全面推进无纸化采购、持续提升环保产品的设计和应用、优先选择提供低碳高效产品的供应商。此外，还将推进绿色投资，引导资本向低碳领域流动。

蚂蚁集团还将加强温室气体排放科学管理，持续提升碳中和信息透明度。第一，依据国际标准，与第三方专业机构一起以科学严谨的态度开展温室气体排放核算。第二，建立温室气体排放跟踪与监控机制。第三，进一步完善信息披露制度，定期披露相关成果，持续增强碳中和信息透明度。

蚂蚁集团将审慎评估和使用碳抵消方案。一方面，将实施投资森林及其他基于自然的解决方案；另一方面，购买碳信用产品，抵消不可减排的碳排放，从而实现净零排放。

资料来源：蚂蚁集团. 蚂蚁集团公布碳中和路线图[EB/OL]. (2021-04-22)[2022-12-15]. https://mp.weixin.qq.com/s/TS4_I3q-_8dPd8uVk-qyew.

讨论题

1. 结合 CROCS 企业碳中和管理和激励模型分析蚂蚁集团的碳中和方案。
2. 蚂蚁集团的碳中和方案的难点在哪里？碳中和路径是否清晰？
3. 蚂蚁集团是否恰当使用了碳抵消手段？

学习链接

[1] CARO F, CORBETT C J, TAN T, et al., 2013. Double counting in supply chain carbon footprinting[J]. Manufacturing & Service Operations Management, 15（4）：545-558.

[2] CHEN S, MAO H, Sun J, 2021. Low-carbon city construction and corporate carbon reduction performance: evidence from a quasi-natural experiment in China[J]. Journal of Business Ethics, 1-19.

[3] LI D Y, HUANG M, REN S G, et al., 2018. Environmental legitimacy, green innovation, and corporate carbon disclosure: evidencefrom CDP China 100[J]. Journal of Business Ethics, 150(4): 1089-1104.

[4] VILLENA V H, DHANORKAR S, 2020. How institutional pressures and managerial incentives elicit carbon transparency in global supplychains[J]. Journal of Operations Management, 66(6): 697-734.

[5] 宋晓华，蒋潇，韩晶晶，等，2019. 企业碳信息披露的价值效应研究：基于公共压力的调节作用 [J]. 会计研究，（12）：78-84.

[6] 谭显春，顾佰和，王毅，2017. 气候变化对我国中长期发展的影响分析及对策建议 [J]. 中

国科学院院刊，32（09）：1029-1035.

[7] 汤维祺，吴力波，钱浩祺，2016.从"污染天堂"到绿色增长：区域间高耗能产业转移的调控机制研究[J].经济研究，51（06）：58-70.

[8] 王梅，周鹏，2020.碳排放权分配对碳市场成本有效性的影响研究[J].管理科学学报，23（12）：1-11.

[9] 魏一鸣，米志付，张皓，2013.气候变化综合评估模型研究新进展[J].系统工程理论与实践，33（08）：1905-1915.

[10] 新时代企业高质量发展研究中心课题组，2022.中国企业的碳中和战略：理论与实践[J].外国经济与管理，42（2）：3-20.

[11] 杨磊，张琴，张智勇，2017.碳交易机制下供应链渠道选择与减排策略[J].管理科学学报，20（11）：75-87.

第 15 章　企业社会责任 2.0

【学习目标】

1. 理解企业社会责任 1.0 的特征。
2. 掌握企业社会责任 1.0 的弊端及其根源。
3. 掌握企业社会责任 2.0 的发展背景和特点。
4. 了解企业可持续发展商业模式的构建体系。

开篇案例

国家电网：对每一位利益相关者负责

2020 年 10 月 13 日，中央企业社会责任报告集中发布活动在北京举行。国家电网在这一活动中实现了多个"第一"：我国第一个发布企业履行社会责任指南的企业，即 2007 年发布《国家电网公司履行社会责任指南》；首次在社会责任报告中使用联合国"全球契约"标识的企业，即 2009 年发布的《国家电网公司 2008 社会责任报告》；首个入选哈佛商学院案例库的中国企业社会责任案例，即 2010 年《国家电网：企业社会责任》案例。国家电网负责地对待包含员工、用户、合作伙伴、社区等在内的每一个利益相关者。国家电网的企业宗旨是"人民电业为人民"，公司工作的出发点和落脚点体现为满足人民美好生活需要。

资料来源：高志星，2021. 从国家电网看央企社会责任 [J]. 现代国企研究，(05)：80-83.

现有关于企业社会责任的理论均建立在股东至上（shareholder primary）的前提条件下，即企业采取合作行为与利益相关者建立合作关系的前提条件是这样做能提高投资者的利益，这就是企业社会责任的 1.0 版本。故而，只有当利益相关者给予企业的回馈（B）大于企业履行对利益相关者的责任所投入的成本（A）时，企业才会参与社会责任活动。由此也产生了一系列问题，如企业社会责任行为的功利化、"漂绿"、印象管理等，而偏离了企业社会责任的本质。

然而，随着学术界、实务界的不断反思，现在越来越看重商业与社会的共存，并强调共益的思想，即企业将与利益相关者的共同利益最大化作为行动目标，从而形成企业社会责任的2.0版本。这里，即便企业当期的社会责任投入成本（A）大于从利益相关那里得到的回报（B），只要这样做所带来的社会总收益（例如，投资者所获得收益 V 与利益相关者所获得收益 C 之和）大于企业不采取这一社会责任行动时的社会总收益，那么企业就会履行这一社会责任，也就是不再把投资者利益最大化作为决定企业社会责任行动时的唯一考量，如图15-1所示。

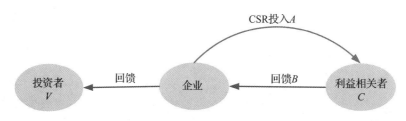

图15-1　企业社会责任1.0和2.0

| CSR聚焦 15-1 |

商业圆桌会议

2019年8月19日，美国181家顶级企业在"商业圆桌会议"（business roundtable）共同签署了《公司宗旨宣言书》，进而指出企业不再强调股东至上的理念而应该致力于为所有的利益相关者服务。《纽约时报》的报道指出，这项宣言的发表意味着企业界正在反思自身在当今社会中应有的角色。哈佛商学院历史学者南希·柯恩（Nancy Koehn）也指出他们是在回应时代思潮，他们觉得不能再照过去的惯例做生意。

虽然这项宣言的内容并没提及任何行动计划，但强调除维护股东的利益之外，企业也应该改善员工福利与教育培训，以及做好环境保护，公平地对待供应商等。这项宣言写道："我们每个企业都有自己的企业目的，但我们对所有利益相关者都有着共同的承诺。每个利益相关者都至关重要，我们致力于为所有公司、社区和国家的未来创造价值。"

资料来源：雪球.美国2019年《公司宗旨宣言书》全文翻译及最新公司名单[EB/OL].(2021-03-25) [2023-01-03]. https://xueqiu.com/1145329483/175454398.

15.1　股东至上与企业社会责任1.0

15.1.1　"股东至上"及其弊端

以股份制为代表的现代企业制度催生了委托代理问题（Jensen et al., 1976），而"股东至上"（shareholder primacy）成为以美国为代表的西方资本主义国家中构建公司治理体系，解决委托-代理冲突的指导思想，在全世界广泛传播并被很多国家采纳，成为当下全球公司治理的信条。"股东至上"强调企业的经营目标在于实现股东利益最大化。弗里德曼（Friedman）（1970）提出企业的社会责任只有一种，那就是在公开自由竞争、不欺骗、不欺诈的情况下，利用自身的资源从事旨在增加利润的活动。因此，企业的社会责任就是创造更多的利润。

| CSR 聚焦 15-2 |

弗里德曼关于企业社会责任的认识

弗里德曼（Friedman）（1970）对企业履行社会责任进行了批判，并指出"企业有且只有一种社会责任，即在游戏规则（公开的、自由的、不存在诡计与欺骗的竞争）范围内，使用资源，为增加利润而开展活动。"主要有以下几个观点。

第一，从理性分析，以及逻辑思考的角度上看，关于"企业社会责任"的讨论是松散而缺乏活力的。责任是人独有的特征，这就表明企业管理者才是企业社会责任的承担者。因此，企业只是一个假想人，不需要承担只有人才有的责任。

第二，企业管理者在履行社会责任的过程中有可能与企业盈利背道而驰。例如，为了实现环境保护的责任，投入大量的财物，进而控制污染物排放。这实际上是以牺牲股东利益为代价而为"社会责任"做出积极的贡献，本质上是花股东的钱为自己做事。因此，企业履行社会责任违背了企业管理者作为代理人的义务。

第三，企业是高管、股东、员工、供应商、消费者，以及社区等各方利益相关者相互合作的结果。他们与企业之间属于合同关系，并且通过不同的方式从企业中获得收益。这种建立在自愿基础上的合同安排能使经济自由最大化。如果要求企业承担社会责任，这种建立在经济自由上的和谐会被打破，从而引起社会的混乱。

第四，企业追求利润最大化的原则在企业承担社会责任过程中无法有效实现。

资料来源：FRIEDMAN M, 1970. The social responsibility of business is to increase its profits[J]. The New York Times Magazine.

如果企业的生产行为不存在任何负外部性（negative externality），即不会损害其他利益相关者的利益，那么企业追求股东利益最大化的同时也可以实现社会福利最大化。然而，企业的利润与产品价格、产量及成本直接相关。这就使企业在追求利润最大化的同时带来了严重的负外部性，从而损害了股东以外的其他利益相关者的利益。例如，企业为了削减成本，就会克扣员工工资、实行"996"上班制，进而导致血汗工厂；企业为了垄断定价，就会利用市场地位制定不合理价格，进而剥削消费者和供应商；企业生产不合格的产品，会导致产品质量降低。

因此，在股东利益最大化的驱动下，企业的经营活动也会给社会带来巨大的负外部性，从而产生了不公平对待员工、环境污染、违法等行为。第一，市场竞争加剧企业为了获得竞争优势和更大的利润而采取危害其他利益相关者利益的行为。第二，即便当企业经济绩效较好时，企业为了继续维持现有的高绩效表现，也更倾向于采取违法行为，从而损害了其他利益相关者的利益（Mishina et al., 2010）。第三，为了实现"股东至上"而构建的现代公司治理体系中也存在委托代理问题，这也会导致经理层为了追求自身利益最大化而产生一系列损害投资者利益的问题，如在职消费、资产转移等。同时，薪酬较高的高管也更可能通过财务欺诈的方式维持自己的薪酬水平（Harris and Bromiley，2007）。

15.1.2 企业社会责任的兴起

在"股东至上"理念之下，企业的经营行为给社会带来了一系列广泛的负面影响，如破坏了自然环境，违反了社会道德底线，触犯了国家法律规定，从而激化了社会矛盾和公众的不满。在这一现实背景下，强调企业的社会责任就成为资本主义商业社会自我解救的手段，以降低商业活动给社会带来的种种负面影响。

1. 企业社会责任理念的形成

20世纪70年代后，关于企业社会责任的认识飞速发展，如美国经济发展委员会提出"三个中心圈"理论。进入20世纪80年代，弗里曼（Freeman）（1984）提出的利益相关者理论不仅为企业社会责任的研究提供了理论基础，而且从20世纪90年代至今都一直是企业社会责任研究领域的主流理论。利益相关者理论认为企业本质上是各利益相关者缔结的"一组契约"，企业不仅是股东的企业，而且是由各利益相关者共同组成的利益共同体。企业发展的物质基础是各利益相关者投入的资本（资源），不仅包括股东投入的股权资本，还有债权人投入的债务资本、员工投入的人力资本、供应商和客户投入的市场资本、政府投入的公共资本（如制定公共政策、提供国防安全保障和维护生态环境等），以及社区提供的经营环境等。因此，企业不仅要对股东负责，还应该对债权人、员工、供应商和客户、政府、社区及环境负责。卡罗尔（Carroll）（1991）进一步指出企业社会责任是社会寄希望于企业履行的义务，社会不仅要求企业实现其经济上的使命，而且期望其能遵法度、重伦理、行公益，进而构建了包含经济责任、法律责任、伦理责任，以及企业自愿执行的责任四个逐层递进的"企业社会责任金字塔"模型（见CSR聚焦1-6），从而明确了企业社会责任的边界，在学术界产生了广泛而深远的影响，为后来者研究企业社会责任奠定了理论基础。

2. 功利主义视角下的企业社会责任

按照西方主流文献的观点，企业社会责任是企业承担的超出股东利益范围的对社会有益的行为，如慈善捐赠、环境保护、员工福利、社区公益等。同时，学术界也开始积极呼吁企业履行社会责任。然而，在信奉"股东至上"的社会中，如何说服企业的管理层和投资者接受企业社会责任理念则是学术界面临的巨大挑战。为此，相关研究聚焦于揭开企业社会绩效（corporate social performance，CSP）与企业财务绩效（corporate financial performance，CFP）之间的关系，从而为说服企业经理人、投资者提供依据。说服经理人和投资者接受企业社会责任理念的关键在于，使他们相信企业履行社会责任不仅不会损害投资者利益，还有利于提升企业绩效。

（1）企业社会绩效与财务绩效的关系 功利主义的利益相关者理论认为企业通过履行社会责任能与利益相关者之间建立起互惠关系，从而得到利益相关者的支持和宝贵资源，进而有利于企业建立竞争优势和获得更好的绩效（Dmytriyev et al.，2021；Freeman et al.，2017；Jones et al.，2018）。因此，这一理论为建立企业社会绩效与财务绩效之间的关系提供了理论基础。大量研究也的确找到了证据表明企业社会责任能促进财务绩效的提升（见 CSR 聚焦 3-4）。帕丽扎（Peloza）（2009）通过总结 128 项相关研究发现，59% 的研究表明企业社会绩效和财务绩效之间存在正相关关系。

尽管大部分学者认为企业社会绩效与财务绩效之间存在显著的正相关关系，但是不得不承认的是仍然有许多学者研究发现企业社会绩效与财务绩效之间存在负相关、不相关甚至 U 形关系。例如，在马戈利斯（Margolis）和沃尔什（Walsh）（2003）的综述性文章里发现有 7 项研究证明它们之间存在负相关关系，28 项研究证明它们之间不存在关系。帕丽扎（Peloza）（2009）研究发现，14% 的研究表明企业社会绩效和财务绩效之间存在负相关关系，27% 的研究表明它们之间存在混合关系。王（Wang）等（2008）对 817 家美国标准普尔上市公司持续十年的数据分析发现，企业慈善行为与财务绩效（ROA）之间成倒 U 形关系，即随着慈善捐赠的增加，企业能获得较多利益相关者的支持，进而促进财务绩效的提升，但是当慈善捐赠水平达到一定程度后，慈善捐赠带来的直接成本和代理成本将逐渐增加，反而不利于财务绩效的提升。

| CSR 聚焦 15-3 |

企业社会责任作用的迷雾

企业社会责任的支持者认为企业应该为社会做出贡献，但是反对者却认为企业没有义务为社会服务，即使有也应该是为了获得经济利益。因此，对那些寻求折中方案的企业而言，企业社会责任位于这两个极端之间。对企业而言，社会的定义和责任的定义均不明确，这就导致企业对履行社会责任变得迷惑。基于此，迪温尼（Devinney）（2009）讨论了企业社会责任到底是好还是坏的问题。

首先，企业社会责任被认为是好的，原因在于企业（或市场）是决定社会需求和提供社会解决方案的最有效的方式，并且释放了企业、管理者和投资者等牺牲自身利益去解决社会问题的信息。第一，个人能选择投票方式，这就使积极承担社会实践的企业能获得更满意的顾客、员工及投资者，进而有利于企业在不利的环境中持续成长。第二，企业比个人和政府拥有更多的信息，进而更有可能利用这些信息为合适的利益相关者定制产品和服务。第三，企业对社会中的技术和动态运营有更好的理解，并能以比政府更理性、更现实的方式采取行动。第四，企业可以更容易地承担相应的社会责任，进而满足社会需求。

其次，企业社会责任被认为是坏的，因为企业履行社会责任牺牲了企业的经济利益。第一，企业存在的目的是获得经济回报而不是解决社会问题。第二，企业为了自身的需要而扭曲社会标准。第三，企业不能代表整个社会。第四，大多数企业家是天生的社会保守派，因此除非他们能从努力中看到明显的利润，否则不会进行尝试。第五，企业社会责任更容易受到决策者一时冲动的影响。

资料来源：DEVINNEY T M, 2009. Is the socially responsible corporation a myth? The good, the bad, and the ugly of corporate social responsibility[J]. Academy of Management Perspectives, 23(2): 44-56.

（2）企业社会责任研究的转向　显然，企业社会责任与企业财务绩效之间的关系并不明确，而在学术界难以达成共识，更不用说据此说服实务界接受"履行企业社会责任有利于提升企业财务绩效"这一观念。这里的原因主要有两点。第一，企业社会责任包含许多不同维度的责任，这就使学者们进行实证分析时对社会责任的量化缺乏全面统一的标准（例如，在衡量企业社会责任表现时会用到 KLD 指数、慈善捐赠、环境绩效等不同指标），而使研究结论之间缺乏可比性（Griffin et al.，1997）。第二，由于缺乏坚实的理论基础，因而对 CSR 与 CSP 之间的关系无法得出一致的结论。麦克威廉斯（Mcwilliams）和西格尔（Siegel）(2000) 还明确指出，对研发投资这一关键变量的遗漏也是导致现有研究结论不一致的重要原因，并进一步指出未来研究需要转向探讨影响 CSR 与 CFP 之间关系的中间机制和情景因素（Devinney，2009；Peloza，2009）。

从中间机制探索 CSR 与 CFP 之间的关系，其基本逻辑是：CSR 能帮助公司获得利益相关者的支持，而利益相关者的支持反过来有利于企业财务绩效的提升。虽然这是此前研究 CSR 与 CFP 之间直接关系的理论基础，但是鲜有研究直接关注 CSR 如何对利益相关者的行为产生影响。这一研究的转向也符合费林（Felin）等（2015）所倡导的研究应该关注微观机制。因此，CSR 和 CFP 作为企业组织层面的行为和绩效表现，其产生的微观原因究竟是什么？回答这一问题就需要探究 CSR 如何影响利益相关者的行为和反应。

相关研究在 21 世纪初开始兴起。学者们开始从利益相关者层面分析企业履行社会责任的后果，即开始关注所产生的非财务绩效（non-financial performance）影响。一系列研究发现，企业社会责任能对利益相关者产生广泛且正面的影响，例如（对消费者）提高企业品牌形象（Brammer and Pavelin，2006；Wang and Qian，2011）、获得（对政府）政治合法性（Luo et al.，2017；Zhang et al.，2016）、培养（对客户）客户满意度（Lev et al.，2010；Luo and Bhattacharya，2006）、提高（对员工）员工工作满意度（Jones et al.，2014）和降低员工离职意向（Shen et al.，2018）、获得（对银行）银行贷款（Cheng et al.，2014）等。这些研究也为说服经理人和投资者支持企业社会责任理念提供了直接证据，从而促进了企业社会责任的推广。

（3）企业社会责任的保险效应　以上所开展的一系列研究旨在为在"股东至上"的框架下推行企业社会责任提供证据，其根本出发点还是强调企业履行社会责任能为企业带来经济利益。除此以外，学者们还进一步提出除了在正常的经济环境中，企业社会责任对企业财务绩效的提升有诸多好处以外，在企业发生危机的情况下，事前积极履行社会责任的企业还能较少受到负面危机的不利影响。

基于此，戈弗雷（Godfrey）(2005) 提出企业履行社会责任能在利益相关者中间产生道德资本（moral capital），即让利益相关者认为企业本质上是具有责任感的企业；而一旦这样的企业被曝光有不道德或违法行为发生，那么企业通过履行社会责任所积累的道德资本就能发挥类似于保险的作用（insurance-like effect），缓和利益相关者对企业负面事件的反应。因此，这一观点对经理和投资者而言具有相当大的吸引力。毕竟，在企业经营过程中，企业难免会遇到生存危机，而经理人和投资者都非常关注如何降低和化解危机带来的不利影响。

随后，为了增强这一理论的说服力，学者们聚焦于 CSR 的类保险效应开展一系列实证研究，并发现当企业发生负面事件后，履行社会责任的企业的价值损失比未履行社会责任的企业更少（Godfrey et al., 2009）。进一步，罗（Luo）等（2018）通过构建模型并以美国石油行业为样本进行了实证分析，研究发现慈善捐赠具有保险效应，使发生石油泄漏的公司股价降低得更少；但是，捐赠越多的公司随后发生石油泄漏的事故也更多。然而，也有一些研究指出，CSR 的保险效应取决于企业是否获得了认知合法性和道德合法性，尽管 CSR 对诉讼风险较高的企业而言具有显著的保险效应，但是当企业面临财务困境或所属行业有争议（如酒、烟草、枪支、赌博等行业）时，CSR 带来的保险效应相对较弱（Koh et al., 2014）。进一步，当企业发生负面事件后，尽管 CSR 能起到保险效应，并且长期 CSR 的保险作用更强，但是当企业再次发生负面事件后，CSR 的保险效应逐渐消失（Shao and Yang, 2017）。因此，CSR 所能起到的保险效应也是有条件的。

无论是有关企业社会责任对利益相关者直接影响的研究，还是有关企业社会责任保险作用的研究，都没有否定企业社会责任的经济价值，即都是有利于实现企业"股东至上"目标的战略手段。这就成为说服经理人和投资者接受这一理念而推行企业社会责任的重要依据。然而，当我们看到企业通过履行社会责任缓和了许多一度被激化的社会矛盾时，也要注意到这种功利化的社会责任观必然会导致企业社会责任行为的扭曲，即偏离企业社会责任的伦理本质。

15.2 企业社会责任的扭曲

随着利益相关者对企业的重要性日益突出，企业越来越关注如何满足多方利益相关者的诉求，缓和利益相关者之间的诉求冲突（Wang et al., 2020）。然而，为了实现股东财富最大化，经理人在决定投入多少资源给利益相关者时，所考量的标准就是是否有利于提高企业绩效。这使经理人仅承担能使企业价值最大化的社会责任，从而导致企业能用于投入社会责任的资源是有限的。这样，企业利用有限的资源管理众多的利益相关者关系极其容易导致企业社会责任的扭曲，出现诸如"只说不做"、"漂绿"、印象操纵、限制社会责任投入等行为。

15.2.1 企业社会责任脱钩

为了在有限资源投入的前提下维护与多维利益相关者的关系，企业会利用与利益相关者之间的信息不对称，对不同利益相关者的诉求采取不同的回应方式，即会对利益相关者所承诺的社会责任（说）与所实施的社会责任（做）进行分离，只说不做，从而扭曲了履行社会责任的真诚性。基于此，塔斯曼（Tashman）等（2019）基于组织成本和公司规模的角度从理论上解释了大公司更倾向于象征性进行社会责任沟通而实质性参与较少，而小公司则更倾向于进行实质性参与而沟通较少。大量学者就此开展研究并提供了诸多实证证据。例如，由于发达国家对源于新兴市场的跨国企业在经营合法性方面存在负面感知，进而使新兴市场的跨国企业倾向于通过 CSR 报告的方式向东道国传递正面信号，从而克服合法性威胁；但是，这种正面信号很可能是一种脱钩行为，因此应该加强对跨国公司 CSR 行为的审查（Marano et al.，2017）。类似地，ISO 14001 作为对企业环境管理体系的一种认证，能显著提升企业在环境方面的合法性，但是部分企业仍采取脱钩策略，表面上符合 ISO 14001 标准体系，而实质上其员工对该体系的认知依旧模糊（Boiral，2007）。

15.2.2　夸大企业社会责任投入

与"只说不做"不同，有的企业为了凸显在社会责任方面的投入，而会在对外宣传时故意夸大。这一现象在企业履行环境责任方面特别突出。当企业以利润最大化为目标时（Friedman，1970），企业承担环境方面的责任必然导致成本的急剧增加。这就使得环保绩效较差的企业为了回应利益相关者对企业环保的强烈诉求和不满，进而夸大他们在环保方面的成就，而采取"漂绿"行为（Delmas and Burbano，2011；Marquis and Toffel，2012；Bowen，2014）。具体而言，随着利益相关者对企业社会责任的期望和要求不断增加，成长型企业受制于利益相关者，被要求在生产和运营中采取最优的社会责任行为。这就使企业在应对外部社会压力和内部运营效率之间面临冲突，特别是成长型企业在扩张过程中由于需要得到利益相关者的认可和支持，因而增加了他们采取"漂绿"行为的动机（Kim and Lyon，2015）。然而，对环境危害更大的企业，由于更容易受到利益相关者的关注而使企业的环保行为被曝光，因而不太可能进行"漂绿"（Marquis et al.，2016）。

15.2.3　印象操纵

在企业社会责任实践中，企业社会责任沟通，即企业通过恰当的方式将有关其社会责任表现的信息传递给利益相关者的行为，就显得非常重要。然而，也有企业会利用这一点操纵利益相关者对企业社会责任表现的判断。印象管理强调企业有目的地改变受众对组织的看法和形成印象的过程（Bansal and Clelland，2004）。特别地，企业有选择性地披露信息能帮助企业获得收益（例如，游戏公司回避有关未成年人保护的话题），而回应利益相关者诉求，以及夸大社会责任投入能强化企业的公众形象。因此，企业不仅可以通过"漂绿"粉饰企业社会责任表现，还可以通过有选择性地披露 CSR 信息的方式进行印象操纵。例如，企业社会责任报告作为企业对外沟通的重要方式，经理人利用利益相关者的有限认知能力和注意力，通过改变报告的披露语言、内容等来维护利益相关者对公司的认同（Tata and Prasad，2015）。

但是，这一行为也具有很大的危险性。当企业对不同利益相关者诉求的回应表现出不一致时，极容易让公众认为企业是伪善的。韦尔涅（Vergne）等（2018）研究发现，高管积极捐赠的同时又在公司领取超额薪酬，就会降低公众对企业的认可。

15.2.4　经济效率与企业合法性的取舍

如果说企业采取印象操纵的手段旨在借助于社会责任信息沟通来管理与利益相关者

间的关系,那么企业同样可以通过实质性改变社会责任投入水平来实现"股东至上"的目的。

企业履行社会责任的目的在于获取合法性和利益相关者的支持和认可,其根本目的还是最大化企业的经济效益。然而,过高的社会责任投入虽然能赢得利益相关者的支持和好感,但是可能会降低企业的经济效益。因此,企业在履行社会责任时往往面临着合法性和经济效率之间的冲突,进而使企业需要在不损害效率的前提下用最小的社会责任投入去维护企业合法性(Jeong and Kim,2020)。

当利益相关者对企业社会绩效的期望水平与企业实际社会绩效水平差异较大时,企业就会采取不同的操纵手段来调控利益相关者的预期,以实现企业合法性和经济效率的平衡。例如,当企业社会绩效低于期望水平时,企业会受到合法性威胁,进而会通过实质性的社会责任投入进行回应而缓和利益相关者的不满;而当企业社会绩效高于期望水平时,企业会受到经济效率威胁,进而通过象征性的途径转移利益相关者的注意力,以缓和利益相关者对企业社会责任投入水平不断增长的预期(Nason et al.,2018)。

15.3 利益相关者共益与企业社会责任 2.0

15.3.1 企业社会责任扭曲的根源

企业社会责任扭曲的根源在于企业经营者坚持"股东至上"的信条,过于强调投资者对于公司的重要性(Lazzarini,2021),而导致企业将经济利益与社会责任割裂和对立。

第一,将企业的目标锁定在经济利益至上而不认可企业创造的社会价值。企业社会责任强调除对投资者的责任之外,还包含对债权人、员工、供应商和客户、政府、社区及环境的责任,这些企业活动对提升社会福利、促进社会公平等方面有着显著的积极作用,从而产生巨大的社会价值。但是,坚持"股东至上"信条的经理人和投资者并没有将这些社会价值纳入其所追求的目标,其在评判一项社会活动是否值得企业投入资源时的标准是,这样做能否得到足够的回馈,从而提升企业的经济价值。故而,"股东至上"必然导致对企业社会责任的功利化认识,从而使企业将社会价值排除在企业的目标之外,进而将投资者与其他利益相关者割裂开来,形成不同的利益群体,并给予投资者最高的地位。这样进一步导致企业对涉及伦理、社会问题等方面的社会责任持怀疑态度,因为这些社会责任活动的经济价值并不明显(Mitnick et al.,2021)。

第二,过于强调投资者对于企业的重要性而不认可其他利益相关者的投入。支持"股东至上"信条的理由在于投资者投入资金并承担企业经营的风险,故而投资者拥有对企业所创造价值的索取权。只有赋予投资者对企业价值的索取权,才能有效激励投资者投入资金、补偿投资者所承担的投资风险。然而,这一理论完全忽视了企业经营所需要的资源不仅是资金,还有其他许多利益相关者所掌握的资源,如人力资本、政策支持、社区保障等,并且这些利益相关者同样承担企业经营行为所带来的风险。例如,对员工而言,其加入一家企业必然会进行专用性投资,而企业发展得好与坏将直接影响员工的生活、幸福感和未来；对当地社区而言，需要承受企业生产给其生活带来的各种影响，如果企业追求经济利益最大化而污染当地环境，将极大地影响当地居民的幸福指数。

实际上，投资者对于企业的生存和发展固然重要，但投资者以外的其他利益相关者的资源投入也不容忽视（Wang et al., 2020）。企业创造的价值不仅仅是股东回报（Barney, 2018；McGahan, 2020），尤其是企业履行社会责任带来的社会效益不容忽视，如更好的劳工关系、更高的社会包容度、更环保的生产方式和技术进步等。这就使我们需要抛弃"股东至上"的理念，从更全面、更开放的角度来考虑企业应该如何构建与利益相关者之间的关系，进而实现长期可持续发展。

15.3.2 从企业社会责任到企业可持续发展的商业模式

随着企业在履行社会责任过程中所暴露出来的一系列新的问题日益突出，新的社会矛盾不断涌现，越来越多的经营者、投资者、学者和政府部门都意识到"股东至上"不再适用于当前所处的社会和环境，需要构建新的企业经营的逻辑起点和新的社会责任模式。在这个过程中，我国走在了前列。

1. 对"股东至上"信条的批判

第一，学术界的觉醒。尽管"股东至上"信条使许多学者认为企业在进行商业决策时可以忽略利益相关者的非经济利益诉求（Black and Kraakman, 1996；Friedman, 1970），但越来越多的学者开始批判这一观点（Adler, 2019；Henderson, 2021；Kaplan, 2020；Rangan, 2018），并且认为忽视利益相关者的非经济利益将导致企业价值的损失（Richard, 2000；Shan et al., 2017）。米特尼克（Mitnick）等（2021）通过对经济价值为导向的社会责任和社会价值为导向的社会责任进行比较分析，指出未来的企业社会责任不应局限于服务企业的经济价值最大化和"股东至上"的功利主义观。同时，阿米斯（Amis）等（2020）也指出传统的公司治理模式仅仅关注股东财富最大化，使企业社会责任无法有效解决利益相关者之间的诉求冲突问题。因此，投资者的利益最大化不应该是企业追求的唯一目标。

第二，资本主义的觉醒。2015 年，联合国正式发布了 17 个可持续发展目标，旨在解决世界范围内的经济、社会和环境这三个方面的问题，从而推动全球经济转向可持续发展道路。2019 年 8 月，全球 181 家顶级公司的 CEO 在美国华盛顿商业圆桌论坛上重新定义了公司的宗旨并认为企业不再局限于仅仅为股东服务，更应该为所有的利益相关者服务。在《公司宗旨宣言书》中，这些 CEO 一致认为应该不再强调"股东至上"的原则，转而强调作为一个具有社会责任意识的企业，公司领导团队应该致力于达成以下几个目标：向客户传递企业价值，通过雇用不同群体并提供公平的待遇来回报员工，与供应商交易时遵守商业道德，积极投身社会事业，注重可持续发展，最后才是为股东创造长期价值。

第三，我国企业的觉醒。尽管我国企业的社会责任起步较晚，并且主要受西方思想的影响，但是随着我国经济社会在高速发展过程中快速暴露出一系列社会问题，以及中央政府强有力的政策引导，我国企业逐渐认识到超越"股东至上"信条去践行企业社会责任的重要性。例如，在汶川地震后，以及新冠疫情期间，我国企业踊跃参与解决社会问题，表现出极强的社会责任感。

基于此，商业向善的思想已经从零星的企业倡导逐渐转变为向集体化探索的方向前进。实际上，随着技术和商业模式的不断创新，由"经济-社会-环境"构建起的可持续生态系统逐渐融合，企业不仅需要面临创造长期经济价值的问题，而且也面临如何在自身所处的社会和环境中创造多重利益相关者价值的问题。例如，回应政府、员工、供应商、消费者、社区、媒体等的诉求。这就使企业需要认可其他利益相关者的资本或资源投入和在企业经营中所承担的风险并给予补偿，从而通过更全面的社会责任方式将更广泛的利益相关者群体的利益纳入企业战略决策中，进而构建企业可持续发展的商业模式。

2. 商业向善

从"股东至上"到"利益相关者至上"，这一理念逐渐深入人心，这也使企业社会责任战略向企业可持续发展商业（corporate sustainable business，CSB）战略演变。如图15-2所示，从CSR到CSB，企业经营理念发生了根本变化，从以往强调股东作为公司唯一的资源投入者和风险承担者的观念，转向强调企业是各利益相关者交互作用而创造价值的平台。企业既要关注经济价值，也要关注社会及其环境价值，将经济利益与社会环境利益统一起来，强调与利益相关者的共生，并实现企业与利益相关者的共益。这样就能把企业从传统意义上与人和社会割裂开来的生产型组织转变为与人和社会、环境相互交互且融合的共益共生平台。

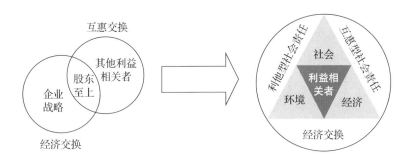

图 15-2　从企业社会责任战略转换到企业可持续发展商业战略

与传统的企业社会责任理念相比，可持续发展商业理念有以下三个方面的转变，见表 15-1。

表 15-1　企业社会责任与企业可持续发展商业的对比

维度	企业社会责任（CSR）	企业可持续发展商业（CSB）
定义	承担有利于提升利益相关者利益的活动	以利益相关者利益作为公司行动的目标
原则	投资者至上	利益相关者至上
目标	公司价值最大化	共生共益
关键指标	企业绩效	社会福利；组织韧性

（续）

维度	企业社会责任（CSR）	企业可持续发展商业（CSB）
假设前提	企业的发展依靠资源，利益相关者能够提供资源	企业与利益相关者之间相互依赖
理论	资源基础理论，利益相关者理论；道德资本理论	社会交换理论，间接互惠理论
主要观点	企业社会责任能够提升经济利益	可持续发展商业能够实现商业与社会的共益共生，提高组织韧性
表现形式	扶贫、捐赠、环保	扶贫、捐赠、环保
动机	自利性	利他性
弊端	分离、印象管理、"漂绿"	损失短期经济利益

第一，从"股东至上"转向"利益相关者至上"。在"股东至上"信条之下，企业经理人会人为地将投资者与其他利益相关者割裂开来，认为企业与其他利益相关者之间的关系是为投资者的利益最大化服务的。在可持续发展商业理念下，更强调的是"共益"，也就是将各利益相关者的利益视为一个整体，企业经营的目标是实现整体利益的最大化，投资者的利益只是其中一个维度，从而实现企业的经营活动与更广泛的利益相关者群体共存，实现共同获益。

第二，从"人人为我，我为人人"转向"我为人人，人人为我"。这一转变本质上是企业价值观的转变，强调的是"共生"的经营理念。在"股东至上"信条之下，企业经营者更看重的是利益相关者能为企业最大化投资者利益提供什么（以"人人为我"为起点），从而出于功利化的考量去采取适当的社会责任行为。但是，这一模式带来的危害就是导致社会责任行为的扭曲。在可持续发展商业理念之下，企业经营者更为看重的是自身所能为利益相关者主动创造的价值（以"我为人人"为起点），而后通过这种主动的社会行为激发广泛的利益相关者支持企业的发展，为企业提供资源，建立起可持续的利益相关者关系，从而实现"人人为我"和企业与利益相关者的"共生"。

第三，从专注于"直接互惠"转向开拓"间接互惠"。在"股东至上"信条之下，企业处理与利益相关者之间的关系时基于直接互惠的社会交换逻辑，即企业给予利益相关者好处（如企业的社会投入）是建立在利益相关者会给企业有价值的回馈的前提下而形成直接互惠关系；一旦企业认为利益相关者的回馈价值不足，那么就会放弃这一交换关系（如终止社会投入）。故而，在"股东至上"信条之下，企业与利益相关者之间的互惠交换关系的抗风险能力很弱，从而不具备韧性（见第13章）。然而，在可持续发展商业模式中，企业更关注的是承担对社会、环境的责任，这部分责任在短期看来是见不到回报的，而不符合传统意义上所讲的"功利化"社会责任的范畴。德米特里耶夫（Dmytriyev）等（2021）同样认为如果企业对外履行社会责任的对象超出了能给企业带来直接经济回报的利益相关者的范围，那么就不应该实行。

但是，间接互惠强调企业在满足一方利益相关者的诉求之后，能从第三方获得支持与帮助（贾明等，2020）。广泛的利益相关者分布在一个交互影响的社会网络之中，企业采取"非功利化"的或利他型社会责任虽然无法建立起直接互惠的交换关系，但能激发广泛的间接互惠交换关系，这是构建企业长期可持续发展和组织韧性的核心能力。

因此，在可持续发展商业模式中，企业抛弃"股东至上"的观念，将企业的经济利益和社会利益统一起来。从"经济－社会－环境"相互融合的角度出发，围绕各利益相关者的诉求，在承担经济责任和互惠型社会责任的同时广泛参与利他型社会责任，进而实现企业与各利益相关者，以及更广泛的社会群体之间的共益共生。这一模式的核心在于构建起可持续的利益相关者关系，从而能提升组织对抗风险的能力，形成组织韧性。

15.3.3 企业可持续发展商业模式的特征

基于以上分析，企业可持续发展商业模式强调以利益相关者的利益作为企业的行动目标，强调利益相关者至上的原则，其经营的目标不再是追求企业经济价值的最大化，而是从可持续或长期的视角来看商业，以及商业与社会、自然等群体之间的关系，强调共生共益。在考察企业可持续发展商业模式能力时，也并不强调经济绩效指标，而更多的是从社会整体福利入手，考察企业经营给整个社会带来的福利改善，以及企业在长期发展中构建起的应对危机的韧性能力。

在可持续发展商业模式中，企业与利益相关者之间不再是简单的利益交换关系（如互惠交换、经济交换），而更强调两者共生或共同成长。企业为了构建可持续发展商业模式，虽然所采取的"亲社会"活动与传统企业社会责任行为在形式上没有区别（例如，还是捐赠、扶贫、助学等），但是其转变的关键在于实施的动机不是自利性的，而更加强调利他动机。从短期来看，尽管企业采取这样的利他社会责任行为有损企业追求更大的经济利益，但从长期来看，这种方式有利于提升社会福利和构建组织韧性，从而有助于实现商业的可持续发展。

15.4 构建可持续发展商业模式

15.4.1 可持续发展商业模式的关键点

在可持续发展商业模式中，企业更为看重的是获得组织韧性，即在抛弃"股东至上"的理念之后，围绕利益相关者至上，通过发动员工参与利他型的社会活动，激活间接互惠机制，实现与利益相关者，以及更广泛的社会群体之间的共生和共益。围绕构筑可持续发展商业模式，需要解决五大理论问题（TRADE 模型），分别是混乱识别（turbulence）、获取韧性（resilience）、社会活动动机（altruism）、员工参与（duality）和与利益相关者共生（embeddedness）。

1. 环境混乱与何时转型

企业存在的基础是能够生存，或者能够创造有价值的商品或服务，从而获得利润。这是企业存在的基础。只有解决了生存问题的企业，才能谈可持续发展，也才会关心韧性的问题。故而，企业只有具备获取经济利益的能力后，当需要决定如何对获取的利润进行再分配使用时，如是投入扩大再生产还是投入社会活动中时，才涉及构筑可持续发展商业模式问题。然而，并不是所有的企业都会主动走出舒适区，放弃眼前的经济利益，而去参与其他社会活动。企业何时转型就与企业自身所处的环境是否足够混乱直接相关。当企业已经或将要面对危机、冲突、不满等情况时，就需要积极应对。故而，对企业而言，需要决定从"股东至上"转向"利益相关者共生"的时间点。例如，当"股东至上"已经危害到企业的韧性和可持续发展而需要转型时；利益相关者的重要性发生重构，投资者不再是首要利益相关者；利益相关者之间的诉求出现显著冲突，企业失去了对关键资源的控制能力，或者当企业的经营活动给社会、环境带来了显著的破坏时。这些因素都导致企业所处的经营环境发生变化和扰动，从而危及企业的可持续发展。在这一阶段，企业就需要考虑调整经营理念。另外，企业不能等到危机发生的时候再去调整。特别是面对外界不断变化的客观环境，企业也需要主动应对虽然还没有发生，但是可能需要面对的动荡环境，从而提前采取措施。故而，企业也应该从其他企业、行业所经历的挑战中学习，从而推动经营战略向可持续发展商业模式转变。

| CSR 聚焦 15-4 |

VUCA 时代的特点和应对策略

VUCA 是异变性（volatility）、不确定性（uncertainty）、复杂性（complexity）、模糊性（ambiguity）的缩写。班尼特（Bennett）和莱莫恩（Lemoine）（2014）总结了企业在 VUCA 时代的应对策略。

第一，异变性的特点是尽管信息可以获得，但是经常发生变化，并且有时不可预测。因此，为了应对异变性，企业在平时应该将资源投入预备环节，如保持库存并储备人才。

第二，不确定性的特点是尽管缺乏额外的信息，并且知道事件的因果关系，但是并不知道事件是否会产生显著的变化。因此，为了应对不确定性，企业应该将资金投入信息的搜集与分析环节并进行分享。

第三，复杂性的特点是尽管有许多相互连通的变量，以及现成的或能预测到的信息，但是想清晰地梳理其复杂程度与本质关系并不是一件容易的事。因此，为了应对复杂性，企业需要重组、培养或聘用专业人士，积累关键资源。

第四，模糊性的特点是因果关系并不清晰，进而面对的是"不确定中的不确定"。因此，为了应对模糊性，企业需要进行试验，即不断提出假设并进行验证，从而理解因果关系。

为了有效应对 VUCA 时代的挑战，企业需要首先培养 VUCA 心态，即强大的企业适应力和令人信服的企业宗旨，并进一步真正理解 VUCA 对企业或部门而言意味着什么，从而明确企业的运作是如何暴露在 VUCA 环境之中而有效识别潜在的风险来源的。

资料来源：BENNETT N, LEMOINE G J, 2014. What a difference a word makes: understanding threats to performance in a VUCA world[J]. Business Horizons, 57(3): 311-317.

2. 组织韧性与为何要转型

从传统的经济型组织和社会责任 1.0 转型到可持续发展商业模式的动力在于企业需要构筑组织韧性，这是对抗外部环境动荡的最有效战略。组织韧性体现在两个方面：能在危机中获得资源而减少损失；能在危机中快速恢复甚至能独辟蹊径地化危为机。在危机中，企业还能获得额外的资源和信息就显得尤为重要。如果企业的经营活动需要投入大量的稀缺资源，那么企业就需要构建组织韧性以对抗突然失去关键资源而危及企业持续经营的状况。

3. 利他动机与怎样获取韧性

在可持续发展商业模式中，最为重要的就是实施利他型社会责任，这是获取组织韧性的关键。这里特别强调企业所开展的社会活动与主业的无关性，也就是企业从事社会活动的动机（内在动机，以及被外界感知的动机）是利他的。故而，在选择社会活动范围的时候，企业需要界定无关社会活动的范围。为此，核心在于如何说服企业相信当面临系统性危机的时候，为何会有第三方社会群体来帮助企业？依托间接互惠所建立的弱关系（weak link）为何能发挥作用？同时，还要告诉企业直接互惠关系为何会在构筑企业韧性中失效？

虽然这方面的研究还比较少，但是可以推测：首先，企业的利他型社会活动有利于企业构建弱关系，而能帮助企业有更广泛的途径获得合作圈以外的资源和信息；其次，直接互惠关系使企业在面对系统性危机时难以有效获得资源和信息。

4. 员工参与及怎样实施利他型社会活动

企业如何实施这类社会活动，涉及谁来做的问题。在实施利他型社会活动时，第一，需要得到公司高层的理解和支持，使其接受可持续发展商业理念。第二，高层需要将可持续发展商业理念推行到公司的中、下层员工中，从而能保障利他型社会活动可以在公司中推行。第三，公司还需要制定妥善的执行方案，从而引导员工在经济业务和社会业务之间合理分配时间、精力。第四，对于参与社会活动的员工同样需要考核、激励，从而能保证这类工作的可持续实施。第五，社会活动的参与也会对员工的表现、情绪、态度等产生影响。

5. 共生与怎样得到社会群体的理解和支持

企业在实施可持续发展商业理念的过程中也需要做好与利益相关者等社会群体的沟通，并为社会群体评估企业社会活动提供足够的信息，目的是实现企业与社会群体的融合、共生。一方面，企业要引导经济导向型利益相关者认可全新的可持续发展商业理念；另一方面，给社会导向型利益相关者和广泛的社会群体提供足够的可以评估企业社会绩效的信息。这就涉及企业社会活动信息的披露内容选择，即披露哪些及如何披露信息；企业社会活动信息的披露方式选择，即如何有效披露信息。例如，是基于报表、社交媒体，还是面对面沟通及企业社会活动效果反馈，即如何影响利益相关者和社会群体的感知、判断和反应。

| CSR 聚焦 15-5 |

伊利的"共享健康可持续发展"体系

为了统筹推进可持续发展工作，伊利设置了"可持续发展委员会－秘书处－可持续发展联络员"这一管理架构，进而在全集团推进可持续发展管理体系，并进一步明确可持续发展工作的内容，深化各个部门对可持续发展的思想认识，从而将伊利的可持续发展工作通过更高的站位做实、做深、做透。例如，可持续发展委员会作为决策层，由董事长担任主席，负责统筹管理可持续发展工作；秘书处作为组织层，负责推进日常的相关工作并每年定期组织召开可持续发展会议；可持续发展联络员则代表执行层，并且每个部门均设立一名联络员，负责具体推进与实施可持续发展工作，起到上传下达的作用。

伊利构筑了"共享健康可持续发展（CSD）体系"，即"world integrally sharing health"，简称"WISH"体系，寓意"美好生活"。同时，这一体系是伊利对标和落实联合国2030可持续发展目标的重要体现，将识别出的9个可持续发展重点目标融入伊利可持续发展的4个具体行动领域，包含产业链共赢（W: win-win）、质量与创新（I: innovation）、社会公益（S: social）、营养与健康（H: health）。整个体系如图15-3所示。

图 15-3　伊利的 WISH 体系

资料来源：伊利官网. 内蒙古伊利实业集团股份有限公司: 2020可持续发展报告[EB/OL].[2022-12-05]. https://image.yili.com/upload/usrFiles/20210811145600162.pdf.

15.4.2　中国特色的可持续发展商业模式

构建企业可持续发展商业模式，关键在于抛弃"股东至上"的观念，树立以"利益相关者"为核心的经营理念，广泛参与利他型企业社会责任活动，激活更广泛的间接互惠关系，建立起以服务各利益相关者和社会群体创造价值为中心的共益共生平台，这将极大地提升组织的韧性和可持续发展能力，最终实现商业和社会的"共生共益"。

为了推行可持续发展商业模式，就需要将可持续发展商业理念整合到公司治理中，通过董事会改革、可持续发展商业信息披露、经理层长期激励等方式保障可持续发展商业模式的实施，如图 15-4 所示。

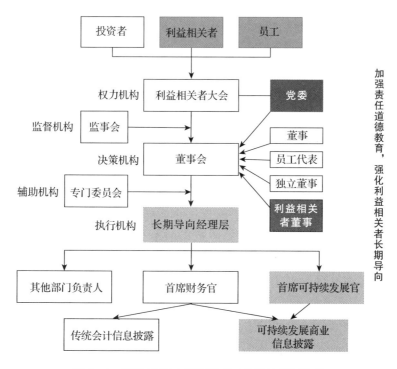

图 15-4　可持续发展商业模式下公司治理新路径

在可持续发展方面，我国具有天然的优势而能独辟蹊径，克服障碍，引领发展。习近平总书记在 2020 年 7 月的企业家座谈会上指出："任何企业存在于社会之中，都是社会的企业。社会是企业家施展才华的舞台。只有真诚回报社会、切实履行社会责任的企业家，才能真正得到社会认可，才是符合时代要求的企业家。"利他、向善的思想根植于我国的传统文化之中，我国的文化背景，以及我国企业社会责任的动态演变，使我国企业社会责任区别于西方发达国家（王鹤丽、童立，2020），这一点需要更好地融入商业。同时，我国的传统文化中蕴含丰富的"利他""共益"的思想，这为企业履行"利他型"社会责任、转向"共益共生"提供了广泛的思想支撑（贾明等，2020）。

| CSR 聚焦 15-6 |

科技向善

腾讯公司在 2017 年首次提出了"科技向善"的概念，并且在 2021 年将"可持续社会价值创新"作为新的公司战略。腾讯希望通过这种方式引领我国企业的社会价值创新。

首先，腾讯有这样的能力。一方面，作为一家"全民使用"的企业，腾讯的创新社会价值能惠及全民；另一方面，作为一家平台型企业，腾讯通过技术赋能合作者的方式引导其探索社会价值创造。

其次，腾讯有这样的场景。腾讯在零售、交通、金融、教育，以及医疗等领域都有布局，进而指向社会需求的痛点。通过这些布局，腾讯可以挖掘长期价值，而不是追求短期的经济效益。

最后，腾讯有这样的基因。腾讯一直奉行"一切以用户价值为依归"，强调不因商业利益而对用户价值造成伤害，并将"科技向善"作为公司的使命愿景。

资料来源：哈佛商业评论.推动可持续的社会价值——数字科技企业的使命担当[EB/OL].(2021-04-21)[2022-12-05]. https://mp.weixin.qq.com/s/2n8g22WBwdAKzLWdaRYMRw.

1. 推进股东大会、董事会改革

既然"经济-社会-环境"的相互融合使企业在实现经济价值的同时，也需要关注社会责任，这就要求企业将可持续发展商业理念转化成企业的内生需求。基于此，企业需要对现行公司治理结构进行相应的调整。首先，抛弃"股东至上"信条，就需要改变股东大会作为公司最高的权力机构，转而设置利益相关者大会，使投资者之外的其他利益相关者也能参加公司的重要决策，进而促进企业能更加全面地了解各利益相关者诉求并且将其纳入公司决策的范围。其次，改革后的董事会成员中需要相应地纳入股东之外的关键利益相关者代表，新增利益相关者董事。此前已有公司在这方面展开尝试，如设置了职工监事，但是要想真正体现员工这一利益相关者群体的诉求，就需要设置职工董事。

通过对公司治理结构的改变，不仅能促进企业有效了解投资者之外的其他利益相关者的诉求，而且能使利益相关者的诉求得到企业高度的重视，从而促使企业有效权衡经济利益与社会利益之间的关系，实现与利益相关者的共益共生。

2. 发挥党委的治理作用

构建中国特色公司治理体系的关键之一在于将党委融入公司治理，通过发挥党的核心领导作用，将董事会、监事会，以及高管层凝聚在一起，以集体智慧与力量推动我国企业的长期可持续发展。推进实现企业与利益相关者之间的共益共生，这也与中国共产党的初心和使命一脉相承。因此，企业应在公司治理中贯彻执行党的宗旨，设立党委董事，充分发挥党委的治理效能。

在这个过程中，我国的国有企业改革成效显著。习近平总书记在中央全面深化改革委员会第十七次会议上指出"中央企业党委（党组）是党的组织体系的重要组成部分，发挥把方向、管大局、促落实的领导作用。要完善体制机制，明确党委（党组）在决策、执行、监督各环节的权责和工作方式，正确处理党委（党组）和董事会、经理层等治理主体的关系，坚持权责法定、权责透明、协调运转、有效制衡的公司治理机制，推动制度优势更好转化为治理效能"。因此，党委作为公司治理的重要组成部分，作为人民群众利益的代表，能更有效地推动企业将经济利益与社会利益协调统一起来，坚持以利益相关者为中心，摒弃"股东至上"的理念，推进企业的高质量可持续发展。我国的国有企业，如国家电网、中国电信等大型央企做了很好的表率。

| CSR 聚焦 15-7 |

充分发挥党委的公司治理作用

习近平总书记在中国石油辽阳石化公司考察时曾指出,"坚持党对国有企业的领导是重大政治原则,必须一以贯之;国有企业建立现代企业制度,也必须一以贯之。"基于此,国有企业需要实现加强党的领导与完善公司治理的有机融合。

第一,需要搞好党的自身建设,要以政治建设为统领,坚持推进基层党组织规范化建设,把党组织建设得更加坚强有力。第二,要将党的领导地位和党建工作写入公司章程。第三,在组织架构上,将党委融入现代公司治理结构之中,进而需要建立完善"双向进入、交叉任职"的领导机制,即党委书记兼任董事长,党委会成员通过法定程序任职董事会、监事会和高管的同时,董事会、监事会和高管中的党员也可以进入党委会。通过以上方式,在战略上实现党委统领全局与董事会战略决策有机融合的同时,在监督保障上也强调党委把关定向与监事会独立监督的有机融合。第四,要建立健全党委会和其他公司治理主体之间的信息沟通机制。第五,加强反腐败工作,落实全面从严治党的要求,加强党的建设、班子建设、廉政作风建设和队伍建设。

资料来源:牛锡明.充分发挥党在公司治理中的核心作用[N].人民日报,2015-10-12(019);曹宇.2021.推进党的领导与公司治理有机融合[J].红旗文稿,(03):25-28.

3. 树立经理层的长期价值导向

可持续发展商业模式正在成为全社会普遍关注的热点。在这一模式下,需要加强经理人的责任道德教育,强调关注利益相关者诉求和树立长期价值导向。在高管层设置企业可持续发展运营官(corporate sustainable officer,CSO),不仅需要其基于社会需求提出促进企业利润增长和可持续发展的战略,而且需要负责管理利益相关者关系、教育员工,并在企业内部培养可持续发展的文化(Miller and Serafeim,2014)。因此,CSO作为企业有效引导管理层关注企业社会绩效等相关问题的一个载体,将显著提高企业履行社会责任的动力,促进长期可持续发展(Fu et al.,2020)。

同时,党的十八大以来,习近平总书记在多个场合中谈到我国传统文化,提出"增强文化自觉和文化自信,是坚定道路自信、理论自信、制度自信的题中应有之义"。我国的传统文化中蕴含丰富的"利他""共益"的思想。例如,"君子贵人贱己,先人而后己","善人者,人亦善之"等。因此,基于传统文化培养经理人的长期价值导向和利他精神,能极大地提高企业走可持续发展道路的自觉性。

| CSR 聚焦 15-8 |

可持续发展运营官对企业社会责任的影响作用

随着可持续发展的重要性日益突出,越来越多的企业开始设立可持续发展运营官,进而对企业可持续发展或与企业社会绩效相关的议题承担主要管理责任。符(Fu)等(2020)认为企业社会绩效的提高需要许多财务资源,关键取决于企业是否有一个能有效引导管理层关注相关问题的注意力载体。可持续发展运营官作为企业

> 社会绩效的关注载体，使可持续发展问题在企业中更加凸显，而管理层也会更多地关注企业的可持续发展问题，从而提高了相关决策的执行力，促进企业社会绩效的提升，同时也会进一步减少企业无良行为的发生。
>
> 资料来源：FU R, TANG Y, CHEN G, 2020. Chief sustainability officers and corporate social (Ir) responsibility[J]. Strategic Management Journal, 41(4): 656-680.

4. 强化可持续发展商业信息披露

尽管企业也意识到社会责任信息披露的重要性，但是以往企业主要基于社会责任报告、新闻发布等途径通过事实陈述、材料堆积等方式描述企业社会责任活动，导致社会责任信息的定量化披露不足，缺乏与利益相关者之间的深入沟通，不能有效呈现企业所创造的社会价值。与之形成对比的是，会计信息披露使企业将重要的财务信息以规范的方式披露给信息使用者，能极大地降低企业与投资者之间的信息不对称性，为投资者评估企业价值提供了直接依据。

实际上，企业可持续发展商业信息，既反映了企业创造的社会价值，也可以采用类似于财务信息披露的方式对外披露，从而提高信息的可获得性和信息质量。为此，企业应该重点考虑如何将社会绩效通过社会资产，以及社会负债等适用于定量化披露的方式展现出来，从而建立一套与各利益相关者有效沟通的渠道。例如，惠兰（Whelan）和道格拉斯（Douglas）（2021）开发了一套可持续投资回报率分析方法，用于衡量企业进行可持续投资时的财务回报。参考该方法，企业可以构建与各利益相关者建立的可持续关系的价值评估体系，并进一步计算由此所创造的社会价值（如参考ESG评估体系），从而将社会价值定量化，并能通过传统的财务信息披露方式进行呈现。据此，就能构建起利益相关者报表并作为三大财务报表之外的又一个新的重要报表。

总之，商业的未来就是"共益共生"，而企业可持续发展商业模式是实现商业与社会"共益共生"的有效途径。沿着这条途径，就需要抛弃"股东至上"的信条，树立利益相关者至上的理念，改变企业的治理结构、树立经理层的长期经营理念和利他精神，强化可持续发展商业信息的披露对于企业价值评估的重要性，从而有效引导企业转型。

| CSR 聚焦 15-9 |

可持续性投资回报的计算方法

可持续性投资回报率（return on sustainability investment，ROSI），用以衡量企业可持续商业活动的财务回报，并能实时跟踪相关的财务业绩，进而评估企业可持续行动计划的投资回报率。具体而言，实施ROSI共包含五个步骤。

第一步，以可持续性会计准则委员会（SASB）或全球报告倡议组织（GRI）为指导，确定企业当前的可持续发展战略。例如，汽车制造商的一项可持续发展战略就是提高废物循环利用比例。

第二步，对于每一个可持续发展战略，确定商业实践中的相关措施。例如，改善汽车制造商废物管理的一种做法是回收油漆和溶剂。

第三步，通过关注影响财务绩效的中

间因素（创新、运营效率、供应商忠诚度等），确定这些实践的潜在的和已实现的财务与社会效益。例如，回收油漆和溶剂可以减少产品的购买量、降低废物处理成本、通过出售多余的回收材料带来收入等。

第四步，量化措施的收益。例如，确定回收和再利用废物这一措施的收益。

第五步，汇总货币价值。一个可持续发展战略通常由许多单独的措施构成，通过对可持续发展战略中的每一个措施产生的价值进行计算并汇总，能将每一个可持续发展战略的价值衡量出来。

资料来源：NYU Stern Center for Sustainable Business. Return on Sustainability Investment（ROSI™）Methodology, developed by the NYU Stern Center for Sustainable Business (CSB)[EB/OL].[2022-12-15]. https://www.stern.nyu.edu/experience-stern/about/departments-centers-initiatives/centers-of-research/center-sustainable-business/research/return-sustainability-investment-rosi/rosi-resources-and-tools; WHELAN T, DOUGLAS E, 2021. How to talk to your CFO about sustainability[J]. Harvard Business Review, 99(1): 86-93.

15.4.3　可持续发展商业模式下的 ESG 投资

ESG 是环境（environmental）、社会（social）和治理（governance）的首字母缩写，可用来评估企业在环境、社会和治理方面的绩效水平，而不只是关注企业的财务绩效。ESG 投资则是投资者根据企业的 ESG 评价得分来制定投资决策。在当前越来越强调价值投资和长期投资的导向下，ESG 投资作为传统绩效投资的替代方式，在全球范围内越来越受到欢迎，并且大量的报道都认为 ESG 投资能给投资者带来相比传统投资方式更高的回报。

1. 混乱的 ESG 指标体系

ESG 投资包括三个阶段，如图 15-5 所示：阶段一，构建 ESG 评价指标体系并对公司进行 ESG 评分；阶段二，投资者根据公司的 ESG 评分来制定投资决策；阶段三，投资者实现投资收益。在这三个阶段中，最为重要的是阶段一，即构建 ESG 评价指标体系。本质上，ESG 评价指标体系是对企业在环境、社会和公司治理方面的社会责任表现进行评分，故而 ESG 评分与企业在三个维度上的社会责任表现密切相关。

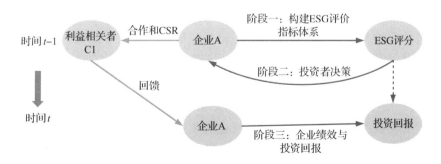

图 15-5　企业社会责任与 ESG 投资的关系

然而，现有 ESG 评价指标体系众多，缺乏统一的标准，国内外有几百家投资机构提供了各自的 ESG 评价指标体系，并给公司进行 ESG 评分。国外著名的评级机构有 KLD

研究与分析公司（KLD）、摩根士丹利资本国际公司（MSCI）、Sustainalytics、汤森路透、富时罗素、标普道琼斯等；国内著名的评级机构有商道融绿、社会价值投资联盟（简称"社投盟"）、嘉实基金、润灵环球（RKS）和中国证券投资基金协会等。由于各公司的评价体系不同，因而出现了对于同一家公司，不同机构给出不同的 ESG 评分，而且 ESG 投资最核心的是要关注投资回报，现有的 ESG 评价指标体系在预测投资回报的有效性方面存在很大差异。王凯和张志伟（2022）对国内外的 ESG 评级做了深入的对比研究，发现当前全球 ESG 评级机构数量繁多、背景迥异且评级分歧较大，对同一主体的评级尚难产生共识，究其原因主要是评级机构对于企业社会责任的理解缺乏一致性、指标的选择过于主观等。

2. ESG 评价指标体系混乱的原因

ESG 是否有效核心在于，ESG 评价指标体系能否有效刻画出企业与利益相关者之间的交换关系。既然 ESG 评价指标体系是用于量化企业在三个方面的社会责任表现的，而第三方评级机构也只能依据其自身对企业社会责任表现的理解、判断和认知来确定评价指标体系和评分，这就显然会受到企业履行社会责任的方式和社会责任沟通的影响，而导致 ESG 评价指标和 ESG 投资回报出现很大差异。首先，在传统"股东至上"信条支配下，企业社会责任会产生各种扭曲，使第三方获得的有关企业社会责任的信息本身就可能是不真实的。其次，企业会采用不同的信息沟通方式来传递不同维度上的社会责任信息。例如，采用不同的语言方式来呈现相关的社会责任信息。这也会影响到第三方对企业社会责任表现的认知和判断。再次，各种维度上社会责任的具体形式众多，而哪些行为属于环境维度，哪些行为属于社会维度，哪些行为又属于公司治理维度很多时候界限并不清晰。例如，公司加强供应商管理是社会维度还是治理维度就很难分清。最后，每种社会责任行为是否有利于提升企业绩效是不确定的。这取决于利益相关者的感知和判断，以及能否建立起互惠关系。这些是第三方难以评估的。

3. 重构 ESG 评价指标体系

随着企业社会责任从"股东至上"的 1.0 版本逐步升级到"利益相关者至上"的 2.0 版本，企业可持续发展商业模式将被越来越多的公司采纳。在可持续发展商业模式中，企业履行社会责任更加强调的是利他动机和履行利他型社会责任，这势必会影响整个 ESG 评价指标体系的构建。从理论上看，可持续发展商业模式下企业具备更强的韧性和可持续发展能力，那么 ESG 评价指标体系侧重于对企业利他型社会责任的考量将更为有效地把握这一新模式下的社会责任特征。故而，在环境维度上，要更加关注评价企业在迈向碳中和过程中所做的实质性碳减排工作（见第 14 章）；在社会维度上，要更加关注评价企业所履行的利他型社会责任，特别是与企业主业无关、将资源投入禀赋贫乏的社会群体中的社会责任表现（见第 13 章）；在治理维度上，要更加关注企业为了构建起可持续发展商业模式而在董事会、高管层、信息披露等方面所做的改变（见第 15 章）。有效的 ESG 评价指标体系是指导 ESG 投资成功的关键。故而，当 ESG 评价指标体系能有效刻画企业在推进可持续发展商业模式中的表现时，自然也就能给投资者带来更好的回报。ESG 投资的良性发展反过来也能促进和吸引更多的企业坚定地转向可持续发展商业模式。

企业社会责任理念作为降低企业行为负面影响的工具，已成为企业战略的重要组成部分。然而，现有理论与实务均是在"股东至上"的商业理念支配下来构建企业社会责任战略的，导致了一系列的社会责任扭曲问题，偏离了社会责任理念的本质，也不适应后疫情时代的企业可持续发展。在这种背景下，为了构建更稳健和可持续的企业与社会、环境之间的关系，就必须抛弃"股东至上"的逻辑，转向以利益相关者为中心建立企业可持续发展商业模式，强调企业与广泛的利益相关者之间建立起共益共生的关系，引导更广泛的投资者加入更有经济和社会价值的 ESG 投资中来，最终实现企业的可持续发展和社会的共同富裕。

本章小结

1. 本章讲述了企业社会责任 1.0 及其造成的问题，并由此提出企业社会责任 2.0 的概念，强调共益共生，并对构建可持续发展商业模式提出了建议。
2. 在信奉"股东至上"理念的社会中，学术界为呼吁企业履行社会责任，积极研究企业社会绩效对企业财务绩效的促进作用、企业社会责任对利益相关者的直接影响、企业社会责任的保险作用等，借此说服实务界接受企业社会责任 1.0 理念。
3. 企业社会责任 1.0 建立在股东利益最大化的前提下，过于强调投资者对于公司的重要性，导致企业将经济利益与社会责任割裂和对立开来，产生了企业社会责任功利化、"漂绿"、印象管理等偏离企业社会责任本质的问题。
4. 由于企业社会责任 1.0 中出现了一系列问题，因此，越来越多的经营者、投资者、学者和政府机构开始对"股东至上"信条进行批判，新的企业社会责任模式正在被构建，将促进从企业社会责任走向企业可持续发展商业模式。
5. 企业社会责任 2.0 强调"共生共益"的理念。与传统的企业社会责任理念相比，可持续发展商业模式强调从"股东至上"到"利益相关者至上"，从"人人为我，我为人人"转向"我为人人，人人为我"，从专注于"直接互惠"转向开拓"间接互惠"。
6. 围绕构筑可持续发展商业模式，需要解决五大理论问题（TRADE 模型），分别是混乱识别、获取韧性、社会活动动机、员工参与和与利益相关者共生。
7. 对接企业可持续发展商业模式，ESG 评价指标体系需要在环境方面更为关注企业的实质性碳减排行为，在社会方面更为关注企业的利他型社会责任行为，在治理方面更为关注企业为了构建可持续发展商业模式所做的改变。
8. 构建可持续发展商业模式可以从以下四个方面进行：推进股东大会、董事会改革，发挥党委的治理效能，树立经理层的长期价值导向，强化可持续发展商业信息披露。

关键术语

股东至上（shareholder primacy）
企业社会责任扭曲（corporate social responsibility distortion）
商业向善（better business）
企业可持续发展商业（corporate sustainable business）

复习思考题

1. 企业社会责任 1.0 是什么？有什么弊端？
2. 企业社会责任扭曲具体有哪些表现？为何会发生企业社会责任扭曲？
3. 企业社会责任 2.0 是什么？有什么特点？
4. 企业应如何构建可持续发展商业模式？

应用案例

企业正确履行社会责任，助力共同富裕

2021 年 8 月 17 日，习近平总书记主持召开中央财经委员会第十次会议时强调："共同富裕是社会主义的本质要求，是中国式现代化的重要特征，要坚持以人民为中心的发展思想，在高质量发展中促进共同富裕。"

在迈向共同富裕的过程中，企业将起到关键作用。我国经济分配政策已经从"效率优先，兼顾公平"转向"有效统筹效率和公平"，企业履行社会责任是发挥第三次分配作用的重要途径，尤其是要引导资源向资源贫乏的群体转移。提高资源贫乏群体的收益正是解决收入分配不公、建立资源分配公平体系、实现共同富裕的关键所在。

共同富裕强调关注所有社会群体（不仅仅是利益相关者）的诉求，并且要重点满足弱势群体（如不掌握对企业有价值资源的利益相关者）的诉求。然而，"股东至上"导向的企业社会责任的功利性显著，企业必然持续将资源投向能进行资源交换的利益相关者，而产生慈善资源富集；资源贫乏的社会群体却始终被企业忽视，"峰"与"谷"的势差在第三次分配的过程中持续扩大，加剧了资源分配的不公平，与共同富裕的理念背道而驰。由此可见，"股东至上"视角下的企业社会责任 1.0 不再适用于实现共同富裕。

在迈向共同富裕的过程中，企业作为市场主体，要转换社会责任履行的逻辑，升级社会责任履行的方式。企业履行社会责任要顺应这种趋势，从"股东至上"转向"社会至上"，将社会财富最大化作为企业长远发展的目标。企业要立足于共同富裕的视角构建企业社会责任 2.0 战略，淡化其利己的工具性，强化其利他的功能性，将资源贫乏的社会群体识别为企业利益相关者之一，引导企业履行社会责任时的资源分配方向，真正助力共同富裕的实现。

资料来源：刘慧，贾明. 迈向共同富裕需要企业正确履行社会责任 [N]. 每日经济新闻，2021-08-31(4).

讨论题

1. 共同富裕背景下对企业社会责任提出怎样的新要求？
2. 企业社会责任 1.0 为什么无助于实现共同富裕？
3. 企业应该如何履行社会责任以推进共同富裕？

学习链接

[1] ADLER P S, 2019. The 99 percent economy: How democratic socialism can overcome the crises of capitalism[M]. Oxford: Oxford University Press.

[2] AMISJ, BARNEYJ, MAHONEYJT, et al., 2020. From the editors-why we need a theory of stakeholder governance-and why this is a hard problem[J]. Academy of Management Review, 45(3): 499-503.

[3] BANSAL P, CLELLAND I, 2004. Talking trash: legitimacy, impression management, and unsystematic risk in the context of the natural environment[J]. Academy of Management

Journal, 47(1): 93-103.

[4] BARNEY J B, 2018. Why resource-based theory's model of profit appropriation must incorporate a stakeholder perspective[J]. Strategic Management Journal, 39(13): 3305-3325.

[5] BENNETT N, LEMOINE G J, 2014. What a difference a word makes: understanding threats to performance in a VUCA world[J]. Business Horizons, 57(3): 311-317.

[6] BLACK B, KRAAKMAN R, 1996. A self-enforcing model of corporate law[J]. Harvard Law Review, 1911-1982.

[7] BRAMMER S J, PAVELIN S, 2006. Corporate reputation and social performance: the importance of fit[J]. Journal of Management Studies, 43(3): 435-455.

[8] BOIRAL O, 2007. Corporate greening through ISO 14001: a rational myth?[J]. Organization Science, 18(1): 127-146.

[9] CARROLL A B, 1991. The pyramid of corporate social responsibility: toward the moral management of organizational stakeholders[J]. Business Horizons, 34(4): 39-48.

[10] CARLOS W C, LEWIS B W, 2018. Strategic silence: withholding certification status as a hypocrisy avoidance tactic[J]. Administrative Science Quarterly, 63(1): 130-169.

[11] CHENG B, IOANNOU I, SERAFEIM G, 2014. Corporate social responsibility and access to finance[J]. Strategic Management Journal, 35(1): 1-23.

[12] DELMAS M A, BURBANO V C, 2011. The drivers of greenwashing[J]. California Management Review, 54(1): 64-87.

[13] DEVINNEY T M, 2009. Is the socially responsible corporation a myth? The good, the bad, and the ugly of corporate social responsibility[J]. Academy of Management Perspectives, 23(2): 44-56.

[14] DMYTRIYEV S D, FREEMAN R E, HÖRISCH J, 2021. The relationship between stakeholder theory and corporate social responsibility: differences, similarities, and implications for social issues in management[J]. Journal of Management Studies, 58(6): 1441-1470.

[15] FELIN T, FOSS N J, PLOYHART R E, 2015. The microfoundations movement in strategy and organization theory[J]. Academy of Management Annals, 9(1): 575-632.

[16] FREEMAN R E, 1984. Strategic management: a stakeholder approach[M]. Boston: Pitman.

[17] FREEMAN R E, DMYTRIYEV S, 2017. Corporate social responsibility and stakeholder theory: learning from each other[J]. SymphonyaEmerging Issues in Management, (1): 7-15.

[18] FRIEDMAN M, 1970. The social responsibility of business is to increase its profits[J]. The New York Times Magazine.

[19] FU R, TANG Y, CHEN G, 2020. Chief sustainability officers and corporate social (Ir) responsibility[J]. Strategic Management Journal, 41(4): 656-680.

[20] GODFREY P C, 2005. The relationship between corporate philanthropy and shareholder wealth: arisk management perspective[J]. Academy of Management Review, 30(4): 777-798.

[21] GODFREY P C, MERRILL C B, HANSEN J M, 2009. The relationship between corporate social responsibility and shareholder value: an empirical test of the risk management hypothesis[J]. Strategic Management Journal, 30(4): 425-445.

[22] GRIFFIN J J, MAHON J F, 1997. The corporate social performance and corporate financial performance debate: twenty-five years of incomparable research[J]. Business & Society, 36(1): 5-31.

[23] HENDERSON R M, 2021. Changing the purpose of the corporation to rebalance capitalism[J]. Oxford Review of Economic Policy, 37(4): 838-850.

[24] HARRIS J, BROMILEY P, 2007. Incentives to cheat: the influence of executive compensation and firm performance on financial misrepresentation[J]. Organization Science, 18(3): 350-367.

[25] JENSEN M C, MECKLING W H, 1976. Theory of the firm: managerial behavior, agency costs and ownership structure[J]. Journal of Financial Economics, 3(4): 305-360.

[26] JEONG N, KIM N, 2020. The effects of political orientation on corporate social(ir)responsibility[J]. Management Decision, 58(2): 255-266.

[27] JONES D A, WILLNESS C R, MADEY S, 2014. Why are job seekers attracted by corporate social performance? Experimental and field tests of three signal-based mechanisms[J]. Academy of Management Journal, 57: 383-404.

[28] JONES T M, HARRISON J S, FELPS W, 2018. How applying instrumental stakeholder theory can provide sustainable competitive advantage[J]. Academy of Management Review, 43(3): 371-391.

[29] KAPLAN S, 2020. Why social responsibility produces more resilient organizations[J]. MIT Sloan Management Review, 62(1): 85-90.

[30] KIM E H, LYON T P, 2015. Greenwash vs. brownwash: exaggeration and undue modesty in corporate sustainability disclosure[J]. Organization Science, 26(3): 705-723.

[31] KOH P S, QIAN C, WANG H, 2014. Firm litigation risk and the insurance value of corporate social performance[J]. Strategic Management Journal, 35: 1464-1482.

[32] LAZZARINI S G, 2021. Capitalism and management research: the worst of times, the best of times[J]. Academy of Management Review, 46(3): 613-622.

[33] LEV B, PETROVITS C, RADHAKRISHNAN S, 2010. Is doing good good for you? How corporate charitable contributions enhance revenue growth[J]. Strategic Management Journal, 31(2): 182-200.

[34] LUO J, KAUL A, SEO H, 2018. Winning us with trifles: adverse selection in the use of philanthropy as insurance[J]. Strategic Management Journal, 39(10): 2591-2617.

[35] LUO X, BHATTACHARYA C B, 2006. Corporate social responsibility, customer satisfaction, and market value[J]. Journal of Marketing, 70(4): 1-18.

[36] LUO X R, WANG D, ZHANG J, 2017. Whose call to answer: institutional complexity and firms' CSR reporting[J]. Academy of Management Journal, 60(1): 321-344.

[37] MARANO V, TASHMAN P, KOSTOVA T, 2017. Escaping the iron cage: liabilities of origin and CSR reporting of emerging market multinational enterprises[J]. Journal of International Business Studies, 48(3): 386-408.

[38] MARGOLIS J D, ELFENBEIN H A, WALSH J P, 2011. Does it pay to be good and does it matter? A meta-analysis of the relationship between corporate social and financial performance[J]. Available at SSRN: https://ssrn.com/abstract=1866371 or http://dx.doi.

org/10.2139/ssrn.1866371.

[39] MARGOLIS J D, WALSH J P, 2003. Misery loves companies: rethinking social initiatives by business[J]. Administrative Science Quarterly, 48(2): 268-305.

[40] MARQUIS C, TOFFEL M W, ZHOU Y, 2016. Scrutiny, norms, and selective disclosure: a global study of greenwashing[J]. Organization Science, 27(2): 483-504.

[41] MCGAHAN A M, 2020. Where does an organization's responsibility end?Identifying the boundaries on stakeholder claims[J]. Academy of Management Discoveries, 6(1): 8-11.

[42] MCWILLIAMS A, SIEGEL D, 2020. Corporate social responsibility and financial performance: correlation or misspecification?[J]. Strategic Management Journal, 21(5): 603-609.

[43] MITNICK B M, WINDSOR D, WOOD D J, 2021. CSR: undertheorized or essentially contested?[J]. Academy of Management Review, 46(3): 623-629.

[44] MISHINA Y, DYKES B J, BLOCK E S, POLLOCK T G, 2010. Why "Good" firms do bad things: the effects of high aspirations, high expectations, and prominence on the incidence of corporate illegality[J]. Academy of Management Journal, 53(4): 701-722.

[45] NASON R S, BACQ S, GRAS D, 2018. A behavioral theory of social performance: social identity and stakeholder expectations[J]. Academy of Management Review, 43(2): 259-283.

[46] PELOZA J, 2009. The challenge of measuring financial impacts from investments in corporate social performance[J]. Journal of Management, 35(6): 1518-1541.

[47] SHIU Y M, YANG S L, 2017. Does engagement in corporate social responsibility provide strategic insurance-like effects?[J]. Strategic Management Journal, 38(2): 455-470.

[48] TASHMAN P, MARANO V, KOSTOVA T, 2019. Walking the walk or talking the talk? Corporate social responsibility decoupling in emerging market multinationals[J]. Journal of International Business Studies, 50(2): 153-171.

[49] TATA J, PRASAD S, 2015. CSR communication: an impression management perspective[J]. Journal of Business Ethics, 132(4): 765-778.

[50] VERGNE J P, WERNICKE G, BRENNER S, 2018. Signal incongruence and its consequences: a study of media disapproval and CEO overcompensation[J]. Organization Science, 29(5): 796-817.

[51] WANG H, CHUI J, LI J T, 2008. Too little or too much? Untangling the relationship between corporate philanthropy and firm financial performance[J].Organization Science, 19(1): 143-159.

[52] WANG H, GIBSON G, ZANDER U, 2020. Editors' comments: is research on corporate social responsibility undertheorized?[J].Academy of Management Review, 45 (1): 1-6.

[53] WANG H, QIAN C, 2011. Corporate philanthropy and financial performance of Chinese firms: the roles of social expectations and political access[J]. Academy of Management Journal, 54 (6): 1159-1181.

[54] WHELAN T, DOUGLAS E, 2021. How to talk to your CFO about sustainability[J]. Harvard Business Review, 99(1): 86-93.

[55] ZHANG J, MARQUIS C, QIAO K, 2016. Do political connections buffer firms from

or bind firms to the government? A study of corporate charitable donations of Chinese firms[J]. Organization Science, 27(5): 1307-1324.

[56] 曹宇，2021. 推进党的领导与公司治理有机融合 [J]. 红旗文稿，（03）：25-28.

[57] 高志星，2021. 从国家电网看央企社会责任 [J]. 现代国企研究，（05）：80-83.

[58] 贾明，向翼，张喆，2020. 企业社会责任与组织韧性 [J]. 管理学季刊，5（03）：25-39；163.

[59] 贾明，向翼，王鹤丽，等，2022. 从企业社会责任到企业可持续商业：反思与未来 [J]. 管理评论.

[60] 郑志刚，2020. 利益相关者主义 V.S. 股东至上主义：对当前公司治理领域两种思潮的评析 [J]. 金融评论，12（01）：34-47；124.

[61] 王德胜，马和民，2021. 向善之心，何以可能？[J]. 贵州师范大学学报（社会科学版），（01）：52-57.

[62] 王鹤丽，童立，2020. 企业社会责任：研究综述以及对未来研究的启示 [J]. 管理学季刊，5（03）：1-15；160.

[63] 王凯，张志伟，2022. 国内外 ESG 评级现状、比较及展望 [J]. 财会月刊，（02）：137-143.

[64] 张新，黄玉顺，2017. 性善：本善与向善：孟子性善论的两种诠释进路及其当代省察 [J]. 学术界，（07）：100-110；323-324.